中国当代青年法学家文库

劳东燕刑法学研究系列

功能主义的刑法解释

劳东燕 著

A Functionalist Approach to Criminal Law Interpretation

中国人民大学出版社
· 北京 ·

总 序

近代中国命运多舛，历经战火和民主思想洗礼的法律学科百废待兴。中华人民共和国成立后法治建设也走过了一段曲折、艰难的道路。改革开放的春风吹拂大地，万象更新。伴随着经济的飞速发展，我国在立法、司法、执法、守法等法治建设的方方面面取得了长足发展，法治在社会治理的方方面面发挥着重要的作用。我国的法律体系趋于完备，各个法律部门具有“四梁八柱”功能的规则体系已经建成，无法可依的时代已经成为历史，中国特色社会主义法律体系已基本形成。可以说，在立法方面，我们用短短几十年的时间走过了西方几百年走过的道路。与此同时，司法体系已基本完备，司法作为解决纠纷、维护社会正义最后一道防线的功能日益凸显，依法行政和法治政府建设也有长足进步。法学教育欣欣向荣，蓬勃发展，法学院从最初的寥寥几所发展到今天的六百多所，在校法学学生已逾三十万人。

中国市场经济腾飞的四十年也是我国法学研究蓬勃发展的四十年。风雨百年过，智慧树常青。得益于法学前辈融汇东西的学术积累，经过学界同仁的不懈探索和创新，各个法学学科都涌现出了一大批杰出的法学家。他们不仅躬耕学问、立身治学，而且积极为国家法治建设贡献智慧。他们严谨治学，具有深厚的法学功底，深谙各部门法的骨骼和精髓，并归纳总结出自成一派的法学观点；他们借鉴域外，精通比较法学的逻辑和方法，在博采众长之后，致力于完善我国的相关法学理论。多年的刻苦钻研早已使他们成为中国当代法治和法学教育的大梁，并在著作等身之际桃李天下，培育出更多优秀的青年学者。

当下法学发展的社会环境更是得天独厚。中国以昂扬的姿态迈入新时代，在党的领导下，我国的经济与社会发展更加繁荣昌盛，经济总量已跃居世界第二位。在习近平总书记的领导下，社会治理模式愈见清晰，“一带一路”宏伟倡议彰显大国担当，“中国梦”植根于每一个百姓的心里。全面依法治国被确立为国家治理的基本方略，建设法治中国、全面建设法治国家开始成为社会发展大方向和主旋律。党的十八大强调法治是治国理政的基本方式，并围绕全面推进依法治国、加快建设社会主义法治国家的战略目标，规定了法治建设的阶段性任务，强调要更加注重发挥法治在国家治理和社会管理中的重要作用。党的十九大报告更是以宪法为纲，突显了法治在社会发展中不可替代的基本性作用，全面依法治国使中国站在了新的历史起点。

对于我们法律人而言，这不仅是最好的时代，也是新的起点。历经半个多世纪，中国的法学发展从中华人民共和国成立初期的百废待举，学习西方的法律内容和格局，到如今逐渐形成自己的理论体系和话语体系，经历了从“照着讲”到“接着讲”的过程，法学已全面服务于国家治理，并深切关注人类命运共同体的前途和命运。随着科学技术的飞速发展和社会矛盾的日益变化，法学研究也面临着前所未有的挑战。随着我国经济转轨、社会转型，社会结构和执法环境发生了深刻变化，如何以问题为导向，如何利用法律思维解决现实社会问题，成为当代法学与实践相结合的新思路和新机遇。

法学学科以法的发展为研究对象，以公平正义为主要价值追求，不同于其他学科之处在于其实践性。“问渠哪得清如许?为有源头活水来”。法学学者要注重理论研究，但不可囿于象牙塔中，而应当走进生活、走向社会，密切关注我国的法治建设实践。法学学者需要守经，既坚守法治理念，守护法治精神，维护社会正义，也要与时俱进、不断创新，切不可因循守旧、故步自封。法学学者需要注重对域外有益经验的借鉴，但不可定于一尊，奉某一外国法律制度为圭臬，忽视本国法治实践，照搬照抄外国的法律制度。面对任何社会问题，法学学者都有义务和责任展开相应的法治思维，以法治的方法解决我国的现实问题。在互联网和各项新的科学技术飞速发展、日新月异的今天，法学学者不仅要思考当下所遇到的法律问题，也要思考未来的法治走向和可能面临的问题。这些都对青年学者们提出了更高更新的要求。所幸我们的法学学者一直在孜孜不倦地努力，不断贡献着智慧与力量。

中国人民大学出版社邀请我组织这套“中国当代青年法学家文库”，我欣然同意。这套书收录了我国当代青年法学研究者中的佼佼者们的代表作。入选著作具有以下特征：既秉持我国法学研究的脉络和精神传统，又反映我国当代法学研究的创新发展水平；既注重对基础理论的深入研究，又注重解决重大社会现实问题；既注重立足于中国学术研究，又有广博的域外研究视野；既博采众长，又落足于中国法学学科体系、话语体系的创新发展。这些作品综合运用了多种研究方法，探索了中国法学研究可能的学术转向，既有效吸收其他学科的研究方法和研究成果，也使法学研究的方法和成果能够为其他学科的学者所借鉴。我希望这套文库的问世，能够为国家法治建设建言献策，为中国法学理论的构建添砖加瓦，为世界法律文化的发展注入中国元素，为中国法治文化的传承贡献一份应有的力量。

是为序。

2018年4月

目 录

导言：走向功能主义的刑法解释 ………………………………… 1

一、风险社会中刑法解释面临的挑战 ………………………… 2

二、本书的研究重心与各编相应内容 ………………………… 5

三、对于基本思路与相关概念的说明 ………………………… 8

上编 功能主义刑法解释的理论性基础

第一章 刑事政策与刑法解释的关系基础 ………………………… 13

一、思想基础：功利主义的观念与刑事政策的引入……… 15

二、立法基础：刑事政策对责任根据之设定的影响……… 19

三、理论基础：刑事政策与刑法教义学的贯通处理……… 34

四、概念基础：作为合目的性考量的刑事政策概念……… 43

五、本章小结………………………………………………… 47

第二章 刑事政策对刑法解释的作用机理 ………………………… 48

一、价值判断在刑法解释中的基本地位…………………… 48

二、价值判断之于法教义学的意义所在…………………… 53

三、刑事政策与刑法解释中的价值判断…………………… 62

四、刑事政策与解释论上的“以刑制罪” ………………… 69

五、本章小结………………………………………………… 75

第三章 功能主义刑法解释的方法与立场 ………………………… 77

一、刑事政策影响刑法解释的方法论前提………………… 78

二、刑事政策形塑刑法解释的途径及体现………………… 84

三、功能主义刑法解释论的基本立场宣示………………… 97

四、本章小结 ……………………………………………… 106

第四章　功能主义刑法解释的特点与性质 …… 107
一、功能主义刑法解释的目的导向性 …… 108
二、功能主义刑法解释的实质性 …… 113
三、功能主义刑法解释的回应性 …… 118
四、功能主义刑法解释的后果取向性 …… 123
五、功能主义刑法解释论的性质诠说 …… 129
六、本章小结 …… 137

中编　功能主义刑法解释的反思性控制

第五章　形式解释论与实质解释论之争的本质 …… 141
一、形式解释与实质解释的范畴之厘清 …… 143
二、审视两大阵营彼此之间的曲解与误读 …… 149
三、形式解释论与实质解释论分歧之表现 …… 156
四、形式解释论与实质解释论分歧之根源 …… 169
五、提倡一种有节制的实质解释论的立场 …… 172
六、本章小结 …… 177
第六章　目的解释作为解释方法的反思性考察 …… 179
一、实质化与目的论之间的关联 …… 180
二、刑法中目的解释的基本功能 …… 186
三、刑法中目的解释的内在危险 …… 190
四、刑法中目的解释的适用规制 …… 195
五、本章小结 …… 208
第七章　功能主义刑法解释体系性控制之实现 …… 209
一、体系性思考的控制功能 …… 209
二、“体系”概念内涵之演变 …… 217
三、体系性思考的基本要求 …… 223
四、融贯性要求在刑法内部的适用 …… 234
五、融贯性要求在刑法外部的贯彻 …… 247
六、本章小结 …… 262

下编 功能主义刑法解释的规范性适用

第八章 防卫过当问题的合理化处理 …… 267
一、当前防卫过当认定中存在的问题 …… 267
二、“结果→行为”的思考进路之缺陷 …… 272
三、正当防卫正当化根据的重新定位 …… 279
四、如何实现对防卫过当的合理认定 …… 291
五、本章小结 …… 307
第九章 死刑适用标准的体系化构造 …… 308
一、当前我国死刑适用的主导思路及其问题 …… 310
二、对于《刑法》第 48 条第 1 款的重新解读 …… 317
三、第 48 条第 1 款中“罪行极其严重”的界定 …… 324
四、第 48 条第 1 款中的“不是必须立即执行” …… 337
五、如何处理现行三种死刑类型之间的关系 …… 343
六、本章小结 …… 351
第十章 以危险方法危害公共安全罪的解释学研究 …… 353
一、危害公共安全的判断 …… 355
二、“其他危险方法”的认定 …… 362
三、第 114 条与第 115 条第 1 款之间的关系 …… 370
四、本章小结 …… 377
第十一章 交通肇事罪有关逃逸规定的教义学解读 …… 378
一、交通肇事后逃逸场合的行为结构 …… 383
二、交通肇事罪“逃逸”的认定与理解 …… 390
三、实现对指使逃逸行为的合理处理 …… 408
四、本章小结 …… 413
第十二章 非法持有枪支罪构成要件的教义学限定 …… 415
一、既有去罪化解决方案之不足 …… 417
二、对“枪支”概念的限制性解释 …… 426
三、对“持有”概念的限定性理解 …… 434

四、对抽象危险要素的基本定位 …… 439
五、法条主义立场的方法论反思 …… 443
六、本章小结 …… 448

参考文献 …… 449
后　记 …… 473

导言：走向功能主义的刑法解释

当前的中国社会正处于重大的转型之中。作为日益工业化的结果，人们越来越多地享受到现代科技所提供的种种物质便利；与此同时，伴随工业化而来的众多新生的危险源，也使得与风险共舞成为中国社会无从摆脱的宿命。中国社会不可避免地成为全球风险社会的组成部分。风险是现代社会发展过程中的正常现象，它既是现代性分化所造成的发展方向多元化问题，也是现代性发展的多种可能性问题。作为理性化的产物，风险始终与专业化分工的细密性、理性法则的不断完善和技术的发展紧密相伴。如学者所言，“知识、法制和科技越发展，越自由创造，人们越是更多地知道那些不可预测的未知事物，便越陷于更大的不确定性，越面临更多的可能性，因而也越面临更多的风险”①。

政治与社会语境上的这种巨大变化，正在对并且必将对刑法理论与实践产生深刻的影响。国外刑法学的研究在风险社会学的影响之下，已经日益重视刑法与风险之间的互动关系。因而，刑法学的研究不再只是注重包括罪过与危害在内的传统内在参数的研究，也开始重视包括刑事政策在内的外在变量对规范刑法学体系的构造性影响，以使刑法理论的演进能与社会的现实需要相呼应。从我国的情况来看，对刑事政策的研究基本上一直停留于外在视角的诠释上，其与刑法教义学体系之间并未

---

① 高宣扬. 鲁曼社会系统理论与现代性. 2版. 北京：中国人民大学出版社，2016：257.

建立起真正的勾连。然而，传统的只关注罪过与危害等内在参数的研究范式固然有其优点，但也容易产生只见树木不见森林，甚至一叶障目的问题。它的过于关注概念演绎与逻辑自洽的特性，会诱使刑法学者无视真实的生活世界而一味沉溺于逻辑性的演绎之中。对此，达博教授曾专门给予过提醒："刑法学者既不要在一种愈来愈独立的学理中迷失自己，也不能否认这个事实，刑法是行使国家权力的一种形式，因而也就是一种政治。"①

一、风险社会中刑法解释面临的挑战

在很大程度上，本书代表着对风险社会与刑法理论之关系的进一步的思考，是作为风险社会的系列研究而存在的。此前出版的《风险社会中的刑法：社会转型与刑法理论的变迁》一书②，主要探讨的是这样的主题：在风险社会的背景之下，随着刑法的基本框架由报应性惩罚向预防性控制的转型，传统的刑法理论面临怎样的挑战，对教义学层面的基本原则与基础理论又产生了哪些深刻的影响。基于这样的问题意识，当时相应的研究，主要关注的是刑法基本原则与基础理论所经历的演变历程，并试图分析为什么会出现这样的演变。这使得彼时的研究主要是描述性与分析性的，社会理论的色彩浓厚，较少考虑在法教义学层面展开积极的构建。从推进风险刑法理论研究的角度而言，梳理现有的刑法理论为应对风险社会之到来所经历的演变，自然不可或缺，这是展开法教义学构建的前提基础；不过，对风险社会与刑法教义学体系（以下简称刑法体系）之间关系的思考与探究，无疑不能仅停留在此。需要进一步研究的是，直面风险社会所带来的外部环境之复杂性的变化，作为刑法体系之重要组成部分，刑法解释论如

① 马库斯·德克·达博．积极的一般预防与法益理论——一个美国人眼里的德国刑法学的两个重要成就．杨萌，译．徐久生，校．刑事法评论：第 21 卷．北京：北京大学出版社，2007：466.

② 劳东燕．风险社会中的刑法：社会转型与刑法理论的变迁．北京：北京大学出版社，2015.

何实现基本的转型，以确保刑法体系与外部环境之间的关系实现有效的沟通与互动。

这意味着，在风险社会的背景之下，有必要发展一种新的刑法解释理论，以应对外部环境之变化所带来的规范性需求。这是提升与强化刑法体系的应变性要求的面向使然。在地方性的社会经历结构性变迁而走向全球风险社会的今天，“（以价值、规定、目标为其形式的）规范不再事先对认知模式进行预调（pre-programme）；相反，与此形成鲜明对比的是，学习适应的问题将获得结构优先性，由此每一社会中学习的结构性条件必须通过常规化（normalization）而获得支持”[①]。无论是法律还是相应的法教义学，都不可避免地面临如何学习适应的问题。无视刑法体系之应变性要求的做法，必然使刑法理论与生活现实之间的鸿沟越来越大，反过来使刑法体系自身陷于重大的危机之中。在此种语境下，作为刑法研究者，我们不得不认真直面这样的追问：为促进刑法体系的应变性，同时又不至于危及刑法体系的自主性，中国社会需要怎样的一种刑法解释论？

应当说，晚近以来，我国学界对于法条的解读与分则个罪解释的相关研究较之前有了长足的进步，同时，人们对于解释论基本立场上的差异也有所意识。但总体而言，刑法学界对刑法解释的方法论本身尚缺乏足够的关注，尤其是，对于刑法解释应当如何实现方法论上的转变，传统的刑法解释论究竟如何完成整体上的转型，重构后的刑法解释论具有什么样的特点与性质，如何自觉地在个罪或法条的解释中予以适用，更是缺乏基本的把握。本书对于刑法解释与刑事政策之关系的倾心关注，正是基于这样的问题意识。

从20世纪中后期以来，为了应对风险社会所带来的系统性挑战，刑法体系不断地进行自我调整以求有效化解外部环境所造成的压力。可以说，刑法在试图调控风险的过程中反过来也为风险所控制。对风险的

① 贡塔·托依布纳．魔阵·剥削·异化——托依布纳法律社会学文集．泮伟江，高鸿钧，等译．北京：清华大学出版社，2012：61-62．

应对，不仅改变了刑事立法及其理论，也从根本上在改变刑法体系的基本特性。在风险社会中，既然刑法需要对不安全性进行有效的管理，需要对风险的配置与控制作出合理而有效的安排，那么刑法理论的建构势必不能只考虑体系本身的内部变量，不能仅顾及逻辑意义上的体系性要求，而是必须同时将刑事政策这一外在参数也纳入视野。罗克辛针对刑事政策与刑法体系的相关研究，倡导将刑事政策的目的性考虑融贯于刑法体系的构建之中[①]，其实正是在探讨刑事政策作为构造性的外在参数，如何对刑法体系的建构产生重大的作用与影响。也正是基于此，罗克辛将自己的刑法体系称为目的理性（功能主义）的刑法体系。只是，罗克辛有关目的理性刑法体系的构想，主要是将关注重心放在犯罪论体系的构建上，对于解释论如何实现转型则并未有多少涉及。这使得目的理性的体系构想如何在解释论领域生根发芽，包括如何进行方法论加工的问题，一直没有得到应有的关注。

以概念法学作为方法论基础的传统刑法解释论，因过于关注形式逻辑的要求，导致刑法体系成为与外部环境相隔绝的封闭性存在，并使得刑法条文成为僵死的法条，无法根据现实语境的变化而实现推陈出新，已然难以满足外部环境复杂化对刑法体系所提出的规范性需求。因而，对刑法解释论展开方法论层面的反思与重构，具有特别紧迫且重要的意义；实际上，它是推进整个刑法教义学体系实现反思性调适的关键环节。如果承认刑法体系需要完成由传统的要素型模式向目的理性（或功能主义）模式的转变，则作为其必要组成部分的刑法解释论，无疑也必须相应地实现范式性的更新。与目的理性（或功能主义）的刑法体系相对应，本书倡导一种功能主义的刑法解释。所谓的功能主义，意味着在对刑法条文进行解释时，应考虑刑法在社会中承担的功能，以最适宜实现相应效果的角度去进行刑法解释。

不可否认，本书所主张的功能主义，仍然带有强烈的目的理性的色

---

① 克劳斯·罗克辛. 刑事政策与刑法体系. 2版. 蔡桂生，译. 北京：中国人民大学出版社，2011.

彩，强调目的与手段之间的权衡与调适，同时也作出一些相应的调整，强调从全社会系统对法律系统所提出的功能需求的角度，来思考刑法解释论如何进行相应构建的问题。这样一种功能主义的刑法解释论，在承认目的论思考对理论构建的构成性作用的同时，也试图进行自我的反思性控制，以防止引起法律系统的过于膨胀，不当干预其他系统的自主运作，从而引发严重的外部性负效应问题。

二、本书的研究重心与各编相应内容

由于关注重心的转变与研究命题性质使然，本书的研究风格与此前《风险社会中的刑法》有所不同。如果说笔者此前关于风险社会与刑法理论的研究，由于关注刑法理论所经历的演变，而较多地呈现描述性与分析性的特点，本书的重心则放在如何建构一种新的刑法解释论的问题之上，这使得相应的内容主要属于法教义学的探讨，在基调上也偏于积极的建构。也就是说，本书虽然仍涉及社会理论的运用，但并不采取社会理论的方法或者社科法学的方法，而采取的是教义学的方法。全书旨在对功能主义的刑法解释做方法论层面的勾勒与展开。主体内容分为上、中、下三编，包括功能主义刑法解释的理论性基础、功能主义刑法解释的反思性控制与功能主义刑法解释的规范性适用。

由于本书所谓的功能主义，主要是指考虑刑事政策上的预防效果，故就三编之间的内在关系而言，上编的内容是对刑法的刑事政策化的方法论加工，这样的加工旨在将一种应变的机制置入刑法体系的结构内部，中编探讨的是，在解释论领域如何实现对刑法的刑事政策化的制约，下编则是将一种既强调应变又关注自我制约的解释论适用到具体的问题领域。在刑法的刑事政策化已是大势所趋的今天，对之进行体系与方法论上的加工固然重要，如何有效控制其间的危险也是绝对不容偏废的面向。这意味着，就功能主义的解释论而言，必须同时思考这样的问题：“如何在积极实践刑法的刑事政策化的同时，对其作用的范围和程度进行一定的规范和制约，从而使其符合法治原则、人权原则，有效地防止这种法治危机……”①

上编提出，目的论思想的兴起，要求发展一种受刑事政策目标指引的功能化的刑法解释论。刑事政策要对刑法解释产生影响，必须以方法论上实现从概念法学到利益法学及评价法学的转变为前提。它借助目的的管道进入刑法体系，通过作用于作为规范保护目的的法益的范畴，来影响与形塑刑法条文的解释。功能主义的刑法解释论认为，刑事政策的目的性思考所代表的价值判断与传统教义学规则所代表的形式逻辑之间，是一种相互补充、相互牵制的关系。基于此，有必要警惕两种极端的立场：一是主张纯粹实用主义导向的刑事政策的论证，二是认为刑事政策对刑法体系的任何干涉都应被禁止。功能主义的刑法解释突破传统解释论的认知局限，认为解释者与法律文本之间不是主体—客体的认识论关系，解释者也参与对刑法文本的意义的创造，刑法解释因而并非单纯的方法论，而是构成刑法的实体。功能主义的刑法解释论具有目的导向性、实质性、回应性与后果取向性的特点。由于倡导司法能动，功能主义的刑法解释论有助于解决风险社会背景下刑法体系的自我演进问题。

中编认为，功能主义的刑法解释论以目的论思维作为其方法论基础，具有倒向法律工具主义立场的可能。这导致刑法适用日益地从以形式逻辑为中心转变为以目的为中心，不断地向实质化的方向发展。实质化与目的论思维之间存在密切的内在关联。目的解释的适用具有双刃剑的效果。对目的的探究，能够赋予解释者以解释的自由；目的解释主要被用于堵截处罚方面的漏洞，确保刑法之网的严密性与开放性。目的论思维的内在危险则在于，会弱化罪刑法定的制约机制，并严重威胁与侵蚀刑法适用的统一性与客观性。对目的论的规制，涉及的是如何控制解释者的主观任意性的问题。有必要运用体系性解释与合宪性解释，来实现对刑法解释中目的论思维的规制。对功能主义刑法解释的体系性控

① 周折．刑法的刑事政策化与刑事政策法治化的双重解读．刑事法评论：第16卷．北京：中国政法大学出版社，2005：463.

制，在价值面向上涉及刑法体系的自主性与应变性的关系处理，在方法论上涉及融贯性与合目的性的相互制约。在体系的概念经历演变之后，体系性思考不仅指向逻辑上的无矛盾，而且指向内在价值评价上的无矛盾。体系性思考的基本要求是具有融贯性。在刑法解释中，为实现融贯性的作业，除特定的刑法法条内部与不同的刑法法条之间需要保持协调外，刑法法条与其他法部门（包括宪法）之间也需要实现协调。

下编主张，有必要在对刑法规范进行解释的过程中，贯彻功能主义刑法解释论的基本方法与立场。此部分以防卫过当的认定、死刑适用标准的构造、以危险方法危害公共安全罪构成要件的理解、交通肇事逃逸规定的解读与非法持有枪支罪客观构成要件的限定为例，来详细阐述如何将功能主义解释论的方法与立场运用于其中，据此得出兼具合目的性与融贯性的解释结论。（1）就正当防卫而言，如果将刑事政策上的目的性考虑、整合进去，在解释《刑法》第 20 条第 2 款时，需将“明显超过必要限度”与“造成重大损害”理解为两个独立的条件，前者涉及行为限度，后者涉及结果限度；有关行为限度的判断，有必要采取行为时的一般人标准。（2）在解读《刑法》第 48 条第 1 款时，应采取以适用死缓为通例而以适用死刑立即执行为例外的解读，该款前句是规定划入死刑圈的标准，后句是进一步补充适用死刑立即执行的条件；对第 50 条第 2 款应从人身危险性的角度来解读，适用死刑时应当采取“普通死缓→死缓限制减刑→死刑立即执行”的思考顺序。（3）在对以危险方法危害公共安全罪的构成要件进行理解时，对其中的公共安全，应当以多数人的生命、身体安全为核心而展开，“以其他危险方法”属于独立的要件，需要从性质与程度两个角度来限定；有必要承认第 114 条与第 115 条第 1 款均存在未遂与中止的形态。（4）围绕交通肇事逃逸规定的研究，逃逸规定的规范保护目的仅在于救助伤者，而交通肇事后逃逸的场合成立行为复数，应当以此为前提对交通肇事逃逸的相关问题展开探讨。（5）就非法持有枪支罪的构成要件而言，应考虑对涉枪罪名中的枪支概念做不同于行政法上的枪支的理解；同时，基于持有型犯罪的特殊性，对持有与抽象危险这两个要素做严格的限定。

三、对于基本思路与相关概念的说明

在交代完本书的主旨与基本内容之后，为便于读者更好地了解与把握本书的基本思路，避免对书中的内容或主张产生误解，有必要强调说明以下五个方面的问题。

第一，本书关于功能主义刑法解释的研究，是放在风险社会的背景下需要怎样一种刑法体系的框架之中来展开的。这意味着，本书是对此前有关风险刑法理论研究的继续推进。刑法体系本身（尤其是犯罪论体系）如何实现功能主义的转变，也是笔者一直致力研究的内容，但因相关研究尚未完成，此方面的问题将放在另一著作中予以处理。功能主义的刑法解释是功能主义刑法体系的有机组成部分，是作为后者的下位范畴而存在。由是之故，二者无论是在价值诉求还是在方法论构建上，均表现出内在的一致性。刑事政策所具有的灵活性与对社会现实的及时反应性，使得刑法在运作的过程中越来越多地受到前者的影响。然而，刑事政策的任意干预，会导致刑法丧失应有的自主性。由于自主性背后维护的是规则之治，故一种政策导向的刑法运作，在提升刑法子系统的应变能力的同时，必然会带来新的问题。刑法领域当前有关刑事政策与刑法体系关系的研究，因而被期望能够在增强刑法体系的应变性的同时，不至于危及刑法体系的自主性。刑事政策与刑法体系的关系问题研究，也因此具有更新刑法理论乃至推动刑法体系范式之转型的重大意义。

第二，本书在广义意义上使用刑事政策的概念，不主张在公共政策（或社会政策）与刑事政策之间进行生硬的区分。“这种意义上的刑事政策，不仅包括对已经被确定为犯罪的行为应当配置何种刑事制裁方法才有助于维系最低限度的社会秩序的处罚选择问题，还包括应当把多大范围内的行为和何种性质的行为纳入刑事规范调整范畴的定罪问题。”[①]本书中的刑事政策也并非特指某个具体的、现实的刑事政策，而是抽

① 黎宏. 论“刑法的刑事政策化”思想及其实现. 清华大学学报（哲学社会科学版），2004（5）：47.

象、整体意义上的。无论怎样定义刑事政策，也无论其具体样态如何丰富，刑事政策终归是以预防与控制犯罪作为自身的核心任务，并以秩序作为追求的价值目标。确切地说，本书所使用的刑事政策概念，主要是方法论意义上的，等同于合目的性的考虑。如此一来，在刑法解释的领域，所谓的刑事政策与刑法体系的关系命题，在方法论上就表现为如何处理合目的性与融贯性的双重要求的问题。

第三，本书所谓的功能主义，与日本的机能主义或受其影响的我国的相关理论相比，既有相同之处，也有不同之外。相同之处在于，承认刑法理论需要考虑以最适宜实现刑法的社会功能的方式来构建，其价值诉求都在于提升刑法体系的应变性。不同之处至少有三点：一是本书的功能主义并未放弃体系性思考，在方法论上也并不倡导问题性思考；而日本的机能主义则因为受社会法学与法律现实主义等思潮的影响，在方法论上转向问题性思考，通过在一定程度上牺牲体系性的要求，而提升刑法体系的应变性的面向。二是本书的功能主义强调对自身的反思性控制，而日本的机能主义理论内部基本没有这样的维度。三是本书的功能主义仍以目的理性的体系构想[①]作为主要的理论灵感，同时适当整合法的系统理论的一些洞见，在此基础上进行方法论层面的加工，展开相应的体系化构建；日本的机能主义则作为一种思潮而存在，对实务案件的处理有较大的影响，但相应的理论处于片断化的状态，并未进行基本的体系化构建。

第四，本书对功能主义刑法解释的研究，主旨的确是要推进刑法体系的应变性面向的发展，但并不认为因此就可以放松自主性方面的要求，而是试图重新定位两者之间的关系，通过强调对功能主义的反思性控制，来实现二者的均衡发展。在自主性与应变性之间的关系处理上，本书认为，以往将二者理解为此消彼长的关系模式并不可取。按该种模式处理，要么损耗刑法体系的自主性的一面，从而危及法的客观性乃至

① 目的理性的刑法体系存在不足之处，它并未摆脱工业时代工程式控制思维的影响，没有对意向性因果关系与系统性因果关系进行区分，也未能提供反思性的自我控制机制。劳东燕．网络时代刑法理论的功能化走向．中国法律评论，2020（2）．

规则之治的价值，现有倡导实质论范式的相关研究都或多或少存在这方面的问题；要么对刑法体系的应变性的一面置若罔闻，根本不考虑或者很少考虑刑法体系如何根据外部环境进行适应性调整的问题，现有倡导形式论范式的相关研究，其根本性的缺陷即在于此。

第五，本书的基本目标不在于对功能主义刑法解释单纯进行勾勒性的描述与分析，而意在进行规范层面的方法论加工，初步构建一个体系框架，以推进刑法解释论实现从概念法学到功能主义的转型。有一些更为基础的问题，例如功能论与目的论之间的关系处理，社会理论与刑法理论之间如何沟通，以及后果考察对解释者主观性的制约等问题，因涉及更为一般的方法论问题，经斟酌后未安排在本书的内容里，而准备放在功能主义刑法体系命题的研究之中来处理。

上　编

功能主义刑法解释的理论性基础

本书上编论述功能主义刑法解释的内在构成，偏重于关注刑法的刑事政策化的侧面。由刑事政策与刑法解释的关系基础切入，重点探讨刑事政策对刑法解释具有的意义与作用，并展开相应的方法论的加工。这样的方法论加工，意在推进刑法解释论的更新与转型，以便在刑法体系的内在结构中置入适于应变的机制。

第一章　刑事政策与刑法解释的关系基础

当代社会的风险性质使得刑法变成管理不安全性的控制工具，风险成为塑造刑法规范与理论的重要社会力量。这种塑造往往以政策为中介，后者由此成为影响刑法体系构造的外在参数。可以说，风险社会的性质与结构决定，抽离政策的分析范式将无法真正认识现代刑法。① 如此一来，势必影响刑事政策与刑法解释之间的关系处理，影响刑法解释论的构建。在解读刑法条文尤其是构成要件时，完全不考虑政策要求的做法，必然会因影响刑法的社会功能而面临质疑。由于刑事政策是政治系统在犯罪化及其处理的相关问题上所表达的政治性吁求与关注，刑法解释则属于法律系统的组成部分；故而，如何将来自政治系统的因素，吸纳入法律系统之内，按法律系统的运作逻辑发挥相应的作用，需要在方法论上作出巨大努力。

传统理论中，有关刑法与刑事政策关系的研究大体可归为几种类型：一是旨在勾勒刑法与刑事政策之间关系的宏观轮廓；二是围绕刑法的刑事政策化现象展开论述；三是探讨刑事政策对刑事立法的影响；四是一般地阐释刑事政策对刑法解释的意义或功能；五是专注于具体某个刑事政策（主要是宽严相济的刑事政策）在刑法中的适用。除个别论作之外，此类研究大多流于抽象的坐而论道，很少或基本不结合刑法中具体的法条展开分析，对教义学上的各类理论也缺乏必要的关注。因而，尽管不断有研究成果推出，且几乎所有研究者都同

---

① 劳东燕．公共政策与风险社会的刑法．中国社会科学，2007（3）：129．

意，应当将刑事政策整合入法教义学体系之中；然而，对于具体如何整合，刑事政策怎样作用于法教义学，其对法教义学的发展具有何种功能等方法论层面的问题，既有的研究大多语焉不详，给人蜻蜓点水的感觉。如何避免大而化之的叙述，更富建设性地建立起刑事政策与法教义学之间的勾连，是当前有关刑法与刑事政策关系研究中必须正视的问题。

归结而言，这实际上涉及刑事政策与刑法体系之间的关系如何处理的问题。德国刑法学中刑事政策与刑法体系之间的关系处理，为我们提供了两种基本模式，即分离模式与融贯模式：前者是将刑事政策放在刑法体系之外，主要作为刑事立法或执法层面的政策；后者是将刑事政策纳入刑法体系之内，用以指导法教义学理论的构建与法解释论的发展。从刑法学说发展的历史来看，刑事政策基本上经历了从刑法体系之外向刑法体系之内转移的过程。将刑事政策置于刑法体系之内，不仅将推动法教义学合乎目的理性地发展，也有助于防止出现刑事政策任意跨越或突破法教义规则的现象。[①]刑事政策作为政治与刑法之间的桥梁而发挥作用。刑事政策的存在，有助于将现实的政治与社会需要的信息与相应的压力有效传递给刑法体系，逼使后者作出反思性的自我调适。可以说，将刑事政策与刑法教义学的研究相结合，既是为对当下刑法现实有真切的把握所做的努力，也是直面社会发展需要的明智之举。因而，在考虑如何构建刑法体系时，不能不考虑刑事政策上的目标设定。在此种意义上，目的理性的刑法体系所代表的以刑事政策上的预防目的作为架构体系之指导原则的贯通模式[②]，为如何处理刑事政策与刑法解释的关系提供了基本的框架。

在揭示刑事政策与刑法解释之间的作用机理之前，本章对刑事政策对刑法体系的构建产生影响的前提要件先行进行论述。这样的前提要件包括思想基础、理论基础、概念基础与立法基础。

① 劳东燕．刑事政策与刑法体系关系之考察．比较法研究，2012（2）：92.

② 劳东燕．刑事政策与功能主义的刑法体系．中国法学，2020（1）：129-131.

一、思想基础：功利主义的观念与刑事政策的引入

对现代刑法而言，贝卡里亚—费尔巴哈时代所经历的转折可谓意义重大。彼时，受启蒙时期国家目的学说与边沁功利主义理论的影响，刑罚学经历了“由盲目报复的‘本能行为’到有意识的目的行为的认识发展”[①]。根据当时的国家目的学说，国家并非神的赐物或者神化的秩序，而是为了所有个体的福利的政治共同体。国家秩序的立足点是单个的、同等自由的、自决的个体与其在尘世的生活目的，这种要求构成国家存在的正当根据。[②] 功利主义则提供了一种新的、简单的惩罚原理，对社会为什么要惩罚犯罪者的问题予以重新审视，并对“适宜”或“不适宜”惩罚的情况进行重新分类，以确定什么行为或活动适合于政府调整。依照功利主义的逻辑，惩罚的正当性来自实现更大的快乐和幸福总量。换言之，惩罚只有在它许诺排除某种更大的恶的范围内才应当得到承认，如果惩罚的结果只是增加共同体的痛苦，惩罚就没有正当性。[③] 据此，国家刑罚权的发动必须是有目的的，必须带来一定的利益，且这种利益应该超过刑罚所带来的恶。这意味着，自此以后，刑罚的正当性论证必须——至少部分地——由其所带来的利益来证成，即通过防止引起恶这一后果的那些行为来增进社会的总体幸福，而无法再基于惩罚的痛苦本身。

功利观念的盛行与彼时民族国家的兴起相结合，直接导致对犯罪与刑罚的基本观念的全新定位：犯罪被视为对国家忠诚义务的违背，是针对国家的不法行为；相应地，施加于犯罪人身上的刑罚，也不再是对其所引起的恶的单纯报应，而是基于国家的秩序利益杀鸡儆猴，以警告犯

---

① 格尔德·克莱因海尔，扬·施罗德. 九百年来德意志及欧洲法学家. 许兰，译. 北京：法律出版社，2005：256.

② Vgl. Bleckmann，*Staatsrecht I——Staatsorganisationsrecht*，München：Carl Hezmanns Verlag KG，1993，S. 188.

③ 韦恩·莫里森. 法理学：从古希腊到后现代. 李桂林，等译. 武汉：武汉大学出版社，2003：203.

罪人与他人不要实施犯罪。威慑论正是在这样的历史背景之下走上现代舞台的。在与霍布斯处于同一阵营的德国学者普芬道夫最早提出刑罚威慑思想之后，贝卡里亚与费尔巴哈也先后成为坚定的威慑与一般预防论者。贝卡里亚强调应在刑罚的后果和犯罪的后果之间进行算计和权衡，并由此将刑罚的正当依据界定为预防和威慑[①]；费尔巴哈则主张，刑罚必须让每个人认识并且在所有情况下通过法律进行威慑，而刑罚的执行也并没有更多的目的，只是为了表明刑罚威吓的严厉性。[②] 19世纪后半期刑事实证学派所提出的社会防卫理论，尽管与古典时期的威慑与预防观念有所偏离，但同样没有超出功利主义的价值范畴：它将刑法视为社会防卫的手段，认为刑罚的主要目的是预防犯罪人重新犯罪，对于具有危险性格的行为人，无论其在道义上应否受到谴责，基于社会生活的必要，都须令其承担罪责。

贝卡里亚和边沁的理论被后世认为具有里程碑的意义，代表着迈向现代新世界的历史性转折点。这不仅是因为功利主义的论证及其逻辑标志着古代刑法的终结，更重要的是，其为未来刑法的发展指明了一条全新的途径，将一种新的算计（calculation）式的理性推理方式引入刑事领域。这种推理方式的引入标志着对刑罚功能的全新认识，“即由不承认刑罚具有即刻的目的计算权衡的非实证主义推理，到刑罚是一种社会实践的实用主义的进化”[③]。刑法的功利化或者说实用主义化，构成刑事政策侵入刑法领域的逻辑前提，也为刑事政策成为刑法体系的构造性要素奠定了基础。在报应主义支配的惩罚框架内，刑罚只是对犯罪之恶的单纯否定，并不进行实用主义的算计，自然不可能有现代刑事政策存在的余地。在功利主义的逻辑引入之后，由于刑罚的施加必须考虑现实的社会政治需要，刑事政策因此成为联结政治与刑法的重要桥梁。当

---

① 贝卡里亚．论犯罪与刑罚．黄风，译．北京：中国大百科全书出版社，1993.

② 格尔德·克莱因海尔，扬·施罗德．九百年来德意志及欧洲法学家．许兰，译．北京：法律出版社，2005：134.

③ 卜思天·M. 儒攀基奇．刑法理念的批判．丁后盾，等译．北京：中国政法大学出版社，2000：1.

然，现代刑事政策的产生还需要具备其他的条件，比如，社会学、生物学、统计学尤其是犯罪学知识方面的发展。正如李斯特所言，与犯罪作斗争以对犯罪的原因与刑罚的效果具有认识为前提，因而，没有犯罪生物学（人类学）与犯罪社会学（统计学）的研究结果作为基础，建立在科学基础上的刑事政策就不可能存在。[①] 由此可见，现代刑事政策并不具有很长的发展历史，它产生于19世纪后半期，随着犯罪学的发展而出现。

刑事政策对立法者与司法者所具有的事实上的约束力与说服力，使得一种全新的正当性论证进路得以兴起。自此以后，在对相关立法或司法决策的正当性进行论证时，除了传统的原则型论证进路外，还形成一种政策型的论证进路。政策的论证尽力显示，如果特定的计划得以实行，则共同体整体的利益将受到促进；相反，原则的论证则主张，基于其对特定人的影响，特定的计划必须被执行或放弃，即使结果会使共同体整体的处境在某种程度上变得较为糟糕。[②] 不难发现，政策的论证与功利主义的逻辑相呼应，它是目标导向的，通常只考虑共同体的利益。原则的论证则不考虑功利目的，而强调本身的妥当性，以守护个体权利为宗旨。从原则的角度而言，除刑法明文规定的原则之外，包括危害性原则、犯罪行为原则、责任主义原则（或罪过原则）、犯意与行为同时发生原则、危害结果与行为之间的因果关系原则等在内的刑事责任的基本原则，都无不代表着个体相对于国家所享有的权利，它们构成对国家刑罚权的重大限制。由政策的进路看来，原则所保障的个体权利是相对的、可限制的，权利服务于权利体系之外的目的，所以会随着社会与政治目标的改变而被重新界定。换言之，权利可能因功利主义的考虑而变得无效，因为公共福利或其他结果价值上的收益被认为足以抵销对权利的侵犯，典型的例子如国外的制定法强奸或法定强奸。罪过原则普遍为现代各国刑法所承认，但这并不排除各国在面临保护幼女的政策需要时

① *Franz v. Liszt*, Strafrechtliche Aufsätze und Vorträge, Erster Band, photomechanischer Nachdruck, Berlin: Walter de Gruter & Co., 1970, S. 291.

② Ronald Dworkin, *A Matter of Principle*, Cambridge: Harvard University Press, 1985, Introduction, pp. 2-3.

例外地实行严格责任。此处，被告人为罪过原则所保障的权利，因保护幼女所获得的重大利益而被限制。如波斯纳所言："对于严格责任之犯罪，诸如法定强奸，予以惩罚会有所收益；这种惩罚之威胁会促使潜在违法者更好地绕开受到保护的那一类人，因此也就更安全地保护了这类人。"[①]

可以肯定，不计任何社会成本而守护个体权利或者完全无视个体正义而维护共同体利益的立场都并不可取。因而，问题并不在于是否应该在两个极端之间求取中间立场，而是如何在个体权利与公共利益之间获得适当平衡。这意味着，原则型的论证进路与政策型的论证进路之间并非是你死我活的关系，而只能在对立中求共存，任何一者的偏废对于整个社会而言都不可能是福音。这是因为，二者所代表的不同价值之间，并不是正与否的对抗，而是正与正的较量。在一个多元化的社会中，对于两种同样为正的价值，理智的态度只能是：对立价值之间必须妥协，不能为提升一方价值而牺牲另一方价值；对立价值之间具有限制功能，一方价值对另一方价值的消极面有限制作用。[②]

由此看来，苏力教授与刑法学界当年围绕奸淫幼女中幼女年龄的明知问题而展开的大论争[③]，尽管表面上唇枪舌剑热闹得很，但两个阵营之间实际上缺乏真正的交锋。客观地说，刑法学界对苏力所作的批评缺乏足够的说服力，且并没有击中问题的要害。在有关奸淫幼女的司法解释的正当性争议上，刑法学者的肯定立场显然与其所采纳的极端的原则型论证进路相关，而苏力的否定立场则源于政策型的论证进路。

无条件地认同主客观相一致与责任主义原则，使刑法学者得出奸淫幼女要求对幼女具有明知的结论。这是将原则绝对化的必然结果。这种极端的原则立场没有在公共利益与个人利益之间进行必要的权衡。因

---

① 波斯纳. 法理学问题. 苏力，译. 北京：中国政法大学出版社，2002：222.

② Dean J. Spader，Megatrends in Criminal Justice Theory，in 13 *American Journal of Criminal Law* (1986).

③ 陈兴良. 中国刑事司法解释检讨——以奸淫幼女司法解释为视角. 北京：中国检察出版社，2003.

而，即便刑法学者从原则的角度证明奸淫幼女中要求对幼女具有明知是过错责任的应有之义，也并不能直接推翻苏力从政策立场所作的法理分析和对司法解释的批评。一则，苏力从未质疑过错责任是刑事责任基本原则的理论前提，二则，他也并不否认在一般的意义上对行为人进行权利保障的必要性。他只是主张，在奸淫幼女的问题上，保护幼女的公共政策需要超越过错原则或者说责任主义原则的要求。因为在此，除男性行为人的为过错原则所保障的权利之外，“还隐含着其他同样值得保护和尊重的更为重大和深厚的社会利益（家庭的利益、父母的利益，甚至还有《青少年保护法》中规定的中小学教师和学校的责任和义务）”[①]。可见，刑法学者对苏力的批评实际上大多并未打中靶子，因为前者基本上没有对两种冲突的利益或价值进行认真的权衡，只关注了犯罪人的为责任主义原则所保障的权利，而并未考虑保护幼女的政策要求。

二、立法基础：刑事政策对责任根据之设定的影响

刑事政策的目的设定如何被转化到具有法律效力的刑法框架之内，或者说刑事政策怎样影响现代的刑法立法，这是值得认真探究的问题。只要承认法律效果的设置与是否进行处罚的选择属于刑事政策的内容，便不难发现，刑事政策对刑法规范的塑造具有重大的影响。一方面，刑事政策促成罪刑规范的创制。诸多新规范的产生，本身便是刑事政策驱动的结果。另一方面，刑事政策借助诸多制度性技术来改变既有规范的内涵与适用范围。这些制度性技术包括拟制、推定、行为范畴的拓展、犯罪标准的降低、责任范围与责任形式的扩张、犯罪构成要素的增减与法定量刑情节的设置等。凭借这些技术，刑法不断地铸造与重塑自身的规范，以求妥适地表达与维护国家的政策意志。[②]

分析那些为刑事政策所影响的罪刑规范可发现，它们经常突破传统

① 苏力．道路通向城市：转型中国的法治．北京：法律出版社，2004：127.

② 劳东燕．公共政策与风险社会的刑法．中国社会科学，2007（3）.

的刑事责任根据模式。由于这种突破总是隐秘而不事张扬地进行，并且每一次的突破看来都只构成微小的修正，远不是惊心动魄的，因而，此类现象往往不易引人注意，充其量被视为一种极为偶然的例外。然而，每一次的微小修正累积起来，其效果却是革命性的。人们终究不得不承认，这些基于便宜之计而临时设置的例外，最终深刻地改变了当代刑法的内在结构。在传统的刑事责任根据模式之外，新的责任模式被不断引入。这些新型责任模式具有一个共同的特点，那就是实质性地降低犯罪成立的标准，使定罪变得更为容易。

哈特认为，根据行为、因果关系与过错这三个标准，可以对迄今在法律体系内起着重要作用的那些责任根据加以分类：（1）必须证明行为、因果关系与过错；（2）必须证明行为与因果关系；（3）必须证明行为引起了损害并有过错；（4）必须证明行为引起了损害；（5）必须证明行为与过错；（6）只须证明有行为；（7）过错和行为造成或引起损害都不需要证明。此外，不同形式的责任根据可以相互结合而构成各种混合类型。[①] 值得注意的是，哈特将行为与损害之间的因果性关联分为两种类型：一种是“造成损害”（狭义的因果关系），即损害是行为人不当行为的结果；另一种是“引起损害”，即行为人的行为为他人[②]造成损害提供机会或制造条件，这种机会或条件使介入者造成损害成为可能或者至少变得更为容易。它们既可以一般地为加害者所利用，也可以是在特定条件下被加害者加以利用。[③]

前述七种责任根据类型中，（7）仅存在于民事领域，被告的责任建立在保险或担保的基础之上，即只要有损害发生，不管这种损害是否由被告的行为造成或引起，也不管是否存在过错，被告都要承担责任。除此之外，其他六种责任根据在刑事领域均有所体现，构成刑法中的责任根据类型。当然，（2）（4）（6）三种属于严格责任的范畴，在不承认严

---

① H. L. A. 哈特，托尼·奥诺尔. 法律中的因果关系. 2版. 张绍谦，孙战国，译. 北京：中国政法大学出版社，2005：2版前言11-13.

② 在有些情形下，也可能是自然事件之类的因素。

③ 同①52-53，120-121，177.

格责任犯罪的国家，这三种可能并不被承认是刑法中的责任根据类型。

仅就刑法领域而言，(1) 代表的是传统的刑事责任根据模式，即成立犯罪，不仅需要证明行为人的行为造成相应的危害结果，而且必须证明行为人对行为的实施与危害结果的出现具有主观上的罪过。(2) 至 (6) 所指涉的责任形式，都是对 (1) 所代表的责任根据进行限缩或放松的结果。它们各自表征的实质意义在于：(2) 的责任根据取消了罪过的要求；(3) 是将行为与危害结果之间的因果联系由要求证明行为人的行为造成危害结果，放松为只要证明行为人通过为造成危害结果提供机会而引起后者的发生即足够；(4) 则既取缔罪过，又放松因果联系方面的要求；(5) 从根本上去除了因果联系的要求；(6) 则同时取消罪过与因果联系的要求。应该说，(6) 责任根据对传统模式的背离程度最高，它只保留了最基本的行为要件，而将罪过和因果联系方面的要求统统抛开。这样的责任根据模式在刑法领域较为少见，不过仍然能找到它的踪影，典型的例子如英国刑法中关于销售掺假食品者责任的规定。按照此规定，即使不知道所卖的食品中掺了假，也没有任何人因消费它而受危害，销售者在英国也可能会被定罪。(2) 至 (5) 同样偏离传统的责任根据模式，构成刑法中非典型的责任模式，当然，与 (6) 相比，其偏离程度要稍低一些。

我国刑法与相关理论均不承认严格责任犯罪，因而，哈特所说的 (1) 至 (6) 的分类无法全部适用于对我国刑事实践的诠释。不过，值得注意的是，在我国刑法体系中，罪过方面的要求并不是在所有的犯罪类型中都严格贯彻到底。这也是客观的超过要素概念①、罪量要素说②与主要罪过说③等理论得以提出或产生的客观前提。这些理论的共同特点是，对既有的将故意犯罪的主观要件做同质性理解（即认为为某一犯罪所要求的罪过能够通过单一的罪过层级来表明）的故意理论有所突

① 张明楷．"客观的超过要素"概念之提倡．法学研究，1999 (3)：28-31.

② 陈兴良．口授刑法学：上册．2 版．北京：中国人民大学出版社，2017：259-260. 陈兴良．口授刑法学：下册．2 版．北京：中国人民大学出版社，2017：249-251.

③ 周光权．论主要罪过．现代法学，2007 (2).

破，而引入一种要素分析的模式。这种模式正式承认，对同一故意犯中不同的客观构成要素，可能需要适用不同的罪过形式，即对行为要素要求是故意而对结果要素或其他附随要素则可能只要求过失或者甚至过失都不需要。[①] 与传统的故意理论相比，要素分析模式的引入无疑放松了罪过方面的要求。在传统的故意理论之下，犯罪故意的成立，除要求具备对行为的故意与对结果的故意之外，同时至少还需对其他客观要素具有明知。而在要素分析模式之下，对行为是故意而对结果或其他附随要素是过失甚至无过失的情形，同样可以成立犯罪故意。就此而言，我国刑法中的罪过其实可以分为两种：一是传统故意理论所代表的典型罪过；二是要素分析模式所代表的非典型罪过。

受哈特研究的启发，再结合我国刑法的实践，笔者认为，可以依据行为、行为与危害结果之间的联系与罪过是否典型这三个标准来对我国刑法中的责任根据进行分类。经过排列组合，理论上会存在如下六种责任根据类型，不妨用公式来表示：(1) 公式 1：行为＋行为造成危害结果＋典型罪过；(2) 公式 2：行为＋行为造成危害结果＋非典型罪过；(3) 公式 3：行为＋行为引起危害结果＋罪过；(4) 公式 4：行为＋行为引起危害结果＋非典型罪过；(5) 公式 5：行为＋罪过；(6) 公式 6：行为＋非典型罪过。

那么，这六种责任根据类型是否在我国刑法体系中均有所体现呢？这显然不是一个容易回答的问题。根据罪刑法定原则，确定刑事责任的根据应当属于立法者的权力与职能范围，因为所谓的责任根据，本质上涉及的是某一犯罪的构成要件究竟如何界定的问题。然而，立法者不见得在任何罪刑规范中给出的都是清晰的指导，总是会有意无意地留下一些空白或模糊之处。在宜粗不宜细的立法精神的指导之下，就更是如此。在遭遇这些空白与模糊之时，便只能依赖包括有权解释与学理解释在内的各类解释。问题在于，解释的主体完全可能从各自的立场出发，对某一犯罪的责任根据作出不同的解读。比如，对于现行《刑法》第

① 劳东燕. 犯罪故意的要素分析模式. 比较法研究，2009 (1).

236 条第 2 款“奸淫不满十四周岁的幼女的，以强奸论，从重处罚”的规定，人们向来存在争议，有的认为是隐含的严格责任，有的（包括最高人民法院的司法解释）则认为它仍然属于过错责任，因而要求行为人对于幼女的年龄具有明知。严格责任或过错责任的不同解读，显然会使奸淫幼女犯罪在责任根据上归入相异的类型。而这样的争议，只有在立法者清楚表明自身的立场之后才可能真正平息。当然，这并不是说对每种责任根据类型都存在争议。大体来说，公式 1、公式 3 与公式 5 所代表的责任根据类型，其存在地位基本不受质疑。而公式 2、公式 4 与公式 6 所代表的类型，人们的争议较大。

1. 公式 1：行为＋行为造成危害结果＋典型罪过

我国刑法中规定的大多数作为犯罪，可归入公式 1 所代表的刑事责任根据类型。根据该种模式，行为必须由负有责任的行为人所实施，并且行为人仅对由自己行为所造成的危害结果负责，而不对他人造成的危害负责。此外，行为人主观上必须具有过错，他要么对行为与结果持故意的心态，要么至少对行为与结果具有过失。

2. 公式 2：行为＋行为造成危害结果＋非典型罪过

与公式 1 所代表的责任根据类型相比，公式 2 放松了罪过成立上的要求。这种罪过要求的放松主要体现在故意犯罪之中。据此，成立故意犯罪，行为人对于行为要素之外的其他一个或数个客观构成要素，不要求具有故意（即明知＋希望或放任）或明知，而至多只要具有预见可能性或者说过失即可。比如，《刑法》第 219 条第 2 款规定，明知或应知前款所列行为，获取、使用或者披露他人商业秘密的，以侵犯商业秘密论。该款规定的犯罪，即应归入公式 2 所代表的责任根据类型之中。换言之，在这一条款中，立法者采用了不同于传统模式的责任根据类型。

有学者认为第 219 条第 2 款中的“应知”指的是推定明知[①]，还有

① 陈兴良．“应当知道”的刑法解说．法学，2005（7）：83；张明楷．刑法学：下．5 版．北京：法律出版社，2016：828.

的认为指的是可能知道。① 对此，笔者持不同的意见。无论是将“应知”解释为推定明知还是解释为可能知道，本质上都承认它们属于“明知”的下位概念。只不过，持前种观点的学者，是从如何认定明知的角度，将以推定方式认定的明知区别于以一般证明方式认定的明知；而持后种观点的学者，则从认识是否具有确定性的角度将明知分为确定知道与可能知道两种类型。然而，从第 219 条第 2 款的立法表述来看，“应知”应当是与“明知”并列的情形，而不能解释为是“明知”的下位概念。

诚然，对于司法解释中出现的“应当知道”应归入明知范畴的问题，刑法理论上并无争议。不过，这并不代表对立法条文中出现“应知”或“应当知道”之类的表述，也可以做相同的理解。司法解释中出现“知道或应当知道”的表述时，解释者都明确表明其是在解释“明知”的问题。② 而对“明知”进行解释的必要前提，恰恰是立法条文明示或暗示相关犯罪的成立要求对某一客观构成要素具有明知。此种性质的“应当知道”本质上等同于推定明知，将之归入“明知”的范畴当然并无问题。反过来，人们也只能将其解释为是为明知所包含的情形，而不能解释为是过失，不然司法解释就会因为对既有的犯罪构成要件作出修正而有篡夺立法权之嫌。对于解释者而言，在这样的场合使用“应当知道”的表述，只能说是用词不当。然而，这样的批评并不适用于《刑法》第 219 条第 2 款。首先，立法者有权在某一具体的罪刑规范中摒弃

---

① 于志刚. 刑法总则的扩张解释. 北京：中国法制出版社，2008：44-51.

② 比如，1998 年 5 月 8 日最高人民法院、最高人民检察院、公安部、国家工商行政管理局《关于依法查处盗窃、抢劫机动车案件的规定》第 17 条规定：本规定所称的“明知”，是指知道或者应当知道。有下列情形之一的，可视为应当知道，但有证据证明确属被蒙骗的除外：(1) 在非法的机动车交易场所和销售单位购买的；(2) 机动车证件手续不全或者明显违反规定的；(3) 机动车发动机号或者车架号有更改痕迹，没有合法证明的；(4) 以明显低于市场价格购买机动车的。再如，2000 年 11 月 22 日最高人民法院《关于审理破坏森林资源刑事案件具体应用法律若干问题的解释》第 10 条规定：刑法第 345 条规定的“非法收购明知是盗伐、滥伐的林木”中的“明知”，是指知道或者应当知道。具有下列情形之一的，可以视为应当知道，但是有证据证明确属被蒙骗的除外：(1) 在非法的木材交易场所或者销售单位收购木材的；(2) 收购以明显低于市场价格出售的木材的；(3) 收购违反规定出售的木材的。

传统的责任根据模式，而采用其认为合适的责任根据类型。毕竟，立法者才是法定的犯罪定义主体，它当然可以在合宪的前提之下自由地决定采用哪一种责任根据类型来定义某个犯罪。从刑法典的诸多条款来看，立法者事实上也一直这么在做。其次，从语言的内在逻辑来看，如果立法者在其他条文中均使用“明知”，而本条中却表述为“明知或应知”，则只能解释为“应知”是与“明知”相并列的情形，而不能将“应知”理解是“明知”的情形之一。不然，就难以理解，立法者为什么要在此处采用毫无意义的同义反复的表述。

由此可见，第 219 条第 2 款中的“应知”不能等同于明知，不应该纳入明知的范畴之内。正如学者所言：“不能将应当知道解释为明知的表现形式，应当知道就是不知，不知岂能是明知。”[①] 同时，“应知”的表述也绝不意味着本罪就变成过失犯罪，或者成为故意与过失均可构成的犯罪。[②] 对于该条，学者之间之所以产生意见分歧，根源就在于没有认识到立法者在此条款中选择了有别于常规的责任根据类型。侵犯商业秘密罪无疑属于故意犯罪，只不过该罪的成立并不要求对商业秘密来源非法这一客观构成要素具有明知，而只要求行为人应当知道，也即对该客观构成要素只要求具有过失。行为人在应当知道而不知道商业秘密来源非法（即对不知道商业秘密来源非法具有过失）的情况下，实施获取、使用或者披露他人商业秘密行为的，同样构成侵犯商业秘密罪。此处的立法意图很明显：立法者希望通过适当放松罪过方面的要求，来达到适度扩张本罪成立范围的目的。这意味着，为更好地维护经济安全与信用，尽量周全地保障商业秘密权利人的合法权益，立法者选择将因过失地不知道商业秘密来源非法而给权利人造成重大损失的风险，让实施相应行为的行为人来承担，而不是让更为无辜的商业秘密权利人来承担。

① 陈兴良．中国刑事司法解释检讨——以奸淫幼女司法解释为视角．北京：中国检察出版社，2003：144.

② 高铭暄．新型经济犯罪研究．北京：中国方正出版社，2000：841-842.

3. 公式3：行为＋行为引起危害结果＋罪过

与公式1相比，公式3降低的是行为与危害结果之间的因果联系要求。在此种责任根据类型中，行为人需要对他人（或者他物）造成的危害结果负责。具体而言，将结果归责于行为人的行为，不是因为其行为造成了刑法所不允许的危害，而是因为它为介入者实施危害提供或制造了机会（不妨称为“引起危害”）：任何人由于不当行为而使他人处于第三人会加害的危险状态中，其便需要对第三人所造成的危害承担责任。在论述侵权法中的因果关系时，哈特曾经指出：“被常识区别为‘造成损害’和‘使得他人（或者他物）造成损害’的那些现象，都是责任的适当根据。通常它们并不被区别为行为与损害之间存在的不同关系，而是在‘近因’、‘结果’，或者‘当然的和盖然的结果’这种相同的术语下面被提及。……责任从造成损害这个基础扩展到包括提供损害机会的案件，这很可能代表了对所感觉到的各种需要的一种反应。”[①] 笔者认为，这样的判断同样适用于刑法领域。在刑事案件中，人们也很少严格区分这两种因果联系。不过，从责任的基础来看，这两种因果联系显然存在重要的有意义的区别。毫无疑问，当因果联系的要求从“造成危害”放宽到“引起危害”即可满足时，刑事责任的基础也相应得以扩展，而这种扩展只有联系刑法所处的现实的政治与社会语境才能更好地得到理解。

可以归入此种类型的责任主要包括三类：一是教唆行为与帮助行为所产生的共犯责任。实施教唆与帮助行为的共犯为实行犯提供了条件或机会，从而使后者造成危害成为可能或者变得更为容易。二是不作为犯的责任。不作为犯中的因果关系明显有别于作为犯中的因果关系。在不作为犯中，危害结果的发生，是由于行为人没有消除客观上已经潜在的危险状态。如学者所言，“在不作为犯罪之中，当行为人实施不作为之前或同时，已经存在着或潜伏着某种对社会有害的因果发展过程，它是

① H. L. A. 哈特，托尼·奥诺尔. 法律中的因果关系. 2版. 张绍谦，孙战国，译. 北京：中国政法大学出版社，2005：120.

决定事物发展方向的内因。行为人的特定作为义务，就是阻止这种内因的发展，因此可以说行为人履行自己的特定作为义务，是阻止危害社会的结果实现的原因”[①]。由此可见，实施不作为的行为人并没有“造成危害”，而只是“引起危害”，即对既有的因果发展历程不予干预而听任危险转变为现实的危害。三是监督过失（狭义）[②] 责任。在监督过失的情形中，监督者没有合理地履行对被监督者的监督义务，以致未能有效防止后者实施危险行为。由此可见，监督者的行为具有间接性，其行为与危害结果之间介入了被监督者的行为，后者才是造成危害结果的直接行为。

4. 公式 4：行为＋行为引起危害结果＋非典型罪过

公式 4 代表的责任根据类型在两点上区别于公式 1 代表的传统责任根据类型：一是放宽了罪过成立的标准，即故意犯罪的成立，并不要求行为人对具体的结果具有追求或放任的心态，也不要求其对所有的客观构成要素都明知。二是降低了因果联系方面的要求，即行为与危害结果之间的联系只要求是“引起”而不要求是“造成”。与公式 2 和公式 3 相比，公式 4 代表的责任类型无疑在入罪的标准上要更宽松一些。它当然不是常见的责任类型，但在我国刑法中也并非没有。《刑法》第 129 条规定的丢失枪支不报罪即属于此种责任根据类型。首先，从行为与危害结果之间的关系来看。丢失枪支不报罪的成立以“造成严重后果”作为条件，即“造成严重后果”是该罪的客观构成要件要素，但这种严重后果实际上并不是由丢失枪支不及时报告的行为人直接导致的，而是由获得枪支的第三人造成的（通常是故意，也包括过失或意外事件），行为人所丢失的枪支只是在客观上为后者提供了借以导致危害结果出现的作案工具。其次，从该罪的罪过来看。丢失枪支不报罪是故意犯罪，因而，成立本罪，要求行为人对丢失枪支不及时报告具有故意（即明知＋希望或放任）；与此同时，对其中作为客观构成要件要素的“造成严重

① 黎宏．不作为犯研究．武汉：武汉大学出版社，1997：85.

② 广义的监督过失包括管理过失，即未确立安全体制构成的过失。管理过失是过失不作为犯，可归入前述不作为犯的责任范畴之中。

后果”，刑法理论上普遍认为不需要具备希望或放任的意志心态。[①]

除丢失枪支不报罪之外，可归入此种责任根据类型的罪名还包括滥用职权罪，非法出租、出借枪支罪，国有公司、企业人员滥用职权罪，吸收客户资金不入账罪，非法出具金融票证罪，对违法票据承兑、付款、保证罪，故意延误投递邮件罪，妨害传染病防治罪，传染病菌种、毒种扩散罪，妨害国境卫生检疫罪，采集、供应血液、制作、供应血液制品事故罪，逃避动植物检疫罪，擅自进口固体废物罪，滥用管理公司、证券职权罪，徇私舞弊发售发票、抵扣税款、出口退税罪与违法提供出口退税凭证罪，以及违法发放林木采伐许可证罪等。

5. 公式5：行为＋罪过

在公式5代表的责任根据类型之下，实际发生的危害结果不再作为客观构成要件的组成部分，相应地，成立犯罪也并不需要控方证明任何因果性方面的联系，后者只要证明行为人实施相应的行为并且具有过错即可。行为与危害结果之间的因果性联系或者为立法者事先所设定，或者被其认为并不具有决定刑事责任有无的重要性。相对于传统的责任根据类型，公式5所代表的责任类型出现的时间较晚。不过，随着各国刑法对风险控制的关注与强调，这种责任类型晚近以来日益为立法者所看重与依赖。它意味着，即使没有产生现实的危害结果，或者行为与危害结果之间缺乏“造成”或“引起”的因果联系，也并不影响对刑事责任的追究。

此种责任类型的典型例子是危险犯，包括抽象危险犯与具体危险犯，未遂犯一般也被认为可归入危险犯的范畴。危险犯中的危险通常指的是行为所造成或引起的威胁状态（即法益侵害的危险），而不是行为

---

① 丢失枪支不报罪中，对“造成严重后果”是否要求行为人具备明知的问题，刑法理论上还存在较大的争议。有的学者认为它属于罪量要素，不要求行为人主观上有认识，或者持一种故意或过失的心理状态（陈兴良．口授刑法学：上册．2版．北京：中国人民大学出版社，2017：264-266.）；有的认为应当具备预见可能性［张明楷．“客观的超过要素”概念之提倡．法学研究，1999（3）：28.］，还有的认为需要具有可能性的明知（黎宏．刑法总论问题思考．2版．北京：中国人民大学出版社，2016：174.）。

本身的属性。[①] 就此而言，危险犯中的危险可以视为是危害结果的另一种表现形式。表面看来，将危险视为一种结果，似乎表明危险犯中同样需要考虑因果关系的问题，但这其实只是一种表象。在抽象危险犯中，危险由立法者通过对行为作类型性的判断而事先设定，在构成要件层面完全不必考虑是否存在危险的问题，自然更不必论及行为与作为结果的危险之间的因果联系。就具体危险犯而言，危险尽管作为客观构成要件要素，并且需要在个案中进行具体的判断，但它同样不意味着需要考虑因果关系问题。与侵害犯中危害结果已然现实存在不同，具体危险犯中，作为结果的危险是否存在，在很大程度上取决于主体的评价与判断。一旦危险被认为存在，行为与危险结果之间的因果关系便成为不言而喻的事。在具体危险犯中，因果关系的判断经常为危险是否存在的评价所包含，或者更准确地说，是被后者所取代。可以说，危险评价所具有的主观性，使得具体危险犯中因果关系的判断变得没有独立的意义，因果关系问题因而完全被消解于无形之中。

危险犯属于以既遂形式出现但实质为未完成形态的犯罪。与传统的侵害犯相比，危险犯将犯罪成立的临界点从实害提前至危险出现的阶段，具有允许刑法提前进行干预的特点。危险犯的这种特点，使其日益成为各国立法者对付危及公众生命与健康的不法行为的有利工具。从我国刑法来看，危险犯较为集中地出现在公共安全、产品安全等领域的犯罪之中。当立法规定将某一犯罪从侵害犯修正为危险犯时，它表征的不仅是犯罪构成要件上的变化，更是责任根据类型上的变化。而责任根据类型上的重大变化，折射的是立法者对相关行为的危害性程度与惩罚必要性的重新认识，以及对相关法益进行强化保护的价值取向。

例如，1979 年《刑法》第 164 条规定的生产、销售假药罪是侵害

---

① 对此，也有学者表示异议，认为危险犯应分为危险结果犯与危险行为犯两种。危险结果犯是由危险犯与结果犯相交叉而形成的一种犯罪类型，是指以发生危险结果作为刑罚根据完整化要素的犯罪。危险行为犯则是指以行为本身的危险性作为基本可罚根据的犯罪。刘之雄. 刑罚根据完整化上的犯罪分类——侵害犯、危险犯、结果犯、行为犯的关系论纲. 中国法学，2005 (5)：151.

犯，以“危害人民健康”作为犯罪的成立要件，1993 年全国人大常委会制定的《关于惩治生产、销售伪劣商品犯罪的决定》第 2 条将之改为具体危险犯，只要“足以危害人体健康”即可；1997 年刑法修订时继承了危险犯的定义方式，只不过将“足以危害人体健康”改为“足以严重危害人体健康”；2011 年《刑法修正案（八）》删除该条中“足以严重危害人体健康”的要件，将该罪进一步改为抽象危险犯。再如，1993 年《关于惩治生产、销售伪劣商品犯罪的决定》第 3 条增设生产、销售不符合卫生标准的食品罪时，该罪属于侵害犯，要求具备“造成严重食物中毒事故或者其他严重食源性疾患”的实际侵害结果，1997 年刑法修订时将该罪变更为具体危险犯，只要出现“足以造成严重食物中毒事故或者其他严重食源性疾患”的危险即成立该罪。

6. 公式 6：行为＋非典型罪过

与公式 5 一样，公式 6 代表的责任根据类型也从根本上去除了因果关系问题，除此之外，后者还进一步放松了罪过方面的要求。这使得其成为与公式 1 代表的传统责任类型背离程度最大同时也是成立标准最为宽松的责任根据类型。笔者认为，我国刑法中的持有型犯罪可以归入此种责任根据类型之内。严格而言，持有型犯罪同样属于危险犯的范畴，符合抽象危险犯的构成特征。之所以将之从危险犯中抽出单独进行讨论，主要是因为持有型犯罪的主观要件具有区别于一般犯罪的特性。也正是基于此，刑法理论上与实务中才不断有人主张持有型犯罪属于严格责任犯罪，即犯罪的成立只需证实持有的客观状态而无须证明故意或过失的心理态度。① 主流的观点尽管否定持有型犯罪是严格责任犯罪，却也承认

---

① 有学者认为，持有型犯罪在犯罪主观方面要件上不再强调故意或过失的罪过，只要客观上存在持有状态即可定罪。由于实体法上并不要求主观要件，所以诉讼过程中也就无须搜集证据以证明主观罪过。类似情况在英美刑法中被称为“严格责任原则”。冯亚东．试论刑法中的持有型犯罪．刑事法杂志，2000（1）：25．实务中也有人指出，除持有、使用假币罪外，在其他的持有型犯罪中，司法机关只需发现行为人持有、私藏、携带、拥有特定物品或超过合法收入的巨额财产的客观现状，便可认定行为人构成上述犯罪（排列式罪名中的其他行为自当别论），而无须证明行为人在主观上具有故意或过失的心理态度。苗有水．持有型犯罪与严格责任．法律适用，1998（5）：12．

持有型犯罪主观要件的特殊性，认为它实行的是过错推定责任。过错推定责任理论上隶属于过错责任，但它显然与一般的过错责任存在重要的区别。过错推定不仅在程序层面影响证明责任的分配，过错问题的证明责任会由控方转移给被告人，而且事关当事人的实体权益。这也是为什么学者会提出过错推定应该独立成为一个侵权归责原则的缘由所在。[①]

持有型犯罪中，对行为对象（如毒品、假币、枪支弹药等）的明知属于主观构成要件要素，根据无罪推定的原理，控方本来需要就明知的问题承担提出证据的责任与说服责任；如果说服不能，便理应承担主张不成立的风险。然而，无论是刑法理论还是司法实务，人们大多认为是否明知的说服责任其实是由被告人来承担的，这被称为证明责任转移或证明责任倒置。[②] 正如实务人员所指出的，控方只要在被告人的身上发现毒品或其他违禁品，这时就得由被告人来证明持有违禁品的合法性或不知道违禁品的合理性；如果被告人不举证，不做无罪答辩或沉默，肯定要定他的罪。[③]

过错推定责任其实就是美国学者道格拉斯 N. 胡萨克（Douglas N. Husak）所谓的“程序性”的严格责任[④]，这种程序性的严格责任并非不要求罪过（或犯意），而是将罪过问题的证明责任转移给被告人承担。

---

① 方恩升. 过错推定：风险社会中保护个人法益的一个利器. 学海，2007（3）：190-191.

② 对于此种现象，是称为证明责任（或举证责任）转移还是证明责任倒置，刑法理论与实务中存在较大争议。笔者认为，如何命名这种现象或许并不重要，关键是其指涉的事实，即被告人需就不明知的问题承担证明责任，如果举证不能或无法说服裁判者，便要承担败诉的风险。

③ 张军，姜伟，郎胜，陈兴良. 刑法纵横谈. 北京：北京大学出版社，2008：118-122.

④ Douglas N. Husak，*Philosophy of Criminal Law*，Totowa：Rowman & Littlefield Publishers，1987，p. 137. 胡萨克指出，英美正统刑法理论在两种意义上解读严格责任：一是实体性的严格责任，即犯意与定罪可能完全没有关系；犯意的存在与否对刑事责任而言并不具有任何实质性。二是程序性的严格责任，即不要求控方证明存在犯意，尽管被告人对缺乏犯意进行证明可能阻却责任的成立。按照第二种即“程序性”的解读，如果有关犯意的证明责任施加在被告人身上，相关犯罪便属于严格责任的情形。这样的犯罪涉及所谓“犯意的推定”，被告人能够反驳该推定以避免承担责任。这种程序性的工具减轻了控方在犯意方面的证明责任，尽管犯意最终对于责任的成立仍具有实质性。

它本质上是责任主义要求与实体性的严格责任之间的一种妥协，其与实体性的严格责任的相同之处在于，罪过问题并非控方首先需要证明的内容，而是由立法推定来完成。同时，与实体性的严格责任不同，程序性的严格责任允许被告人对由行为至罪过的立法推定进行反驳；被告人有责任就其不存在罪过的问题进行证明，如果被告人表示沉默或者只是提出相应的主张而未能提出足以反驳推定的证据，则其将被认为存在罪过。这意味着，认为持有型犯罪实行的仍然是过错责任的主张是能够成立的，如学者所言，“与其说这种所谓‘程序性’严格责任是不要求控方证明犯意的严格责任，倒不如说是将举证责任部分转移至被告人，由被告人对由行为至犯意的立法推定提出合理怀疑的特殊罪过责任”[①]。同样地，说它是严格责任的类型之一也不算错，因为在英美国家，推定过错责任的确是被纳入严格责任的范畴进行理解的。由此可见，以严格责任命名也好以过错责任称呼也罢，问题的关键在于持有型犯罪的主观要件确实有其特殊的一面，这一点不容否认。

综上可见，刑事责任根据的类型具有多样性的特点，并且，不同的责任根据类型代表的是不同的入罪标准。这些入罪标准不仅在性质上各不相同，在严格程度上也存在差别。公式 1 代表的传统责任根据模式在入罪的标准上最为严格。它是刑事责任基本原则支配之下的产物，能够最为悉心地保障被告人的权利，其存在的正当性通过原则型的论证进路来进行说明。与公式 1 相比，公式 2～6 所代表的责任根据类型在入罪标准上有不同程度的放松，明显是受刑事政策的驱动或影响才出现的，其存在的正当性可由政策型的论证进路加以揭示。在公式 2～6 所代表的责任根据类型之下，被告人的为刑事责任基本原则所保障的权利，因考虑不同的政策需要而在一定程度上被牺牲。

在刑法体系内，即使不承认罪过要求能够被超越，立法者基于刑事政策的考虑实际上仍有足够的选择余地。当立法者基于谦抑的考虑而强调个体的权利保障时，他必然会采纳公式 1 所代表的传统责任根据类

① 梁根林．责任主义刑法视野中的持有型犯罪．法学评论，2003（4）：25.

型，设法限制此种犯罪的成立范围。相反，当立法者希望扩张某种犯罪的成立范围以使入罪变得较为容易时，其更可能采纳其他较为宽松的责任根据类型。至于具体采用哪一种，还进一步取决于立法者对相关行为的惩罚必要性与所涉法益的重要性的权衡。当立法者认为某种法益或社会关系需要重点保护时，便会考虑降低乃至放弃罪过或因果关系的要求，对公民科以更高程度的注意义务。由此看来，责任根据类型的选择，已然成为立法者推行与贯彻刑事政策的重要手段。

刑事领域责任根据类型的多样性，客观上使得立法者考虑刑事政策成为可能；如此一来，立法者就能够通过选择具体的责任根据类型来贯彻其政策意图。当然，责任根据类型与刑事政策之间并非单向作用的关系，而是互为前提、互为因果。正是在刑事政策需要的刺激与驱动之下，刑事领域的责任根据类型才日益呈现多元化的趋势，这在古典时代是难以想象的。换言之，在当代刑法体系中，责任根据类型的多元化其实是现代的立法者为回应现实的社会需求所做的努力。不管人们对立法者的这种努力做怎样的评价，不容忽视的事实是，这样的努力已经深刻地改变了并正在继续改变着刑法。在当代刑法中，无论是罪过的标准还是因果关系的标准，其对刑事责任的意义（包括影响范围与影响程度）均已与早先的不同。行为的要求尽管表面看来没有变化，但实际上无论是在内涵还是外延上，它早就背离了古典时代的概念：以作为为核心样本的行为概念，正因容纳越来越多的不作为与持有而面临意义边界被撑破的威胁。

在任何社会，立法者都必须对社会的现实需求作出积极的回应。从这个意义上讲，在传统的刑事责任根据类型之外去开拓与运用新的类型是必然的，也有其必要性。因而，笔者以为，近年来国内学者围绕某些罪名的罪过问题所展开的争论，需要放在此种语境中来理解。在1979年的《刑法》出台之后，频频出台的立法修订，几乎无一例外地集中于分则部分，总则的内容基本未做更改。这必然使得分则部分与总则部分之间的脱节日趋严重：分则已经因时因势地作出重大调整，总则与相应的理论却仍然停留在过去。如实务人士所言，随着社会的发展，人们违反法律规范的行为方式给社会管理、社会生活带来的危害，比以前要复杂得多。刑法如果还是按照原来传统的故意与过失概念来作为追究刑事责任的罪过的依据，就显得不是很够用。刑法总则在这方面的规定还是沿用过去的，但在分则中的一些罪里，已经根据社会的变化有了发展，有一些就很难按照现在总则关于故意、过失的规定，去清楚地作出个案主观罪过的认定。①

对于总则与分则的脱节问题，可供选择的解决方案只有两种：一是立法修正总则部分，使其与分则的内容相协调；二是发展总则的理论，以便在总则条文保持不变的情况下适应分则的内容变化。在立法并未将修订《刑法》总则的任务正式提上日程之前，更为现实的选择只能是发展总则的理论。如此一来，任务就主要落在学理上，调整乃至修正总则理论中不能应时的部分就成为优先的选择。

三、理论基础：刑事政策与刑法教义学的贯通处理

无论是在刑法教义学还是刑事政策学的学说发展史上，李斯特都是一个不容回避的重要人物。一般认为，将刑事政策与刑法教义学的研究相分离的做法，始自李斯特。他“将根据经验科学，如何有效地防止犯罪行为以及如何对待犯罪人这种受合目的性支配的东西规定为刑事政策，并将该种刑事政策和以对犯罪成立要件进行体系化、概念化整理为己任的刑法学，完全对立起来；并意图根据后者，对过分重视前者而产生的人权侵害进行预防，即将刑法看作为‘保障犯罪人人权的屏障’，展开其客观主义的犯罪论”②。刑事政策与刑法之间的紧张关系，根源于李斯特对于刑事政策与刑法的不同任务定位。在他看来，合乎整体社会意义上（gesamtgesellschaftliche Sinne）的目的的、与犯罪作斗争的方法，也就是刑法的社会任务，应归之于刑事政策；而按照刑法的司法

① 张军，姜伟，郎胜，陈兴良．刑法纵横谈．北京：北京大学出版社，2008：114.

② 前田雅英．刑法学和刑事政策．黎宏，译//中国刑事政策报告：第1辑．北京：中国法制出版社，2007：528.

意义，法治国—自由的机能，亦即法律的平等适用和保障个体自由免受“利维坦”的干涉的机能，则应归之于刑法。[①]

李斯特对刑法与刑事政策的基本区分以及其所提倡的“刑法理论与刑事政策的对峙”观念，对后世刑事政策的研究导向产生了深刻的影响。自他以后，尽管刑事政策学与刑法教义学被归入整体刑法学或大刑法学的范畴，但一直作为相互独立的学科，各有其研究对象，同时各按自身的逻辑与脉络往前发展。这样的学科定位，使得很长时期内对刑事政策的研究基本游离于对刑法教义学的研究，二者之间有些井水不犯河水的味道。诚如日本学者所言，“历来的研究，倒不如说是将刑法学和刑事政策学作为规范学和事实学这两种不同性质的学问对待的，二者之间虽然并非毫不相干，但仍然是完全不同的东西”[②]。

不过，将刑事政策与刑法教义学之间的对立完全归咎于李斯特，是不公正的。归根到底，刑事政策与刑法教义学的研究的分离，与 19 世纪以后法律理论中占据支配地位的实证主义思潮相关。实证主义强调规范体系本身构成逻辑自洽的系统，拒绝考虑任何外在的社会或政治的因素。正如罗克辛提出的，法律理论中的实证主义主张将社会和政治的思维从法领域中排除出去，并以此凸显其特性。这从根本上导致了刑法学和刑事政策的对立：在法律科学本来的意义上，刑法仅仅需要在实在法律规则的前提下进行概念的分析和得出体系上的结论。刑事政策则包括刑法的社会内涵及目的，就不属于法律人探讨的事情。[③] 由此可见，李斯特并非造成刑事政策与刑法教义学研究相分离的始作俑者，他只是遵奉当时主流的实证主义信条而已，真正的“罪魁祸首”是实证主义。

在李斯特之后，基于实证主义的持续影响，即使是认为刑事政策与刑法教义学之间存在有机联系的学者，也大多将这种联系限于刑罚论的

---

① 克劳斯·罗克辛. 刑事政策与刑法体系. 蔡桂生，译//陈兴良. 刑事法评论：第 26 卷. 北京：北京大学出版社，2010：245.

② 日本学者藤本哲也的见解。转引自前田雅英. 刑法学和刑事政策. 黎宏，译//中国刑事政策报告：第 1 辑. 北京：中国法制出版社，2007：527-528.

③ 同①249.

范围，作为刑法教义学核心部分的犯罪论则长期成为与刑事政策绝缘的领域。战后对德国刑法学产生重大影响的威尔策尔（Hans Welzel）的目的主义理论，因强调行为目的性构成先于法律规范而存在并作为刑法体系自然基础的物本逻辑结构，甚至更进一步地将刑事政策排除在刑法体系之外。目的主义主张其所寻找到的目的性因素可以不管立法者具体的刑事政策目标设定而拘束立法者，“据此，应该为了发展及说明这些物本逻辑结构而存在的刑法体系便被视为优位于几乎只是次要附属性的刑事政策，因此其较 Franz von Liszt（即李斯特——引者注）之分离命题更严格地将刑事政策排除于刑法体系之外”①。

及至 20 世纪 70 年代，这种现象才有所改观。人们开始尝试超越刑法体系与刑事政策相互对立的观念，刑事政策与刑法教义学中的犯罪论之间的联系因而被有意识地强化。以罗克辛在 1970 年出版的《刑事政策与刑法体系》（*Kriminalpolitik und Strafrechtssystem*）为重要标志，刑事政策被成功地引入教义学意义上的犯罪论之中。在该书中，罗克辛透过刑事政策的视角，对包括构成要件、违法性与罪责层面在内的犯罪论做了全新的思考，依照刑事政策功能的观点来发展这些范畴并加以体系化。② 正是在此基础上，罗克辛最终提出目的理性的刑法体系。对刑事政策因素的吸纳，表征的是法教义学体系并未沉湎于自身的内部世界，而对外部生活现实保持必要的开放，并注意将外在视角的观察所获取的认知整合入体系的知识论构建之中。“法（教义）学体系不能也不应排斥任何外在视角对法律的观察，而是应时刻对这些外在视角对法律的观察保持敏感度，将之内化、转译为法教义学体系中的知识。”③ 只有这样，刑法体系才能获得与时俱进的发展。

目的理性的刑法体系也称为功能主义的刑法体系。刑法体系向目的

---

① 许迺曼. 刑法体系与刑事政策. 王效文，译//许玉秀，陈志辉. 不移不惑献身法与正义：许迺曼教授刑事法论文选辑. 台北：新学林出版股份有限公司，2006：45.

② 该书系由罗克辛教授于 1970 年 5 月 13 日在柏林所作的演讲增补而成，1973 年出了第二版。克劳斯·罗克辛. 刑事政策与刑法体系. 蔡桂生，译//陈兴良. 刑事法评论：第 26 卷. 北京：北京大学出版社，2010.

③ 纪海龙. 法教义学：力量与弱点. 交大法学，2015（2）：97.

理性或功能主义方向的发展，体现的是对刑法的社会功能或功效的追求。在一定程度上，它也是法的工具性要求的产物。人们通常认为，“规范并不是制定法律之目的，而只是为以和平的方法获致人间之公平的手段。促成公平之和平的实现才是法律最终之目的所在。法律之手段的地位，使它应受目的之节制，以避免为达目的而不择手段，或甚至将法律自其最终目的剥离，而专为规范而规范……因此，在法律概念的构成上必须考虑到拟借助于该法律概念达到之目的，或实现的价值。亦即必须考虑：构成之法律概念是否具备实现期待之目的或价值的功能”①。

将法律概念与目的捆绑在一起，并由此驱使包括刑法体系在内的法律体系往功能化的方向发展，或多或少受到20世纪以来社会法学思潮的影响。社会法学的基本设定是法律必须满足社会的内在需要，将法律的合理发展当作实现社会目标的手段。它的口号是“社会”，这个口号通常涉及的意象包括：有机体、目的、功能、再生产、福利以及工具主义（即认为法律是服务于目的的一个手段）。② 因而，目的理性的体系思想与法律工具主义之间存在着内在的亲缘关系，二者都强调法律的社会功能，在哲学基础上则偏向于实用主义。工具主义观的支持者始终主张，法官在裁判案件时应当关注社会后果，努力实现立法目的和社会政策。③ 这样的主张也为目的理性论者所认同。

目的理性的刑法体系对古典的贝林—李斯特体系做了重大的改造。首先，以刑事政策为基础的功能主义刑法体系，在不法阶层为某些重要理论问题提供新颖且具有说服力的解决方案。许迺曼对此曾做过翔实的讨论④：（1）由法益保护原则与最后手段原则之结合推导出刑事不法之概念，可直接为刑法分则中构成要件之解释提供方法论上的准则，它将

---

① 黄茂荣．法学方法与现代民法．5版．北京：法律出版社，2007：65-66．

② 邓肯·肯尼迪．法律与法律思想的三次全球化：1850—2000．高鸿钧，译//高鸿钧．全球视野的比较法与法律文化．北京：清华大学出版社，2015：338-341．

③ 布赖恩·Z．塔玛纳哈．法律工具主义：对法治的危害．陈虎，杨洁，译．北京：北京大学出版社，2016：320．

④ 许迺曼．刑法体系与刑事政策．王效文，译//许玉秀，陈志辉．不移不惑献身法与正义：许迺曼教授刑事法论文选辑．台北：新学林出版股份有限公司，2006：49-53．

传统上由司法实务个案处理的个别犯罪行为的释义学问题拉回刑法体系内来讨论，因而可让传统的目的解释免于太过偏向纯粹的法益保护思维。(2) 刑事政策的定位为故意论的讨论开启了新的视野。“人们扬弃了疯狂似的在未必故意中寻找一个实存之意欲要素，并进而由以下之刑事政策问题来取代：行为人从具备何种程度的风险认识开始，其行为准则将被公众评价为可由行为人支配且蔑视侵害法益之行为?”由此，德国故意论的发展呈现出新气象，人们不再徒劳无功地依赖认识心理学与情绪心理学的范畴。这被认为是一个“值得注意、逐渐向强调证据情况且因此实际上即重视具体行为类型之美国实用主义靠拢”。(3) 对三阶犯罪阶层予以扬弃，并将构成要件该当性这一形式范畴与违法性这一刑法外范畴，融合为刑法特有之不法此种新的体系阶层。尽管三阶层的划分迄今为止仍然维持，但人们日益承认不法与罪责才是构建德国犯罪论体系乃至刑法体系的支柱。

其次，就罪责层面而言，刑事政策重构了罪责概念的基本内容。晚近以来，已有越来越多的学者强调应在罪责论（/责任论）中引入刑事政策因素，以致一种预防性的罪责论正日益成为有力的甚至是主流的见解。

雅格布斯提出功能性的罪责概念，明确主张罪责非难的前提不是非难可能性，而是现实的或可能的预防需要。他认为，目的赋予罪责概念以内容，罪责的确定在于为确证秩序与法信赖之间的联系而惩罚公民的需要提供根据；罪责由一般预防所构建，并根据一般预防来衡量。① 罗克辛没有与雅格布斯一样，采取从根本上颠覆罪责概念原有意义的方式，却同样表现出对既有罪责理论的不满。他采取的策略是在重新界定罪责概念的内涵的同时，将构成要件与违法性层面之后的传统罪责层面建构为答责性（Verantwortlichkeit），而罪责与预防必要性则作为答责性的要件。在罗克辛看来，尽管规范的罪责概念相比于心理的罪责概念是一个进步，但它仍存在重大的缺陷，因为可谴责性概念所包含的评价种类是不完全的。答责性的评价不仅仅涉及人们对行为人是否能够提出

① Vgl. Jakobs, Schuld und Prävention, 1976, S. 8-9.

（罪责）非难的问题，也涉及这样的判断，即从刑法的视角来看行为人是否必须对其行为负责。据此，他认为可谴责性只是答责性的必要但非充分的条件，必须加上预防的制裁必要性。① 日本刑法理论中实质责任论的兴起，同样是受刑事政策因素影响的结果。实质责任论“立足于以社会责任论为基础的规范责任论，认为规范责任论是责任的出发点，但责任的内容是科处刑罚的实质意义，是对犯罪的一般预防和特殊预防乃至重返社会而言的科刑必要性”②。

当然，罪责问题只是刑事政策如何对犯罪论施加影响的一个事例。实际上，刑事政策对犯罪论的改造是全面、系统地展开的。它不仅使刑法理论的发展出现“刑法学向刑事政策靠拢”的趋势，也使刑法解释学开始往实质化方向发展。③

从我国的情况来看，关注或论及刑事政策的学者，长期以来主要围绕刑事政策学传统的议题展开讨论，极少注意探究刑事政策与规范刑法学之间的关系。这一点，也可以从对三十年来关于刑事政策研究的观点综述中清楚地看出。④ 储槐植教授是较早注意到刑事政策与刑法学之间关系的学者，并且曾经明确提到，刑事政策对刑事实体法导向功能的主要体现之一是选定打击方式，而打击方式的选定，除对不同罪种作出不同刑种的选定外，还包括对犯罪构成方式的选定。⑤ 此后，虽然也有一

---

① Vgl. Roxin，Strafrecht Allgemeiner Teil，Band I，4. Aufl.，2006，S. 858.

② 大谷实. 刑法讲义总论. 2版. 黎宏，译. 北京：中国人民大学出版社，2008：286.

③ 前田雅英. 刑法学和刑事政策. 黎宏，译//中国刑事政策报告：第1辑. 北京：中国法制出版社，2007：529-533.

④ 学者的综述表明，三十年来我国刑法学界对刑事政策的研究主要集中于以下主题：刑事政策的概念、刑事政策的指导思想、刑事政策的原则、刑事政策的类型、刑事政策的体系、刑事立法政策、定罪政策、量刑政策、行刑政策、死刑刑事政策、严打刑事政策与宽严相济刑事政策。赵秉志. 刑法学总论研究述评：（1978—2008）. 北京：北京师范大学出版社，2009：43-72.

⑤ 在1993年的一篇以刑事政策为主题的论文（该文为《刑事一体化论要》一书所收入）中，储槐植教授就提出，刑事政策对刑法具有导向与调节两大功能：刑事政策对刑事实体法的导向功能，主要体现在划定打击范围、确定打击重点、设定打击程度与选定打击方式之上；刑事政策的调节功能则体现在，其构成刑事立法与刑事司法之间沟通的“中介”（即内部调节），同时也作为刑事法律与外部社会状况之间的调节器（即外部调节）。储槐植. 刑事一体化论要. 北京：北京大学出版社，2007：86-91.

些学者敏锐地觉察到刑事政策与规范刑法学之间存在的内在关联，但其探讨的主要是刑事政策对于刑罚论的影响，并不涉及刑事政策与犯罪论的关系问题。[①]

一直到晚近，如何将刑事政策与规范刑法学（尤其是犯罪论）的研究相结合的问题方引起较多的关注。有的学者提出了刑事政策思想决定刑法理论走向与刑事政策立场决定刑法理论选择的见解[②]，有的学者则从应然的角度，认为刑事政策与刑法之间应当是相互制约、相互推动的关系[③]，还有的学者围绕具体某个刑事政策，就其对刑法解释的功能展开论述[④]，或者专门探讨犯罪论中某个特定的问题。[⑤] 这样的试图将刑事政策与犯罪论的研究相结合的努力非常可贵，具有重要的现实意义。刑事政策对于刑事立法与刑法解释的功能，的确是当前刑法理论中一个重要而迫切需要研究的问题。然而，从总体来看，相关研究要么过于概括与宏观，未能落实到具体的罪刑规范层面，要么只是零散地、片断性地论及（尽管不乏深刻），仅仅牵涉某一领域的问题，并没有全面展开。这就使得刑事政策与规范刑法学之间的关系问题并未受到应有的重视，相关研究的深度也相对有限。

可以肯定的是，将刑事政策引入刑法教义学的研究之中，绝不是学者一时兴起的闭门造车，而是代表着刑法理论发展的走向。缺乏刑事政策这一媒介，不仅刑法与社会现实之间的联系通道会全面受阻，刑法教义学的发展也会由于缺乏价值导向上的指引而变得盲目。将刑事政策与

---

① 比如，陈兴良教授曾专门就刑事政策如何影响刑罚结构的调整（包括对刑罚规模与刑罚强度的选择）做过论述，陈兴良．刑事政策视野中的刑罚结构调整．法学研究，1998（6）．

② 谢望原．论刑事政策对刑法理论的影响//中国刑事政策报告：第4辑．北京：中国法制出版社，2009：6-17．

③ 卢建平．刑事政策与刑法关系的应然追求．法学论坛，2007（3）：60-64．

④ 学者欧阳本祺认为，通过危害性理论与实质解释方法这两个“连结点”，宽严相济的刑事政策被引入刑法教义学的法律论证之中：宽严相济的刑事政策对行为危害性的评价具有影响；宽严相济的刑事政策要求选择实质解释的方法。欧阳本祺．宽严相济刑事政策的刑法解释功能//中国刑事政策报告：第4辑．北京：中国法制出版社，2009：75-84．

⑤ 李斌．可罚未遂的限定范围——以宽严相济刑事政策为视角//中国刑事政策报告：第1辑．北京：中国法制出版社，2007：70-82．

刑法教义学的研究相结合，至少会带来两点好处。

其一，它有助于弥补体系性的刑法教义学固有的内在缺陷。

刑法理论中的体系性思维无疑有其长处[①]，它会带来法明确性与法安全性的利益。但它的缺陷也显而易见。[②] 首先，它容易诱使法官机械地适用理论概念，忽视具体个案的特殊性，从而妨碍个案正义的实现。其次，它可能导致精心构建的教义学脱离社会发展的需要，使理论研究与实际收益相脱节。

引入刑事政策的考量，将使法官在个案中具体地判断与衡量被告人的惩罚必要性成为可能；同时，这也有助于使刑法教义学的发展紧密结合社会现实的需要，使刑法理论与时俱进。如学者所言，“只有允许刑事政策的价值选择进入刑法体系中去，才是正确之道，因为只有这样，该价值选择的法律基础、明确性和可预见性、与体系之间的和谐、对细节的影响，才不会倒退到肇始于李斯特的形式——实证主义体系的结论那里”[③]。归结而言，将刑事政策与法教义理论的构建相结合，一方面，有助于从根本上解决体系性推导与价值目标之间的紧张问题，防止经体系性推导所得出的结论背离刑事政策需要的现象的出现，同时也避免因转向问题型思考而对法的安定性形成冲击；另一方面，它打开了与现实相沟通的渠道，使社会发展的需要能够有效地反馈到体系

① 罗克辛认为，体系思维的优点包括：（1）使案件审查变得容易而经济（反之则使实际的工作量加重，并可能遗漏重要因素的检验）；（2）系统的次序是法律适用一致性与分化处理的前提要件；（3）简化与优化法的可操作性；（4）系统关系可作为法构建（Rechtsfortbildung）的指南。Vgl. Roxin，*Strafrecht Allgemeiner Teil*：*Grundlagen Aufbau der Verbrechenslehre*，Band I，4. Aufl.，C. H. Beck Verlag，2004，S. 211－214. 除此之外，体系性的理论建构对于法学的发展也不可或缺，不同的体系化能反映不同社会明显不同的价值判断。Vgl. Schünemann，Einführung in das strafrechtliche Systemdenken，in ders（hrsg.），*Grundfragen des modernen Strafrechtssystems*，Walter de Gruyter，1984，S. 1－6.

② 对此，罗克辛也曾专门做过论述，认为体系性思维具有易于忽视个案正义、减少问题解决的可能性选择、从体系中推导出的某些结论在从刑事政策上无法正当化与因使用抽象的概念而失去与现实的联系等危险。Vgl. Roxin，Strafrecht Allgemeiner Teil：Grundlagen Aufbau der Verbrechenslehre，Band I，4. Aufl.，C. H. Beck Verlag，2004，S. 214－219.

③ 克劳斯·罗克辛．刑事政策与刑法体系．蔡桂生，译//陈兴良．刑事法评论：第26卷．北京：北京大学出版社，2010：252.

的内部，敦促刑法理论作出必要的回应。总的说来，在大陆法理论的语境中，强调刑事政策的目标性指引，正是为了将刑法理论的建构拉到务实主义的轨道之上，以免人们沉溺于抽象的精工细作而忽视实用性的考虑。

其二，它有助于打破学科之间的壁垒，推动整体刑法学或刑事一体化研究范式的发展。

李斯特在一个多世纪以前就提出整体刑法学的概念，储槐植教授多年来也一直在倡导刑事一体化。然而，迄今为止，在我国刑事法学界，各学科各行其是的现象并没有根本的改观。尽管人们已经普遍接受将刑事实体法学、刑事诉讼法学、犯罪学、刑事政策学等纳入大刑法的范畴，但一体化研究的呼吁基本仍停留于口头。将刑事政策引入刑法教义学，有利于淡化各自为政的学科设置，为解决学科发展中面临的瓶颈问题走出坚实的一步。目的理性的体系思想认为，刑法体系的建构不是与以本体性的先在事物（行为、因果关系、物本逻辑的结构以及类似东西）相联系的，而必须定位在刑事政策的任务上，只允许从刑法的目标设定中推导出来。[1] 通过将刑事政策纳入刑法体系之内，作为体系内部的参数来处理，目的理性的刑法思想意在克服“李斯特鸿沟”的弊端，解决刑法教义学的体系推导与刑事政策的价值选择之间的紧张关系。[2]

要求刑事政策与刑法理论的建构相结合并非什么新观点。李斯特早就指出，“刑事政策给予我们评价现行法律的标准，它向我们阐明应当适用的法律；它也教导我们从它的目的出发来理解现行法律，并按照它的目的具体适用法律”[3]。问题在于，这种观点一直未能得到方法论和体系上的加工和发展。[4] 就此而言，国内晚近的相关研究，其积极意义

① Vgl. Roxin，Strafrecht Allgemeiner Teil，Band I，4. Aufl.，2006，§7 Rn. 26.

② 劳东燕. 刑事政策与刑法体系关系之考察. 比较法研究，2012（2）.

③ 李斯特. 德国刑法教科书. 修订译本. 徐久生，译. 北京：法律出版社，2006：4.

④ 克劳斯·罗克辛. 刑事政策与刑法体系. 2版. 蔡桂生，译. 北京：中国人民大学出版社，2011：13.

恰恰在于，将刑事政策与刑法适用之间在方法论上的关联的构建作为学术努力的重心所在，刑事政策对刑法解释的建构性影响也部分地得以揭示，由此而避免了早先研究偏于空泛与片断化的缺陷，并在一定程度上克服了传统上将刑事政策与刑法体系作二元分离的割裂模式的弊端。

经由这些研究，围绕刑法解释论的构建，我国学界也逐渐取得一些共识：其一，刑法解释的刑事政策化是回应社会变迁而产生的规范需要的产物，有其必然性与必要性；其二，刑法解释本质上是利益衡量与价值选择的活动，必须将刑事政策的考虑融入刑法解释之中；其三，应当重视刑法解释的社会效果，对社会效果的追求需受法教义学体系的制约。这些共识的达成，对于推进我国刑法解释论的发展与转型具有重要的意义。然而，必须看到，由于既有研究大多未能自觉地将刑法解释论放在目的理性刑法体系的框架之内来展开考察，这使得人们对于当下正处于形成之中的新的刑法解释论，整体上尚缺乏清晰的认识与把握，尤其是对其特性缺乏系统性的探讨。当前研究中的这种不足，不仅导致刑法解释领域新旧观点鱼龙混杂，让人产生不知所从之感，也使得我国的刑法解释论不能成功地实现转型，新的解释论因迟迟无法摆脱传统解释论的桎梏而无法顺利分娩。

四、概念基础：作为合目的性考量的刑事政策概念

如何将刑事政策真正纳入刑法体系，并在其与法教义学理论的构建之间建立有机的勾连，正日益为国内刑法学界所关注。大体上，以罗克辛的名作《刑事政策与刑法体系》在中文世界的发表为转折点[①]，国内有关刑事政策的研究逐渐偏离先前单纯的政策学研究的传统，而日益被

① 克劳斯·罗克辛．刑事政策与刑法体系．蔡桂生，译//刑事法评论：第26卷．北京：北京大学出版社，2010．该文此后被收录入同名的译著之中，克劳斯·罗克辛．刑事政策与刑法体系．2版．蔡桂生，译．北京：中国人民大学出版社，2011．

导向法教义学的路径。[①] 讨论刑事政策与刑法体系的关系，便是在讨论如何从刑法的目标设定中推导出法教义学的构造的问题；而所谓刑法体系的刑事政策化，就是“把刑法的目的理性作为建构刑法教义学体系的基础，试图使刑法教义学的内容符合刑事政策的要求，力求在刑法教义学的严密体系中实现刑法的社会机能”[②]。如此一来，刑事政策与刑法体系的关系问题，就转变为目的理性的刑法体系如何构建的问题，转变为如何告别存在论的体系而走向规范论的体系的问题。研究路径上的这种转辙，不仅为国内有关刑事政策的研究开辟了全新的空间，使刑事政策的研究与法教义学的研究被统合起来，也为整合并规训一向弥散化的政策因素提供了现实的可能。

相应地，在我国刑法学中，刑事政策概念的形象经历微妙而重要的变化。目的理性刑法体系中的刑事政策，不是存在论意义上的，而是价值论意义上的，是一种观念性的、方法论上的刑事政策。[③] 如许迺曼（Schünemann）教授所言，“对于体系和内涵上的命题，目的理性刑法思想并没有提出一套特定的公式，所表现出来的，毋宁只是一种形成体系以及获得认知的特定方法”[④]。刑事政策由此而被定位为方法论上的合目的性考虑，用以指导犯罪论的构建与刑法解释论的发展。这样的刑事政策概念，无论是在内涵上还是在功能上，都迥异于我国传统的刑事政策概念：它绝不是作为法律的替代品而出现的，也不指向具有实体内容的具体措施，而是一种方法论上的工具。陈兴良教授将此种刑事政策概念理解为与实质、价值与目的等概念相等同，可谓十分

① 劳东燕．刑事政策与刑法体系关系之考察．比较法研究，2012（2）；劳东燕．刑事政策与刑法解释中的价值判断——兼论解释论上的“以刑制罪”现象．政法论坛，2012（4）；陈兴良．刑法教义学与刑事政策的关系：从李斯特鸿沟到罗克辛贯通．中外法学，2013（5）；杜宇．刑事政策与刑法的目的论解释．法学论坛，2013（6）；冯军．刑法教义学的立场和方法．中外法学，2014（1）；邹兵建．跨越李斯特鸿沟：一场误会．环球法律评论，2014（2）．

② 冯军．刑法教义学的立场和方法．中外法学，2014（1）：183．

③ 陈兴良．刑法教义学与刑事政策的关系：从李斯特鸿沟到罗克辛贯通．中外法学，2013（5）：994．

④ 许迺曼．刑法体系思想导论．许玉秀，译//许玉秀，陈志辉．不移不惑献身法与正义：许迺曼教授刑事法论文选辑．台北：新学林出版股份有限公司，2006：292-293．

中肯。[1] 当然，两种刑事政策概念在价值取向上还是存在一定的交集，体现的都是对有效性价值的追求。无论采取怎样的定义，刑事政策都以追求惩治犯罪与预防犯罪的有效性作为其价值目标，由此，在刑事政策的功利性与罪刑法定所代表的刑法的公正性之间存在一种紧张关系。[2]

国内有学者主张，对刑法的刑事政策化的含义要区分观念与实践两个层面来理解："观念层面上的刑法的刑事政策化是一种理念或者思想，从合目的性的角度出发，将刑法视为实现刑事政策目的手段之一，将特别预防和防卫社会作为刑法的主要任务和首要价值，在法治的框架内灵活地对待犯罪和罪犯。实践层面上的刑法的刑事政策化是一种趋势或者动向，指的是刑法的制定和适用要受到刑事政策的影响和制约，反映刑事政策的动态变化，从防卫社会的目的出发，合理地组织对犯罪的反应。观念层面上的刑法的刑事政策化与实践层面上的刑法的刑事政策化具有相辅相成的关系。"[3]

应当说，这样的区分有其合理性，观念层面的刑法的刑事政策化的确具有不同于实践层面的刑法的刑事政策化的内涵。不过，论者将合目的性直接对应于特殊预防与防卫社会的实体内容，尚有值得斟酌的余地。观念层面作为合目的性存在的刑事政策，主要是一个方法论上的概念。它的确内在地蕴含"合理而有效地组织对犯罪的反应"的意思，体现的是重后果、讲效用的实用主义价值诉求，却并不专门指向特殊预防与防卫社会，其中的实体性的价值内容是由法适用主体根据社会发展的客观需要来填充的，具有较强的包容性与弹性。何谓合理、何谓有效，不仅受犯罪的具体形态与发展规律等因素的影响，也取决于特定的时代语境与社会结构，具有明显的历史性与地方性，并不存在放诸四海而皆准或者历万世而不变的标准。

可以说，正是由于合理性与有效性的实体标准会应时应势地发生变

① 陈兴良．刑法教义学与刑事政策的关系：从李斯特鸿沟到罗克辛贯通．中外法学，2013（5）：993.

② 陈兴良．刑法的刑事政策化及其限度．华东政法大学学报，2013（4）：15.

③ 柳忠卫，郭琳．"刑法的刑事政策化"的理论解读．政法论丛，2015（4）：6.

化，这样一种刑事政策化的刑法体系，才具有软化刑法的刚性的功能，使得刑法体系能够与时俱进地进行自我校正与调整。这种校正与调整主要通过作用于内在的价值体系来实现。刑事政策将外在的价值判断导入体系之内，使体系的内在价值面向得以获得更新的机会，由此而锻造了体系的开放性。在此种意义上，对目的理性刑法体系思想的倡导，不只是为了将法适用中一直被形式逻辑所遮蔽的价值判断显现出来，防止法教义学的构建沉迷于对精致性的追求之中而忽视实用性，同时，更是旨在建立法教义学体系与社会现实之间的沟通渠道。围绕“如何组织起对犯罪合理而有效的反应”这一目标，刑事政策要处理所有可能出现的不同社会政策与规范间的冲突与合作问题；从此出发，它实际上成为沟通刑法体系与其他法领域及更为广泛的社会规范体系之间的重要媒介，成为化解价值冲突、衡平不同政策目标的调节装置。[①]

在目的理性的刑法体系中，刑事政策经历转译的过程之后，被吸纳进入刑法体系的内部发挥作用。这意味着，不是在刑法教义学的体系之外追求刑法的合目的性，也不是用一种本体论的构造去事先限定合目的性的追求，而是要把刑法合目的性的考量纳入刑法教义学之中。[②] 由此，刑事政策层面合目的性的考虑不仅会对犯罪论体系的构造产生重要的影响，也对解释论的构建提出了相应的要求。承认刑法规范是一定刑事政策的载体，要求人们在刑法解释中考虑刑法规范所体现的刑事政策的立场及其价值取向。鉴于任何个案的裁判都涉及处罚必要性或预防必要性的权衡，而这样的权衡并不局限于量刑阶段，它也会对定罪问题以及与定罪紧密相关的刑法规范的解释产生重要影响。这意味着，有必要在一般意义上反思刑事政策与刑法解释之间的关系。在目的理性体系思想的影响下，如何处理刑事政策与刑法解释之间的关系，发展一种受刑事政策目标指引的刑法解释论，成为不容回避的重要课题。对于刑事政策与刑法解释的关系问题的探讨，也只有放在这样的理论语境下，才更

① 杜宇．刑事政策与刑法的目的论解释．法学论坛，2013（6）：78.

② 冯军．刑法教义学的立场和方法．中外法学，2014（1）：180.

具现实意义。

五、本章小结

1. 刑罚的功利化，构成刑事政策进入刑法领域的现实前提；在功利主义逻辑引入刑法体系之后，刑事政策成为联结政治与刑法的重要桥梁，从而有可能对刑法的适用与解释产生影响。

2. 从立法层面来看，刑事政策会影响责任根据类型的选择与设定，这使得多种不法类型的出现成为可能。不法类型的多元化，本身体现的就是刑事政策方面的要求。

3. 只有在对刑事政策与法教义学做贯通处理的功能主义的体系中，刑事政策才能找到影响刑法解释的可行途径。将刑事政策与法教义学相贯通，有助于体系及时感知外部环境的变化信息，由此而锻造刑法体系内部的自我演变机制。

4. 对于刑事政策的概念，有必要在合目的性的意义上来进行理解与把握。这样的刑事政策，主要是一种方法论上的范畴，代表的是对预防目的及相应社会效果的考量。它区别于我国传统的刑事政策概念。

第二章　刑事政策对刑法解释的作用机理

当代法教义学的发展，不能被认为只是对既有原则或概念进行单纯逻辑演绎的结果。在很大程度上，它是回应社会发展的产物。在任何时代，外在的需要都构成强大的动因，它指引并驱使人们不断创造新的理论或重构既有的理论，来完成规范体系与社会发展的与时俱进。刑法体系也是同样的，为使刑法适当地发挥作为社会控制工具的功能，它必须对外部世界的变化保持足够的敏感。刑事政策充当的便是刑法体系与外部世界之间的重要桥梁，为刑法体系的发展指引方向。“因为政策正是致力于通过对社会现实的影响来实现特定的目标，特别是解决特定的问题，同时，刑事政策正是试图通过公布刑法来实现这一点。”① 可以说，正是借助刑事政策这一渠道，刑法的规范世界才得以与外在的社会发展形成良性的互动。

本章希望立足于法教义学，借由刑法解释与价值判断之间的关系入手，探讨刑事政策如何对刑法解释施加作用。就刑事政策与刑法解释之间的关系而言，揭示刑事政策与刑法解释之间的内在作用机理，有其必要性。

一、价值判断在刑法解释中的基本地位

法解释是法律适用层面的核心事务，它本质上是价值判断的结果。

---

① Lothar Kuhlen. 刑事政策的原则. 陈毅坚，译//中国刑事政策报告：第 3 辑. 北京：中国法制出版社，2008：708.

“通过事实构成与法律后果之间的连接，每个法律规范都将表明：在事实构成所描述的事实行为中什么才应该是适当的、‘正义的’……可见，任何法律规范都包含了立法者的‘利益评价’，也就是‘价值判断’。所以，法律适用就意味着在具体的案件中实现法定的价值判断。”[①] 刑法解释自然也是如此。任何企图运用单纯的三段论逻辑去完成解释工作的努力，都只是一厢情愿的幻想。然而，价值判断应当以何种方式被整合入刑法解释之中，是一个没有定论的问题。一方面，当某种价值判断通过立法活动被明确地转化为刑法规范时，严格适用相应的刑法规范便被认为是遵循该种价值判断的结果。另一方面，尽管法学依赖于实证法，但为防止实证主义所散播的杂草扼杀法学自身的科学性，防止“人们将其自身以及其思想、感受，托付给贫乏、死板的制定法，而成为法律机器中一块无意志的、无感情的零件”[②]，必须允许超越实证法范围的价值判断。换言之，不能将实证法规范所体现的价值判断固定化或者甚至做僵化的处理，以为规范背后的价值判断是永恒不变的。

一则，刑法规范背后的价值往往并不清晰而存在多种解读的可能性，如何解读其价值取向是解释者经常面临的问题。比如，我国《刑法》在盗窃罪与抢劫罪中分别规定了入户盗窃与入户抢劫的情形，但在其他犯罪中并无涉户的规定。这就产生了相应的疑问：在入户实施强奸等犯罪的场合，入户情节是否应当像在抢劫罪中那样作为法定刑升格的条件。对此，理论上可能存在较大的争议。诸如此类的解读分歧，在法解释中是正常的。对法律规范的解释，实际上涉及的是文本理解问题。与文学作品的解读一样，对作为文本的法律规范的理解总是存在着多种可能性。这是因为，意义的建构不仅取决于文本本身，更取决于读者和具体的语境。“意义不是被简单地给予的，而是在大量的制度性场合（institutional sites）中，通过大量的制度性实践被社会地建

① 伯恩·魏德士. 法理学. 丁小春，吴越，译. 北京：法律出版社，2013：61.

② 鲁道夫·冯·耶林. 法学是一门科学吗?. 李君韬，译. 北京：法律出版社，2010：46-47.

构起来的。”[1]

二则，刑法不是一个固定不变的规范体系，作为其组成部分的刑法规范总是活生生的，处于持续的变动之中。即使没有大规模的立法变革，而只是以补充性的刑法修正案的形式进行立法修正，情况也是如此。众所周知，法的稳定性是法律实现其秩序维持功能的必要前提，所以，在成文法国家，法律一旦公布，便不可能频繁地进行大规模的立法修正。然而，法的稳定性并不意味着规范本身的不变。在很大程度上，正是依赖于作为法体系之组成要素的法律规范的变动（当然还有相应的法解释），法体系方能在整体上维持稳定的同时又具有极强的适应能力。所以，从各国刑事立法的实践来看，比较普遍的做法往往是，维持刑法典结构的稳定，在此基础上经常性地进行补充性的立法修正。新增加或修改的立法规定，改变的往往不只是相关的条文本身，而是有着更为深远的多米诺骨牌式的效应，它们会影响既有体系中流传下来的其他规范的内容与意义。“制定法的意义之所以改变，是因为制定法是整个法律秩序的组成部分，并因此参与到根据法律秩序的统一性而发生的法律持续变革之中。新加进的规定把自己的意义辐射到旧规定上并改造它们。”[2] 以我国《刑法修正案（八）》中规定的危险驾驶罪为例。危险驾驶罪的增设，不仅意味着增加一个新罪名，而且使原有交通肇事罪的构造至少产生两个变化：一是使交通肇事罪分为两种类型，即不以危险驾驶罪为前提而作为单纯过失犯的交通肇事罪与作为危险驾驶罪的结果加重犯的交通肇事罪；二是交通肇事后的逃逸，可能成立危险驾驶罪与交通肇事罪中的法定刑升格的竞合。[3] 此外，该罪的出现，还使如何处理危险驾驶罪与以危险方法危害公共安全罪的关系成为刑法理论上必须解答的问题。二者之间究竟是对立关系还是竞合关系，人们莫衷一是。无

---

① 道格拉斯·凯尔纳，斯蒂文·贝斯特. 后现代理论——批判性的质疑. 张志斌，译. 北京：中央编译出版社，2011：28.

② 卡尔·恩吉施. 法律思维导论. 修订版. 郑永流，译. 北京：法律出版社，2014：109.

③ 张明楷. 危险驾驶罪及其与相关犯罪的关系：6版. 人民法院报，2011-05-11（6）.

论是认定为对立关系还是竞合关系，危险驾驶罪的出台，都意味着对以危险方法危害公共安全罪的构成要件的重新界定。

三则，即使刑法规范背后的价值取向曾经是确定的，为使刑法的发展符合时代精神，总是存在对这样的价值取向进行重新解读的必要性。正如魏根特所指出的，“刑法之于现实的关系是何等的敏感：刑法还是否胜任它制裁无法容忍的、此时此地被人们认为是他们共同生活不可放弃的基本准则的行为规范的违反行为的任务，并不取决于永恒的价值或者不变的认知观点，而是取决于具体社会在具体时点（常常是很难探索到的）细致微妙的心理现状”①。生活之河总是不断地冲刷法律的地表，并且裹挟着法律一路前行。这就要求解释者立足于现实的情境，从此时此地出发来解释制定法，据此而建构人们在当下的存在。经常性地，“自从规范颁布之后，价值观与立法所调整的事实结构可能已经发生变化。对一条最初有意义的法律规范而言，它所追求的规范目的也会‘死去’。因此，当规范所调整的素材的事实结构或者整个法律秩序的评价标准（＝体系解释）已经改变时，就必须检验历史的规范目的是否仍然具有重要意义”②。

以我国刑法中的遗弃罪为例。传统刑法理论认为该罪侵犯的法益是“被害人在家庭中受扶养的权利”③ 或“家庭成员之间互相扶养的权利义务关系”④，相应地，遗弃罪被解读为因婚姻家庭关系而负有扶养义务的人拒绝扶养年老、年幼、患病或其他没有独立生活能力的家庭成员。然而，这样的观点正日益受到挑战。当前有力的学说认为，遗弃罪的主体与对象不需要是同一家庭成员。就实施作为形式的移置行为而言，遗弃罪的主体是一般主体；就实施不作为形式的单纯不保护行为而言，只要是对他人的生命、身体负有扶助、救助义务的人即可，而是否

① 托马斯·魏根特．论刑法与时代精神．樊文，译//刑事法评论：第 19 卷．北京：北京大学出版社，2007：285.

② 伯恩·魏德士．法理学．丁小春，吴越，译．北京：法律出版社，2013：310.

③ 高铭暄．中国刑法学．北京：中国人民大学出版社，1989：593.

④ 王作富．中国刑法适用．北京：中国人民公安大学出版社，1987：539.

具有扶养义务，不能仅根据婚姻法等法律规范来确定，而应根据不作为义务来源的理论与实践来确定。基于同样的理由，遗弃罪的对象也不限于家庭成员。[①] 在遗弃罪的刑法条文本身没有任何变化的情况下，人们对遗弃罪的构成要件竟然作出完全不同的解读，此间的关键无疑不在于，遗弃罪究竟是规定在“妨害婚姻家庭罪”（1979 年《刑法》）之中还是被归入“侵犯公民人身权利、民主权利罪”。毕竟，家庭中受扶养的权利同样可解释为公民的人身权利，就此而言，即使新刑法将遗弃罪规定在侵犯公民人身权利、民主权利罪一章中，也并不必然意味着要放弃对遗弃罪的传统解读。关键在于，在安全问题日益凸显的现代社会，传统的解读无法满足社会连带主义的需要，解释者基于对加强生命、身体安全的保护价值的信奉，认为有必要通过扩张遗弃罪的处罚范围来实现相应的价值。由此可见，正是价值判断上的不同，促使人们对遗弃罪的法益及其构成要件作出全新的解释。

四则，即使刑法规范背后的价值取向能按照时代精神事先予以确定，也并非任何个案中运用相应的价值判断便能理所当然地得出价值上合理的结论。“人们之所以一直在解释现行有效的刑法，是因为活生生的正义还需要从活生生的社会生活中发现；制定法的真实含义不只是隐藏在法条文字中，而且隐藏在具体的生活事实中。”[②] 规则所体现的价值即使符合时代精神，充其量代表的也只是一般正义，而刑法的适用不可能以实现一般正义为已足，还必须维护与实现具体个案中的个别正义。比如，已满 14 周岁的行为人，在后者同意的情况下与未满 14 周岁的幼女发生性关系，按既有的刑法规定，必将得出一律构成强奸罪的结论。因为幼女的事实上的同意被认为在法律上并无意义，无论幼女事实上同意与否，都不影响行为人的强奸罪的定性。这无疑是贯彻周全保护幼女权益的价值的结果。在一般情况下，这样的价值取向并无问题，也是社会所欲的。在幼女越来越容易成为性侵案件的受害人的今天，此种

① 张明楷．法益初论．修订版．北京：中国政法大学出版社，2003：233.

② 张明楷．罪刑法定与刑法解释．北京：北京大学出版社，2009：91-92.

价值取向尤其需要强调与保护。然而，在特殊个案中，完全贯彻此类价值判断未必妥当，比如该行为人也是未成年人，甚至未满 16 周岁。此种情况下，直接援引既有刑法规范认定行为人构成强奸罪，恐怕难以说是一个合理的解释结论。

不将刑法规范背后的价值判断固定化，也是客观解释论的应有之义。“任何一种解释结论的正义性，都只是相对于特定的时空、特定的生活事实而言，生活事实的变化总是要求新的解释结论。”① 若是将规范背后的价值判断予以固定化，则不仅刑法文本的生命力将荡然无存，活着的人也势必生活在已经死去的人的统治之下。无论如何，“法律文本不是为自己而存在的、在任何时候都为一切法律适用者传达相同命令的客体，法律对法院有如乐谱，它离不开法院不断更新的解释，就像乐谱离不开钢琴家一样。法律文本总是不受时间限制地传达着一种客观的、永恒的规范内容这一命题是法律形而上学的非现实主义信条”②。可见，赋予刑法规范以合乎时代精神与现实需要的价值判断，可以使规范历久而弥新，始终保持旺盛的生命力；而规范本身的生命力，不仅为刑法体系保持一定的开放性所必需，也是确保个案正义得以实现的必要前提。

二、价值判断之于法教义学的意义所在

刑法体系中，妥当的价值判断至关重要，毕竟，“法律秩序的质量取决于作为其基础的价值秩序的质量，是后者确定了法益和规范之目的”③；与此同时，价值判断的规范化问题也绝对不容忽视。在法律世界中，脱离法律规则的单纯的价值判断通常没有什么意义，它充其量只能表明人们所持的价值立场，却没有多少建设性的意义。相反，因为无法通过法解释与相关的法律规则建立起必要的关联，单纯的价值判断不仅容易流于对既有立法进行苍白的批判，也无法从根本上改变“有法律

① 张明楷. 刑法分则的解释原理：上. 2 版. 北京：中国人民大学出版社，2011：11.

② 伯恩·魏德士. 法理学. 丁小春，吴越，译. 北京：法律出版社，2013：76.

③ 同②57.

而无法治”的尴尬局面。很显然，对于法律人而言，重要的不是得出特定的价值判断，而是要学会运用法律规则来解决价值分歧，学会将价值判断问题转化为法律技术问题——或者更确切地说是法解释问题——来处理。

（一）法内的价值判断与法外的价值判断

在刑法体系中，基于罪刑法定的制约，并非任何法外的价值判断都允许被引入。因为罪刑法定原则是形式合理性与实质合理性的统一体，它将实质合理性的内容即法律之目的及刑事政策的影响，严格限制在该刑事政策对于法律条文文字明示而确实表达的范围内。[①] 由此，在法无明文规定之时，一项入罪性的决定即使属于合理的价值判断，在刑法中也并无存在的空间。自然，由于规范本身的适用范围、意义边界以及背后的价值判断在很多时候都不确定，也即刑法文本本身具有一定的开放性，这使得罪刑法定所设置的屏障也并非铁板一块，无法——并且也不应当——将一切法外的价值拦阻在刑法的大门之外。由此，法外的价值判断便分化为两类：一类法外的价值判断能够为刑法文本的开放性所容纳，在通过法解释完成由外在价值向内在价值的转化之后，最终成为刑法体系本身的价值判断。另一类法外的价值判断则由于无法为既有的刑法文本所吸纳（不然便违背罪刑法定原则），在立法作出相应修正之前只能始终保持法外的状态。

罪刑法定为现代刑法所设置的这套价值筛选机制，对法教义学（也称法信条学）的构建与发展具有重大的影响。在法律体系中，教义学乃作为一般正义的忠实的拥护者和贯彻者而存在，它维护体系性的价值，确保相同案件得到相同对待。与此同时，基于社会生活的复杂性与变异性以及司法领域的禁止拒绝裁判原则（即法官不允许以法律存在漏洞为由拒绝裁判），法教义学也不得不直面如何处理法教义与价值判断之间关系的问题。一方面，法教义学是围绕原则与规则而建立的学问，因为所谓的法教义指的是“一切可以在法律中找到的理论规则、基本规则和

① 徐岱．刑法解释学的独立品格．法学研究，2009（3）：34.

原则，也包括法学与法律实践为法律增加的理论规则、基本规则和原则”[①]，教义规则本身虽然不能提供价值判断，但作为贯彻价值判断的媒介，它们反映的是某种价值选择。当这样的价值选择被整合入法教义学之中，贯彻教义规则的逻辑便是维护此种价值选择，在此，教义规则与价值判断之间是有机统一的关系。另一方面，规则毕竟只能统摄一般的情形，而无法确保所有个案的正义；况且，教义规则本身的适应力也是有限的，在社会发生变迁时，新的价值观念可能与规则本身所体现的价值判断相矛盾，以致有必要对此作出相应调整。在此种情况下，教义规则与价值判断之间便是二元分离的。对于常规性案件，人们只要直接运用教义规则便能轻易地解决价值判断的问题。在难办案件（hard case）中，教义规则与价值判断之间便会形成尖锐的紧张。在难办案件中，尽管教义分析仍有其作用，起支配或主导作用的主要是一些政治性判断或政策考量。难办案件数量虽然稀少，但其作用不容忽视，它们构成法律发展的契机。“法律的发展，在很大程度上就是在取舍难断的疑难案（hard case）中的价值选择推动下进行的。在‘疑难案’的‘拷问’下，裁判者被迫必须对那些‘终极’问题作出正面回答。对这些问题的回答，裁判者必须‘说理’——给出价值判断上的理由，而不能仅仅‘说法’——仅局限于教义分析上的讨论。”[②] 此时，如何妥当处理教义规则与价值判断之间的关系问题便会凸显出来。

应该说，将法教义学与价值判断单纯地界定为法内与法外的关系不尽妥当。持此种见解的人，潜意识中实际上是将法教义学当作一种固化的知识体系，视之如数学或物理一般的科学。问题在于，法教义学本身不可能是封闭的、僵化的存在，它固然具有相对的稳定性，但同时也表现出流动性的一面。不然，便难以理解，为什么当下的法教义学内容与以前相比总是有这样那样的区别，并且总是存在根据社会生活的变化而发展法教义学的需要。此外，它也难以解释，为什么法教义学对变动的

---

① 伯恩·魏德士．法理学．丁小春，吴越，译．北京：法律出版社，2013：137．

② 许德风．论法教义学与价值判断：以民法方法为重点．中外法学，2008（2）：178．

政治社会条件与价值标准表现出惊人的适应能力。尽管存在否定禁止（Negationsverbot）的命令，即教义规则是"法学研究的批判性检验的结果，因此不能简单地予以否定"①，但那并不是说，在任何情况下都不允许背离既有的教义规则，法教义学中的诸多原则与规则，从来就没有被当作终极真理。它只是意味着，背离既有的教义规则必须提供有足够说服力的依据。只要依据足够有力，既有的教义规则便是可以被修正甚至被推翻的。严格说来，任何教义规则都"只是作为可资用的假说，它们在那些重大的法律实验室——司法法院——中被不断地重复检测。每个新案件都是一个实验。如果人们感到某个看上去可以适用的、已被接受的规则所产生的结果不公正，就会重新考虑这个规则。也许不是立刻就修改，因为试图使每个案件都达到绝对的公正就不可能发展和保持一般规则；但如果一个规则不断造成不公正的结果，那么它就最终将被重新塑造"②。正是借助于教义学，在不同政治语境下，人们赋予相同的法律规范以不同的内涵与意义，对同样的利益冲突给出完全相异的判断。这样的事例在各国的法律实践中比比皆是。最典型的莫过于美国法院对种族隔离问题的处理。美国联邦最高法院在 1896 年的 Plessy v. Ferguson 案中提出"隔离但平等"的原则，认为"允许，甚至要求在他们（即两个种族——引者注）可能接触的地方进行分离的法律并不一定暗示某一种族劣于另一种族"，因而，有关隔离的制定法并不违反宪法第 14 修正案的平等保护条款。然而，在 1954 年的 Brown v. Board of Education of Topeka 案中，美国联邦最高法院却认为，在公共教育领域，"隔离但平等"的原则没有适用的余地，分离的教育设施天生就不平等，隔离的做法违反宪法第 14 修正案的平等保护条款。③

可见，法教义学本身就蕴含着某种应时应势不断调整自身的发展机制。它不断将合理的外在价值吸纳进来，淘汰或者更新陈旧的价值，同

---

① 伯恩·魏德士．法理学．丁小春，吴越，译．北京：法律出版社，2013：140-141.

② 本杰明·卡多佐．司法过程的性质．苏力，译．北京：商务印书馆，2000：10.

③ 约翰·莫纳什，劳伦斯·沃克．法律中的社会科学．6 版．何美欢，等译．北京：法律出版社，2007：184-195.

时驱使教义规则作出相应的调整。这样一种新陈代谢的调适机制，使得法教义学对法外的价值判断始终保持着开放的态度。很多法外的价值判断经由这种机制而成为法教义学自身的价值判断，在法解释本身的灵活性不足以支持合理的价值判断时，它甚至会超越现行法律而影响当下乃至未来的法政策，最终迫使既有的法律作出修正。当然，不是所有法外的价值判断都或迟或早会成为法教义学内在的价值判断，总是有一些法外的价值判断——即使其具有相当的合理性——不可能实现或者完成这样的转换，在受罪刑法定制约的刑法体系中更是如此。这是由于，任何一种价值都不是绝对的，不同的价值之间往往是正与正的较量而非正与不正的对抗。现代人的命运就是，不得不同时应对就其本质而言是相互冲突的不同理念和不同价值取向。[①] 法教义学所固有的体系化的建构方式决定了，它在选择某些价值进行维护的同时势必贬抑其他的一些价值，因为体系性的建构遵循的是系统论的逻辑，它强调秩序性（或逻辑性）和统一性（统一于基本原则之下），是对一定数量的理性原则进行不断演绎的结果，而数量有限的理性原则势必只能涵盖其中的一些价值，而不可能顾及所有值得保护的价值。

（二）法教义学与价值判断之间的连结点

毫无疑问，刑法解释不应当置既有的法教义学于不顾，而径行在个案中根据价值判断得出解释结论。此种做法在以严格的规则主义、法条主义、罪刑法定为主导意识形态的当代中国社会，不可能获得基本的正当性。与此同时，教义学的资源具有多样性与丰富性，不以价值判断作为思考与评价的基点，难以说明为什么人们选择的是这一种教义分析而不是另一种，为什么是从此角度入手进行分析而不是从彼角度去展开。这一点在围绕许霆案展开的教义学争论中表现得极为明显。针对刑法学者所作出的各式教义分析，苏力曾经这样质问："这些精细却局限于教义的分析本身无法解救教义分析（或法条主义分析）给许霆案留下的那

① Wolfgang J. Mommson, *The Political and Social Theory of Max Weber*, Cambridge: Polity Press, 1989, p. 29.

个重大难题：为什么当教义分析得出的判决与直觉冲突时，必须或应当换另一个教义分析？法律教义分析本身并没有指示，逻辑上也推不出来，在这种情况下，法律人应当服从直觉，从其他法律或刑法的其他规定中寻求出路。”[①]法律人之所以那样做，无疑是由更深层的因素使然。在所有无论是民法、刑法或是其他法律的教义分析中，“没有展示出来却实际支配和引导了学者和法官的起始的和更改的教义分析的……正是一个或一些政策性的甚至在功能上是政治性的判断，尽管有些学者可能为回避政治而愿意美其名曰‘价值判断’”[②]。

为维护法律的确定性以及法律的约束力，“必须规定价值判断不能直接用于裁判，只有通过法教义学上的‘连结点’如一般条款、法律解释（尤其是目的解释）、法律漏洞补充等才能将其引入法律论证”[③]。法教义学与价值判断之间的连结点，在民法中经常表现为具有一般意义的原则性条款，如诚实信用原则。正是此类原则性条款在相当程度上构建了民法体系的开放性，使其容纳外在社会的需求和价值判断成为可能。与民法中的诚实信用原则不同，在刑法体系中，“罪刑法定原则不仅没有构造刑法结构的弹性，相反却是刚性部分的构造要素。它使得刑法结构变得封闭、内敛，无法与外部世界形成正常的良性互动”[④]。根据罪刑法定的要求，刑法体系必然具有较其他部门法体系更高程度的封闭性。实际上，这种封闭性正是现代刑法所追求的重要价值。所谓的罪刑法定，归根到底是希望通过禁止任意地引入法外的价值判断来实现约束国家刑罚权的目的。当现代刑法宣称禁止类推解释时，它实际上是要表明这样的立场：不容许通过解释将背离刑法规范的入罪性的价值判断引入刑法体系。这使得刑法比其他部门法更加强调明确性，也因此而陷入“明确性的困境”：一方面需要确保刑事立法在相当程度上是明确的，因为明确性是罪刑法定乃至刑事法治的必然要求；另一方面却又不得不大

① 苏力. 法条主义、民意与难办案件. 中外法学，2009（1）：98.

② 同①99.

③ 许德风. 论法教义学与价值判断：以民法方法为重点. 中外法学，2008（2）：174.

④ 劳东燕. 刑法基础的理论展开. 北京：北京大学出版社，2008：177.

量引入概括性条款与需要填充价值的概念（即规范的构成要件要素），以使刑法体系具有适度的弹性。[①]

德国学者恩吉施（Engisch）曾根据明确性的程度，将刑法中所使用的概念按递减的次序分为四组：（1）数字性的因而是绝对确定的概念；（2）以在整个社会中广泛且一致的应用为基础的分类性概念（通常称为“描述性构成要件要素”）；（3）功能性概念（通常称为“规范性构成要件要素”），其并非通过相同的含义展示，而是通过物质的相同的社会性功能而得以构建；（4）纯价值概念（通常称为“概括性条款”）。[②]一般认为，概括性条款（有时也译为一般条款）与规范性构成要件要素本质上均系需要填充价值的概念，具有“司法之外的特性(außerjuristische Art)，即对其进行评价并不涉及法律本身，而是与法外存在的事实或评价（伦理的、社会学的、心理学的方式）有关”[③]。可以说，正是概括性条款与规范性构成要件要素的需要填充法外价值的特性，使其成为法教义学与价值判断之间的良好的连结点，最终使人们在刑法解释中引入超越实证法范围的价值判断变得可能。这样看来，对于概括性条款与规范性构成要件要素在刑法体系中的地位，有必要辩证地进行看待：一方面，概括性条款与规范性构成要件要素在日益广泛地适用，是刑法自身在面临不断变动的社会现实被迫作出的应变之举，它们承担着构建刑法体系之开放性的任务。另一方面，当代刑法中大量存在的概括性条款与规范性构成要件要素，对刑法的明确性构成重大的威胁，它们分明又是使罪刑法定所筑建的防堤在无形中弱化乃至崩溃的“蚁穴”。就此而言，实有必要对刑法中广泛运用概括性条款与规范性构成要件要素的现象提高警惕。

---

① 劳东燕．罪刑法定的明确性困境及其出路．法学研究，2004（6）．

② Schünemann，Nulla poena sine lege? Walter De Gruyter，1978，S. 30-31.

③ Vgl. Class，Generalklausel im Strafrecht，in Festschrift für Eberhard Schmidt，Scientia Verlag Aalen，1971，S. 123-124. 这是德国学者 Class 对概括性条款的特性所做的归纳，笔者以为它同样适用于规范的构成要件要素。与概括性条款一样，规范的构成要件要素同样需要通过填充法外的价值而获得实在的内涵，二者之间并无本质的不同。差别或许只在于，前者更具有一般性而由此可能比后者更不明确。

在我国刑法中，概括性条款典型地表现为纯正兜底犯。所谓纯正兜底犯，指的是刑法规定以其所列举的犯罪行为以外的其他行为、方式、方法、手段构成犯罪的情形。[①] 除此之外，我国刑法中大量存在的情节犯也应归入概括性条款的范畴，它们同样是构建刑法弹性机制的重要组成部分。所谓"情节严重""情节特别严重""情节恶劣"等，本身需要经过解释才能确定，而这样的解释无论如何离不开价值判断。白建军教授将纯正情节犯[②]与纯正兜底犯这两类刑法规定称为"弹性刑法"，并将之与扩大解释相区分，认为"二者都强调刑法适用对能动解释的依赖，但扩大解释在原有法条基础上承认基于某种功利需要而超出原有范围导出新的解释，而弹性刑法否认这种特别功利需要以及推论的存在。对弹性刑法而言，被解释进来的，是相应刑法规范的应有之义，无须在法条文本的形式以外寻求实质论证"[③]。本书认为，所谓的"弹性刑法"与扩大解释之间，很难说存在什么本质上的区别，关键在于解释的弹性程度，以及形式上是否为规范条文的表面含义所涵盖。一般而言，兜底犯与情节犯的解释空间较大，而扩大解释因受制于概念本身的意义范围，解释空间相对小得多。这两者之间的区别大致相当于概括性条款与规范性构成要件要素之间的区别。当然，这不意味着兜底犯与情节犯的弹性空间是没有边界的。即使是兜底性条款，从解释学的角度来看，也必须与所列举的行为、方式、方法或手段具有同等或类似的性质，而不允许任意解释。比如，以危险方法危害公共安全罪，其中的"其他危险方法"应当解释为与"放火、决水、爆炸以及投放毒害性、放射性、传染病病原体等物质"等行为方式相当的、对公共安全具有高度危险性的行为，而不能泛泛地解释为任何具有危害公共安全性质的方法。毕竟，该罪系刑法第 114、115 条所规定的放火罪、决水罪、爆炸罪、投放危

① 根据白建军教授的统计，截止到《刑法修正案（六）》，我国刑法中规定的纯正兜底犯有 44 个，包括非法经营罪、强奸罪、强制猥亵罪、侮辱妇女罪、非法拘禁罪、侮辱罪、抢劫罪、聚众哄抢罪、故意毁坏财物罪、破坏生产经营罪等。白建军．关系犯罪学．2 版．北京：中国人民大学出版社，2009：420-421.

② 所谓纯正情节犯，指的是刑法规定以情节严重或情节恶劣作为犯罪构成要件的情形。

③ 白建军．关系犯罪学．2 版．北京：中国人民大学出版社，2009：418.

险物质罪等犯罪的兜底性条款，而非危害公共安全这一章犯罪的兜底性条款。此外，基于罪刑法定的要求，扩大解释终究不能超出概念本身的文义可能性，就此而言，声称扩大解释是超出概念的原有范围所进行的解释，也不尽妥当。[①] 与兜底犯和情节犯一样，扩大解释所得出的结论也必须被认为是相应刑法规范的应有之义。

除概括性条款与规范性构成要件要素之外，描述性构成要件要素也并非与价值判断无涉。确切地说，这几类概念之间的区别，不在于是否需要填充价值，而在于价值填充的必要性程度有所不同。当然，相比于概括性条款与规范性构成要件要素，描述性构成要件要素对价值判断的依赖程度要低一些。举例来说，我国刑法第 263 条中“入户抢劫”的“户”属于描述性构成要件要素，但它同样并非与价值判断无涉的概念。即使司法解释已经对“户”做了相当细致的界定[②]，在特定个案中，仅借助对“户”的界定，仍无法完成是否成立入户抢劫的判断，而只有运用价值判断才可能得出比较合理的结论。比如，被告人进入父母居室之内抢劫，或者进入正在从事赌博活动的他人住所抢劫的，尽管其实施抢劫的场所在形式上完全符合刑法教义中“户”的特征，但实务中一般不认为其构成入户抢劫。相反，被告人进入与被害人合租（即各居住者之间并无亲属关系）的房屋进行抢劫，表面看来不符合“户”的供他人家庭生活的功能特征与相对隔离的场所特征，却仍然被认定构成入户抢劫。

① 当然，的确有德国学者认为，“可能的文义”无非就是类推，它只是法律适用者虚拟的一个另类名称，以免触及刑法上的禁止类推。当人们把为唤起人们注意而和平地静坐封锁理解为是“可责地运用武力”，或者将盐酸视为“武器”时，其实就已进入禁止的类推中。只是在此显示出，相对于这是类推而言，认为此处不是类推的想法是更加危险的想法，因为在此，解释的界限与刑法上禁止类推的难题根本没有被考虑到。阿图尔·考夫曼. 法律哲学. 2版，刘幸义，等译. 北京：法律出版社，2011：65.

② 最高人民法院《关于审理抢劫、抢夺刑事案件适用法律若干问题的意见》（2005 年 6 月 8 日）第 1 条规定，“入户抢劫”中的“户”是指住所，其特征为供他人家庭生活和与外界相对隔离两个方面，前者为功能特征，后者为场所特征。一般情况下，集体宿舍、旅店宾馆、临时搭建工棚等不应认定为“户”，但在特定情况下，如果确实具有上述两个特征的，也可以认定为“户”。

在前述相关案件的裁判理由中，尽管法官们仍以教义分析来装点门面，但明眼人一眼就能看出，支配解释结论的其实是价值判断。也正是价值判断的不同，导致法官在此类案件中使用完全不同的教义分析路径。就被告人进入父母居室之内实施抢劫的案件而言，裁判理由重点是在探讨被告人是否属于非法侵入的问题，认为被告人与被害人同为家庭成员，无论进入父母居室或住宅是否经过同意，都不属于非法侵入。① 在被告人进入正在从事赌博活动的他人住所实施抢劫的案件中，裁判理由则围绕行为时“户”所承载的实际功能与具体的抢劫对象大做文章，以抢劫行为发生时被害人的住所承载的实际功能不是供家庭生活所用而是作为赌博场所，且行为人抢劫的对象是参赌人员而非家庭成员为由，否定入户抢劫的成立。② 而在被告人进入合租的房屋内对共同居住者进行抢劫的案件中，裁判理由转而将说理的重心放在“户”作为生活空间应具备本质特征（即私密性与排他性）之上，主张合租的人即使不具备家庭成员的身份，只要二人共租的房屋是供生活所用，相对于他人和外界具有隐私性和排他性，便应认定为刑法意义上的“户”，故成立入户抢劫。③ 不难发现，同是涉及入户抢劫中“户”的认定的案件，裁判理由却并没有直接围绕教义学上“户”的供他人家庭生活的功能特征和与外界相对隔离的场所特征展开说理，而是设法选择其他的路径进行论证。最终，或借助于对规范设立目的的考察，或通过对“户”作为法律概念的本质特征的强调，或诉诸呼应变化的社会生活现实的必要性，形式上完全符合“户”的教义学特征的案件被认定只成立普通的抢劫，而形式上并不符合“户”的教义学特征的案件反而被认为构成入户抢劫。

三、刑事政策与刑法解释中的价值判断

如前所述，罪刑法定所蕴含的明确性要求，禁止刑法体系通过原则

① 最高人民法院．刑事审判参考：第21集．北京：法律出版社，2001：22-27.

② 最高人民法院．刑事审判参考：第37集．北京：法律出版社，2004：30-36．应该说，本案的结论尚有斟酌的余地。进入偶然用于赌博的他人住所实施抢劫，同样侵害住宅的安宁，不认定为入户抢劫难以与此种行为的社会危害性和惩罚必要性程度相称。

③ 最高人民法院．刑事审判参考：第59集．北京：法律出版社，2008：19-25.

性条款来构建与民法体系中的诚实信用原则相类似的弹性机制，刑法体系弹性机制的构建，需要通过在法解释过程中填充法外的价值判断来实现。不难发现，对于开放的刑法体系而言，这充其量只构成一个前提：它只告诉我们刑法中某些概念（包括概括性条款、规范性构成要件要素以及描述性构成要件素等）需要援引法外的价值才能完成解释，却并没有说明这些价值的内容是什么，也没有回答解释者应当如何选择价值内容的问题。这正如规范的责任概念一样，规范的责任概念表明的只是，有责的行为必须是值得谴责的；它完全是个形式性的概念，并没有回答可谴责性究竟取决于哪些前提内容的问题。① 如果说刑法解释中引入法外的价值判断有其必要性，那么，这种价值判断中的价值内容到底是什么，从何处寻找此种价值内容便成为解释者必须直面的问题。

首先，解释者不应当以自己个人的价值取向来填充其间的价值内容。即使是司法能动主义者，对这一点也并不否认。作为司法能动主义的积极倡导者与践行者，美国联邦最高法院的布伦南（Brennan）大法官在论及宪法解释时曾这样指出："当法官解释宪法的时候，他们是在为整个共同体说话，而不光是他们自己。在进行解释的时候，必须充分意识到要寻求的是——在一种非常真实的意义上——共同体的解释。"② 尽管刑法条文所使用的语言可以确保其意义的相对独立性，但条文本身并无独立的意志可言，它只是体现主体价值判断的媒介。当人们一再强调目的论解释的重要性，或者声称成文刑法比立法者更聪明时，或许忽视了这样的基本事实：目的是一个与主体紧密联系的范畴，离开主体的目的是不可想象的。法条本身不可能有自己的目的，不然便难以解释，为什么在法条文字没有任何变化的情况下，人们对法条的目的却可能存在多种解读。可见，"法律的意志"（或"规范的目的"）之类的表达方式，完全是一种拟人化的说法。"这种拟人化只是用来遮掩——立法者原本的意向与法律'经演进之后'标准内涵之间的——紧张关系，这种

① Roxin，*Strafrecht Allgemeiner Teil*，Band I，4. Aufl.，2006，Rn. 19，S. 859.

② 赵晓力. 美国宪法的原旨解释//宪法与公民——思想与社会：第4辑. 上海：上海人民出版社，2004：386.

遮掩并不济事，紧张关系仍然存在。”①

严格说来，所谓“法律的意志”要么来自立法者要么来自解释者，即只可能是立法者的价值判断或者解释者的价值判断。当然，所谓立法者的意志（或立法者的价值判断），指的并不是具体制定相关法律的团体或其成员的主观意志，而是由法律文本所体现并受法律文本制约的客观意志。只有这样解读立法者的意志，才可能使既有的刑法的发展呼应时代的精神。基于罪刑法定的要求，刑法解释中作为解释者的法官必须服从立法者的价值判断，不然就是在篡夺立法权，是以自己的意志取代立法者的意志。这也是现代国家权力分立逻辑之下的必然结论。解释的目的不是让解释者偷梁换柱地将自己的意志打扮成法律本身的意志，而是要查明法律中所包含的立法者的价值判断。毕竟，法律条文不是可任人随意打扮的小姑娘。这也是解释的本意之所在。不然，解释者根本就是在造法了，因为“按照‘解释’这一概念的严格意义，法律解释‘只能从法律规范中得出立法者通过规范确定的价值判断。’这一关于解释的狭窄而严格的概念只针对那些被立法者纳入其价值判断之中的事实构成（某一类型的案件）和后果规定。因此，如果在法律适用中扩大或缩小了事实构成确定的立法价值标准，那么就不再是‘解释’”②。

由此可见，“法律所包含的只不过是（表达得清楚或不清楚的）这样的信息，即立法者希望怎样调整他们认为需要调整的具体情况。能够解释的只不过是，什么内容作为立法者的价值判断进入了（‘添加进’）规范文本”③。自然，这样的立法意志，不可能指的是起草者或批准者的主观意志，而应当是由条文体现并受条文所使用的语言制约的价值判断。起草者与批准者的意图只是确定刑法条文含义的一个途径而不是全部，它与刑法条文的立法意志不能相等同。一方面，即使起草者与批准者表达过某种意见，但如果其在立法时没有将该意见写进刑法文本，这样的意见便不是法律。另一方面，起草者与批准者经由条文所体现的立

① 卡尔·拉伦茨. 法学方法论. 陈爱娥，译. 北京：商务印书馆，2003：199.

② 伯恩·魏德士. 法理学. 丁小春，吴越，译. 北京：法律出版社，2013：329.

③ 同②308.

法意志，仍需要由解释者根据生活事实并结合条文使用的语言来解读。在此种意义上，立法意志的确定不可能完全摆脱解释者的价值判断的影响。

其次，解释者一般也不应以流水的民意来填充其间的价值内容。司法个案中的民意既不同于立法时的民意，也不同于一般意义上的民众法感情。在涉及个案的法律解释中，动辄以民意的价值取向为圭臬，并以任意的方式吸纳所谓的民意，不仅司法独立将荡然无存，法治和人权也会受到极大的威胁与破坏。民意是多变的、反复的、情绪化的，且往往是可操纵的，有时甚至是虚假的。司法领域并不存在有效的民意收集机制和议事决策机构。经过媒体（特别是网络媒体）渲染与剪裁的民意，其代表性大可质疑。其间，沉默的大多数一如既往是缺席的，而媒体基于自身的认识限制与价值取向，不仅给出的案件事实是经过“编辑”的，作为公众代表的各个个体的意见或看法也是经过“编辑”的。尤其是，民意判断的复杂性导致其根本不具有操作性，民意无论从形式还是从内容上都很难判断，或者说根本不能被判断，无论是民意的主体范围还是民意的形式范围，抑或是民意的真实性标准以及民意的正确性或公正性标准，都是难以确定也无法把握的。[①]

那么，解释者究竟应当以什么来填充价值判断中的价值内容呢？

除考虑所在社会关于正义、公平、自由等方面的主流价值之外，解释者无疑也应当着眼于当下的社会现实，考虑相关犯罪的现状及未来的走向，考虑其解释结论对于预防与控制犯罪所可能产生的影响效果。因而，在很多时候，解释者必须做政策性的权衡，将对预防与控制犯罪的需要的考虑整合入刑法解释的过程，以刑事政策所体现的价值取向来填充价值判断的内容。这样的处理与安排至少具有两大益处。

一是有助于防止解释者的任意解释，确保刑法适用的客观性。必须承认，法解释事实上不可能摆脱作为主体的解释者的个人偏好与价值取

① 张开骏．基于法治原则的民意正当性拷问与刑事理性策略//刑事法评论：第26卷．北京：北京大学出版社，2010：136-137.

向："理解的主体也共同进入认识之中，在法律规范中只有一种相互主观性的真理，而没有客观的真理。"① 由此，如何约束解释者的主观任意性以确保法的客观性便成为法适用中必须解决的问题。在涉及公民生杀定夺的刑法领域，防止解释者的任意解释更是有其必要性。以刑事政策所代表的价值取向来填充刑法解释中价值判断的内容，无疑有助于在相当程度上遏制解释者的主观任意性。在此种意义上，刑事政策构成解释者个人价值与刑法解释之间的中介。如学者所言，"在个人价值、理念与刑法解释之间必须有一个中介——在相互矛盾的各种价值、理念中作出抉择。这个中介就是刑事政策，法官的个人信仰只能够屈从于政策选择"②。换言之，在刑法解释中，解释者应当以刑事政策所代表的价值取向来填充其间的价值判断内容。一般说来，刑事政策既代表着主流的价值取向，也是政治意志与社会需求的切实体现。以之作为法解释中价值判断的实体内容，不仅具有可把握性与可操作性，也能够避免解释结论因解释者个人价值的不同而大相径庭，确保法适用的统一性。

二是使刑法解释的结论具有应时应势性，呼应社会发展的需求。与制定法要求稳定性不同，刑事政策具有相当的灵活性，能够根据犯罪的现状及其发展趋势不断作出有针对性的调整。在刑法解释中考虑刑事政策的价值取向，不仅有助于确保个案中解释结论的合理性，使解释结论呼应社会的现实需求，也有助于刑法体系保持勃勃的生机，通过不断更新的解释而实现与时俱进。毕竟，刑法的适用乃仰赖于法解释而实现，以停滞不变的价值取向来展开法解释，要么导致刑法的发展远落后于时代的要求，要么招来频繁的、让人眼花缭乱的立法变革。可见，刑法解释中考虑刑事政策的价值取向可谓开放的刑法体系的必然要求，是刑法体系保持开放性的必要举措。在现代社会，刑事政策已然成为刑法体系中弹性机制的中枢神经。刑事政策方面的任何短路，都可能使此种弹性

① 阿图尔·考夫曼. 法律哲学. 2版. 刘幸义，等译. 北京：法律出版社，2011：68.

② 欧阳本祺. 论刑法解释的刑事政策化//刑事法评论：第26卷. 北京：北京大学出版社，2010：118.

机制趋于崩溃，根本上扼杀生活事实与刑法体系之间的互动，从而使刑法文本丧失必要的开放性。也正是由于刑事政策所代表的价值判断具有应时性与流变性，所以，不应当将刑法解释理解为认识论层面上的真理关系，而应当视为一种价值关系。必须看到，"刑法条文没有固定不变的含义，对成文刑法的解释不可能有终局性的结论，任何解释的合理性都是相对的"[①]。

在诸多的解释方法中，目的解释占据着决定性的地位，无论是文理解释、体系解释还是历史解释等，最终都要服从于目的解释。因而，目的解释与其说是一种解释方法，不如说是一种解释方向。刑事政策之于刑法文本的开放性的功能，正是通过目的解释而实现的。刑事政策不仅影响刑法体系的整体目的的设定，也影响人们对具体法条的规范目的的理解。而对目的——无论是刑法的整体目的还是具体法条的规范目的——的不同解读，势必对具体个案中的刑法解释构成重大制约。比如，对刑法整体目的的解读的不同，将直接影响罪刑相适应原则中"罪"的概念的界定。罪刑相适应之罪，究竟指的是报应之罪还是功利之罪，是罪行之罪还是罪人之罪，是抽象之罪还是具体之罪[②]，必须联系刑法的整体目的才能得到理解。在风险社会的背景之下，安全导向的刑事政策导致刑法在整体目的上出现从强调人权保障到注重社会保护的转换。刑法整体目的上的这种转换，已经对当代社会的刑法解释产生了深刻影响。自然，在更多的时候，刑事政策是通过对具体法条的规范目的施加影响而影响刑法解释的。比如，我国《刑法》第 301 条同时规定了聚众淫乱罪与引诱未成年人聚众淫乱罪。一般认为，聚众淫乱罪的构成，要求各行为人的聚众淫乱行为具有某种程度的公然性，即必须以不特定人或多数人可能认识到的方式实施。然而，公然性的要求是否同样适用于引诱未成年人聚众淫乱罪？对这个问题的回答，取决于对第 301 条第 2 款的规范目的的解读。如果考虑刑事政策的因素，将该条的目的

---

① 张明楷．罪刑法定与刑法解释：前言．北京：北京大学出版社，2009：2.

② 白建军教授对此做过专门的论述，白建军．罪刑均衡实证研究．北京：法律出版社，2004：39-101.

解读为是为了保护未成年人的身心健康，那么，便会得出不要求具有公然性的结论，也即，引诱未成年人参加秘密聚众淫乱活动的也构成本罪。不难发现，当论者以刑法理论应当将引诱未成年人聚众淫乱罪补正解释为对个人法益的犯罪为由，提出本罪的成立不要求具有公然性时①，他其实并没有回答这样的疑问：为什么本罪应当被解释为是个人法益的犯罪，而聚众淫乱罪则属于对社会法益的犯罪？

就具体个案而言，刑事政策对解释者的前理解具有重要的影响。这样的前理解本质上便是价值判断，它往往表现为对行为的惩罚必要性及其程度的判断，并由此影响解释者对相关构成要件的解释。从表面看来，这违背三段论的基本逻辑，似乎解释结论仅仅是解释者个人先见的产物。实则不然。三段论的倒置并不违反罪刑法定原则，而是一种正常的、自然的心理现象。② 关键不在于解释者是否存在前理解，而在于这样的前理解能否在事后通过教义分析予以正当化。正如考夫曼所言，“相对于裁判的字义，法官在案件中有着先前判断与先前理解。法官有这些判断或理解，并不必对其责难，因为所有的理解都是从一个先前理解开始，只是我们必须把它——这是法官们所未作的——开放、反思、带进论证中，而且随时准备作修正”③。一旦通过教义分析正当化，解释者基于前理解而得出的解释结论便是合理的，谈不上违反罪刑法定的问题。换言之，这样的解释结论已然在罪刑法定与刑事政策之间找到了“公约数”，或者说正好落在罪刑法定与刑事政策的“交集”之内。“刑法解释刑事政策化的目标便是探求刑事政策与罪刑法定原则的最大公约数，这个目标需要综合各种刑法解释因素（方法）的运用才能够实现；而刑法解释因素（方法）运用的过程就是刑事政策引导刑法教义学的过程，就是刑法解释刑事政策化的过程。”④ 反之，如果价值判断的分析

---

① 张明楷．罪刑法定与刑法解释．北京：北京大学出版社，2009：137.

② 张明楷．实质解释论再提倡．中国法学，2010（4）：66.

③ 阿图尔·考夫曼．法律哲学．2版．刘幸义，等译．北京：法律出版社，2011：63-64.

④ 欧阳本祺．论刑法解释的刑事政策化//刑事法评论：第26卷．北京：北京大学出版社，2010：124.

与法教义的分析结论不一致，而解释者又无法找到合适的解释规则或一般条款等法教义学与价值判断之间的连结点，也即刑事政策所代表的价值判断无法经由教义分析正当化，此时便涉及处罚漏洞问题，法解释学对此无能为力。解释者必须接受法教义分析所得出的结论，即使这样的结论从价值判断的角度来看不尽妥当。更为合理的解决方案的提出，只能留待日后的立法变革去完成。

四、刑事政策与解释论上的“以刑制罪”

刑法解释本质上是文本（刑法条文）、作者（立法者）与读者（解释者）之间互动的产物。当然，正如文学作品的解读一样，对于作为由集体作者完成的刑法文本而言，尽管“每个人可能都是带了自己的隐蔽的经验进入阅读的，但这并不意味着文本可以被随心所欲地肢解和剖析，因为作品一旦形成就有它自身的逻辑存在，即使作家也无法完全支配作品的思想倾向和内容发展”[①]。在社会生活日新月异的今天，对于以制定法形式出现的刑法而言，采取客观解释几乎是注定的选择。解释者必须在立足于刑法条文所使用语言的基础上，通过灵活运用各种解释方法，尤其是借助对规范目的的重新界定，赋予刑法文本以必要的开放性。至于刑法文本原初的作者究竟怎样设想，最初的意图何在，尽管对个案中的刑法解释不乏重要的意义，却不足以主导或者支配刑法在当下的理解适用与在未来的发展走向。

可以肯定的是，在刑法日益刑事政策化的今天，单纯地依靠法益来完成对构成要件的解释已不太可能。一则，在很多情形中，法益本身即需依赖外在的政策因素才能确定。比如，经承诺的诬告、对子虚乌有的对象进行诬告等行为，是否成立诬告陷害罪取决于本罪保护的法益是国家法益还是个体法益，如果认为是前者，则此类行为均成立诬告陷害罪，反之，则均不成立该罪。当论者论证本罪的法益是个人法

① 陈思和．中国现当代文学名篇十五讲．北京：北京大学出版社，2003：11.

益时[①]，这实际上已经是基于法政策考虑后作出的选择。二则，在经历精神化、超个人化的发展历程之后，法益本身已经成为抽象、模糊的概念。精神化的、超个人化的法益概念，一方面固然使其包摄力大大提高，可用来为不断扩张的犯罪圈提供实质上的理论依据，另一方面却也“使得对此一概念提出反证的可能性降低，使得‘法益’一语成为犯罪概念中可以自由变换其内涵的‘magic word’”[②]。以这样一种内涵模糊且稀薄的法益概念来指导构成要件的解释，可想而知会出现什么样的结果。三则，现代刑事立法中，法益关联性的要求已有所弱化甚或丧失。日本学者指出，“现代社会中的刑事立法在实害、危险发生之前就发动刑事制裁，在这个意义上，它是仅仅以行为为根据来发动刑事制裁的事前处理方式为基本原则的刑事立法。而且，将那些仅仅具有抽象危险的离实害、危险还很遥远的行为，比实害、危险的发生更早阶段的预备行为犯罪化，这就意味着，作为刑事立法特征的犯罪行为‘法益关联性’的丧失被充分表现出来”[③]。法益关联性要求的弱化甚或丧失，尤其体现在抽象危险犯的问题上。抽象危险犯的正当性很难通过法益理论来获得确认。毕竟，法益不是一个可以无限延展的实体，用法益理论来解释抽象危险犯只会导致法益内容的抽象和模糊，导致对法益的轮廓范围在认定上出现困难。[④] 无怪乎有学者认为，抽象危险犯的存在与法益侵害说存在矛盾，此时的法益概念和规范违反说中的规范概念几无二致。[⑤] 倘若犯罪的成立只要求与法益之间存在微弱的关联，则法益对构成要件解释的指导功能自然也大大减弱。法益理论所经历的变化，根本上是由于“随着刑法体系的复杂性增加，致使刑法必须不断提升

---

① 张明楷．罪刑法定与刑法解释．北京：北京大学出版社，2009：136.

② 舒洪水，张晶．近现代法益理论的发展及其功能化解读．中国刑事法杂志，2010（9）：16.

③ 关哲夫．现代社会中法益论的课题．王充，译//刑法论丛：第12卷．北京：法律出版社，2008：345.

④ 舒洪水．法益在现代刑法中的困境与发展：以德日的立法动态为视角．政治与法律，2009（7）：105.

⑤ 周光权．论刑法目的的相对性．环球法律评论，2008（1）：34.

自我运作的功能，法益理论为了妥善处理现代刑法的复杂性而不断扩张其范围或逐渐功能化”[①]。在此种背景之下，倚重刑事政策在法解释方面的指导功能可谓势在必然。

通过影响预防必要性的认定，刑事政策会影响对行为应受刑罚处罚必要性及其程度的价值判断，而行为应受刑罚处罚必要性及其程度的价值判断，又将直接决定主体对行为的社会危害性的评价。可以肯定，对行为的社会危害性的评价，不可能是完全客观的，而必然受到评价主体主观价值判断的影响：“某种行为之所以被定义为犯罪，与其说是因为这种行为是有害的行为，不如说是因为犯罪定义制定者认为它是有害的行为。某种行为真的有没有危险并不是问题的关键，问题的关键是，基于某种利害关系和认识局限而制定禁忌的人是否认为某种行为有害。”[②]简言之，危害性的评价不仅取决于被评价的客体本身，更取决于评价主体的主观认识与价值选择。危害性的评价，除了受到诸多法内因素——如所侵害的法益本身的重要性、是否现实地侵害法益及具体程度，以及行为人的主观恶性等——影响之外，也必然受包括刑事政策在内的法外因素的影响。一旦危害性的评价受刑事政策影响，对相关刑法规范的解释自然也不可能摆脱其所设定的制约。刑法解释学的核心任务便是甄别值得刑罚处罚的行为，而是否值得刑罚处罚，不可能不考虑能否实现刑罚效果的问题，刑事政策正是在判断行为是否值得刑罚处罚的过程中必须予以考虑的因素。可以说，正是通过对危害性评价这一支点产生作用，刑事政策在影响对行为的应受刑罚处罚必要性及其程度的判断的同时，反过来对刑法规范的解释构成制约。这其中的关系，通过简单的公式来表示便是：刑事政策→应受刑罚处罚必要性及其程度的价值判断→危害性评价→对犯罪成立要件的解释。

由于应受刑罚处罚必要性及其程度具体乃通过刑罚的严厉程度来体现，这意味着，解释犯罪成立要件时必须考虑刑罚问题，确切地说是应

① 舒洪水，张晶．近现代法益理论的发展及其功能化解读．中国刑事法杂志，2010（9）：22.

② 白建军．关系犯罪学．3版．北京：中国人民大学出版社，2014：218.

当以相关法条所规定的法定刑及其适用作为解释的基点。不妨将此种现象称为“以刑制罪”。顾名思义，它指的是应予适用的刑罚的严厉程度反过来会制约与影响对犯罪成立要件的解释。“以刑制罪”的实现，端赖的正是刑事政策这一桥梁。刑罚本身不可能直接作用于犯罪成立要件，而只有借助于刑事政策这一中介才能对后者产生影响，对构成要件的解释进行指导。这也是贯彻实质解释论逻辑的当然结论。所谓的实质解释，便是要求“在刑法有明文规定的情况下，必须使构成要件说明犯罪本质、使犯罪构成整体说明行为的社会危害性达到了应当追究刑事责任的程度”①。因而，主张实质解释论，便意味着承认“以刑制罪”现象存在的合理性。

此外，“以刑制罪”的做法，也符合现代刑法理论逻辑构建上的“刑罚→犯罪→刑法”的顺序。尽管从经验的角度审视，是先有刑法才有犯罪，随之再出现对犯罪人施加刑罚（即国家行使刑罚权）的问题，即遵循“刑法→犯罪→刑罚（权）”的顺序。然而，现代刑法理论体系之形成，实质上是根源于对国家专断性权力之提防，因而其构建依照完全相反的逻辑顺序：刑罚（权）→犯罪→刑法。换言之，首先是基于刑罚本身的特殊性，考虑对国家所享有的确立与施加刑罚的权力的约束，才有必要推行罪刑法定，对犯罪及其法律后果通过立法的方式作明文界定。刑法解释论上的“以刑制罪”，正是以刑罚作为思考的基点，表明具体犯罪中刑罚对于犯罪成立要件的解释具有反制的效果。它是遵循现代刑法的“刑罚→犯罪→刑法”逻辑的必然产物。

适用“以刑制罪”的准则，有助于对某些犯罪的构成要件作出合理的界定。以绑架罪为例。我国《刑法》（2009 年修正）第 239 条规定，致使被绑架人死亡或者杀死被绑架人的，处无期徒刑或死刑，并处没收财产。其中，“杀死被绑架人”较容易界定，对“致使被绑架人死亡”如何解释则存在争议。如果不考虑法定刑，则宽泛地认定“致使被绑架人死亡”也未尝不可，如将被绑架人因意外（如交通事故）或因与绑架

① 张明楷．法益初论．修订版．北京：中国政法大学出版社，2003：262.

行为无关的其他过失行为（如随手扔烟头引起火灾）而死亡的情形，也认定构成“致使被绑架人死亡”。然而，一旦考虑到相关法定刑的严酷性，便有必要对“致使被绑架人死亡”作限定解释：应理解为结果加重犯，即仅限于绑架行为过失致人死亡，绑架行为与死亡之间必须具有直接性因果关系。[①] 另外，在《刑法修正案（七）》出台以前，鉴于绑架罪最低法定刑极高的事实（最低法定刑为十年有期徒刑），对意图勒索的内容和程度作适当的限制应该说有切实的必要性。有学者曾提出，将对“勒索的不法要求限制在‘重大’的范围内，即以勒索‘巨额’赎金或者其他‘重大’不法要求为目的，而所谓数额巨大的赎金，按照我国对侵犯财产罪如盗窃罪、抢劫罪、诈骗罪等的数额巨大的习惯掌握”[②]。这样的主张无疑有其合理性。当然，在《刑法修正案（七）》将绑架罪的最低法定刑改为五年之后，前述要求严格限制勒索的内容与程度的主张或许失去了必要性。不过，在行为人只是以普通暴力控制人质的情况下，如果其意图勒索的财物数额很少（比如一二百元），或者所提出的只是微不足道的不法要求，应当认定其不构成绑架罪。换言之，在绑架罪中，对意图勒索的内容和程度作起码的限定还是必要的。作这样的限定，正是基于对法定刑严重程度的考虑。

遵循“以刑制罪”的思路，也有助于解答刑法理论中出现的有些疑问。比如，故意犯与有认识的过失犯都要求行为人对行为的社会危害性有认识，问题在于，这两种认识的内容是否是完全相同的呢？对此，只有考虑刑法对故意犯与过失犯的刑罚配置才能作出回答：“故意犯的刑罚高出过失犯，从这种角度出发，有关社会危害性的认识，并不仅仅只是对一般具有社会危害性的事实的认识，而必须是和该种刑罚效果相称的事实的认识，即对值得处以该种刑罚的事实具有认识。”[③] 简言之，因为所配置的刑罚的严厉程度不同，对故意犯与过失犯中行为人对行为

① 张明楷. 刑法学：下. 北京：法律出版社，2016：892-893.

② 阮齐林. 绑架罪的法定刑对绑架罪认定的制约. 法学研究，2002（2）：37.

③ 黎宏. 论“刑法的刑事政策化”思想及其实现. 清华大学学报（哲学社会科学版），2004（5）：47.

的社会危害性的认识要求应当有所不同，故意犯中的认识要求更为严格。

需要指出的是，此处论述的“以刑制罪”不同于冯亚东教授提出的“以刑定罪”规律，二者之间并非单纯措辞上的不同。笔者所谓的“以刑制罪”，指的是刑罚的严厉程度反过来制约构成要件的解释，只适用于解释论层面，是作为刑法解释的指导准则而存在。冯教授主张的“以刑定罪”，则指的是刑罚的具体形态决定犯罪的内涵和外延，它同时适用于立法与司法层面：立法层面上，凡是应当受到“刑罚”处罚的危害行为均应视为“犯罪”追究刑事责任，反之，不应受“刑罚”处罚的危害行为则应通通划入一般违法行为追究行政或民事责任；司法层面上，大量处于罪与非罪临界点上性质两可的案件，依据对行为人能否适用刑罚、适用何种具体刑罚（财产刑还是自由刑）、刑罚的实际效果如何等因素的考虑，直接决定对具体行为入罪或出罪的抉择。[①] 两相比较可以看出，冯教授提出“以刑定罪”规律主要针对的是刑事立法，旨在为犯罪圈的合理划定提供批判性的工具。它虽然也适用于司法层面，但只出现在罪与非罪性质两可的案件中，且仅影响入罪或出罪的决定，而并不涉及对构成要件的解释。此外，本书所指的“以刑制罪”也不同于高艳东博士提出的“以量刑反制定罪”的见解。“以刑制罪”承认法定刑会影响、制约对相应犯罪构成要件的解释，但绝不认同解释者在解释时任意突破犯罪构成的制约，为获得量刑公正而不惜摆脱刑法教义学束缚的做法。相反，所谓的“以量刑反制定罪”，则强调预设的犯罪构成之形式内容应为准确量定刑事责任而让路，认为为了得出公正的、对个人具有最严重影响性的精确刑事责任结论，形式犯罪论理应为实质可罚性让路，也即，为实现量刑公正而变换罪名是可容许的。[②] “以量刑反制定罪”的见解，其关注实质上的量刑公正的一面值得肯定，但由此将罪名

---

① 冯亚东．罪刑关系的反思与重构——兼谈罚金刑在中国现阶段之适用．中国社会科学，2006（5）．

② 高艳东．从盗窃到侵占：许霆案的法理与规范分析．中外法学，2008（3）：460-461．

及相应的犯罪构成视为可任意突破的形式上的手段，无疑大可商榷。[①]

刑事政策所具有的对于构成要件解释的指导功能表明，除刑罚论之外，以犯罪论为核心的刑法教义学不可能与刑事政策无关。如日本学者前田雅英指出的，只要不否认犯罪论是确定处罚范围的工具，则完全撇开来自处罚效果方面的调节而讨论犯罪成立要件，这是非常困难的。因此，只要将犯罪定义为"被科处刑罚的行为"，则李斯特所说的"和刑事政策完全不相干的刑法理论"的观念，就只能说是幻想。[②] 在处理刑事政策与刑法教义学体系之间的关系时，必须注意体系本身的局限性：一方面，体系可能阻塞教义学与刑事政策价值选择之间的联系；另一方面，它也可能阻塞自身与社会现实之间的联系。[③] 刑事政策能够适当地回应政治秩序对刑罚功能的期待，对社会现实的需要作出有效的回应，同时确保教义学体系与外部世界之间的交流保持通畅。自然，强调刑事政策与刑法教义学的关联，指出体系本身的局限性，并不意味着放弃体系本身，或者任由刑事政策凌驾于体系之上。二者之间其实是相互制约、相互作用的关系：缺失刑事政策指导的教义学固然不免陷入盲目的境地，而"一个刑事政策实用主义取向之司法，如果其想要超越'神谕式司法'（Kadi-Justiz）的水准，便不能扬弃由法学所发展出来或应发展出来之体系检验"[④]。

五、本章小结

1. 在刑法解释中，为确保刑法规范的开放性，有必要赋予其合乎

① 对"量刑反制定罪"的见解的具体批评意见，参见张明楷．许霆案的刑法学分析．中外法学，2009（1）：49－51；苏力．法条主义、民意与难办案件．中外法学，2009（1）：100－101；王静．侵犯著作权罪与销售侵权复制品罪的关系．北京：清华大学，2011：17－24．

② 前田雅英．刑法学和刑事政策．黎宏，译．中国刑事政策报告：第1辑．北京：中国法制出版社，2007：531－532．

③ 克劳斯·罗克辛．刑事政策与刑法体系．蔡桂生，译//陈兴良．刑事法评论：第26卷．北京：北京大学出版社，2010：253．

④ 许迺曼．刑法体系与刑事政策．王效文，译//许玉秀，陈志辉．不移不惑献身法与正义：许迺曼教授刑事法论文选辑．台北：新学林出版股份有限公司，2006：40．

时代精神与现实需要的价值判断，包括引入超越实证法范围的价值判断。

2. 教义学本质上涉及的是价值判断的规范化问题，具有将价值判断问题转化为法解释技术问题的功能。在法教义学层面，基于罪刑法定的制约，只有部分法外的价值判断能够实现向法内价值判断的转换。概括性条款与规范性构成要件要素充当着法教义学与法外价值判断之间的联结点，描述性构成要件要素也并非与法外的价值判断无涉。

3. 在刑法解释中，解释者应当以刑事政策所代表的价值取向来充实其间的价值判断内容。正是通过为价值判断提供实体内容，刑事政策为教义学体系的演进提供方向性指导，来防止后者蜕变为封闭、僵化的存在。

4. 通过对危害性评价的支点产生作用，刑事政策在影响对行为的应受刑罚处罚必要性及其程度的判断的同时，反过来对犯罪成立要件的解释构成制约。贯彻“以刑制罪”的逻辑，有助于对某些犯罪的构成要件作出合理的界定。

第三章　功能主义刑法解释的方法与立场

刑法适用一直被认为是单纯运用三段论找法的过程。这样一种适用观以概念法学作为方法论基础，崇拜逻辑演绎而对生活利益视而不见。它坚持法的确定性价值至高无上，假定法条的含义固定不变，司法者的工作被认为是发现法条的客观含义，之后完成个案中的逻辑涵摄。与此相应，所谓的刑法解释，指的便是发现法条客观含义的环节。然而，由于缺乏灵活性，在面临疑难案件或边缘性案件时，概念法学的刑法适用观往往就无能为力。另外，它也易于忽视个案正义，且难以使刑法呼应社会的发展而实现与时俱进的自我调整。

概念法学的刑法适用观越来越受到质疑。受哲学诠释学的影响，人们日益地意识到，法律适用实际上可分为理解、解释与应用三个环节。解释主体首先运用先前的相关知识对拟适用的法条形成一种前理解，同时结合新的语境去重新建构目标法条的含义，之后再将重新建构后的含义予以适用。在法律适用中，理解、解释与应用之间不是相互分离，而是三位一体的统一的过程。① 司法者在进行法律适用时，需要立足于当下的语境，着眼于社会效果，运用实质层面的价值判断与利益衡量，不断地重构法条的含义。这表征的是一种功能化的走向。

要构建一种功能主义的刑法解释论，仅仅例示性地论及刑事政策对

① 王彬．法律适用的诠释学模式及其反思．中南大学学报（社会科学版），2011（6）：77.

刑法规范的解释的影响[①]显然是不够的。首先要解决刑事政策与刑法解释之间的方法论关联问题，包括刑事政策影响刑法解释的方法论前提，刑事政策影响刑法解释的途径以及具体体现；在此基础上，对当前盛行于我国的两种解释论立场，即要么主张纯粹实用主义导向的刑事政策论证，在个案中完全用刑事政策取向的思考来取代体系性的思考，要么强调形式逻辑至上，认为刑事政策对刑法体系的任何干涉都应当被禁止，也有必要展开检讨与反思，以确立一种理性的刑法解释论立场。在某种意义上，这也是对梁根林教授有关“刑法教义学之外公共政策能否参与、如果能够又可能以什么样的方式参与对刑法的解释与适用”[②] 的提问的一次回应，期望能够推进法教义学与刑事政策相融贯的研究，促成功能主义刑法解释论的形成与贯彻。

一、刑事政策影响刑法解释的方法论前提

在概念法学主导的时代，并不存在将刑事政策导入刑法教义学体系的通道。在这样的体系之中，刑事政策也找不到自己的容身之所。彼时，无论是犯罪论体系的构建还是刑法解释论的生成，都是基于概念逻辑的本体性展开，与合目的性的思考相冲突的。由于概念逻辑涉及的是形式性的演绎，而刑事政策涉及实质导向的利益权衡与价值评价，二者之间并不相容。

概念法学一般被认为是 19 世纪法律实证主义的产物，不过，从方法论的角度而言，二者之间并无内在的逻辑关联。实际上，它是为自然法理论与实证主义所共享的方法论。考夫曼曾明确指出：“自然法与实证主义在方法上血缘相近：二者均认为，能从较高的，最终从最高的应然中，演绎地推导出法律。其中的问题一直‘仅仅’是：最高概念的内容从何而来？最高概念共同决定着一切被推导出的概念的内容，人们如

---

① 劳东燕．罪刑规范的刑事政策分析：一个规范刑法学意义上的解读．中国法学，2011 (1).

② 梁根林．许霆案的规范与法理分析．中外法学，2009 (1)：5.

何从这种循环中逃脱出来?”[①] 概念法学一般否认法律漏洞的存在，即使承认有形式上的漏洞，其“所引用之补充方法亦倾向于纯概念的操作：求助于更抽象的、更高一层的概念，自演绎的体系本身补充其漏洞，并据之作成裁判……这种方法的特点是：只要与定义相符，便可适用。至于生活之需要，不仅在概念之建构，而且在其后之涵摄皆非斟酌的事项。于是，按照这种方法，既不须考虑需要（das Bedürfnis），也不须考虑目的，便可单纯地透过纯逻辑的运作填补法律漏洞”[②]。换言之，只要采取从一般到具体的思考顺序，回溯到相关概念的定义，便可从中径直导出对新案件的裁判。在概念法学思维的影响之下，刑法顺理成章地被视为是一个封闭而完备的体系，它依据演绎逻辑之原则构建而成。人们认定，“对于任何一个可想象之个案的可罚性问题都存有一个明确之答案，在必要时我们还可以透过进一步解释那些存在于整体体系中但并不完全清楚之规则，亦即透过体系中个别要素间之推导关系来得出答案”[③]。基于此，刑法解释被认为是主体诉诸理性去认识与发现作为客观实体存在的法的过程，司法者“只应澄清现有的东西，而不允许共同塑造法律，刑法解释的视野被严格限定在刑法上，结果的理性、合目的性问题即刑事政策问题，不允许在刑法教义学中发挥作用”[④]。

在刑法体系被认为是“概念金字塔”的时代，刑事政策只是漂游在体系表面上的点滴浮油。它看起来无处不在，实际上却为体系所排斥而只能在体系之外运作。如罗克辛所言，这种体系一方面阻塞了教义学与刑事政策价值选择之间的联系，另一方面也阻塞了它与社会现实的联系。[⑤] 由于关闭了通往生活世界的通道，这样的刑法教义学尽管能够有

---

① 阿图尔·考夫曼，温弗里德·哈斯默尔．当代法哲学和法律理论导论．郑永流，译．北京：法律出版社，2013：163.

② 黄茂荣．法学方法与现代民法．5版．北京：法律出版社，2007：111.

③ 许迺曼．刑法体系与刑事政策．王效文，译//许玉秀，陈志辉．不移不惑献身法与正义：许迺曼教授刑事法论文选辑．台北：新学林出版股份有限公司，2006：41.

④ 冯军．刑法教义学的立场和方法．中外法学，2014（1）：175.

⑤ 克劳斯·罗克辛．刑事政策与刑法体系．2版．蔡桂生，译．北京：中国人民大学出版社，2011：17.

效地维护法的安定性，忠实地捍卫形式法治的基本价值，却自始至终缺乏自我更新与演进的能力，无法与时俱进地回应复杂社会的现实需求。耶林的目的论思想的兴起，尤其是利益法学所代表的方法论的重大革新，才最终为刑事政策进入刑法教义学体系提供了现实的可能。

耶林法律哲学的核心概念是目的，在他看来，目的是全部法律的创造者，每条法律规则的产生都源于一种目的，即一种实际的动机，法律是国家为了有意识地达到某个特定目的而制定的。[①] 利益法学是对目的论思想在方法论上的具体展开。“它上承耶林的目的法学，中接庞德的社会工程（社会利益）法学和日本的利益衡量理论，下启以‘价值取向’为思考中心的评价法学。”[②] 从法学方法论发展的历史来看，由概念法学到利益法学的转向，代表着一种典范的变迁，具有“哥白尼式的革命”的意义；从利益法学发展到价值法学，则并不是价值法学“代替”了利益法学，而只是对利益法学的“直接延续”[③]（direkte Fortsetzung）。以法律实证主义与自然主义为基础的古典刑法体系在方法论上的缺陷，主要由利益法学所改善。[④] 作为一种方法论，利益法学彻底改变了法的适用。[⑤] 它在法学方法论上的根本贡献在于，使法律适用的重心由形式逻辑的单纯演绎，转变为根据法秩序的评价标准而展开的实质性利益权衡，“使得法学彻底扬弃‘逻辑优位’，而成为‘生活研究与生活价值的优位’。让整个法律适用的思维从‘公理式的—演绎式的’（aximatisch-deduktiv）转向‘价值式的—归纳式的’（axiologisch-induktiv）思考”[⑥]。

---

① E. 博登海默. 法理学：法律哲学与法律方法. 邓正来，译. 北京：中国政法大学出版社，1999：109.

② 陈林林. 方法论上之盲目飞行——利益法学方法之评析. 浙江社会科学，2004（5）：63.

③ 吴从周. 概念法学、利益法学与价值法学. 北京：中国法制出版社，2011：417.

④ 许迺曼. 刑法体系与刑事政策. 王效文，译//许玉秀，陈志辉. 不移不惑献身法与正义：许迺曼教授刑事法论文选辑. 台北：新学林出版股份有限公司，2006：43.

⑤ 阿图尔·考夫曼，温弗里德·哈斯默尔. 当代法哲学和法律理论导论. 郑永流，译. 北京：法律出版社，2013：167.

⑥ 同③432.

表面看来，利益法学的方法不过是在做简单的现象学还原的工作："将'权利'还原为'利益'，将'逻辑演绎'还原为'利益平衡'，以及将'法律'还原为'利益分配与保护的装置'。"[①] 它也的确存在一些缺陷，包括将评价的客体与对客体的评价混为一谈[②]，以及未能就如何进行利益衡量发展出一套一般性的原则与方法等。然而，这种从形式逻辑向实质判断的转变，却代表着以一种全新的思考方法来看待法律。利益法学（以及此后的价值法学）承认法律判断本质上是一种价值判断，允许司法者在法律适用中对冲突利益之间进行实质性的权衡，对当代包括刑法解释在内的整个法解释论产生了至为深远的影响。可以说，没有利益法学埋下的暗杠，传统的法解释论将无法成功地完成转型而对复杂社会的治理需求作出有效的回应，并与20世纪中后期哲学诠释学所开创的解释论进路形成内在的对接。

具体就刑法领域而言，利益法学所引发的方法论变革，至少给刑法解释带来四个方面的重要影响。

首先，价值判断构成法律解释的灵魂，刑法解释不能也不应回避实质的价值判断。法律解释的任务在于探求与把握法律意旨，并帮助它实现，即在正义及其衍生价值的指引下，以衡平的、可以被理解的方式去满足人类共同生活所发生的法律上的需要（das rechtliche Bedürfnis）；从这个任务中必然导出法律解释的价值取向性的要求，同时，它也成为法律解释的特征。[③] 既然法律解释本质上是一种价值判断，在适用刑法的过程中，司法者便不能采取鸵鸟政策，消极地回避价值判断的问题。司法者对立法"不是一种盲目的服从，而是一种'思考的服从'（ein 'denkender Gehorsam'）。不是要求单纯逻辑性地适用概念，而是要求一种考虑到利益评价……一种考虑到'法律之精神与意义'的判决"[④]。传统大陆

① 陈林林．方法论上之盲目飞行——利益法学方法之评析．浙江社会科学，2004（5）：68.

② 劳东燕．刑法中目的解释的方法论反思．政法论坛，2014（3）：78.

③ 黄茂荣．法学方法与现代民法．5版．北京：法律出版社，2007：301.

④ 吴从周．概念法学、利益法学与价值法学．北京：中国法制出版社，2011：274-275.

法理论区分法律适用与法律发现也被认为没有实际的意义：法律适用并不是“单纯的包摄”，它与法律发现没有本质上的不同，而只是法律扩张的程度的区别而已；除了数字概念，所有其他的概念都有扩张的可能，且常常需要解释。[①]

其次，刑法的意义是文本、主体与语境之间互动的产物，解释者也参与对刑法文本的意义的创造。“解释既是受语言及文化影响之下的理解，其意义不会是客观确定的实在，也不会是只要有正确（最佳）的解释方法即可发现的东西。”[②] 解释者在明晰立法所作出的利益安排格局的基础上，通过有节制地填补其间的空隙或者输入法外的价值判断，而在实质上参与了对刑法规范的塑造过程。因而，刑法解释涉及的并非认识论问题，而是具有建构性的，来自主体的理解是刑法解释本身的内在组成部分。

再次，法律适用本身承担着演进法律的任务。通过将刑法应用于每一个具体个案（尤其是疑难案件），解释者得以进入解释的过程，并以自己的理解来参与对刑法文本的意义的塑造，由此推动刑法的不断更新和与时俱进。因为“理解包含着应用。解释者总是站在自己的处境，把文本内容具体化，应用到他所处时代的具体事态。这样一来，历史文本的内容就在理解的应用之维得到了现实的再创造”[③]。

最后，对刑法概念与刑法体系的理解均应着眼于目的，围绕规范的保护目的而展开。受利益法学及之后的价值法学的启发，人们逐渐认识到，构成刑法规定的概念，并非本体性的存在，而是功能性的，其意义与所担任的角色不具有恒常性。法律概念具有历史性，“与法律同样有历史性的时间结构，必须随历史之变迁而演进”；同时，它们具有取向于目的、价值的特性，其建构与演变是价值之承认、共识的过程与结果，因为“不但法律概念的建构，而且其意义嗣后之演变，莫不针对所欲处理之事务，相对于借助该法律概念所欲达成之规范功能，取向于所

① 阿图尔·考夫曼．法律哲学．2版．刘幸义，等译．北京：法律出版社，2011：77.

② 黄维幸．务实主义的宪法．台北：新学林出版股份有限公司，2008：79.

③ 高鸿钧．伽达默尔的解释学与中国法律解释．政法论坛，2015（2）：11.

欲实现之价值而发生”[1]。对包括刑法体系在内的法律体系的理解也经历了类似的观念上的变化。体系思想的意义是，说明各式各样的个体如何经由“关联”组成一个统一体。对于其中的“关联”，不同的学说有不同的观点：概念法学偏向逻辑，以概念间之“逻辑的关系”为其关联；利益法学偏向规范的标的，以“利益的关系”为其关联；价值法学则偏向透过法律所要实现的价值，以“法律原则”这种价值标准为其关联。概念法学主张的法律体系为封闭的逻辑体系，利益（或价值）法学主张的法律体系为开放的利益（或价值）体系。[2] 无论如何，当代法律语境中的体系化思维尽管不否认形式逻辑的重要，但其统一性无疑首先源自法律原则所体现的实质价值上的统一。同时，这种体系观强调体系的开放性，认为体系的开放性与动态性呼应于法律自身的演进需求，“其开放性主要表现在新的法律原则或价值之接纳，其动态性主要表现在法律原则或价值间之互动、调和与演变”[3]。

既然刑法体系是一种开放性的价值体系，既然法律适用并非单纯运用形式逻辑便可完成的涵摄过程，而需要司法者进行实质性的价值判断或利益权衡，刑事政策上的考虑于是有可能通过影响实质性的价值判断，而对法适用的过程与相应的法解释活动产生有意义的影响。毋庸置疑，立法当时凝结于刑法规范之中的价值判断，总是会因不清晰、不周延或者滞后的问题而存在补充或更新的需要。刑事政策的应时应势性，恰恰可以带来时下主流的价值判断。因而，在刑法解释的过程中，如果解释者能以刑事政策所代表的价值取向来充实其间的价值判断内容，将有助于在相当程度上纠正传统教义学体系的弊端：通过为刑法解释中的价值判断提供实体性的内容，刑事政策能够为刑法教义学的演进提供方向性的指导，避免后者蜕变为封闭、僵化的存在。[4] 可见，刑事政策要切实地影响刑法解释，需要以方法论上允许司法者在法适用中进行实质

---

① 黄茂荣．法学方法与现代民法．5版．北京：法律出版社，2007：108-109.

② 同①524，571-572.

③ 同①621.

④ 劳东燕．刑事政策与刑法解释中的价值判断．政法论坛，2012（4）.

性的价值判断或利益衡量为前提。也只有这样，才能通过在特定个案中的应用，而将政策层面对有效性的追求融入对具体罪刑规范的解释之中。刑法解释中对刑事政策的切实贯彻，有助于将刑事政策从理念带入个案实践，从而避免因将其与刑法的具体适用过程相割裂而导致刑事政策的笼统化与虚化。①

二、刑事政策形塑刑法解释的途径及体现

对于刑法教义学体系而言，政策无疑属于异己性的因素。“政策性的价值判断不能被刑事司法所直接援引，也不能成为直接的裁判依据，它只有经由教义规则这一载体形式，才能内化为一种裁判上可被辨识、理解和接受的根据。”② 这意味着，政策要想进入教义学体系之内发挥作用，必须遵从后者的运作逻辑与符码，必须经历一个转译的过程。它需要借助一个管道才能进入刑法体系，这个管道在刑事政策与刑法体系之间起着沟通的作用，使刑事政策对教义学理论的构建产生影响成为可能。

在耶林之后，经由利益法学与价值法学的倡导者的努力，目的论导向的法教义学体系最终取代以形式逻辑为基础的概念性体系。时至今日，对于目的论在法学中处于中心位置这一点，可以说已无可争议。如魏德士所言，“法学的特殊性在于它主要研究规范性目的的实现，换言之它主要研究目的性问题，即各种解决方式的不同目的何者为重的问题，或者‘系统公正性（Systemgerechtigkeit）’问题。可见，法学的真实性问题（Wahrheitsfrage）其实就是一个实现既定的价值与目标的调整方式的特殊问题”③。目的理性的刑法体系无疑是目的型法的产物。在一个目的论导向的体系中，目的成为刑事政策与刑法教义学体系之间的管道。只有通过目的，二者之间才能实现有效的沟通。刑事政策与刑

① 李希慧，焦阳．刑事政策与刑法解释的关系简论．中南民族大学学报（人文社会科学版），2014（3）：98-99.

② 杜宇．刑事政策与刑法的目的论解释．法学论坛，2013（6）：81.

③ 伯恩·魏德士．法理学．丁小春，吴越，译．北京：法律出版社，2013：129.

法解释之间的关联通道就是目的。刑事政策“以目的的确定为杠杆，根据犯罪态势的变化调整刑法规制的范围和程度，以求政策效果”[①]。因而，刑事政策想要影响乃至形塑刑法解释，势必也只能通过目的的途径来实现。李斯特的目的刑思想只是将目的论贯彻于刑罚论，而未能在犯罪论的构建与刑法解释论中真正将合目的意义上的刑事政策整合进来。受其影响，长期以来，刑事政策的合目的性考虑对于犯罪论与刑法解释论的构建所具有的作用，一直未受到应有的重视。

值得注意的是，国内有学者提出，刑事政策是通过目的解释的管道而进入刑法体系，实现对刑法适用的政策性引导，也只有目的解释可以引导出实质性的价值判断，并容纳刑事政策性的考量。[②] 对此，本书持不同的观点。目的解释当然是实现刑事政策之考虑的重要方法，但是，当一定的刑事政策倾向于表现为具体的规范保护目的时，则蕴含政策性因素的此种目的，不仅通过目的解释，也通过包括文义解释、体系解释与历史解释在内的其他解释方法来实现。正如李波博士指出的，对于规范保护目的的探明而言，目的解释方法只是众多解释方法中的一种；而对于包括目的解释在内的所有解释方法来说，其目的都是一个，那就是探明法条真正的保护目的或保护法益何在。[③] 可见，肯定刑事政策是通过目的的管道进入刑法体系，并不等于说只有目的解释才能够容纳刑事政策的考量，二者之间存在微妙的区别。

那么，刑事政策如何通过目的的管道影响乃至形塑刑法解释呢？

在德日刑法理论中，刑事政策对刑法领域的指导功能长期被局限于立法层面与刑罚论层面。就我国而言，有关刑事政策与刑法目的之间的关系，学界关注的也仍主要是刑法目的对刑事立法的影响，即刑法目的如何作为入罪化问题上的判断标准而发挥作用。比如，张明楷教授提出，“刑法目的具有刑事政策机能，或者说具有指导刑事立法的机能。

---

① 周折. 刑事政策视野中的刑法目的解释. 中外法学，2007（4）：456.

② 杜宇. 刑事政策与刑法的目的论解释. 法学论坛，2013（6）：75.

③ 李波. 刑法中注意规范保护目的的理论研究//刑事法评论：第33卷. 北京：北京大学出版社，2013：9.

刑法目的使刑事立法成为一种有目的的活动，指导立法者确定犯罪的性质、范围与种类”[①]。不过，如果承认刑法目的层面需要考虑刑事政策上的预防效果，而刑法目的本身又具有全面的拘束力，则没有理由将作为目的的刑事政策的作用范围仅限于立法层面或刑罚论，而不及于刑法解释。从表现形式来看，刑法中的目的包含两种类型，即规范保护目的与预防目的。其中，规范保护目的又可进一步分为刑法规范的保护目的与注意规范的保护目的。在目的理性的刑法体系思想出现之前，应罚性层面被认为只考虑规范保护目的，需罚性层面则考虑预防目的。应罚性是犯罪成立与否的判断依据，是法教义学的探讨对象，需罚性则是处罚与否的判断依据，是刑事政策上应思考的课题。目的理性的刑法体系思想则突破这种传统看法，认为应当以预防的目的作为架构体系的指导原则，在犯罪阶层体系中即应同时考虑应罚性与需罚性，应罚性考虑的是行为的主客观可归责性，需罚性考虑的是预防必要性。[②] 据此，大体上可以断言，根据目的理性的刑法体系思想，构成要件领域的归责问题与刑法分则规定涉及的目的论解释，均可追溯至规范保护目的，而预防目的则像一张无所不在的大网，不仅覆盖构成要件的归责与刑法分则条文的解释，也覆盖犯罪论与刑罚论中的其他问题。由于合目的性意义上的刑事政策指向的主要是预防的目的，因而，讨论刑事政策如何影响犯罪论与刑法解释的问题，也就是要探讨预防目的如何影响犯罪论与刑法解释的问题。

对于预防目的如何影响犯罪阶层体系构建的问题，国内既有的研究已有较多涉及。基本上，但凡围绕刑事政策与刑法体系的关系而展开的相关研究，都或多或少会对此有所讨论。客观归责理论与功能罪责论的出现，都是预防目的渗透之后形成的产物。仔细分析这些理论的发展过程可发现，预防目的对犯罪论的影响，是通过重新调整风险分配方式而重塑归责原理来实现的。这使得犯罪论领域所涉及的各类归责原理，不

① 张明楷．刑法目的论纲．环球法律评论，2008（1）：19.

② 许玉秀．当代刑法思潮．北京：中国民主法制出版社，2005：89－90.

管涉及的是客观层面的归责理论或是主观层面的归责理论，其发展都具有一个共同的特点，即不同于先前以本体论或存在论为基础的学说，新兴的具有重大影响力的学说都是从有利于预防的角度构建起来的，表现出功能化的倾向。无论是作为构成要件实质化的产物的客观归责理论的兴起，还是故意论的发展中由意欲说向认识说（包括客观故意说）的转变，或者是以预见可能性理论为中心的旧过失论被以管辖思想为基础的新过失论所取代，又抑或正犯标准的日益实质化与共犯从属性说影响力的衰退等，甚至还包括整个被害人教义学，其实都可经由预防目的的红线而串联起来，表现出殊途同归的特性。在其他的研究中，笔者对预防目的如何影响犯罪论领域的教义学发展已有论及①，故本章不再展开。值得探讨的是，预防目的如何形塑对刑法条文（尤其是分则条文）的解释。

刑事政策通过目的的管道进入刑法体系，意味着在形塑刑法条文的解释时，刑事政策需要通过作用于规范的保护目的来实现。从广义而言，刑法中的规范保护目的可分为三个层次，即刑法的整体目的、刑法分则各章（或各节）的目的与刑法各个条文的具体目的。不同层次的保护目的是整体与部分的关系，低层次的目的受高层次目的的制约，高层次的目的依赖低层次的目的的体现与实现。② 刑事政策正是通过作用于这三个层次的保护目的而对刑法解释产生影响的。对于教义学体系中不同的组成部分，刑事政策的作用方式与体现有所不同。一般而言，就总论层面的犯罪论而言，刑事政策主要通过作用于刑法的整体目的而产生影响；就各论层面个罪的构成要件解释而言，后两个层次的目的，尤其是特定法条的具体目的与之关联程度更高，发挥着更大的作用。因而，在法条不明确的地方，应该先按照有利于实现本条的“特殊目的”的方向来解释，若是还不能明确法条的真实含义，再依据有利于本条的“一

---

① 劳东燕．风险社会与变动中的刑法理论．中外法学，2014（1）；劳东燕．刑事政策与刑法体系关系之考察．比较法研究，2012（2）．

② 张明楷．刑法学：上．5版．北京：法律出版社，2016：23．

般目的”的方向来解释，只有这样，才能合理确定法条的保护范围。[①]

由于具体罪刑规范的保护目的指向的是特定的法益，故而，刑事政策对于刑法解释的形塑，需要借助方法论意义上的法益概念来实现。这种形塑主要体现在四个方面。

其一，在罪刑规范所保护的法益不明确时，借助刑事政策的目的性考虑，可合理确定值得保护的法益的内容，由此而对相关法条的解释产生影响。

在刑法解释中，确定法益的内容至关重要，它不仅直接决定对具体构成要件的解释，也影响罪与罪之间的关系界定。问题在于，有些情况下，法条目的并不明确，无论是求诸既有的立法资料，还是偏重于对条文本身的客观解读，都无法很好地确定规范保护目的所指向的法益。在此种情况下，单凭教义学逻辑层面的论证，不一定具有说服力，而完全有可能出现“公说公有理，婆说婆有理”的状况。如果能够整合刑事政策上的考虑，则有助于合理确定罪刑规范所保护的法益的内容，并据此而对相关的构成要件作出适当的解释。

比如，我国《刑法》第 301 条同时规定了聚众淫乱罪与引诱未成年人聚众淫乱罪。无论从形式依据还是从实质依据来看，聚众淫乱罪的法益都指向社会性的法益，而并不包含对具体个体的权利的保障。聚众淫乱罪涉及成年人之间合意的性行为，鉴于通奸与卖淫、嫖娼在我国均不构成犯罪，故私密场所实施的此类行为不可能侵犯社会性的法益，不应作为犯罪来处理。学理上一般认为，从处罚范围的合理化的角度考虑，聚众淫乱罪的构成要件中有必要添加公开性的要件，即只有以公开的方式进行的聚众淫乱行为，才能侵犯公众在性方面的权益，也才能作为犯罪来处理。然而，对引诱未成年人聚众淫乱罪的法益与构成要件显然不宜做相同的解释，尽管它与聚众淫乱罪都被归入扰乱公共秩序罪的类罪，并且还规定在同一个法条之中。立足于保护未成年人的政策的考虑，该罪的法益应认为主要是未成年人的身心健康，公开性要件也并非

① 李波．规范保护目的理论．中国刑事法杂志，2015（1）：15.

该罪成立的构成要件。因而，即便是私密场所中实施的行为，只要有未成年人参与其中，其身心健康便会受损，相关行为仍成立犯罪。不难发现，对聚众淫乱罪与引诱未成年人聚众淫乱罪的法益内容做不同的解读，明显是考虑刑事政策因素之后的结果。再如，受贿罪的保护法益存在信赖说、公正性说、不可收买性说与廉洁说等观点之争，仅从教义学内部的逻辑分析入手，很难说哪种观点更具合理性。如果着眼于惩治腐败的刑事政策，则不可收买性说明显更有利于起到预防效果，实现从严治吏的政策目标。由此，受贿罪的本质被界定为公共权力与个人利益之间的交换或收买关系。相应地，对受贿罪的构成要件要素，包括国家工作人员、财物与"为他人谋取利益"等，都宜于做适度的扩张解释。从晚近以来的理论与实务的发展来看，无论是在国家工作人员的认定上不偏重身份或强调编制而采取公务说，还是认为财物的概念包含财产性利益在内的观点，抑或是对"为他人谋取利益"的要件的理解采推定承诺说或进行虚化的做法，都明显地表现出扩张受贿罪处罚范围的趋势。

其二，在立法指示不够清楚甚或存在矛盾的情形时，刑事政策的目的性考虑可为法益侵害程度的判断提供实质的依据，由此而对相关法条的解释产生影响。

由于立法文本是集体创作的产物，再加上立法过程中无法避免冲动、情绪化立法的现象，也无法避免各类技术性差错的出现，法条本身可能并没有给出清楚的立法指示，以便于裁判者准确把握法益侵害的程度。在此种情况下，借助于刑事政策的目的性考虑，能够为法益侵害程度的判断提供实质的依据，从而帮助法官合理地进行定罪量刑。

以嫖宿幼女的情形为例。在 2015 年《刑法修正案（九）》废除嫖宿幼女罪之前，强奸罪与嫖宿幼女罪之间的关系如何处理，一直引发争议。这主要缘于，强奸罪基本犯的法定刑幅度是 3 年以上 10 年以下有期徒刑，加重犯的法定刑幅度是 10 年以上有期徒刑、无期徒刑或死刑，而嫖宿幼女罪只有一档法定刑，即 5 年以上有期徒刑。这就带来评价与处理上的矛盾。由于幼女没有承诺能力，嫖宿行为本质上属于强奸行为，但根据嫖宿幼女罪的规定，一般的嫖宿幼女行为与情节恶劣、嫖宿幼女多人或二人以上共同嫖宿等情形，均是在5年以上有期徒刑的幅度内量刑，由此而与强奸罪的处罚规定形成冲突。由于公众舆论中一直存在对嫖宿幼女罪的批评意见，包括按该罪处罚相关行为明显偏轻，以及该罪具有污名化幼女的效果等，立法者于是删除了该罪的法条。从立法意图来看，删除嫖宿幼女罪的法条无疑不是为了对此类行为从宽处罚，相反，立法者是基于从严惩处的考虑，才要求对此类行为按强奸罪来处罚。这就带来一个疑问，即对嫖宿幼女的行为在按强奸罪定性的同时，其最低刑是以3年有期徒刑作为基准还是以5年有期徒刑作为基准。倘若按前者，则无异于认为，立法者删除嫖宿幼女罪的法条是为了对此类行为从宽处罚。同时，如此处理势必导致与《刑法》第359条第2款的引诱幼女卖淫罪的处罚规定不相协调，该罪的法定刑是5年以上有期徒刑。由于引诱幼女卖淫的行为本质上是嫖宿幼女行为（以及强奸行为）的帮助犯，如果对于引诱幼女卖淫的行为处5年以上有期徒刑，而对嫖宿卖淫幼女的行为按强奸罪的基本犯规定，以3年有期徒刑作为最低刑的基准来量刑，则必然造成对正犯的处罚比对共犯的处罚要轻的结果。由此可见，从体系上相协调的角度考虑，对嫖宿卖淫幼女的行为按强奸罪进行处罚时，有必要以5年有期徒刑作为最低刑的基准。

问题在于，对嫖宿卖淫幼女的行为的从重处罚，其实质依据何在？凭什么认为嫖宿卖淫幼女的行为，在法益侵害性程度上要高于普通的强奸行为呢？单从强奸罪的法益本身，显然无法给出具有说服力的理由，因为两种情形下侵犯的同样是幼女的性的自主权。只有从刑事政策的角度入手，才能够合理地说明，为什么相比于普通的强奸行为，嫖宿卖淫幼女的行为的法益侵害程度更高。

首先，嫖宿幼女的行为会给幼女带来更为严重的生理与心理创伤，并影响其未来人格的健康发展，故在刑事政策上有必要提供更高程度的刑法保护。一则，在生理层面，被嫖宿的“卖淫幼女”更容易遭受性器官及相关方面的损伤，也更可能感染性病；在心理层面，持久的性虐待的伤害，比偶然的性行为的伤害更大。对儿童性虐待的心理学研究表明，性虐待会给儿童留下深切且持久的创伤，这种伤害会一直持续到成年以后，有种种表现，例如焦虑不安和其他神经官能症、乱交、很容易被他人招去卖淫、吸毒、精神消沉、很难与他人结下并保持亲密的关系以及性自尊受到伤害等。[①] 二则，在嫖宿幼女的场合，由于幼女缺乏必要的认识与判断能力，容易将性与财物之间的交易视为正常，将性交易当作正常的生活方式。这样的观念势必影响幼女未来正常人格的形成。如学者所言，相对于和奸幼女行为侵害的是幼女的未来身心健康而言，嫖宿幼女行为侵害的法益是幼女的社会健康人格之养成，因为“嫖宿幼女的行为则是通过金钱与性的交易，让幼女习惯通过出卖肉体满足物质需求的生活方式，从而对其人格形成而言，具有更为严重的威胁以及更为深远的毒害”[②]。其次，在嫖宿幼女的情况下一般预防的必要性会大大提升。在幼女处于卖淫状态时，嫖宿者会更加肆无忌惮，对幼女实施的性侵犯行为会更恶劣、性侵犯时间会更长，导致行为造成的结果会更严重；又由于幼女处于卖淫状态，导致对嫖宿行为进行一般预防的必要性增大。[③] 最后，对嫖宿幼女的行为从重处罚，有利于有力打击儿童色情业，防止严重背离现代性伦理的变态社会心理（如恋童癖）的蔓延。

从前述论证可知，需要从重处罚的嫖宿幼女的情形，行为对象应仅限于身陷色情行业的“卖淫幼女”，而非偶然参与性交易的幼女，因为只有针对前类幼女的嫖宿行为，才存在需要从重处罚的实质理由。与此相应，引诱幼女卖淫罪中的幼女的概念也应做相同的限定。偶然将普通幼女介绍给他人进行性交易的，不宜按引诱幼女卖淫罪来定罪，而应当按强奸罪的帮助犯进行处罚。这也是基于体系解释的要求。只有对幼女的概念做这样的限定，才能使引诱幼女卖淫罪的规定与强奸罪的规定相协调。

其三，刑事政策的目的性考虑决定不同类型的法益在刑法保护中的

---

① 理查德·A. 波斯纳. 性与理性. 苏力，译. 北京：中国政法大学出版社，2002：532-543.

② 牛牪，魏东. 驳嫖宿幼女罪取消论. 国家检察官学院学报，2009（4）：54.

③ 张明楷. 嫖宿幼女罪与奸淫幼女型强奸罪的关系. 人民检察，2009（17）：9.

位阶，由此而对相关法条的解释产生影响。

对于不同类型的法益，刑法所提供的保护力度也有所不同，由此形成保护上的位阶关系。这种位阶关系的建构，主要是由刑事政策上的评价所决定。一般说来，在刑事政策的评价体系中，某种法益显得越重要，刑法所提供的保护范围就越广，保护程度就越高，相应地，立法上处罚范围也越宽，所配置的法定刑也越重。对于刑法目的的实现而言，决定对某种法益进行刑法保护的面向固然重要，决定如何保护法益的面向同样不可或缺，而法益保护位阶问题正是后一面向的内在组成部分。在此种意义上，法益保护位阶可谓是实现刑法目的的重要维度。[①] 它要求根据法益的类型及重要程度来选择合适的解释论立场。从法益保护位阶的角度来看，刑事政策对刑法解释的影响主要表现为两个方面。

一方面，基于以刑制罪的原理，法定刑的设置会制约构成要件的解释，这使得刑事政策的影响必然渗透到对罪刑规范的解释过程之中。法益的重要性程度会影响对不法的评价，而正是通过对不法（也就是危害性）的评价这一支点产生作用，刑事政策在影响对行为的处罚必要性及其程度的判断的同时，反过来对犯罪成立要件的解释构成制约。[②] 比如，按照传统的观点，行为人强行将生殖器插入被害妇女肛门或口腔的行为，一般认为构成强制猥亵罪。但如果刑事政策上强调对被害人权益的保护，则将此类行为评价为强奸行为，按强奸罪来处罚也完全没有问题。实际上，从刑事政策的角度来看，将此类行为按强奸罪来处罚更为合理。并且，这样的解释也能找到教义学上的支持根据。与普通的强制性交一样，此类行为同样侵犯被害妇女的性的自主权。除了不会导致怀孕之外，被害人在尊严和人格上受到的伤害、身心受到的创伤、肉体受到的痛苦并无区别；在某些情况下，鸡奸给被害人带来的肉体痛苦甚至比强制性交还严重。[③] 正是基于此，英国 2003 年的《性犯罪法》明确

① 姜涛．基于法益保护位阶的刑法实质解释．学术界，2013（9）：103-104.

② 劳东燕．刑事政策与刑法解释中的价值判断．政法论坛，2012（4）.

③ 杜江．中英刑法上强奸罪之比较．现代法学，2007（3）：165.

将此类行为纳入强奸的范畴，规定只要行为人使用生殖器，则无论被害人被插入的部位是阴道、肛门还是口腔，都可以构成强奸行为。可见，对于行为的不法程度的评价，会受刑事政策因素的影响，而这种影响又反过来对相关概念的解释构成制约。

另一方面，法益保护位阶的不同意味着，刑法对不同类型的法益采取不同的保护力度，与此相应，对不同类型的犯罪选择与适用不同的解释立场，可谓是基于刑事政策的要求使然。如论者所言，从刑事政策出发，根据犯罪类型分别选择不同的刑法应对之策的解释立场，明显体现了刑事政策对刑法解释的制约意义。[①] 原则上，法益越重要，法益的保护位阶越高，就越要求严密法网，相应地，在刑事政策上堵截处罚漏洞的必要性也就越大；相反，法益越不重要，法益的保护位阶越低，堵截处罚漏洞的必要性也就越小。这对不同类型犯罪的构成要件的解释提出了不同的要求：在涉及侵犯高位阶的法益的情形中，当相关行为处于特定概念的意义的边陲范围内时，往往有必要做入罪性的解释，以堵截处罚上的漏洞；反之，在涉及侵犯低位阶的法益的情形中，当相关行为处于特定概念的意义的边陲范围内时，通常宜作出罪性的解释。身体健康与生命之类的人身法益，在保护位阶上高于财产类法益，基于此，对于人身安全犯罪与财产犯罪可能需要采取不同的解释论立场。从宽严相济的刑事政策的角度，也可以得出类似的推论。比如，行为人经常在夜间打电话骚扰，致使被害人患上精神性疾病的场合，打电话骚扰的行为是否属于“伤害”，会存在认定上的争议，因为此类行为并非典型的伤害行为，并不处于“伤害”概念的核心意义的范围之内。在此种情况下，如果考虑身体健康法益的保护位阶，则一般会倾向于作入罪性的解释。相反，对于行为人闯入他人厂内，将几十袋不同型号的纽扣全部混杂在一起，此种行为是否属于故意毁坏财物罪中的“毁坏”的问题，考虑到财产法益的保护位阶较低，从刑事政策的角度而言，作出罪性解释可能

① 姜涛．刑法解释的刑事政策化//刑事法评论：第 30 卷．北京：北京大学出版社，2012：414.

更为合理。当然，究竟是作出罪性解释还是入罪性解释，法益的保护位阶只是考虑的因素之一。行为本身多发与否，刑事政策上一般预防的必要性程度等，也是重要的考虑因素。

有论者认为，立足于法益保护中重点保障公民人身权利的制度设计，有必要在侵犯公民人身权利的犯罪中采取从严解释其犯罪构成的立场，在面临罪与非罪、轻罪与重罪之临界点的疑难案件时，强化一种不利于被告人的实质性解释，包括在涉及罪与非罪之争议时借助实质判断适度强化入罪解释，在涉及此罪与彼罪之界限区分难题时强化重罪解释等。[①] 本书认为，此种论点明显有将问题简单化的嫌疑。既然可以如此轻易地解决侵犯人身权利犯罪中涉及的罪与非罪、此罪与彼罪之争，即一旦面临存在临界点争议的案件便一律采取不利于被告人的解释，则推进解释论的深度发展乃至建构一套精密的法教义学体系的努力，将会变得毫无意义。尤其是，前述论点无视刑事政策进入刑法体系需受体系逻辑的制约的前提，而将刑事政策的考虑置于教义学的逻辑之上。如此处理刑事政策与刑法教义学之间的关系，容易使刑事政策犹如失控的野马，肆意突破教义学的约束。这不仅会纵容解释者的恣意，而且严重冲击罪刑法定与法治国所保彰的法的安定性与客观性的价值。所以，单是从严政策的存在，不足以成为在一切情况下采取不利于被告人解释的充分根据。事实上，这样的立场也为司法实务所不接受。比如，在王某强奸案中，被告人因欲实施强奸导致被害人落水而不实施救助，致使被害人溺水死亡，实务中对其行为是按故意杀人罪还是“强奸致使被害人死亡”论处存在争议。有观点认为，若以强奸罪和故意杀人罪并罚，可能会降低王某的量刑，因其强奸罪不足以判处死刑，故意杀人行为系不作为犯罪，也不足以判处死刑，故主张按“强奸致使被害人死亡”来论处。对此，最高人民法院相关业务庭在裁判理由的解说中明确予以否定，其首要理由便是，罪刑法定原则是刑法的基本原则，若行为人的数个罪名本不足以判处死刑，就绝不能将本不应判处死刑的数罪合并为一

① 姜涛．基于法益保护位阶的刑法实质解释．学术界，2013（9）：107－109．

罪处理，人为地将刑罚加重到死刑。[①]

其四，在作为规范保护目的的法益的辐射范围过宽时，刑事政策的目的性考虑可用于对相关的概念做合理的限缩。

对规范目的所指向的法益的保护，需要通过具体的规则来实现。规则具有一般性，所以就存在其所包含的一般化处理无法适用于某些特殊情形的可能：规则或许会规定过宽（overinclusive），又或许会规定过窄（underinclusive），前者是指规则本身的适用范围要比它背后正当化依据所指向的范围大，后者是指规则没有涵盖它背后的正当化依据所能直接适用的情形。[②] 也就是说，作为规则的刑法条文，既可能将实质上不应当或不需要处罚的情形也涵摄在辐射范围之内，也可能将实质上有必要处罚的情形排除在辐射范围之外。就后一情形而言，罪刑法定本身已经给出明确的回答，即不应当适用相应的刑法条文；对于前一情形，刑法理论上则一般通过目的性限缩的方式来进行解决。在对概念做目的性限缩时，人们需要为之提供相应的实质性依据，而刑事政策方面的因素，有时恰恰可以充当这样的依据。

比如，对于子女进入父母居室实施抢劫的情形，无论从法条的字面含义还是从其所保护的法益来看，都没有理由不按“入户抢劫”来处罚。但这样的结论难以为人接受，司法实务中一般也不认为构成“入户抢劫”。最高人民法院相关业务庭提出的裁判理由是，在此种情况下，被告人与被害人同为家庭成员，无论进入父母居室是否得到同意，都不属于非法侵入；同时，从我国的传统伦理道德观念来看，无论子女是否成年或与父母分开另住，子女进入父母卧室或者住宅，都是正常的。[③]表面看来，这样的论证似乎是在说，被告人之所以不构成入户抢劫，是因为此种情形中被害人的住宅安宁的法益没有受到侵犯。实际上，单纯

---

① 中华人民共和国最高人民法院刑事审判第一、二、三、四、五庭．刑事审判参考：第98集．北京：法律出版社，2014：25-30.

② 弗里德里克·肖尔．像法律人那样思考：法律推理新论．雷磊，译．北京：中国法制出版社，2016：28-29.

③ 最高人民法院刑事审判第一庭，第二庭．刑事审判参考：第21集．北京：法律出版社，2001：22-27.

法益论的路径并不具有足够的说服力。试想，若是被告人伙同他人共同闯入其分开另住的父母住宅而实施抢劫，就同伙的行为而言，构成“入户抢劫”应无疑问，但对被告人仍不宜按“入户抢劫”来处罚。对此，难以从法益的角度切入来进行说理，因为被害人的住宅安宁已然受到侵犯。在此类案件中，关键显然不在于被告人闯入的地方是否属于“户”，或者其行为是否构成“入户”，而在于是否适宜将该情形认定为“入户抢劫”。适宜与否的判断，涉及处罚必要性及其程度的权衡，势必需要借助刑事政策的考量。尽管法院在裁判理由的解说中未明确提及刑事政策的概念，但它无疑考虑了政策性因素：基于被告人与被害人之间的近亲属关系，该行为无论在可罚性程度还是处罚必要性上，都较一般的入户抢劫为轻，故而有必要将该情形从“入户抢劫”的范围中排除出去。

综上可见，刑事政策上的目的性考虑，能够在概念的语义可能性的范围之内为构成要件的解释指明方向。考虑到对法益的保护的实现，依赖于刑法条文的语言表述，依赖于各类概念的运用，刑事政策的这种方向性的指引无疑具有重要的意义。因为经验性概念经常是相对不确定的，它们常常只有一个小的意义核心，却有很大的意涵范围，在这样的意涵范围内从事精确化，就只能借助目的论式的论证——在刑法里就是刑事政策——来达成。[①] 同时，刑事政策的目的性考虑，能够为教义学理论的建构指明可行的方向或提供发展的契机。来自刑事政策的审视，有助于人们摆脱教义学内在视角的束缚，为刑法理论的发展开辟新的想象空间。由于转换了观察与思考问题的视角，刑事政策的进路可以为相关问题的解决提供一些新的方案，由此而促成教义学知识增量的实现。此外，就个案的刑法适用而言，刑事政策上的思考，还能够帮助人们在诸多教义学的论证进路中作出选择，可作为判断何种进路较为合理的重要标准。比如，数名行为人各自基于伤害与杀人的故意而致被害人死亡，但死亡结果不能证明由谁造成的案件，直接选择某种共犯理论，而

① 许迺曼. 作为学术的刑法释义学. 吕理翔，译//许玉秀，陈志辉. 不移不惑献身法与正义：许迺曼教授刑事法论文选辑. 台北：新学林出版股份有限公司，2006：144.

得出二人均不承担、其中之一承担或数人共同承担的结论，当然是一种思考进路。但其间的论证难免给人盲目或偏颇的感觉：要么任由逻辑支配而得出在一般人看来极不合理的结论，要么缺失在论证中真正起作用的步骤。先从刑事政策的角度进行风险分配方面的合理性判断，将使问题变得不那么棘手。在死亡结果究竟归责于何人的问题上，如果认为让数人共同承担在刑事政策上是一种更为合理的选择，则问题的关键仅在于，这样的结论能否从教义学中找到相应的理论根据。对此，运用部分犯罪共同说或者行为共同说的，均能得出各行为人构成共同犯罪，其中有的成立故意伤害罪，有的成立故意杀人罪的结论。

三、功能主义刑法解释论的基本立场宣示

将刑事政策的目的性思考整合入解释论，注重解释结论的政策与社会效果，注重刑法所发挥的社会功能。就此而言，这样的一种刑法解释论完全是功能主义导向的，故可称为功能主义的刑法解释论。刑事政策的目的性思考采取的是价值判断先行的实质主义的进路。基于此，功能主义的刑法解释论肯定价值判断是刑法解释的灵魂，强调司法者不能回避实质的价值判断。这就不可避免地带来一个问题：在刑法适用的过程中，到底要如何处理价值判断与形式逻辑之间的关系？

严格说来，法律的形式逻辑与实质的价值判断之间的紧张，指向的是法内的价值判断与法外的价值判断之间的冲突。[①] 由于刑法规范本身就凝结着立法者的价值判断，当司法者运用建立在形式逻辑基础上的三段论来完成整个涵摄的过程时，便是在实践立法者的价值判断。可见，法律的形式逻辑的背后，分明潜隐着法内的价值判断。在此种意义上，对实证主义欠缺价值判断的指责可谓并不成立，因为“一方面，实证主义者是在给定价值的基础上进行后续的分析与论证的；另一方面，任何法律体系中都包含有经过审慎选择而固定下来的价值，法律适用也必然

① 有关法内的价值判断与法外的价值判断的论述，参见劳东燕. 刑事政策与刑法解释中的价值判断. 政法论坛，2012 (4).

是包含价值判断的实践”[①]。法解释论中对形式推理的强调，并不是要与实质的价值判断切断关联，而是为了减轻司法者价值衡量的负担，便直接得出契合法内价值判断的结论。一代又一代法律人竭力发展法律技术，其目的便是通过这些技术，将复杂而抽象的价值判断固定在概念与规范之中，从而让其他法律人在面对同类纠纷时，不必在价值层面重新解释、权衡或者反复检查根据这些（已被无数人反复推敲并以近乎无懈可击的形式所构建的）概念与规范所得出的法律推理及裁判，进而提高法律适用的效率，实现法律适用的稳定性和可预见性。[②]

承认形式推理之于法的安定性的重要，并不意味着任何法外的价值判断都不被允许引入刑法体系。由于立法所做的价值判断往往只是勾勒了大致的轮廓，必须由司法者去充实具体的细节与填补其间的空白。同时，立法活动的政治性与群体性的特性，也使得价值判断上的不明确乃至相互矛盾或缺漏成为司空见惯的现象；此外，刑法体系的开放性也要求，在具体适用刑法时，不能对其间的价值判断作固化的处理。基于此，对于司法者而言，在具体适用刑法的过程中，总是存在进行实质的价值判断或利益衡量的需要。由于“法律秩序的质量取决于作为其基础的价值秩序的质量，是后者确定了保护利益（Schutzgueter）和规范之目的”[③]，因而，确保价值判断的合理性，对于刑法解释乃至整个刑法体系而言具有至关重要的意义。这是在处理良善之法的问题。所谓的法治，理应指的是良法之治。基于此，司法者需要着眼于整体法秩序的框架，以前瞻性的视角考虑相关结论在未来的实效，对其间的价值判断作出合理的决定。所谓的合理，是指在整体法秩序框架中的合理，而非仅局限于刑法领域本身；同时，合理性不只是针对当下的个案，更是针对未来而言。

全面禁绝法外的价值判断进入刑法体系，不仅难以实现个案正义，也会使刑法丧失生命力。与此同时，也要注意规训刑事政策的野性，使

① 许德风. 法教义学的适用. 中外法学，2013（5）：943.

② 同①939-940.

③ 伯恩·魏德士. 法理学. 丁小春，吴越，译. 北京：法律出版社，2013：57.

其受到教义学逻辑的约束。因而，比较现实的选择是，在遵循罪刑法定原则的前提下，司法者通过法解释将法外的价值判断输入刑法体系的内部。法外的价值判断如果能够为刑法文本的文义所容纳，在通过法解释完成由外在价值向内在价值的转化之后，最终会成为刑法体系本身的价值判断。[①] 基于此，尽管功能主义的刑法解释论采取的是实质主义的思考进路，但这不意味着形式逻辑没有意义而可任意抛于一旁。刑法解释中的实质判断不仅要受文义的拘束，也要受体系逻辑的制约。这是由法律无所不在的形式性所决定的，也是法律决策不同于其他决策方式的核心特征所在。正如肖尔教授指出的，“一条规则的‘规则性’（ruleness）很大程度上恰恰依赖于规则所使用的语言。规则是什么，它们如何运作，要回答这两个问题，‘规则是怎么表述的’就是个关键要素”[②]。若是允许刑事政策意义上的实质判断凌驾于文义之上，规则便不成其为规则，相应地，规则之治也便荡然无存。在此种意义上，形象地说，功能主义的刑法解释论中的实质主义，处于一种戴着镣铐跳舞的状态。如果说政策性的目标代表着对社会效果的积极追求，那么，对于功能主义的刑法解释而言，便是要在法律之内寻求社会效果。这与我国的实务需求恰好能够形成对接。有实务界人士指出，在我国这样一个转型国家，在法律制度还不完善、司法的公信力还不高的情况下，更应该强调社会效果，但强调司法的社会效果并非抛开法律不管，而是在法律之内通过掌握法律的精神实质、科学解释法律、积极能动地填补法律漏洞的方式实现司法的社会效果。[③]

归根结底，刑事政策的目的性思考所代表的实质的价值判断与传统教义学规则所代表的形式逻辑之间，是一种相互补充、相互牵制的关系。教义规则将政策性思考所蕴含的价值判断加以具体化、有形化和实在化，正是经由政策向教义规则的转化，裁判所依据的具体条件和法律

---

① 劳东燕．刑事政策与刑法解释中的价值判断．政法论坛，2012（4）．

② 弗里德里克·肖尔．像法律人那样思考：法律推理新论．雷磊，译．北京：中国法制出版社，2016：19．

③ 江必新．在法律之内寻求社会效果．中国法学，2009（3）．

效果得以清晰和确定；同时，也正是由于具体化教义规则的存在，使得我们不能在刑事司法中动辄倒向抽象的政策性判断，径自跳过、质疑甚至否定教义规则的效力。[①] 主张功能主义的刑法解释，不是要让形式逻辑为实质的价值判断所取代，也不是要否定形式逻辑的意义。实际上，一般预防的目标设定，从一开始就导致对解释的双重要求：一方面，对于每种构成要件必须根据制定法的目的（目的论的）来理解，也就是将为法所禁止的行为方式完整地包含在内，以免在一般预防的驱动效果上出现漏洞；另一方面，有效的一般预防也是以尽可能准确与忠实于文本的制定法的明确性为前提的，这种明确性为罪刑法定的基本原则所要求。[②] 换言之，刑法解释同时接受罪刑法定原则与刑事政策两方面的"阳光照射"，解释的目标就是寻找两者的最大公约数。[③] 刑法解释的结论只有落在两者的交集之内，才算是同时满足了合目的性与正当性的要求，因而具有可接受性。

由此而言，刑法解释论上需要警惕两种极端的立场：一种是主张纯粹实用主义导向的刑事政策的论证，即将刑事政策当作什么场合都可适用的万金油式的东西，个案中完全用刑事政策取向的价值判断来取代体系性的思考；另一种是强调体系至上，认为逻辑的推理与演绎具有自洽性，刑事政策对于刑法教义学体系的任何干涉都应当被严格禁止。这两种立场都并不可取。

一方面，如果偏离法教义学的形式逻辑，忽视刑事政策的规范化问题，过于突出刑事政策的功能，刑法解释就会表现出主体性的恣意放大的问题。由于体系性思考代表的是对法的安定性与一致性的维护，完全转向刑事政策的考量，就等于放弃体系性思考本身。以这样的方式来运用刑事政策，终究会走入死胡同，并且瓦解规则之治的根基。因而，以刑事政策为导向的功能化的解释，不意味着人们可以破坏或越过教义规

---

① 杜宇．刑事政策与刑法的目的解释．法学论坛，2013（6）：81．

② Vgl. Roxin，*Strafrecht Allgemeiner* Teil，Band I，4. Aufl.，2006，§7 Rn. 62.

③ 欧阳本祺．论刑法的刑事政策化//刑事法评论：第26卷．北京：北京大学出版社，2010：120，123．

则，随意动用刑事政策来解释任何问题，也不意味着抽象的、空泛的政策性论证可以大行其道。动辄以刑事政策的需要为由，而完全不顾教义学的理论逻辑，这样的做法相当危险。如果刑事政策能够直接成为刑法解释的根据，刑法教义学苦心经营的基业便会毁于一旦，因为任何从根本上背离教义学逻辑的解释结论都可能从刑事政策方面获得支持。这种泛刑事政策化的做法，表面看来似乎提高了刑事政策在刑法学中的地位。实际上恰恰相反，对刑事政策的缺乏节制的适用，不仅有害于对体系的构建任务的完成，也无法有效制约与防止恣意的解释。让政策受"规范逻辑"① 的制约是必要的："政策的规范化之所以被纳入刑事政策的技术范畴，是因为规范化本身不是目的，打击犯罪、保护社会才是刑事政策所追求的目标"；然而，正是"政策的规范化使得刑事政策的价值内涵、对犯罪的基本态度和容忍限度获得了某种确定的形式和判断尺度。没有这种形式和尺度，任何所谓关于犯罪的立场和容忍限度都有被人随意界说的危险"②。如果刑事政策的适用会变相鼓励刑罚权行使中的恣意，则在法治国家（或追求刑事法治的国家），这等于是在司法层面宣判刑事政策的死刑。况且，对于那些处于语义可能性边缘的案件，只要有两个以上的可供选择的解释方案，便需要有一个普遍化的批判性工具来进行审查与评判。所以，事实上也不可能仅仅依靠某种刑事政策来得出具体的法律适用结果。

另一方面，如果偏离刑事政策的价值取向，过于强调教义学自身的逻辑与体系，刑法解释可能陷入盲目的境地。后一立场因而也有值得警惕之处。它将刑法体系视为是揭示事物本质或物本逻辑的自在自足的理论，理论与事物的本质之间被认为是镜像意义上的认识与被认识或描述与被描述的关系。这显然是对刑法学性质的重大误解。即使是深受科学主义影响而强调体系至上的德国，其晚近的刑法理论发展也表现出向功

① 所谓规范逻辑就是解释、解决法律问题时以形式合理性为所遵循的基本准则；其中，形式合理性通常是指法律规范的系统性、普适性和程序性。白建军．关系犯罪学．2版．北京：中国人民大学出版社，2009：394．

② 白建军．关系犯罪学．2版．北京：中国人民大学出版社，2009：395．

能主义转变的趋势。功能主义意味着，刑法学不只是考虑本体论现实（如人的行为、因果关系或“物本逻辑结构”）的本质，它的重大架构可能反映本身就处于公共政治争论之中的某一惩罚理论或其他惩罚理论的观念。① 完全不考虑刑事政策的刑法教义学，是不可想象的。不止如此，刑事政策本身往往代表的是主流的价值判断，倘若切断刑事政策与刑法教义学之间的关联，则不仅此种政策意志无从得以贯彻，刑法教义学的发展也将无法呼应现实政治的需要。逻辑本身应当服务于刑法规范在刑事政策上的目标设定，不考虑规范所追求的目标，而试图用纯粹的逻辑来剪裁与操控现实的世界，是一种可笑的做法，它也严重背离人们对法律的社会功能的基本期待。大体而言，对目标设定的考虑分为两种情况：在立法者已经权衡冲突利益而在刑事政策上作出明确抉择的情况下，刑法解释中理应贯彻这种政策意志；在立法决策不太清晰的情况下，刑法解释需要根据刑事政策的要求，从预防必要性的角度，权衡与斟酌不同的解释结论所可能导致的后果。由于刑事政策具有确保刑法解释合目的理性的功能，能够使体系化的精工细作产生相应的实际收益，并使体系与外部的生活世界保持良性的互动与沟通，故而，必须承认，刑法体系的刑事政策化有其现实必要性的一面。

如果刑法体系的刑事政策化无可避免，那么，问题的关键就不在于要不要刑事政策化，而在于如何控制其过于实质化而企图摆脱形式性制约的强大内在冲动，即如何对功能主义的刑法解释进行有效控制的问题。② 这实际上也就是刑事政策的边界所在的问题。③ 它意味着，对刑事政策的合目的性或有效性的追求必须节制，应当将其置于罪刑法定的约束之下。这也正是刑事政策法治化命题的核心要旨所在。对此，有论者做过精到的阐述：“罪刑法定原则承担着法治国的边界坚守之任务，

① Markus Dubber，The Promise of German Criminal Law：A Science of Crime and Punishment，in 6 *German Law Journal*（2005），pp. 1062-1063.

② 对此，笔者在此前有关目的解释的研究中曾有所论及，参见劳东燕. 刑法中目的解释的方法论反思. 政法论坛，2014（3）：85-89.

③ 沃斯·金德豪伊泽尔. 适应与自主之间的德国刑法教义学——用教义学来控制刑事政策的边界?. 蔡桂生，译. 国家检察官学院学报，2010（5）：149.

罪刑法定注意兼具实质理性与形式理性，旨在为实质正义的追求划定最低限度的形式正义的底线。它将实质合理性的内容即规范目的及刑事政策的影响，严格限制在法律文本所明确表达的范围之内。由此，政策性思考能否顺利进入刑法解释之中，就取决于其能否与罪刑法定原则相容：一些政策性的判断能够为刑法文本的开放性所吸纳，便可通过刑法的目的论解释而顺利进入刑法体系，由外在的政策性判断转换为体系内的政策性思考；另一些政策性的判断超越了规范文本的文义范围，无法为既有的刑法文本所容纳，便只能停留在刑法体系之外。由此，罪刑法定主义成为刑法解释过程中的某种政策筛选机制，划分出‘法外的政策性思考’与‘法内的政策性思考’，并仅仅允许后者发挥作用。”①

总而言之，功能主义的刑法解释论承认形式逻辑的力量，反对在刑法解释中缺乏节制地适用刑事政策。因而，所谓功能主义的刑法解释论，不是置教义规则于不顾，直接以刑事政策作为唯一或主要的论证依据，而只是认为，在刑法解释时需要考虑刑事政策的目标设定，并权衡解释结论在刑事政策上的利弊。功能主义的刑法解释，要求在对刑法规范进行解释时，在接受教义规则拘束的前提下，有目的有选择地运用教义学中的理论与逻辑以达成合乎刑事政策要求的结论。可以说，在刑法解释的问题上，目光往返于刑事政策与法教义学的逻辑之间，不仅有助于确保个案解释结论的合理性，使法教义学逻辑的运用在合目的性的指引之下免于陷入盲目的境地，也有利于促进法教义学在开放中实现自我调整与演进。

具体而言，在刑法适用中，如果刑事政策的论证不利于被告人，便绝不容许背离刑法教义学的逻辑；反之，若是刑事政策的论证有利于被告人，则应当允许突破教义规则的限定与约束。一种不利于被告人的解释结论，如果根本无法从教义学上找到相应的资源，则这样的结论即使符合刑事政策的需要，也必须被放弃。以贩卖毒品罪中“贩卖”的解释为例。刑法理论与司法实务均倾向于将基于贩卖的目的而购买毒品的行

① 杜宇．刑事政策与刑法的目的论解释．法学论坛，2013（6）：80-81.

为也认定为贩卖毒品，并且成立贩卖毒品既遂。但这样的解释完全突破了法教义学的约束，而有滥用刑事政策的嫌疑。从法教义学的角度来看，基于贩卖目的而购买毒品的行为构成贩卖毒品的预备行为，即使认为着手的认定具有相当的弹性，也充其量只能成立未遂，无法认定为贩卖毒品既遂。

共谋共同正犯的概念也是如此。共谋共同正犯本质上涉及的是，对于其他正犯所实施的行为及由此导致的危害结果，是否应当同时归责于共谋者的问题。诚然，就对共同犯罪的预防而言，要求共谋者对其他正犯所实施的行为及由此导致的危害结果负责，是一种更为有效的归责模式，因为它对共谋者提出了这样的要求：在与他人形成共谋后，如果共谋者想要脱离共犯关系，则不仅其自身应当停止任何旨在促进犯罪实现的动作，而且至少须消除既有的共谋对其他参与人的影响力（甚或阻止其他参与人实施相应的行为，并防止危害结果的出现）。然而，在法教义学层面，如果将谋议的行为一律视为正犯行为，则正犯的判断标准就会因丧失实质内容而被虚化。如此一来，区分阴谋与实行行为的意义也就荡然无存。对于否定思想犯罪的现代刑法而言，由此而导致的后果是其不能容忍也无法承受的。如果阴谋与实行行为之间的区分本身承载着为法治国所不可或缺的、限定国家刑罚权的重大功能，那就不能单纯基于刑事政策上的理由而将谋议行为也视为正犯行为。因而，对于共同正犯的概念而言，共谋共同正犯应当被视为是一种在教义学上缺乏正当根据的扩张。无论是共同意思主体说、间接正犯类似说、行为支配说还是价值行为论、优越支配共同正犯说或者其他实质的正犯论，“要么在限制正犯论前提下扩大对‘实行’的理解，将共谋行为归入实行行为的领地之内加以评价；要么在维持实行概念的基础上，扩大正犯的理解，以赋予共谋行为的共同正犯性质”[①]。不管是哪一种进路，都无法在教义学逻辑中获得自洽的说明，它们或者背离责任主义的要求，或者存在向

① 陈毅坚．共谋共同正犯——一个多余的法范畴//北大法律评论：第 11 卷第 1 辑．北京：北京大学出版社，2010：248.

主观的正犯概念倾斜的危险倾向，或者只能为部分共谋者成立共同正犯提供理论根据。因而，尽管在刑事政策上有必要将部分共谋者（比如共犯关系中处于支配地位的共谋者）纳入正犯的范畴，共谋共同正犯仍是一个多余且极易被滥用的概念。合理的选择或许是对共谋行为进行类型化的构建，按支配型共谋、功能型共谋与协同型共谋的不同类型，分别以间接正犯、共同正犯与狭义共犯来处理。①

反之，若是某种解释结论有利于被告人，则即使其背离教义学的规则，只要在刑事政策上具有合理性，也应当认为有成立的余地。比如，丈夫未征得同意而强行与妻子发生性交行为，从教义学的角度而言有成立强奸罪的余地。强奸罪的保护法益是妇女作为个体的性的自主权，而妇女并未因婚姻的存在而在法律上对丈夫负有性方面的服从或配合的义务，故丈夫并不因此而享有特别的豁免权。这意味着，认为“妇女的性自主权的最核心内容是不与丈夫以外的男子性交和不公开性交”② 的观点，是对强奸罪的法益作了不当的限定。根据此种限定，即便丈夫在离婚诉讼期间或因各种纠纷分居期间而强行与妻子性交的，也根本不可能有成立强奸罪的余地。对此，正如批评者指出的，该观点背后的逻辑是“不得拒绝丈夫所提出的性交请求”，但我国刑法和宪法均没有对已婚妇女施加诸如“必须同意与丈夫性交”的义务。这等于无理由地限缩了已婚妇女的性自主权，它其实是“已婚妇女必须守贞”的性伦理的另类表述。但是，作为现代自由社会刑法基石的法益理论，无论如何不能容纳一个包裹着“个人权利”外衣的传统性伦理，作为性自主决定权法益的内核。③ 应当认为，丈夫未征得同意而强行与妻子发生性交行为符合强奸罪的构成要件，而实务中对此类案件大多做无罪化的处理，是基于保护婚姻与家庭稳定的刑事政策方面的特殊考

① 陈毅坚．预备阶段共同参与行为的性质：以共谋为例．中外法学，2010（5）：795-797.

② 张明楷．刑法学：下．5版．北京：法律出版社，2016：868.

③ 贾健．强奸究竟侵犯了什么？——作为通说的“性的自主决定权”法益之检讨．法律科学，2018（5）：100.

虑。肯定刑事政策在去罪化方面的功能，合乎功能主义刑法解释论的基本宗旨。

四、本章小结

1. 目的理性的刑法体系思想在合目的性的意义上界定与运用刑事政策，它的兴起为刑事政策与刑法体系的关系研究提供了全新的思考进路。目的理性的刑法体系要求刑法解释论摆脱传统的范式，发展一种受刑事政策目标指引的功能化的刑法解释论。

2. 刑事政策要对刑法解释产生影响，必须以方法论上实现从概念法学到利益法学及评价法学的转变为前提。它借助目的的管道进入刑法体系，通过作用于作为规范保护目的的法益的范畴，来影响与形塑刑法条文的解释。

3. 功能主义的刑法解释论认为，刑事政策的目的性思考所代表的价值判断与传统教义学规则所代表的形式逻辑之间，是一种相互补充、相互牵制的关系。基于此，有必要警惕两种极端的立场：一是主张纯粹实用主义导向的刑事政策的论证，二是认为刑事政策对刑法体系的任何干涉都应被严格禁止。

第四章　功能主义刑法解释的特点与性质

长期以来，就刑法适用而言，人们往往认为立法者已经对所有涉及价值判断的问题作出决定，司法者只要运用三段论逻辑便可完成刑法适用。相应地，“刑法体系被视为依照演绎逻辑之原则，从帝国刑法典所推导并整理出所有的可罚性条件与其彼此间的关系。根据这些可罚性条件及其彼此之关系，对于任何一个可想象之个案的可罚性问题都存有一个明确之答案，在必要时我们还可以透过进一步解释那些存在于整体体系中但并不完全清楚之规则，亦即透过体系中个别要素间之推导关系来得出答案”①。这意味着，传统的刑法解释论是以形式逻辑为基础，将刑法适用视为是单纯的涵摄过程。由于其假定作为大前提的刑法规范具有固定不变且周延的含义，因而，刑法解释被认为是一个通过演绎逻辑而去寻找客观存在的法的含义的过程，仅及于当下的个案，并不考虑解释结论对未来社会生活的影响后果。这种解释论迄今在我国刑法学界具有重要影响。比如，陈兴良教授在将法律规定分为显形规定与隐形规定的同时特别地指出，就隐形规定而言，“从表面上看，好像是通过刑法解释使法律没有规定变成法律有规定。但实际上，在解释之前，某一含义在逻辑上已经或者可能被某一概念所涵括，只是受到某种遮蔽而已”②。

---

① 许迺曼．刑法体系与刑事政策．王效文，译//许玉秀，陈志辉．不移不惑献身法与正义——许迺曼教授刑事法论文选辑．台北：新学林出版股份有限公司，2006：41.

② 陈兴良．刑法教义学方法论．法学研究，2005（2）：41.

与之相反，功能主义的刑法解释论具有反法条主义的性质，强调司法的能动性，强调价值判断与利益衡量在司法过程中的不可或缺。如果能动司法主要对应的是法条主义的理念，而法条主义是指把司法活动理解为封闭、自洽的逻辑推理过程，将法官恪守法条规定以维护法律的确定性作为司法的重要追求和评价司法行为的主要依据[①]，则功能主义的刑法解释论与能动司法之间存在诸多内在诉求上的一致性。这种一致性主要表现在：把司法活动及过程的目的直接设定于对外部社会目标的追求之上；重视司法的社会决策功能，主张司法在社会生活，尤其是在国家的政治生活中扮演更为重要的角色；强调司法必须与社会发展变化保持同步，以实现对社会的高度关切，并以各种可能运用的司法手段，回应社会在发展变化中形成的需要。[②] 同时，它们在运作逻辑上也一脉相承，均主张赋予法院或法官更为重要的角色，赋予法官更大的自由裁量空间，要求法官超越个案的视野，注重司法行为的社会效果。就此而言，功能主义的刑法解释论是能动司法在刑法领域的具体化的产物。

倘若将传统刑法解释论的特点归纳为逻辑性、形式性、封闭性与回溯性，那么，功能主义的刑法解释论的特点便是目的导向性、实质性、回应性（或开放性）与后果取向性（或前瞻性）。在某种意义上，当前我国刑法学中方兴未艾的形式解释论与实质解释论之争，可谓是处在传统的刑法解释论与功能主义的刑法解释论之争的延长线上。功能主义的刑法解释论的前述特点，从根本上而言乃是缘于，包括刑法解释在内的法解释，已不再被视为是寻找与发现法律之真实含义的方法，而是作为法的实体而存在，即法解释便是法本身。对于法解释的这种定位，有助于解决在复杂社会中刑法如何有效回应社会需求的问题。

一、功能主义刑法解释的目的导向性

功能主义的刑法解释论与耶林的目的法学一脉相承，是一种以目的

① 顾培东. 能动司法若干问题研究. 中国法学，2010（4）：8.

② 同①10-13.

为中心的解释论。此处所谓的目的，不仅包括具体规定的保护目的，也包括刑法的目的乃至以宪法为基础的整个法秩序的目的。拉伦茨指出，“在个别规定可能的字义，并且与法律之意义脉络一致的范围内，应以最能配合法律规整之目的及其阶层关系的方式，解释个别规定。于此，解释者必须一直考虑规定整体所追求的全部目的”①。刑法中不同层次的目的之间，存在价值上的位阶关系。由于下位目的是上位目的的具体化，故上位目的对下位目的具有制约关系，下位目的必须与上位目的相协调，从而形成具有内在一致性的价值体系。可见，所谓的合目的性不是单指合乎具体规定的目的，也是指合乎刑法的目的乃至于整个法秩序的目的，是一个具有极强包容性的概念。经济或政治上的目标，也可纳入合目的性的范畴之内。如果法律的目标存在于经济政治的领域内，则法律“合目的论的解释”正意指，应以最能达成该经济政治目标的方式解释法律；因此，“法律政治”与法律（在政治上的）目的并非不同的解释标准。②

以目的为中心的解释论要求，法律适用上应取向于储藏于法律概念或规定之目的、价值，在法律适用上主要表现在注重法律规定之目的，亦即其所欲保护之目的（Schutzzweck der Norm），或所欲实现之政策，或所立基之法律原则（Rechtsprinzipien）。③ 具体而言，在刑法适用的过程中，目的构成将刑法规定与特定的个案事实相联结的枢纽。考夫曼在论及法律（应然）与案例事实（实然）之间的交互关系时曾这样指出：抽象的法律经由“解释”（以个案为对象）成为具体化的“构成要件”，而个别的（无固定结构的）案例事实经由结构化（依据法律）成为类型化的“案情”，二者之间的比较点就是“意旨”（法律规范的目的）；如果构成要件与案例事实在这一点上彼此“对应”，法律规范便可予以适用；如果这二者未能吻合，法律规范就不得适用。④

在功能主义的刑法解释论中，由于规范目的的界定与贯彻在刑法解释的过程中处于核心地位，这使得目的解释成为首要的解释进路，它起

①② 卡尔·拉伦茨．法学方法论．陈爱娥，译．北京：商务印书馆，2003：210.

③ 黄茂荣．法学方法与现代民法．5版．北京：法律出版社，2007：104.

④ 阿图尔·考夫曼．法律哲学．2版．刘幸义，等译．北京：法律出版社，2011：18.

着最终的决定作用。对此，张明楷教授的说法颇为典型："任何解释都或多或少包含了目的论解释，当不同的解释方法得出多种结论或者不能得出妥当结论时，就必须以目的论解释为最高准则（当然应受罪刑法定原则的制约）。"① 如此一来，目的解释与其他解释因素（按传统的说法是解释方法）之间便不是并列关系，它相对于后者而言完全处于支配的地位。正是由于意识到目的解释与其他解释方法之间的关系所经历的实质性变化，有论者发出这样的疑问："如果目的解释方法在其他解释方法中均有体现，那么无处不在的目的解释方法本身是否还属于独立存在的解释方法，其是否更应该被理解为规范适用领域的基本准则？"② 目的解释在解释论中地位的提升，乃是以刑法适用从以逻辑为中心向以目的为中心的转变为基本背景。它是利益法学发展的成果。只要正视随利益法学而来的法学方法论所经历的变革，便可断定，目的解释在刑法解释中不可能仅处于补充性的地位，只发挥目的性限缩的功能。③ 对于目的论解释构成最高准则的命题，应该从以下的意义来理解：目的论解释体现为法律人最重要、要求最高并且也是最具创造性的行为；而不应将之理解为目的论解释无论如何都必须得到贯彻，甚至当其与法条文相抵触时亦应得到贯彻。④

需要指出的是，尽管目的解释在以目的为中心的刑法解释论中占据重要地位，但这不意味着，目的解释是界定与贯彻规范保护目的的唯一的解释进路。"对于规范保护目的的探明而言，目的论解释方法只是许多解释方法的一种；而对于包括目的论解释在内的所有解释方法来说，

---

① 张明楷. 法益初论. 北京：中国政法大学出版社，2003：216.

② 王海桥，马渊杰. 我国刑法解释理论变迁中的利益衡量思考. 中国刑事法杂志，2012（5）：18.

③ 陈兴良教授提出，在罪刑法定原则限度内的刑事政策填补，具有目的性的限缩功能，并不会扩张犯罪的范围，反而会限制犯罪的范围。对此，笔者认为，如果其是就特定情形而言的，则这样的判断并无问题；反之，倘若他是在一般意义上断言合目的性意义上的刑事政策的基本功能的，则此种判断不免存在偏差。陈兴良. 刑法教义学与刑事政策的关系：从李斯特鸿沟到罗克辛贯通. 中外法学，2013（5）：1001.

④ 英格博格·普珀. 法学思维小学堂. 蔡圣伟，译. 北京：北京大学出版社，2011：78.

它们的目的都是一个，那就是探明法条真正的保护目的或保护法益何在。”[①] 换言之，规范保护目的并不仅仅通过目的解释来实现，它也通过体系解释、文义解释与历史解释体现出来。同时，由于目的解释中指向的规范保护目的，往往是指具体规范的保护目的，而以目的为中心的解释论不仅意味着对构成要件的解释要着眼于具体规范的保护目的，还意味着相关的解释必须合乎刑法的目的乃至整个法秩序的目的。就此而言，以目的为中心的解释论与目的解释之间是存在区别的，对二者切不可等同视之。

不难发现，对于构成要件的解释而言，目的总是起着重要线索的作用。在很多情况下，如果不着眼于刑法规范的保护目的，对相应规范在特定个案中能否予以适用便根本无从下手，更不要说得出合理的解释结论。同时，从刑法规范的保护目的入手，也有助于判断与发现既有观点或见解的不合理之处，从一团乱麻中理出基本的头绪，从而起到定分止争的效果。

比如，我国 1997 年《刑法》第 264 条与第 263 条分别将“盗窃金融机构，数额特别巨大”[②] 与“抢劫银行或其他金融机构”规定为法定的加重情节，其中的“金融机构”究竟如何理解，在理论与实务中都存在意见上的分歧。相关的争议问题包括：盗窃 ATM 机中的资金是否构成“盗窃金融机构”，盗窃邮政局金库中存放的邮政储汇款是否属于“盗窃金融机构”，以及在银行营业大厅抢劫储户的现金，抢劫正在使用中的运钞车，或抢劫金融机构的办公用品、交通工具等财物，是否构成“抢劫银行或其他金融机构”等。要解决前述争议，势必只能从相关规定的保护目的入手。我国刑法对盗窃、抢劫金融机构的情形适用加重的法定刑，是由于银行等金融机构的资金安全被认为对国民经济建设与社会稳定繁荣具有至关重要的意义，故而需要给予金融资金以特殊的刑法保护。这也是相关的司法解释将“金融机构”限定为金融机构的经营资

---

① 李波．刑法中注意规范保护目的的理论研究//刑事法评论：第 33 卷．北京：北京大学出版社，2013：9.

② 该规定为 2011 年 2 月 25 日我国人大常委会《刑法修正案（八）》第 39 条所修订。

金、有价证券和客户的资金等的实质根据所在。[①] 因而，判断是否成立“盗窃金融机构”或“抢劫银行或其他金融机构”，关键在于行为的对象是否是金融机构所占有的金融资金。具体而言，它包含两个要件：一是行为针对的必须是金融资金，二是该金融资金必须为金融机构所占有。在一起涉及盗窃存放于邮政局金库中的邮政储蓄款是否构成盗窃金融机构的案件中，最高人民法院相关业务庭在裁判理由中，便是将论证的重心放在储汇资金是否属于金融资金的问题上，并提出金融机构资金的存放点属于金融机构的观点，认为金融机构资金存放的地点既包括该机构从事金融业务的办公场所，也包括该机构运输金融资金的运输工具和其他储存金融资金的存放地点，存放方式并不影响金融资金本身的性质。[②] 这样的见解具有合理性。

据此，对前述争议问题理应区分不同情况来处理：

（1）盗窃或抢劫由金融机构占有但并不属于金融资金的财物，如金融机构的办公用品、交通工具等一般财物，不成立“盗窃金融机构”或“抢劫银行或其他金融机构”。

（2）盗窃或抢劫在性质上属于金融资金或潜在的金融资金，但并未为金融机构所占有的财物，如正在银行办理业务的客户的资金，或已经由银行交付给客户占有的资金，仍只构成普通盗窃罪或抢劫罪。我国实务也是采取这样的立场。在曾贤勇抢劫案中，最高人民法院相关业务庭在裁判理由中明确指出，在银行营业大厅抢劫客户资金不同于抢劫银行或者其他金融机构，“刑法之所以将抢劫银行或者其他金融机构等作为八种量刑情节，是为了突出打击针对银行或者其他金融机构的犯罪，以保护金融机构的安全。正在银行或者其他金融机构等待办理业务的客户毕竟不是金融机构本身，故被告人曾贤勇的行为不宜视为对金融机构实

---

① 参见1998年3月17日公布的最高人民法院《关于审理盗窃案件具体应用法律若干问题的解释》第8条（该司法解释已于2013年4月4日被明令废止）与2000年11月28日起施行的最高人民法院《关于审理抢劫案件具体应用法律若干问题的解释》第3条。

② 中华人民共和国最高人民法院刑事审判第一、二、三、四、五庭. 刑事审判参考：第58集. 北京：法律出版社，2008：45-46.

施抢劫。但是，如果被害人的现金已递交银行或者其他金融机构工作人员，则被告人的行为应以抢劫银行或者其他金融机构论处”[①]。

（3）如果盗窃或抢劫的对象属于金融机构所占有的金融资金，即使行为并没有发生在金融机构所在的物理空间之内，也不影响“盗窃金融机构”或“抢劫银行或其他金融机构”的成立。ATM机中的资金，正在使用中的银行或者其他金融机构的运钞车中的资金，或者邮政局金库中存放的邮政储汇款，本质上都属于金融机构的金融资金，故应将盗窃或抢劫此类资金的行为按“盗窃金融机构”或“抢劫银行或其他金融机构”来处罚。在讨论许霆案的刑法定性时，国内有论者曾提出不宜将盗窃ATM机中的资金解释为“盗窃金融机构”的主张。[②] 该主张就个案而言虽有其合理的一面，有助于解决该案中的量刑失衡问题，但论者分明是通过将经验事实与规范逻辑相混淆才得出这样的解释结论，并且，这一结论明显没有顾及与其他案件在处理上保持体系性的协调。试想，如果有行为人不是采取许霆的作案方式，而是采取典型的盗窃或暴力劫取的方式侵占ATM机中的资金，按前述主张的逻辑，岂不是也只能构成普通的盗窃罪或抢劫罪？进一步而言，如果ATM机不算金融机构，则正在使用中的运钞车更不能算是金融机构。如此一来，判断是否成立“盗窃金融机构”或“抢劫银行或其他金融机构”的关键，就不在于金融机构所占有的金融资金，而在于金融机构本身了。应该说，这样的理解不仅有违相关规定的保护目的，也不利于合理处理类似的个案。

二、功能主义刑法解释的实质性

从功能主义刑法解释论的目的导向性中，可直接推断出它的实质性特征。由于目的所指向的对象与内容是利益，界定规范目的的问题实际上便是在处理对冲突利益如何进行安排的问题，功能主义的刑法解释论

① 中华人民共和国最高人民法院刑事审判第一庭、第二庭．刑事审判参考：第27集．北京：法律出版社，2002：23.

② 赵秉志，彭新林．关于许霆案件的法理问题思考//刑法论丛：第14卷．北京：法律出版社，2008：267-272.

因而是一种实质导向的解释论。它确立了价值判断在刑法适用中的中心地位，将价值判断当作刑法解释的灵魂，认为价值判断及相应的利益衡量才是影响解释结论的决定性因素。在具体个案中，单纯地进行逻辑性的涵摄，解释者是不可能完成刑法适用的任务的。解释者需要辨识现有立法所确立的价值判断框架，在此框架之内来完成充实细节、抚平冲突与填补漏洞的工作。解释者有义务确保价值判断的合理性。

在很大程度上，“刑法解释不过是人们在比较、鉴别、协调、平衡的基础上进行价值选择的结果。解释主体在经历一系列选择时要面对多种相互冲突的因素、关系和问题，采用何种解释立场与解释方法，哪种因素或关系得到注重，哪些问题得到优先解决，在选择时都直接受解释主体价值标准的影响”①。依此，法律适用者是先根据他的前理解及说服力衡量（Plausibilitätserwägungen）决定正确的结论，然后再回过头来寻找能够证成这个结论的解释方法。② 就解释结论与解释方法的关系而言，是解释结论在决定解释方法的选择与适用，而不是解释方法决定着解释结论：“解释结果”在“解释”之前就已经大致确定下来；“结果”不是“解释”出来的，是“结果”决定了如何“解释”③。这意味着，解释方法之间具有位阶性的命题不可能成立，解释方法实际上是为价值判断所左右。所有试图在传统的解释方法之间进行位阶性建构的学术性努力，基本上是人们的一厢情愿。无论是文义解释与历史解释，还是体系解释与目的解释，都充当的是论证解释结论所蕴含之价值判断合理与否的论据。在不同的案件中，这些论据或许在说服力与论证力上会存在强弱之分，有时甚至会对价值判断的得出构成一定的制约（比如，背离文义或有违体系性逻辑的解释结论往往难以获得支持），但都统摄于价值判断之下，受后者的统领与支配，彼此之间不可能存在固定不变

---

① 姜涛．刑法解释的刑事政策化//刑事法评论：第 30 卷．北京：北京大学出版社，2012：422.

② 英格博格·普珀．法学思维小学堂．蔡圣伟，译．北京：北京大学出版社，2011：78-79.

③ 桑本谦．法律解释的困境．法学研究，2004（5）：11.

的位序关系。

功能主义的刑法解释论当然不是要弃形式逻辑于不顾，而是强调形式逻辑应受价值判断的支配，服务于合理的解释结论的得出。由于刑法规范本身就凝结着立法者的价值判断，当司法者运用建立在形式逻辑基础上的三段论来完成整个涵摄的过程时，便是在实践立法者的价值判断。在此种意义上，对实证主义欠缺价值判断的指责可谓并不成立，“一方面，实证主义者是在给定价值的基础上进行后续的分析与论证的；另一方面，任何法律体系中都包含有经过审慎选择而固定下来的价值，法律适用也必然是包含价值判断的实践”①。法解释论中对形式推理的强调，并不是要与实质的价值判断切断关联，而是为了减轻司法者价值衡量的负担，便于其直接得出契合法内价值判断的结论。一代又一代法律人竭力发展法律技术，其目的便是通过这些技术，将复杂而抽象的价值判断固定在概念与规范之中，从而让其他法律人在面对同类纠纷时，不必在价值层面重新解释、权衡或者反复检查根据这些（已被无数人反复推敲并以近乎无懈可击的形式所构建的）概念与规范所得出的法律推理及裁判，进而提高法律适用的效率，实现法律适用的稳定性和可预见性。②

功能主义的刑法解释论要求，在对构成要件进行解释时必须注重相关概念的实质，不应拘泥于形式上的含义。我国刑法界对此虽仍缺乏理论上的自觉，但在涉及特定构成要件要素的解释时，实际上往往是从实质入手来界定概念的内涵的。比如，对国家工作人员与国家机关工作人员的界定，我国刑法理论与实务都倾向于公务说而非身份说，认定其主体资格是根源于行为人所从事之事务的公务性，而非其编制或公务员的身份。相关立法解释之所以规定村民委员会等村基层组织人员协助人民政府从事特定的行政管理工作时属于国家工作人员，还将虽未列入国家机关人员编制但在国家机关中从事公务的人员也纳入国家机关工作人员

① 许德风. 法教义学的应用. 中外法学，2013（5）：943.

② 同①939-940.

的范畴[①]，便是缘于对公务说的坚持。在认定是否属于“国家机关、国有公司、企业、事业单位委派到非国有公司、企业、事业单位、社会团体从事公务的人员”时，司法实务中也更为看重“从事公务”的实质要件。在陈凯旋受贿案中，被告人陈凯旋系经广东省农村信用合作社联社提名，并经中国银监会阳江银监分局进行任职资格审查，后被核准在阳东农村信用合作社任理事长兼副主任（主持全面工作），但两级法院在裁判中却均否定其国家工作人员的主体资格。最高人民法院相关业务庭在解说该案的裁判理由中指出，在认定国家工作人员身份时，不仅要审查“受委派”这一形式要件，还要审查行为人所从事的工作性质是否属于“从事公务”这一实质要件；本案被告人陈凯旋虽然具有受国有单位委派的形式特征，但无“从事公务”这一认定国家工作人员的实质内容，故不应认定为国家工作人员。[②] 再如，在对虐待罪中“家庭成员”进行解释时，晚近以来实务界也明显采取的是实质导向的路径。在朱朝春虐待案中，被告人朱朝春与被害人在协议离婚后仍然共同生活，法院在判决中认定被告人与被害人为同一家庭成员，从而判决被告人朱朝春构成虐待罪。该案裁判理由认为，对于家庭成员的认定，不能仅限于具有婚姻法规定的基于婚姻和血亲基础形成的四类家庭关系的主体，对于具有同居、扶养、寄养等“类家庭”关系的主体，也应纳入家庭成员的范畴。[③] 据此，是否构成“家庭成员”，取决于是否满足共同生活这一实质要件，而不取决于形式上婚姻关系的存在与否。不难发现，在构成要件的解释上采取实质导向的思考方式，有助于严密刑法的法网，避免不必要的处罚漏洞的出现。如果接受前述解释结论的合理性，则很难说实质判断仅仅起的是目的性限缩的功能，也难以断言实质判断只能做有利于被告人的处理，前述解释实际上都属于不利于被告人的扩大解释。

---

① 参见 2009 年 8 月 27 日全国人大常委会《关于〈中华人民共和国刑法〉第九十三条第二款的解释（2009 修正）》与 2002 年 12 月 28 日全国人大常委会《关于〈中华人民共和国刑法〉第九章渎职罪主体适用问题的解释》。

② 中华人民共和国最高人民法院刑事审判第一、二、三、四、五庭．刑事审判参考：第 95 集．北京：法律出版社，2014：113-118.

③ 同②125-130.

同时，功能主义的刑法解释论还特别强调实质的价值判断在整个体系中的协调性，在其看来，刑法体系不只是一个逻辑体系，更是一个价值体系。基于此，个案中的解释结论，不仅需要受形式逻辑的制约，也需要遵守价值层面的体系性要求。当前我国刑法理论中出现的“以刑制罪”“量刑反制定罪”等命题，便是将刑法体系视为价值体系的衍生物，属于实质导向的方法论。所谓的“以刑制罪”，指的是应予适用的法定刑的严厉程度反过来会制约与影响对犯罪成立要件的解释①，有时也泛指刑罚对犯罪的影响或制约作用。② “量刑反制定罪”的命题提出，刑从（已然的）罪生、刑须制（未然的）罪的罪刑正向制约关系并非罪刑关系的全部与排他的内涵，在这种罪刑正向制约关系的基本内涵之外，也存在着逆向地立足于量刑的妥当性考虑而在教义学允许的多种可能选择之间选择一个对应的妥当的法条与构成要件予以解释与适用，从而形成量刑反制定罪的逆向路径。③ 前述“以刑制罪”与“量刑反制定罪”的主张，均承认教义学规则的制约，是在尊重形式逻辑的前提下展开的。因而，由于没有摆脱法教义学的基本分析框架，承认不能突破构成要件的限制，此类命题并不违反罪刑法定原则，也不会导致司法自由裁量权的滥用。④ 当然，若是如有的论者那样，以判断罪名只是为公正量刑服务为由，进一步主张为公正量刑可适度变换罪名⑤，则不免在实质化的道路上走得太远。这样的主张等于允许突破犯罪构成的形式性制约来追求实质合理性，此种任意突破法教义学逻辑的做法，在实行罪刑法定的刑法领域，很难被认为具有正当性。可以说，“以刑制罪”“量刑反制定罪”等主张与功能主义的刑法解释论之间具有内在的吻合性，它们

① 劳东燕. 刑事政策与刑法解释中的价值判断. 政法论坛，2012（4）：39-40.

② 赵运锋. 以刑制罪：罪刑关系的反思与展开. 政治与法律，2010（7）；金泽刚，颜毅. 以刑制罪的学理阐释. 政治与法律，2010（7）.

③ 梁根林. 许霆案的规范与法理分析. 中外法学，2009（1）：5.

④ 王华伟. 误读与纠偏：“以刑制罪”的合理存在空间. 环球法律评论，2015（4）：51-53；赵希. “量刑反制定罪”不违反罪刑法定. 南京师大学报（社会科学版），2015（1）：49-60.

⑤ 高艳东. 量刑与定罪互动论：为了量刑公正可变换罪名. 现代法学，2009（5）.

在我国的兴起，代表的是功能主义刑法解释论的一次重要突围。

三、功能主义刑法解释的回应性

刑法体系作为一个价值体系，会随着社会情势的变化而出现脱节或不相协调的现象，当法内的价值判断偏离时代的精神时，总是存在将法外的主流价值吸纳进入体系的需要。作为价值体系的刑法体系因而绝不是封闭的，而是开放的，“一方面在诸原则的协作（指：其各自之效力范围如何的界定及其相互的限制）上可能会有所改变，另一方面也有可能会发现新原则；此种演变或来自立法上的转变，或源于法学上的认识，或因司法裁判的修正所致”①。全面禁绝法外的价值判断进入刑法体系，不仅难以实现个案正义，也会使刑法丧失生命力。对此，比较现实又相对有效的选择是，在不违背罪刑法定原则的前提下，通过法解释将法外的价值判断输入刑法体系的内部。法外的价值判断如果能够为刑法文本的文义所容纳，在通过法解释完成由外在价值向内在价值的转化之后，最终会成为刑法体系本身的价值判断。②

那么，外在的价值判断如何被引入刑法体系的内部呢？这涉及方法论上的问题。对此，目的理性的刑法思想给出的回答是，经由目的的渠道，通过调整合目的性的实质内容而将外在的价值判断引入体系之内。早期本体论导向的、以形式逻辑为基础的刑法体系，由于将刑事政策与法教义学体系的建构作二元割裂式的处理，在使教义学的发展脱离评价性的刑事政策决定的同时，也切断了与社会现实的沟通，形成一个封闭的体系。外在社会情势的变化，因而无法为体系所知悉，更无法促成体系对之作出积极的回应。目的理性的刑法体系则合理地解决了这一难题。将刑事政策与刑法体系相结合，主旨之一便是要重新打开法教义学与社会现实之间的通道，在体系内部构建一种有效的回应性机制。所谓的回应性，指的是一种有节制的开放性，即承认法外的价值判断有引入

① 卡尔·拉伦茨. 法学方法论. 陈爱娥，译. 北京：商务印书馆，2003：359.

② 劳东燕. 刑事政策与刑法解释中的价值判断. 政法论坛，2012（4）.

的必要，同时强调这种引入须受体系逻辑的制约。从有效性出发，现代刑事政策有着鲜明的开放性，它必须不断根据犯罪态势、犯罪规律和政策导向、调控结果的变化进行自身的调整，这符合问题性方法的思维特点。[①] 要求刑法体系的构建受刑事政策目标的指引，正是为了能够形成一种具有鲜明目的导向、长于应变的刑法体系。这样的一种刑法体系，既有助于保留体系性思考方法的优点，因为体系性思考方法对于维护法的安定性而言具有重要的意义；同时，又能够在相当程度上整合问题性思考方法的长处，使体系具备足够的弹性与灵活性。在某种意义上，目的理性的刑法体系犹如变形金刚一般，由于其内在结构是由其功能所决定的，这使得它能够在复杂的环境中，对因社会情势变动而引发的多样化的规范需要作出有效的应对。

作为目的理性刑法体系的重要组成部分，功能主义的刑法解释论自然也表现出鲜明的回应性特点。从解释论的角度而言，使这种回应性成为可能的，是基于以下两个前提。

一是解释的目的导向性。目的导向的法律解释具有使规范与事实相互开放的功能，这根源于目的的可调整性。目的始终与主体的诉求联系在一起，它的客观性乃是建立在相对性之上的，这使得通过调整目的而实现开放变得可能。如学者所言，“目的”是一个开放性的范畴，它反映了主体的自由思考、愿望与诉求。因此，目的内容的填充具有一定的能动性、灵活性与自主性。当人们以政策性思考作为目的理性之引导时，目的解释就脱颖而出，成为最具能动性、最能有效回应社会需求的解释方案。刑事政策正是通过目的解释这一特定的方法论管道，为刑法的发展提供目的性的指引，并使之适应国家与社会所赋予的现实治理需求。[②] 相较于主观的目的解释，客观的目的解释由于容许解释者根据社会发展的需要来界定规范的保护目的，更有助于锻造刑法体系的开放性，赋予刑法文本极大的解释空间。当前我国刑法界对客观目的解释的

① 周折．刑事政策视野中的刑法目的解释．中外法学，2007（4）：453.

② 杜宇．刑事政策与刑法的目的论解释．法学论坛，2013（6）：76.

青睐，体现的正是对刑法体系的回应性的积极追求，尽管这种追求对解释者而言可能不一定是自觉的。

二是语言本身在意义上的弹性与刑法中诸多规定的概括性。无论是描述性构成要件要素还是规范性构成要件要素，都存在不明确的问题，其差别只是程度上的，而非性质上的。如德国学者所言，以“明确”和“不明确”作为分母来区分“描述性的”与“规范性的”的做法，无法成立。因为就描述性构成要件要素而言，人们离其确定的“概念内核”越远，此类要素也就同样愈加失去其清晰性。区别只在于，规范性构成要件要素中与绝对明确的概念的距离原则上要比在描述性构成要件要素中的大些。[①] 这是由法律所使用的语言的基本特性使然。“法律经常利用的日常用语与数理逻辑及科学性语言不同，它并不是外延明确的概念，毋宁是多少具有弹性的表达方式，后者的可能意义在一定的波段宽度之间摇摆不定，端视该当的情况、指涉的事物、言说的脉络，在句中的位置以及用语的强调，而可能有不同的意涵。”[②] 刑法中概括性规定在不明确的程度上，较一般的规范性构成要件要素更甚，往往需要通过引入法外存在的事实或评价，由法官以自由裁量的方式获得。[③] 从法学的观点通常被认为是缺点的日常用语的不确定性，包括它供未来发展研究时，因为结构粗糙造成所谓的多漏性（Porosität），以及在概念领域中所谓的模糊性（Vagheit），恰恰能够用来担保一个体系所必要的开放性。[④] 这意味着，从罪刑法定的角度而言构成极大困扰的法的不明确性，在刑法体系中有它积极的正面功能，正是这种不明确性，使得制定于过去的法条能够通过不断更新的解释而适用于当下，促成历史与现实之间的沟通。冯军教授恰如其分地指出，“一种能够在刑法体系内正确处理现实问题的刑法教义学，在对刑法规定的理解和阐释中总是必然包

---

① Lenckner，*Wertausfüllungsbedürftige Begriff im Strafrecht und der Satz* „nullum crimen sine lege“，in JuS（Juristische Schulung），1968，S. 256－257.

② 卡尔·拉伦茨. 法学方法论. 陈爱娥，译. 北京：商务印书馆，2003：193.

③ 劳东燕. 罪刑法定的明确性困境及其出路. 法学研究，2004（6）：82.

④ 许迺曼. 刑法体系思想导论. 许玉秀，译//许玉秀，陈志辉. 不移不惑献身法与正义：许迺曼教授刑事法论文选辑. 台北：新学林出版股份有限公司，2006：256.

含着历史和现实的沟通。刑法典中的原则规定以及大量刑法条文用语的非定义化所形成的框架空间，就保障了刑法教义学的开放性，为实现刑法教义学中‘历史和现实的沟通’提供了可能……确保刑法规范的纯洁，是指不允许把与刑法规范相矛盾、相对立的东西通过解释强加到刑法规范之中，而不是指不允许根据刑法的原则、原理和社会进步来丰富刑法规范的内容”①。

前述两个前提的存在，使得人们能够借助实质解释来应时应势地更新相关概念的含义，从而有效应对新型案件所引发的冲击与挑战。这也是由法律解释的桥梁性质使然。法律解释天然地要在立法与司法之间架构桥梁，这决定其不可能完全无视立法的初衷，也不可能无视社会的现实变化；要想在保持刑法安定的同时实现规范的保护目的，就必须在尊重法律概念历史沿革的前提下，基于价值基准进行必要的利益衡量，从而实现刑法规范的能动性适用和在社会中的动态发展。② 相对于形式解释，实质解释更能符合复杂社会对风险的多样化的规制需要。实质解释的积极意义，恰恰在于它是一种以社会现实需要为导向的解释论。

比如，就“财物”的概念而言，传统的定义往往将之限定于以实物形态存在的、有形的、具有经济价值的物品。这种过于狭隘的界定，由于不能呼应随社会发展而产生的规范需要，基本上已经为我国刑法理论与实务所抛弃。不仅司法解释明确规定电力、煤气等无形财产以及代表一定财产权益的电信卡等可以作为盗窃罪的对象，实务中的指导案例也均对Q币、游戏点卡、游戏中的武器装备等虚拟财产的“财物”属性予以肯定。③ 这样的立场也得到学界的普遍支持。事实上，认为刑法上

① 冯军. 刑法教义学的立场和方法. 中外法学，2014（1）：184.

② 王海桥，马渊杰. 我国刑法解释理论变迁中的利益衡量思考. 中国刑事法杂志，2012（5）：16.

③ 相关指导案例可参见最高人民法院刑事审判第一、二、三、四、五庭. 刑事审判参考：第53集. 北京：法律出版社，2007：42-49；最高人民法院刑事审判第一、二、三、四、五庭. 刑事审判参考：第58集. 北京：法律出版社，2008：48-61；最高人民法院刑事审判第一、二、三、四、五庭. 刑事审判参考：第85集. 北京：法律出版社，2012：66-70；最高人民法院刑事审判第一、二、三、四、五庭. 刑事审判参考：第87集. 北京：法律出版社，2013：43-48.

的财物同时包含财产性利益与虚拟财产的观点，已经成为当前我国刑法学界的通说。对“财物”概念界定上的转变，正是通过以经济上的交换价值这一实质因素作为考察的基点而完成的。指导案例在裁判理由中曾这样论证虚拟财产的财物属性：虚拟财产“对玩家来说具有使用价值，这种价值看似无形，但它可以转让，转让时具有一定的市场价格。因此，它还具有交换价值，能够体现为现实中的一定财产价值。所以虚拟财产已经具备商品的一般属性，寻求法律保护是合理的”[①]。

类似的转变也发生在其他刑法概念的解释上。以“道路”概念为例。2000 年最高人民法院的《关于审理交通肇事刑事案件具体应用法律若干问题的解释》（简称《解释》），根据 1988 年的《道路交通管理条例》（已失效）第 2 条的规定[②]，将“道路”限定于“实行公共交通管理的范围”，机关、企事业单位、校园、厂矿等单位内部的路段以及乡间小道，则均被排除出“道路”的范围。随着汽车社会的来临，这样的界定日益难以符合实践中的新情况。2013 年“两高”与公安部联合发布的《关于办理醉酒驾驶机动车刑事案件适用法律若干问题的意见》（简称《意见》）规定，对“道路”的界定适用道路交通安全法的规定，即“道路”是指“公路、城市道路和虽在单位管辖范围但允许社会机动车通行的地方，包括广场、公共停车场等用于公众通行的场所”[③]。两相对照，可发现《意见》对“道路”范围的界定要较《解释》的相关规定的为宽；不过，即使适用道路交通安全法的规定，对“道路”的理解也仍然存在不明确之处。这涉及对“虽在单位管辖范围但允许社会机动车通行的地方，包括广场、公共停车场等用于公众通行的场所”如何判断的问题。从司法实践来看，明显是倾向于对该规定做扩张性的解释，宽泛界定“道路”的范围。借助于对公共性特征的强调，指导案例将农

---

① 最高人民法院刑事审判第一、二、三、四、五庭．刑事审判参考：第 58 集．北京：法律出版社，2008：56.

② 该条规定，本条例所称的道路，是指公路、城市街道和胡同（里巷），以及公共广场、公共停车场等供车辆、行人通行的地方。

③ 这是 2004 年施行的《道路交通安全法》第 119 条对“道路”的解释。

村道路也归入道路交通安全法上的“道路”的范围。在谢忠德危险驾驶案中，裁判理由作了这样的解说：对危险驾驶罪中的“道路”的理解应重点把握驾驶行为发生地是否具有“公共性”，只要具有“公共性”，就应当认定为“道路”。近年来，随着经济的发展，农村的一些道路出现了明显的公路化演变，行驶的机动车数量大量增多，机动车在农村道路上发生的交通事故也大幅增加。因此，将农村中具有一定规范和较强公共性的农村道路纳入“道路”范畴不仅符合立法的价值取向，而且也顺应了司法实践发展的需要。[①] 对于机关、企事业单位、厂矿、校园、住宅小区等单位管辖范围内的路段、停车场在何种情况下属于“道路”的问题，实务界依据的同样是公共性这一实质标准。最高人民法院的实务人员在解读前述《意见》时明确提出，“判断这些地方是否属于道路，关键在于其是否符合道路的公共性特性。无论管理方式是收费还是免费、机动车进出是否需要登记，只要允许不特定的社会机动车自由通行，就属于道路；如果仅允许与管辖单位及其人员有业务往来、亲友关系等特定事由的来访者的机动车通行，则不属于允许机动车通行的地方，不能认定为道路”[②]。不难发现，通过抽取其中的公共性特征并将之作为认定“道路”的实质性要件，我国实务界成功地完成对“道路”的更新解释，将诸多形式上难以认为是道路的场所也均归入“道路”的范围，以便更有效地对公共交通中的风险进行刑法规制。

四、功能主义刑法解释的后果取向性

功能主义刑法解释的后果取向性，与其目的导向性的特点之间存在逻辑上的内在关联。如论者所指出的，“目的”实际上是与特定结果相联系的概念，人们通常是基于对某种可欲的行动结果的预测与追求来设定目的，就此而言，目的解释应当与某种实用主义的后果考量相贯通；

① 最高人民法院刑事审判第一、二、三、四、五庭．刑事审判参考：第 85 集．北京：法律出版社，2012：31．

② 高贵君，马岩，方文军，曾琳．《关于办理醉酒驾驶机动车刑事案件适用法律若干问题的意见》的理解与适用．刑事审判参考：第 94 集．北京：法律出版社，2013：153．

因为规范目的的妥当性至少部分的是由其所带来的功利性后果所证成的，也即，作为目的解释之核心的评价观点的妥当性，需要通过与法效果的相互配合来佐证。这样一种从法效果的适当性与匹配性出发，来反向考察规范目的之妥当性的思路，是一种取向于结果的论辩。[①] 正是由于“目的论解释的正当性并不是来自立法者的权威，也不是来自从其法条文本推导出结果的正确性，而是从这些结果的有益性（Nützlichkeit）导出”[②]，在更为宽泛的意义上，后果考察也可被归入目的论解释的范畴。只是为了要让法律适用者特别留意到进一步的实践后果，才有必要在目的论的解释方法之外，另设一个对于解释后果的特别审查，也就是所谓的“后果考察”[③]。

无论刑法的基本目的是保护法益还是保护规范的效力，不可否认，它们都需要借助预防的途径来实现。在具体的个案中，特定的法益或是规范的效力往往已经受到损害，因而，对行为人施加刑罚对于保护已经遭损的法益或规范于事无补，这种保护必然主要是指向未来的，是针对未来的预防效果而言。从有效性的角度出发，功能主义的刑法解释论认为，表面看起来似乎仅关涉个案的刑法适用或刑法解释，不应只顾及当下案件的处理，而必须同时考虑其解释结论对涉案双方与社会一般人在未来的行为选择及其动因所可能产生的影响，考虑解释结论对于社会生活与社会秩序的影响。换言之，刑法解释不只是涉及特定个案在处理上公正与否的问题，也涉及如何为将来创制适当规则的问题。无论对案件本身的处理看起来多么公正合理，如果其解释结论在客观上起到的是鼓励更多的人实施相应的犯罪行为的效果，甚至促使被害方在以后也走上犯罪之路，则这样的解释结论也是应当坚决予以否弃的。这样一种分析问题的方法，可称为前瞻性（ex ante）分析法。按照这种分析方法，解释者需要着眼于未来，考虑个案判决对将来会产生哪些效果，对类似情形中所涉及的各方，其将来的行为选择会如何受到该案判决的影响。前

---

① 杜宇．刑事政策与刑法的目的论解释．法学论坛，2013（6）：77－78．

② 英格博格·普珀．法学思维小学堂．蔡圣伟，译．北京：北京大学出版社，2011：74．

③ 同②77．

瞻性分析法强调，任何案件的裁决都必须考虑其在将来是否能使他人产生良好的动因，要能使今后发生同样不幸的可能性大为减少。①

就刑法适用或刑法解释而言，适用前瞻性分析法的基本步骤是：先想象一下所欲得出的裁决（或解释）结论，再想象一下，当涉案双方与社会一般人在获知裁决（或解释）结论之后，是否会放弃实施相同的行为，或者转而实施不法程度更低的行为。功能主义刑法解释论所采取的前瞻性分析法，要求考虑解释结论适用的实际效果，即进行后果考察。后果考察通常是在法规范目的的范围内来思索与预测刑法解释的效果，它属于经验性分析范畴，涉及对结果（解释结论 A）的结果（解释结论所引起的结果 B）的预测与评估；将结果取向方法套用到刑法解释的过程中，有助于形成一种融汇经验性与规范性、规则适用与效果论证于一体的解释模式，确保在刑法的安全性与合理性之间取得最佳的平衡。②后果考察的必要性，从另一个侧面揭示实质的价值判断之于刑法解释的重要意义。解释者需要着眼于整体法秩序的框架，以前瞻性的视角考虑相关结论在未来的实效，对其间的价值判断作出合理的决定。此处所谓的合理，是指在整体法秩序框架中的合理，而非仅局限于刑法领域本身；同时，合理性不只是针对当下的个案，更是针对未来而言的。这也正是能动司法所欲实现的功能。所谓的能动司法，一方面旨在把司法活动自觉地融入社会全局的运行之中，通过司法所特有的功能和作用的发挥，推动社会的发展与进步；另一方面意在引导和启示法院及司法人员关注社会总体目标的要求，关注社会发展与变化的趋势，关注我国社会现实矛盾和纠纷的复杂性，特别是注重司法行为的社会影响和社会效果，把个别化的司法行为放到社会目标的实现以及社会发展的大背景下予以认识和考虑，亦即在司法过程中确立并践行“大局观”③。

前瞻性分析法所代表的后果考察方法，无疑对司法者提出了更高的

① 有关前瞻性分析法在案件中的适用，可参见沃德·法恩斯沃思．高手：解决法律难题的 31 种思维技巧．丁芝华，译．北京：法律出版社，2009：1-10.

② 姜涛．后果考察与刑法目的解释．政法论坛，2014（4）：97-99.

③ 顾培东．能动司法若干问题研究．中国法学，2010（4）：22.

要求，它要求司法者在个案的法律适用过程中，不仅要关注具体纠纷的处理与解决，还要像立法机关那样，顾全大局，并前瞻性地考虑自身决策所可能产生的后果，考虑其作出的决策选择是否会对未来人们的行为动因产生良好的影响，并基于此而创设适当的规则。这意味着，司法裁决事实上具有与立法相类似的功能，尽管其主要功能在于解决纠纷；不同的法院会采取不同的方式来平衡这两种功能。[①] 在一个日益复杂的社会里，面对多样化的风险规制任务，司法裁决的立法性功能基于其必要性，往往会更加受到重视；同时，一般说来，审级越高的法院（尤其是最高法院），其司法裁决会越偏向于立法性功能。功能主义的刑法解释论不仅正视司法裁决与相应的解释结论在客观上所具有的立法性功能，而且明确要求解释者考虑解释结论对于未来预防犯罪的效果及其影响，将此种刑事政策上的因素构造为刑法解释时必须依循的内在参数。需要指出的是，承认刑法解释客观上具有立法性的功能，并不违反罪刑法定，也并没有篡夺立法者的立法权，而是为了更好地实现刑法的目的。司法裁决充其量是在使立法规范更为明确与具体的意义上，来创设针对未来的规则的。司法的立法性功能，实际上就是德国法学中经常提到的法律续造功能。在今天的德国法学理论中，教义学被公认为是法律续造的重要工具。法律续造不仅意味着规范的形成，也意味着对法政策的参与。在法律续造时，要实现教义学的法政策参与的功能，必须认识到教义学的一切概念、分类和原则本质上都与价值有关；同时，对法政策的参与也意味着，建立教义学的概念和原则时要对结果进行衡量，不能抛弃后果导向与社会现实、政治现实之间的关系。[②]

借助前瞻性分析法来展开相应的后果考察，有助于得出合理的价值判断内容，由此而对刑法规范作出适当的解释。比如，以销售假药罪中“假药”的解释为例。在2019年《药品管理法》对相关规定作出立法修正之前，未经许可从国外进口的药品是否属于刑法上的“假药”，是当

① 沃德·法恩斯沃思. 高手：解决法律难题的31种思维技巧. 丁芝华，译. 北京：法律出版社，2009：6.

② 伯恩·魏德士. 法理学. 丁小春，吴越，译. 北京：法律出版社，2013：142.

时刑法理论上需要处理的一个问题。在 2015 年颇受关注的陆勇案中，湖南省沅江市的不起诉决定书[①]是从陆勇的行为不构成“销售”的角度，而得出其不构成销售假药罪的结论的，并没有论证其中涉及的印度仿制药是否属于假药，似乎这是一个理所当然的问题。然而，这分明是一个承载着价值内容而需要解释的规范性概念。

《刑法》第 141 条明确规定，该条所称的假药是依照《药品管理法》的相关规定中称为假药或者按假药处理的药品。根据当时有效的《药品管理法》第 48 条的规定[②]，刑法中的“假药”分为两种类型，一是纯正的假药，二是拟制的假药。前者被纳入假药的范畴，主要是由于所含成分与规定不符，是从药品本身缺乏疗效的角度来界定的；后者被认定为是假药，则基本上是规范性设定的结果，与药品本身是否有真实的疗效没有关系。陆勇案中的印度仿制药，所涉及的是第 48 条第 3 款第 2 项的规定，即“依照本法必须批准而未经批准生产、进口，或者依照本法必须检验而未经检验即销售的”。从法条的文义来看，拟制假药中的这一类情形要被认定为假药，除满足“依照本法必须批准而未经批准生产、进口，或者依照本法必须检验而未经检验”的要件之外，还需要进一步符合“即销售的”要件。分歧仅在于，“即销售的”要件是仅适用于“依照本法必须检验而未经检验”这一行为类型，还是在此之外同时适用于“依照本法必须批准而未经批准生产、进口”的行为类型。单从文义来看，将“即销售的”的要件解读为是“依照本法必须检验而未经检验”的补充要件，或者将之理解为是“依照本法必须批准而未经批准生产、进口”与“依照本法必须检验而未经检验”的共同要件，均符合法条的文义。法条的文义只是限定了解释的范围，特定的概念究竟如何

① 参见湖南省人民检察院不起诉决定书，沅检公刑不诉［2015］1 号。

② 此前的《药品管理法》第 48 条规定：有下列情形之一的，为假药：（1）药品所含成分与国家药品标准规定的成分不符的；（2）以非药品冒充药品或者以他种药品冒充此种药品的。有下列情形之一的药品，按假药论处：（1）国务院药品监督管理部门规定禁止使用的；（2）依照本法必须批准而未经批准生产、进口，或者依照本法必须检验而未经检验即销售的；（3）变质的；（4）被污染的；（5）使用依照本法必须取得批准文号而未取得批准文号的原料药生产的；（6）所标明的适应症或者功能主治超出规定范围的。

界定，必须考察相关法条的规范目的，而规范目的的内容适正与否，不仅需要考虑特定规范在作为价值体系的刑法体系中的位置，也可以从法效果的角度出发进行反向的检视。

一方面，销售假药罪既然放在破坏社会主义市场经济秩序罪之中，其保护的法益除用药安全之外，理应包含医药领域的市场交易秩序。如果药品本身的疗效与安全性没有问题，只是欠缺批准或检验的手续，则此类药品由于并不侵犯用药安全的法益，只有真正进入商品流通环节才可能危及交易秩序，从而具有值得刑罚处罚的必要性。立法上唯有对此种情形的假药，额外添加“即销售的”要件，其实质根据应在于此；否则便无法解释，为什么立法并未对其他种类的假药附“即销售的”条件。另一方面，在进口专利药价格昂贵，而我国医疗保障体制又不够完善的现实语境下，倘若对前项所规定的拟制假药不作限定，但凡涉及购买与使用未经批准的进口药品的情况，相关人员便会面临刑法上与行政法上的风险，这必然会将众多的病患及其家庭逼入绝境，带来不安定的社会因素。与此同时，如果将未经批准的进口药品一律作为假药来处理，则病患购买并使用进口药品的行为是否构成犯罪，是否施以行政处罚，将主要取决于执法人员的自由裁量。就当前的执法环境而言，给执法部门提供这样的处罚机会或者自由裁量权并不明智。通过实体法上的严格解释将此类行为明确排除出犯罪与行政处罚的范围，会更有利于对公权力的制约，也有利于保护弱势群体的权利，维护社会的基本稳定。由此可见，在当时的立法语境之下，无论是着眼于销售假药罪法条的规范目的，还是从后果考察的角度，将“依照本法必须批准而未经批准生产、进口”与“即销售的”理解为是成立“假药”的并列条件，是较为妥当的结论。据此，对未经批准而从境外进口的药品，只要该药品不推向市场，便不宜认定为假药，此类情形不仅不涉及刑事责任问题，行政部门也不能以涉嫌假药为名而对药品实行没收或进行其他行政处罚。

2019 年修正后《药品管理法》将必须批准而未经批准生产、进口，或者依照本法必须检验而未经检验即销售的药品，从假药的定义中明确予以排除。根据该法第 98 条的规定，假药只限于四种情形：（1）药品所含成分与国家药品标准规定的成分不符；(2) 以非药品冒充药品或者以他种药品冒充此种药品；(3) 变质的药品；(4) 药品所标明的适应症或者功能主治超出规定范围。这意味着，像陆勇案那样的情形，在今后的司法实务中将不被认为涉及假药的问题。立法修改的这种立场与本书的前述主张基本上采取的是相同的进路。

再如，在《刑法修正案（七）》增补《刑法》第253条之一后，对该条第2款中的"上述信息"如何理解存在较大的争议。从该条第1款与第2款之间的语言逻辑关系来看，将"上述信息"限定为国家机关、金融等相关单位"在履行职责或者提供服务过程中获得的公民个人信息"，似乎更符合法条的文义。然而，从后果考察的角度，这样的解释会使那些通过网络技术、跟踪等手段非法获取公民个人信息的行为不能得到处罚，从而无法对此类行为进行威慑与预防。正是基于此，实务中以"如此非法获取公民个人信息罪的适用范围明显过窄，不符合加强保护公民个人信息的立法精神"为由未采纳前述解释，而认为从加强全面保护公民个人权益的角度考虑，"上述信息"是指一切公民个人信息。① 2015年通过的《刑法修正案（九）》对第253条之一作出全面的修改，无疑也是基于后果考察而作出的决策，是由于意识到此前的立法条文存在过于收缩处罚范围，从而导致对公民个人信息的刑法保护力度不足的弊端。晚近的这次立法修正，不仅明确非法获取公民个人信息罪中的信息是指一切公民个人信息，而且相应扩张了出售或非法提供公民个人信息罪中的"公民个人信息"的范围，不再限定于"在履行职责或者提供服务过程中获得的公民个人信息"，同时还将该罪从身份犯改为非身份犯，主体范围不再限于国家机关或金融等相关单位的工作人员。

五、功能主义刑法解释论的性质诠说

传统解释论由于将法适用理解为寻找客观的法的含义的过程，刑法

① 最高人民法院刑事审判第一、二、三、四、五庭. 刑事审判参考：第99集. 北京：法律出版社，2015：55-56.

解释作为发现法的含义的方法而存在，包括文义解释、体系解释、历史解释与目的解释因而都被认为是法的解释方法。这种解释论无疑是19世纪科学主义的客观真理观的产物。受彼时自然科学思考范式的影响，科学主义的客观真理观渗透到包括法学在内的人文社会科学诸领域。在这种客观真理观的支配之下，传统法学理论采取“主体—客体”二元分立的模式，将法解释理解为格物致知的单纯认识论问题。法被当作格物致知的客体，是一种完全外在于并独立于主体的客观实在，等待解释者以正确的方法去发现；法解释因而充当的是方法的角色，是主体据以发现与认识法这一客观实在的手段。至少从形式上而言，无论是主观目的论解释还是客观目的论解释，都未能完全摆脱传统理论的认识局限，而将自身定位为方法论。

在功能主义的刑法解释论看来，这样的解说并未揭示法解释的本质。在包括刑法在内的所有法律领域，科学主义的客观真理观没有适用的余地。一则，法律规范永远不能从逻辑意义上的真实概念（客观存在与认知的一致性）角度被判定为“正确的”或“真实的”；而只能从法所追求的目的的角度，也就是从基本的价值秩序角度来判断法律规范可能是适当的、有益的、必要的。[①] 二则，法律中的应然与实然从来就密不可分。当人们就某个法律规范的理解产生意见分歧时，争论的其实根本不是法律是什么，而是法律应当是什么的问题。目的论在法律体系中的重要性，彰显的是法的主观性的一面；法律中的应然之维，则表明通过将外在的价值判断输入体系的内部，解释主体也参与对法律文本的意义的创造。就解释者与文本的关系而言，“既不是解释者完全服从文本的内容意义，也不是文本的内容意义完全服从解释者的前见，而是解释者前见与文本内容意义的互动整合，从而创生一种新的意义”[②]。

法律存在的根本意义，便是要解决当下社会的问题，同时为未来指明努力的方向。“为使法律规定能妥当解决今天的问题，并使将来充满

① 伯恩·魏德士．法理学．丁小春，吴越，译．北京：法律出版社，2013：59.

② 高鸿钧．伽达默尔的解释学与中国法律解释．政法论坛，2015（2）：16.

希望，固然必须借助于昨天的经验，受过去制定之法律的拘束，但仍必须针对今天的情况，以及对将来的展望，调整在过去制定之法律的内容，以今天的观点及规范需要了解过去之法律的规范意旨。申言之，过去的法律只是当今之人处理当今之事，在规范上的出发点，而非其最后的依据。”[①] 基于此，法律解释的目标始终在于“探求法律在今日法秩序的标准意义（其今日的规范性意义）”[②]。历史上的立法者的规定意向及其具体的规范想法当然有它的价值，但这种价值是立足于现在而言的，它之所以受到传承，恰恰是由于它对于今天的问题解决仍具有现实的意义。正如杜赞奇所指出的，无论是简单连续的观念还是发明的观念，都无法准确描述过去与现在之间微妙的交互关系。任何传承的过程也是一种创造的过程，过去并不仅仅以在现在之中的延续而塑造现在，它促成了对现在的改造并在此过程中使自己也得到改造。[③] 就刑法解释而言，这意味着，在当下语境中对制定于过去的刑法规范的每一次适用，都不应简单地视为是对过去的还原或复制，而在根本上涉及对相关刑法规范之意义的重构。在重构的过程中，过去所确立的规范之意义有一部分可能会散失，另一部分则可能得到传承。可以说，正是通过连续不断的散失与传承的复线性运动，刑法规范的意义才得以实现与时俱进的改造。

不难发现，只要承认法律是主体因时因势所建构的产物，它就不可能存在确定不变的本体性内核；相应地，包括刑法解释在内的法律解释也不可能是一个单纯寻找法的客观含义的过程，而更宜视为是经由解释者的主体性参与而得以持续进行的建构性过程。实际上，当人们主张客观的目的论解释时，便等于默认了解释者在刑法解释中的积极角色。如普珀所言，客观目的论解释中“客观目的”的表述，是一种拟人论的说法，只有人类在行为时才会有目的，法律文本则否；在“法律之客观目

① 黄茂荣. 法学方法与现代民法. 5版. 北京：法律出版社，2007：107.

② 卡尔·拉伦茨. 法学方法论. 陈爱娥，译. 北京：商务印书馆，2003：199.

③ 杜赞奇. 从民族国家拯救历史. 王宪明，译. 北京：社会科学文献出版社，2003：61，66.

的”这个标签下所要卖的，其实就是解释者自己放进法律中的目的。[①]“法律之客观目的”或“法律的意志”之类的表述，不过是“用来遮掩——立法者原本的意向与法律‘经演进之后’的标准内涵之间的——紧张关系”[②]。无论如何遮掩，这种紧张关系都是客观存在的；也正是这种紧张关系的存在，使得对主观目的论解释的坚持成为不可能。客观目的论解释在当代特别受到青睐，便是因为它为解释者参与对刑法规范意义的构建提供了最大的自由空间，使解释者的价值判断得以在其中发挥积极的作用，对目的的探求总是蕴含着解释者的价值偏好。有论者主张对刑法的解释宜采取主观与客观的折中理论，即“原则上采主观理论，对于刑法条款的解释仍应忠实地停留在立法者于立法时的标准原意；惟若有足够的理由证实立法当时的价值判断，显因时过境迁，而与现阶段的法律正义、社会情状与时代精神等不相符合者，则应例外地采客观理论”[③]。折中论表面看来是一种中间性的理论，实质上却不过是客观目的论的变形。按折中论的立场，在主观目的解释与客观目的解释相矛盾时，最终起决定性作用的仍是客观目的解释，故严格说来，折中论并不具有超出客观目的论范畴的意义。

由于理解的主体也共同进入认识之中，在法律规范中因而只有一种相互主观性的真理，而没有客观的真理。[④] 这是20世纪的哲学诠释学带给人们的启示。在很大程度上，功能主义的刑法解释论正是一种诠释学意义上的法解释理论，与后者具有内在的一致性。既然解释者与文本之间不是主体—客体关系，解释者自然也就不是法律文本客观含义的“喉舌”；解释也不是附属于文本的活动，它是“对存在的扩充”，即一种与文本具有同等重要性的创造性活动。[⑤] 据此，文义、历史、体系与目的都只是解释时需要考虑的因素，这些因素并不是解释的方法，它们

---

① 英格博格·普珀. 法学思维小学堂. 蔡圣伟，译. 北京：北京大学出版社，2011：69.
② 卡尔·拉伦茨. 法学方法论. 陈爱娥，译. 北京：商务印书馆，2003：199.
③ 林山田. 刑法通论：上册. 台北：个人发行，2008：147.
④ 阿图尔·考夫曼. 法律哲学. 刘幸义，等译. 北京：法律出版社，2011：54.
⑤ 高鸿钧. 伽达默尔的解释学与中国法律解释. 政法论坛，2015（2）：18-19.

各自发挥不同的功能，在互相联系与互相制约的作用下，协力完成发现法律之规范意旨的任务：文义因素首先确定法律解释活动的范围，接着历史因素对此范围再进一步加以确定，同时对法律的内容，即其规定意旨，作一些提示（der Hinweis）。紧接着体系因素与目的因素开始在这个范围内进行规范意旨的发现或确定工作。在此基础上，合宪性因素则作为控制性因素而存在，其功能在于确保解释结果不逸出宪法所宣示之基本价值决定的范围之外。①

可见，只要承认解释者与法律文本之间是一种互动关系，承认解释者参与对法的意义的创造，则法解释根本就不属于方法论的范畴，法解释就是法律的本体。也就是说，“什么”（法律之内涵）与“如何”（发现法律之程序）系相互关联，正当法与实现法律之过程必然休戚相关。② 解释者适用刑法或发现刑法的过程，便是在将自己的理解——其中当然包含着应然性的价值判断——融入对刑法的意义的建构之中。因而，刑法解释内在地具有建构性的特征，法律中的应然与实然，也正是通过解释者的理解而得以相互交融在一起。

刑法规范的意义既然是在解释者的参与之下建构起来的，则刑法解释不可能存在终极意义上的解释结论。无论如何，解释始终都与该当法秩序的整体及其基础的评价准则密切相关，“没有一个解释可以主张它是终局并且——可以适用于任何时间的——‘绝对正确’的解释。它绝不可能是终局的解释，因为生活关系如此多样，根本不能一览无遗，再者，生活关系也一直在变化之中，因此，规范适用者必须一再面对新问题”③。解释结论的非终局性，不仅意味着对法作为客观实在的前提的否定，也意味着需要通过解释之维而将时下主流的价值观念引入刑法体系之中。那么，解释者究竟如何参与对刑法规范的意义的建构呢？这就涉及先前理解（或先见）的问题。

在解释具体的刑法规范时，解释者必然要将先前理解带入解释的过

① 黄茂荣．法学方法与现代民法．5版．北京：法律出版社，2007：359-360．
② 阿图尔·考夫曼．法律哲学．刘幸义，等译．北京：法律出版社，2011：4-5．
③ 卡尔·拉伦茨．法学方法论．陈爱娥，译．北京：商务印书馆，2003：195．

程之中。先前理解包括两个层面的内容：一是个人性的先前理解，即解释者个人对刑法规范应有含义的期待，把根据自己的生活经验所认识的含义赋予刑法规范；二是历史性的先前理解，即解释者群体对刑法规范应有含义的期待，它是在既存学说与判例中呈现出来的历史的形成的关于刑法规范含义的共同看法。相应地，解释者自己的生活经验和既存的权威见解构成解释刑法规范的起点。① 值得注意的是，解释者的"'先前理解'乃是一种长期学习过程的成果，这个过程包括其法学养成过程，也包括其后他借着职业活动或职业外的经验所取得的知识，特别是与社会的事实及脉络有关的知识"②。与社会的事实及脉络相关的知识，对解释者顺利完成解释的任务至关重要，因为"法律家所需要的先前理解，不仅与'法这个事物'、提及前者的语言、法律文字、法院裁判及（常用的论据所在的）传统脉络有关，先前理解亦须及于各种社会脉络，包括各种利益情境及法规范指涉之生活关系的结构。法规范不仅是一种有法效力的规整，其规整的是特定的社会关系、社会过程及行为模式；然而，受法律规整，此亦仅是后者所呈现的多种面相之一耳。如果不能同时看到其他面相，法律家就无法了解有关的法律规定"③。

在刑法解释中，先前理解虽易于产生预断或偏见，但也有它的重要意义，是使解释得以可能的有利因素：先前理解有助于解释者迅速地在当下的案件与自身观念世界中存在的意义结构之间建立起关联。不难想象，如果解释者的头脑中完全没有前见而陷于一片空白，其便不可能对文本作出有价值的解释。考夫曼明确指出，对意义的理解，并非纯粹感受过程，反而经常是由理解主体先行自我理解，唯有该理解者，以"先前理解"或"先入之见"与法条结合时，方能将法条表达出来，也唯有将其所接受的一切传统纳入理解地平线，他才有提出论证理由之可能性，才能提出预先推定之"暂时"结果。④ 由于解释者无法挣脱自己的

① 冯军．刑法教义学的立场和方法．中外法学，2014（1）：190.

② 卡尔·拉伦茨．法学方法论．陈爱娥，译．北京：商务印书馆，2003：88.

③ 同②89.

④ 阿图尔·考夫曼．法律哲学．2版．刘幸义，等译．北京：法律出版社，2011：88.

生命场景，无法挣脱先前的存在与经验所给予他的视界与观念，所以，实际上也根本不可能存在无先见的解释。

当然，承认先前理解的必要性，并不意味着无条件地固守先前理解。解释者“应当将自己的先前理解置于正义理念之下、现实事实之中、相关条文之间进行检验。如果这种先前理解符合正义理念、能够公平地处理现实案件、与相关条文相协调，便可以坚持这种先前理解。但是，当自己的先前理解有悖正义理念（或违背普通的正义标准）时，必须放弃它；当自己的先前理解不能公平地处理现实案件时（按先前理解处理案件不能被一般人接受时），必须放弃它；当先前理解与刑法的相关条文存在矛盾与冲突时，也必须放弃它。放弃先前理解之后，应当寻求新的解释结论，再将新的解释结论置于正义理念之下、现实事实之中、相关条文之间进行检验，直到得出满意的结论为止”①。简言之，“要用实践理性来检验关于刑法规范的先行理解，并在权威性见解的基础上发展出更加符合社会真实状况的解释刑法规范的新方案”②。先前理解的可调整与可修正性意味着，“解释程序不是一种单向前进的过程，毋宁是一种对向交互澄清的程序，借此可以确认或扬弃原来预期的意义内涵。这种程序要求一种付出创意的精神工作。就此而论，有如艺术的创作”③。也即，包括刑法解释在内的法律解释是一项创造性的活动，并非单纯借助逻辑演绎便可完成的过程。

综上，传统刑法解释论与功能主义的刑法解释论本质上的不同之处在于，前者将自身定位为方法论，认为解释方法的功能不过是发现立法者早已作出的决定，而后者则认为刑法解释便是刑法本身，解释者也积极参与了规范的形成，其在规范意义的建构过程中的作用并不逊于立法者。如果说传统刑法解释论是一种以立法者为中心的解释论，那么功能主义的刑法解释论便是一种以司法者为中心的解释论。相对于传统解释

① 张明楷．刑法分则的解释原理：下．2版．北京：中国人民大学出版社，2011：797-798.

② 冯军．刑法教义学的立场和方法．中外法学，2014（1）：191.

③ 卡尔·拉伦茨．法学方法论．陈爱娥，译．北京：商务印书馆，2003：196.

论，功能主义的刑法解释论更为灵活，能够对风险社会中多样化的风险规制任务作出有效的回应。为推进刑法解释论的顺利转型，改变新旧各类观点鱼龙混杂的局面，有必要对传统刑法解释论与功能主义的刑法解释论作出明确的界分。德国学者克里勒认为，传统解释论学说是基于法学理论（教义）而不是在司法实践中形成的，属于“法学的方法论（Methodenlehre der Rechtswissenschaft)”，其强调的是法律发现（Rechtsfindung）的推论过程；而新的解释学说则以法律获取（Rechtsgewinnung）为核心，“诠释、方法、逻辑和具体化因素等”不过是“最低条件（Minimalbedingung）”而已。[①] 诚如斯言。传统的刑法解释论无疑是一种法学家主导的解释论，而功能主义的刑法解释论则是一种法官主导型的解释论，法官在其中占据着核心的角色。国内学者在认真考察德国宪法法院在长期司法实践中所形成的宪法解释方法之后，也得出了类似的结论：由于解释者的前理解及其对于结果取向的权衡贯穿于解释过程的始终，“无论‘机制’之设计何等精密、解释方法内含之诸要素如何周延，解释结论的得出根本上仍然维系于解释主体在个案中形成的主观判断，故解释规则及其综合模式终究无法取代法官的‘前理解’而成为宪法解释的客观准则，而‘谁是最合适的法官’始终是对宪法解释起到决定性作用的核心要素”[②]。我国实务界的相关人士，实际上也已经意识到发挥法官主观能动性的必要性，认为法的安定性与对社会效果的追求可以二者兼顾，所以才明确提出在法律之内寻求社会效果法官有很大的作为空间的主张，呼吁“要做到法律效果与社会效果的统一，法律要适当地多赋予执法人员和司法人员自由裁量权”[③]。

建立在概念法学基础上的传统的刑法解释论，一直未能很好地解决刑法体系的自我演进问题。这主要是受本体论思维的影响，由对概念的意义做固化的处理所使然。正如学者所言，一旦忽略了法律概念在形成过程中所具有之被负荷以价值的过程与要求，这种经过抽象化之法律概

① 刘飞．宪法解释的规则综合模式与结果取向．中国法学，2011（2）：82．

② 同①84．

③ 江必新．在法律之内寻求社会效果．中国法学，2009（3）：12．

念，便常常因为自当初所以设计该法律概念之“价值”或“规范目的”剥离，而使其适用的结果，不仅偶尔或经常导致背离其原应促其实现之价值或规范目的之现象，而且丧失向前演进，以更圆满地实现其与自出之规范意旨或价值的动力。[①] 在这样的体系中，往往只有求诸在外部的干预，即通过立法修正的途径，方能部分地缓解刑法规定的滞后性与社会发展的现实需求之间的紧张关系。可想而知，在日益复杂化的风险社会中，这样的应对方式未免显得捉襟见肘，人们需要一种更为灵活也更为有效的回应机制，来解决刑法规定的滞后性与不周延性的问题。

功能主义的刑法解释论，正是这种回应机制中的重要组成部分。这倒不是说立法修正不再有意义，而是说以法官为代表的司法者在整个回应机制中发挥着更为重要的作用。相比于立法者，司法者处于直面各类社会冲突或纠纷的最前沿，他们对社会情势的变动最为敏感，也更适宜承担通过个案来推动法律自我演进的任务。一直以来，传统法学理论视解释者的主观性为洪水猛兽，认为它会严重危及法的客观性与安定性，故而需要坚决地予以拒绝。实际上，解释者的主观性固然有其消极的一面，却也有其积极的意义，它也使法律的自我演进变得可能。无怪乎德国学者提出，一个不再处于（逻辑）真实性的绝对标准下，而是采用目的之相对标准的法学，使法律适用者同时也获得了创造、独创的自由，法律适用者应该对此自由有所意识，并且应当公开地实践。[②] 在司法过程中，正视这份自由，同时有节制地运用这份自由，相信是风险社会中刑法发展的必然选择。当然，在允许司法者能动地发挥创造自由的同时，如何对此种自由进行必要的、合理的约束，也是功能主义的刑法解释论必须考虑的重要命题。

六、本章小结

1. 功能主义的刑法解释具有目的导向性、实质性、回应性与后果

① 黄茂荣. 法学方法与现代民法. 5版. 北京：法律出版社，2007：48.

② 英格博格·普珀. 法学思维小学堂. 蔡圣伟，译. 北京：北京大学出版社，2011：66.

取向性的特点。

2. 功能主义的刑法解释论倡导司法能动，有助于解决风险社会背景下刑法体系的自我演进问题。

3. 功能主义的刑法解释突破传统解释论的认知局限，认为解释者与法律文本之间不是主体—客体的认识论关系，解释者也参与对刑法文本的意义的创造，刑法解释因而并非单纯的方法论，而是构成刑法的实体。

中　编

功能主义刑法解释的反思性控制

刑法解释的功能化走向，为构建刑法体系的应变机制所不可或缺；但是，刑法的刑事政策化所带来的功能化，本身就蕴含相应的危险。因而，如何对其中的危险进行有效控制，构成功能主义刑法解释不可或缺的一面，这也是刑事政策的法治化命题的应有之义。本书中编旨在处理功能主义刑法解释的反思性控制问题，在厘清其所采取的方法论的基础上，力图勾勒出一种二元性的控制机制，以实现对功能化走向的制约。

第五章　形式解释论与实质解释论之争的本质

由于功能主义的刑法解释本质上是一种实质导向的解释论，想要对其有相对准确的定位，尤其是洞悉其所蕴含的危险，便需要对实质论的立场有基本的理解与把握。而为了理解与把握实质解释论的立场，将之与对立的立场即形式解释论相比较，便不可或缺。就此而言，对我国刑法理论中的形式解释论与实质解释论之争做一个基本的梳理有其必要。

当前我国刑法学的发展表现出明显的去苏俄化的趋势，这与20世纪90年代中后期以来推崇德日刑法知识论的学术力量在我国的强势崛起有关。毋庸置疑，"德日派"已成为足以与支持传统刑法理论的学者群体相抗衡（简称"传统派"①）的重要势力。德日刑法学知识的系统引入，不仅对传统苏俄型的刑法学构成知识论上的重大挑战，也为学派之争在我国的萌发奠定了必要的知识论基础。作为学派之争的重要组成部分，刑法解释中的形式解释论与实质解释论之间的争论广受瞩目。自然，它不是发生在"德日派"与"传统派"之间，而是发生在"德日派"内部。形式解释论与实质解释论两大阵营之间，已然形成对擂的态势。

实质解释论阵营以张明楷教授为首，并吸引了刘艳红、苏彩霞、齐文远、周详、李立众等多位在学界颇具影响力的学者。由于实质解释论的成员大多出自中南政法或与中南政法多多少少存在某种渊源，该阵营

① 笔者所谓的"传统派"与"德日派"，主要是从知识论的角度而言所做的区分，即究竟是坚持传统的源自苏联的刑法知识论，还是要求去苏俄化而接受德日的刑法知识论。它与是否支持传统四要件的犯罪构成体系，涉及的是不同的问题。

往往也被称为“中南派”。当然，实质论阵营的各位成员，其观点之间并非没有分歧。刘艳红教授在实质化的方向上走得最远，其不仅力倡实质的解释论，还试图进一步构建实质的犯罪论乃至实质的刑法观。周详博士则表现得相当节制，几乎给人采折中说甚或背离实质解释论的嫌疑。他明确提出，我国现有的刑法文化生态环境决定，在客观上不可能抛弃实质解释论的立场，但从社会理论的现实批判功能以及学派意识的角度出发，主观上应提倡形式解释论。[①] 与实质解释论的阵营强大相比，形式解释论的队伍处于弱势。形式解释论虽被称为“北大派”，但时至今日，意志坚定且真正为形式解释论摇旗呐喊的唯有陈兴良教授与来自社科院的邓子滨教授。当然，尽管在人数上不占优势，来自形式解释论阵营的攻势却是凌厉的。2009 年 8 月，在刘艳红教授的《实质刑法观》[②] 面世的同时，邓子滨教授推出其锋芒毕露且火药味极浓的《中国实质刑法观批判》。[③] 在这本行文风格极为独特的论著中，邓子滨对实质刑法纵容权力、动摇罪刑法定乃至法治的倾向进行了毫不留情的批判。此后，陈兴良教授与张明楷教授在《中国法学》2010 年第 4 期上各自刊发的有关形式解释论与实质解释论的立场的论文[④]，更是进一步将形式解释论与实质解释论之争推向高潮。

当前形式解释论与实质解释论之争无疑有利于促进刑法知识的增量和提升我国刑法研究的水准，也有助于学者检视与反思自身的基本立场。然而，这场争论在很多方面给人眼花缭乱而不知所从之感：争论的意义何在，彼此之间有无曲解或误读，分歧是否真的得以充分展示，以及基本范畴的使用与指涉等，都有让人质疑或困惑之处。只有理性的论争，才能够真正促成刑法学中的学派之争。基于此，本章拟对当前我国刑法解释中的形式论与实质论之争做一番梳理与澄清，期望为推进相关

---

① 周详．刑法形式解释论与实质解释论之争．法学研究，2010（3）：70．

② 刘艳红．实质刑法观．北京：中国人民大学出版社，2009．

③ 邓子滨．中国实质刑法观批判．北京：法律出版社，2009．

④ 陈兴良．形式解释论的再宣示．中国法学，2010（4）；张明楷．实质解释论再提倡．中国法学，2010（4）．

争论向纵深发展奠定必要的基础。

一、形式解释与实质解释的范畴之厘清

形式解释与实质解释是当前形式解释论与实质解释论之争中最为核心的范畴，它们源于德日刑法理论。在检视这场争论之前，有必要对这两个概念在德日语境中的基本内涵进行揭示。德日刑法学中一直存在形式解释与实质解释的对立。不过，这种对立严格说来并不涉及刑法的基本立场之争，而只局限于构成要件层面。德日刑法学中构成要件的形式解释与实质解释之争，具有两个层面的意义，其早期的内涵与当代的内容有很大的差别。

（一）传统维度的形式解释与实质解释之争

传统意义上的形式解释与实质解释之争，与对构成要件和其后的两个阶层即违法性、有责性之间的关系的如何界定有关，是犯罪论发展的伴生结果。从德日犯罪论的发展历史来看，在人们认为构成要件是中性无色、没有价值的记述的时期，会倾向于对构成要件作形式的解释。相反，在构成要件被认为具有推定违法机能或推定违法有责机能（即构成要件被认为是违法类型或违法有责类型），并将规范性构成要件要素与包括故意与过失在内的主观不法要素纳入构成要件层面进行理解的情况下，则基本采纳实质解释论。构成要件系中性无色的观点，自梅茨格（Mezger）之后便少有人主张。既然构成要件普遍被认为具有违法推定机能，相应地，实质解释成为最终的胜出者。实质解释的胜出，对犯罪论体系的内部结构产生了深刻的影响。它不仅导致构成要件在犯罪评价结构中分量与权重的急剧增加，也造成构成要件与违法性之间界限的日益模糊，“构成要件不再只是犯罪行为的类型化描述，而是实质判断行为非价内容的类型性规范，其不但揭露出犯罪类型的形态，更揭示行为类型的不法内涵”[①]。对于德日构成要件

① 柯耀程．刑法行为评价架构的演变及省思//柯耀程．变动中的刑法思想．北京：中国政法大学出版社，2003：42.

论的这一发展历程，西原春夫曾将之概括为构成要件论向违法论靠近的历史，认为它不过就是原本价值无涉的、客观的描述性构成要件，逐渐开始承载价值、开始包含大量的主观性和规范性这两种要素的历史。①

传统意义上的形式解释与实质解释之争，与古典时代以来所涉及的法律适用究竟是只需要机械套用三段论逻辑便能完成还是必须同时动用主观的价值判断的争论紧密相关。双方争执的焦点在于构成要件符合性的认定究竟是纯事实的判断，还是可能同时涉及价值判断的问题。② 形式论者认同前一立场，而实质论者则坚持认为构成要件符合性的判断需要填充价值判断，无论是规范性构成要件要素还是表征不法的主观构成要件要素，在认定时必然都涉及价值判断。20 世纪的德日刑法学中，随着立法者在刑事立法中大量使用需要填充价值的规范的构成要件要素与概括性条款③，单纯地进行事实判断已经不可能完成构成要件符合性的判断。因而，此种意义上的所谓形式解释与实质解释之争其实早就尘埃落定，基本上不存在争论的余地。

(二) 当代维度的形式解释与实质解释之争

当前德日刑法学中所谓的形式解释与实质解释之争则另有所指。它与刑法理论在研究范式上由本体主义向功能主义或者说从存在论向规范论的转型有关。研究范式上的这种转型，又根源于 20 世纪以来刑法乃至整个法律体系的扩张，是机能主义刑法观的折射与体现。

一直以来，德国的刑法学都被认为最终是要寻求真相或真实的(rightness)，基于此，刑法理论不是单纯地被创造、改进或调整，而是被“发现”；科学发现的精神，与相伴随的对真相的信奉与投入，意味着德国刑法根本上不只是有关德国的刑法，相反，它是关于犯罪与惩罚

① 西原春夫. 犯罪实行行为论. 北京：北京大学出版社，2006：25.

② 小野清一郎. 犯罪构成要件理论，王泰，译. 北京：中国人民公安大学出版社，2004：13-17，21-39.

③ Vgl. Naucke, *Über Generalklauseln und Rechtsanwendung im Strafrecht*, J. C. B. Mohr, 1973, S. 8, 11.

的本质的科学。[①] 这是一种本体主义的刑法学体系，它深受科学主义思想的影响，将刑法学视为是揭示事物客观本质或物本逻辑的理论。无论是规范性构成要件要素还是主观不法要素，它们都是在存在论的意义上被“发现”与描述；即使是威尔策尔的目的主义（Finalism），也仍是将刑事责任建立在对行为的本体结构的认识的基础之上，是在物本逻辑的范围之内探寻概念的蕴意。晚近以来的德国刑法理论发展则表现出超越本体论的趋势。雅格布斯（Jakobs）发展了威尔策尔的另一个发现，即刑法的功能是“确保对积极的社会伦理行为价值”的认可，由此发展出所谓功能主义的规范论。[②]以1970年发表的《刑事政策与刑法体系》一文为标志，罗克辛（Roxin）通过将刑事政策的目的考量与价值纳入刑法体系，而着手构建一种目的性的（teleologisch）犯罪论[③]；该理论经进一步的体系化，最终形成所谓“合目的理性的”（zweckrational）、“功能性的”（functional）或者说“目的性—刑事政策的”（teleologisch-krimalpolitisch）犯罪论体系。[④] 雅格布斯的极端的规范论与罗克辛的目的理性的犯罪论，尽管在规范化的程度上有所不同，但二者无疑均应归入功能论/规范论的范畴。如许迺曼所言，“Jakobs的体系与刑事政策——目的论式或者称为目的理性式的功能主义可以看作是两种彼此关系密切的规范主义操作类型，并且都与本体论式的刑法释义学站在对立的地位”[⑤]。这样的研究范式构成对德国刑法学传统的重大背离。它意味着，刑法理论的构建不再（只）是本体论意义上的逻辑展开，而应当以刑法的目的为首要的诉求，并以此来指导对刑法教义学理论的构建。

这预示着一种机能主义（也称功能主义）刑法观的兴起。机能主义

① Markus Dubber，The Promise of German Criminal Law：A Science of Crime and Punishment，in 6 *German Law Journal*（2005），p. 1061.

② 同①1062－1063.

③ 克劳斯·罗克辛. 刑事政策与刑法体系. 2版. 蔡桂生，译. 北京：中国人民大学出版社，2011：15.

④ Claus Roxin，*Strafrecht Allgemeiner Teil*，Band I，4. Aufl.，2006，§7，S. 205，221.

⑤ 许迺曼. 作为学术的刑法释义学. 吕理翔，译//许玉秀，陈志辉. 不移不惑献身法与正义：许迺曼教授刑事法论文选辑. 台北：新学林出版股份有限公司，2006：131－132.

刑法观表征的是对刑法功能的重新定位，“法律不再只是用来协调和保障主观权利形式的自由，而是成为社会平衡、社会整合、社会调控和社会控制的工具。这在刑法中导致了同建立在形而上学基础上的报应刑法的分离，转而求助于作为犯罪控制、社会整合和社会调控手段的目的刑法”[①]。机能主义的刑法观将法律看作实现社会目标的手段，它是刑法刑事政策化的结果。刑法的机能和目的，决定应当把多大范围内的行为和何种性质的行为纳入刑法调整范围，这实际上是刑事政策的问题；机能主义刑法观的形成，标志着刑法在向和刑事政策的结合方向跨出第一步。[②] 当代社会中，刑法的目的被界定为通过刑罚的一般预防效果来达到法益保护的目的。这样的价值选择成为驱使刑法理论实质化的直接动因。

晚近以来出现的客观归责理论，代表的便是构成要件理解上的实质化：客观归责理论企图从法秩序的目的出发确定构成要件行为的范围，是想替构成要件行为找出实质的判断依据；罗克辛所提出来的规范保护目的、被容许的风险、构成要件的效力范围等原则，都是尝试将法秩序的要求具体化，而它们本身都是实质的标准。[③] 此种意义上的实质化与传统上所谓的对构成要件的实质解释存在重大的区别。在此，实质化绝不只是意味着应当在构成要件的解释中引入价值判断，其关注的重心毋宁说是如何运用价值判断的问题：对构成要件的理解必须围绕惩罚的目的或效果而展开。由于刑罚的效果属于刑事政策的范畴，因而，此种意义上的实质化，根本上乃是刑法教义学将刑事政策纳入其视野之内所致[④]，是刑法刑事政策化的产物。可见，当代的实质解释，指的是对构

① 约阿希姆．福格尔．纳粹主义对刑法的影响//刑事法评论：第 26 卷．北京：北京大学出版社，2010：292.

② 黎宏．论“刑法的刑事政策化”思想及其实现．清华大学学报（哲学社会科学版），2004（5）：44.

③ 许玉秀．主观与客观之间——主观理论与客观归责．北京：法律出版社，2008：207-208.

④ 前田雅英．刑法学和刑事政策．黎宏，译//中国刑事政策报告：第 1 辑．北京：中国法制出版社，2007：531.

成要件的讨论必须考虑刑罚的效果，要求以刑事政策上的目标设定来指导与制约对构成要件的解释。其中所谓的实质，指的是合目的理性，而不是泛指二元论意义上的、与事实相对的价值判断。当代的形式解释，也不是说理解构成要件时不需要考虑价值因素，而是说构成要件的解释是体系演绎的结果，不应受刑事政策上的价值选择的影响，刑法乃作为刑事政策不可逾越的屏障而存在。也即，“在法律科学本来的意义上，刑法仅仅需要在实在法律规则的前提下进行概念的分析和得出体系上的结论。刑事政策则包括刑法的社会内涵及目的，就不属于法律人探讨的事情”①。

（三）我国刑法中的形式解释与实质解释之争

尽管两种意义上的形式解释与实质解释之争均涉及构成要件，但彼此所指涉的具体内容并不相同：传统维度的形式解释与实质解释之争可谓是事实论与价值论之间的争执，涉及的是构成要件的解释要不要价值判断的问题，它由来于对古典时代立法理性至上的传统是坚持还是扬弃的分歧；当代维度的形式解释与实质解释之争则发生在价值论内部，涉及的根本不是是否需要填充价值判断，而是究竟如何适用价值判断的问题，它根源于机能主义刑法观的兴起，是刑法刑事政策化的伴生物。20世纪以来的刑法体系中，对**传统维度的形式解释与实质解释之争**早有定论，认为构成要件符合性的判断必然涉及价值判断，即采取的是实质解释的立场。相反，**当代维度的形式解释与实质解释之争**肇始于20世纪中期，晚近以来更有愈演愈烈之势，实质化代表的是对刑法日益机能化、日益偏重于保护社会的实践的迎合，而形式化则意味着对古典自由主义价值立场的坚守。晚近以来德国客观归责理论的发展与日本刑法中对实质的实行行为概念的提倡，揭示的都是机能主义刑法观的支配之下刑法理论日趋实质化的倾向。当代德日刑法学中所谓的构成要件的形式解释或实质解释，涉及的正是后一种意义上的形式解释与实质解释之争。

---

① 克劳斯·罗克辛．刑事政策与刑法体系．2版．蔡桂生，译．北京：中国人民大学出版社，2011：10.

形式解释与实质解释之争在我国刑法学中的出现，无疑是受德日刑法理论影响的结果。由于德日刑法理论大体是从20世纪90年代中后期才开始对我国刑法学的发展产生重要影响，因而，**传统维度的形式解释与实质解释之争**，即构成要件符合性的判断究竟是单纯的事实判断还是同时需要运用价值判断的争论，从未在我国刑法学中（尤其是“德日派”内部）引起纷争。对于“德日派”而言，这是一个在德日刑法学中早有定论的命题。与德日刑法学中一样，“德日派”真正关注的，是**当代维度的形式解释与实质解释之争**。换言之，我国刑法学中的形式论者与实质论者其实完全接受前一种意义上的实质解释立场，即都认为构成要件符合性的判断涉及的不是单纯的事实判断而是同时需要运用价值判断；只是在如何运用价值判断，尤其是究竟基于自由保障优先还是社会保护优先的立场来展开价值判断与相应的方法论选择，“德日派”内部存在巨大的分歧。值得指出的是，在我国刑法学中是先形成实质解释论，之后才出现形式解释论，不像在德日刑法学中那样，是先有对构成要件的形式解释，再出现对构成要件的实质解释。这大体是因为，我国刑法学在进入20世纪90年代以后才开始有所发展，“德日派”深受当代德日刑法学中实质论的影响，张明楷教授等学者便是基于实质论而展开对刑法解释与自身理论的体系化的，所以先出现的是实质解释论。形式解释论则是在晚近几年中，随着对实质解释论的批判的展开而慢慢形成的。这一点倒与20世纪上半叶日本刑法理论中刑法主观主义（新派）与刑法客观主义（旧派）之争的情况较为相像。对日本刑法学影响深远的主观主义与客观主义之争，尽管是在德国学派之争的影响之下形成的，但与德国不同，在日本是新派理论先于旧派理论而展开，日本的现行刑法乃深受新派理论的影响而制定，在其刚开始施行时，并不存在与新派理论相对抗的旧派理论，此后，在与新派理论相对抗的过程中才逐渐形成了旧派理论。①

① 付立庆. 犯罪构成理论：比较研究与路径选择. 北京：中国人民大学出版社，2010：218.

二、审视两大阵营彼此之间的曲解与误读

形式解释论与实质解释论的对峙在我国已初步形成，双方就诸多问题展开了短兵相接的较量，争辩焦点也较为集中。尽管如此，当前的争论中仍存在不少混乱之处。

首先，对何谓实质解释与形式解释，参与争论的学者往往缺乏清晰的界定，导致将不同意义的形式解释与实质解释之争相混同。

比如，尽管实质刑法观中的所谓的实质主要是在**当代维度的形式解释与实质解释之争**的意义上使用，但刘艳红教授对实质刑法观的论证与辩护，完全是从**传统维度的形式解释与实质解释之争**着手，以规范构成要件要素与主观构成要件要素的发现，以及随之而来的构成要件与违法性之间关系的变化作为形式犯罪论崩溃与实质犯罪论形成的标志。① 苏彩霞教授也是如此，通过将形式解释的适用置换为价值无涉的简单形式逻辑过程，并以法律规范中存在规范性法律概念与开放性的事实构成为由而将实质解释等同于对价值评价的认可②，于是，形式解释论与实质解释论之争在她那里就变成不涉及价值判断的事实论与价值论之间的争论。邓子滨教授在他的《中国实质刑法观批判》中，则将本质上代表着事实论与价值论之争的形式解释与实质解释（即**传统维度的形式解释与实质解释之争**），混同于源起于机能主义刑法观并且发生在价值论内部的形式解释与实质解释（即**当代维度的形式解释与实质解释之争**），因而凡在构成要件层面运用一定的价值判断，都被归类为实质合理性优先，从而将之纳入其大加批判的实质论的范畴。刑法解释中，对构成要件要素的界定必然依赖价值判断，尤其是规范的构成要件要素与概括性条款。即使是描述性构成要件要素，有时也不免涉及价值判断的运用，比如，脑死亡的人是否还是刑法意义上的“人”，涉及的实际上是此类对象还适不适宜在刑法上作为人来保护的价值判断问题。若是以为在刑

① 刘艳红. 实质刑法观. 北京：中国人民大学出版社，2009：150-161.

② 苏彩霞. 实质的刑法解释论之确立与展开. 法学研究，2007（2）：41-42.

法解释中凡是运用价值判断便是实质解释论，形式解释论又何尝有存在的余地？这样的界定与其说是在为形式解释论摇旗呐喊，不如说是为实质解释论对形式解释论的驳斥提供口实。

此外，具体个案中什么样的解释是形式解释，什么样的解释是实质解释，也经常存在争议。比如，在一起涉嫌组织他人偷越国（边）境的案件中，对于通过被告人申领签证后出国或试图出国的人是否成立“偷越国（边）境”的问题，邓子滨教授认为有罪的结论，即认定那些通过被告人申领签证后出国或试图出国的人成立“偷越国（边）境”，从而肯定被告人构成组织他人偷越国（边）境罪，是对“偷越国（边）境”这一构成要件要素做实质解释的结果，而张明楷教授则认为恰恰是由于法院没有对案件进行实质解释，而是只作了形式判断，从而导致错判。对此，邓子滨教授曾发出这样的感叹：“对于某个案件的判断，到底是形式的，还是实质的？这才是真正的难题，这才是形式论与实质论共同的‘黑洞’。”[①] 这样的感叹一方面固然不能排除是由个人理解上的偏差所致，另一方面也的确揭示出形式解释与实质解释这对范畴的罗生门构造的特性。

当然，也有学者意识到形式解释与实质解释之争具有不同的意义指涉，因而主张明确区分二者。欧阳本祺博士认为，早期的形式犯罪论（解释论）与实质犯罪论（解释论）的争点在于构成要件是否包含了主观要素和规范要素，以及构成要件符合性与违法性、有责性的关系；近期的形式犯罪论（解释论）与实质犯罪论（解释论）的争点在于刑罚规范的性质，即刑罚规范首先是国民的行为规范主要是法官的裁判规范，以及构成要件符合性判断的标准，即对构成要件的理解是以社会的一般观念为基础进行类型性的把握还是以“处罚的必要性和合理性”为标准进行实质解释。[②] 此种区分接近于本章对**传统维度的形式解释与实质解释之争**与**当代维度的形式解释与实质解释之争**的区分，但该

① 邓子滨．中国实质刑法观批判．北京：法律出版社，2009：135.

② 欧阳本祺．走出刑法形式解释与实质解释的迷思．环球法律评论，2010（5）：34.

论者对后一种形式解释论与实质解释论之争的归纳难说切中要点。后一种形式解释论与实质解释论之争的关键显然不在于刑罚规范的性质，也不仅仅在于构成要件符合性判断的标准，而是涉及更为复杂的问题，只有结合机能主义的刑法观与刑法的刑事政策化现象才能得到恰当的理解。

陈兴良教授也深感形式论与实质论范畴在意义上的多元性，所以在论及构成要件实质化的问题时，曾提出是否可以将构成要件的实质化区分为事实的实质化与价值的实质化的想法。他认为，事实的实质化是一个事物自身属性的问题，属于存在论的范畴，而价值的实质化是一个对事物的评价问题，属于价值论的范畴。这两种实质化有所不同，事实的实质化应当在构成要件阶层考察，而价值的实质化应当放在违法性阶层判断。社会相当性解决的是价值的实质化问题，至于构成要件的事实的实质化，目前主要由客观归责理论来承担。① 陈兴良教授对构成要件的实质化做两个层面的区分富有启发意义。将不同意义上的实质论相互混淆，不仅会遮蔽真正的问题，也会极大地影响形式解释论与实质解释论之争的有效展开。不过，本书认为，以事实与价值（或存在论与价值论）的区分作为标准来界定不同层面的构成要件实质化的意义有失妥当。构成要件层面何尝不涉及价值问题？且不说对规范性构成要件要素的解释不可能仅通过事实性的判断来完成，客观归责理论既涉及是否将结果视为行为人行为之作品的问题，在运用其判断规则（即是否制造不被容许的风险、该不被容许的风险是否实现以及结果是否属于构成要件的管辖范围）时，自然也不可能回避价值判断问题。可见，以事实与价值的二分，并未厘清不同层面的形式解释与实质解释之争的意义所指的问题。

其次，双方在各自的论证与反驳过程中，存在误读、曲解甚或虚构对方观点的现象。

在形式判断与实质判断的关系问题上，实质论者往往将对手的立场

---

① 陈兴良．刑法中社会相当性理论研究．北京：法律出版社，2010：序二 5-6.

解读为只强调形式判断而不要求实质合理性，认为形式论者是法条主义者或机械主义者，并且否定构成要件是违法类型或违法性的存在根据。这一点在苏彩霞教授的论作中表现得尤其明显。比如，她认为“形式的解释论拘泥于法律的字面含义，是一种强调尊重字面含义、注重从概念推导出结论的解释论”，其对法条的理解与适用是形式的、机械的、无价值判断的。[①] 对此，恰如周详博士所言，“实质解释派”将“形式解释论”等同于（或置换为）“法律形式主义”，通过未经严格论证的概念置换，悄然完成了从法理学或者法哲学层面上对刑法学中的实质解释论的“理论支持”，根本经不起法理上的推敲。[②] 实质论者将形式论者称为教条主义或法条主义无疑存在曲解的成分，是对对手观点的一种虚构。在形式与实质的关系上，双方之间的区别并不在于是只要形式或者只要实质，而在于究竟是先形式判断再实质判断，还是先实质判断再形式判断。

形式论者对实质论者的误读，主要表现在将对手的立场等同于后现代的解构启蒙、解构法治的立场。由于将社会保护的价值置于优先的地位，实质解释论的确存在威胁个体自由的危险。不过，当邓子滨教授在实质解释论与实证学派之间画上等号，尤其是将实质解释论等同后现代观点之时，就未免有虚构之嫌。一则，实证学派产生于19世纪后半期，恰恰是现代的产物而非后现代的产物。所以，应当反思的与其说是后现代，不如说是现代性本身，也即现代化本身存在压制个体自由的内在倾向。[③] 无论是纳粹政权的产生抑或苏联型政权的出现，本身都是现代性的产物，这一点已为政治学的研究所公认。二则，实质论者也绝非后现代主义者。实质论者的确对某些为现代法学所弘扬的基本原则、法治理念作了意义重构，但断言其解构法治的指责无论如何是过分的。实质论者从未像后现代主义者那样，试图“颠覆体现于现代法学领域的形形式式的流派中那种一脉相承的形而上学的本质，从而打破其话语霸权，化

① 苏彩霞．实质的刑法解释论之确立与展开．法学研究，2007（2）：38，40-41.

② 周详．形式解释论与实质解释论之争．法学研究，2010（3）：63.

③ 劳东燕．罪刑法定本土化的法治叙事．北京：北京大学出版社，2010.

解‘语词的化石’，使非主流的、边缘性话语获得一席存在的空间”[①]。相反，实质论者恰恰作为主流话语的承继者与发声者而出现，采用的也是主流法学的认识论进路。

再次，双方表面宣称的立场往往与其实际做法不尽一致，这一点在实质论者身上表现得尤为明显。

刘艳红教授明确提出，“实质的刑法解释论恰恰是在注重动用刑罚处罚犯罪人以实现刑法的法益保护目的的同时，更注重严格控制解释的尺度，而只将那些值得处罚的行为解释为犯罪，从而实现对国民权利的充分保护，实现刑法保障公民自由人权的目的”[②]。苏彩霞教授也指出，由于单纯形式的刑事法治只关注刑法的技术性而忽视刑法内容的妥当性、正义性，隐含着实质的侵犯人权的巨大危险，因而需要通过实质法治以及相应的实质解释论来避免形式的刑事法治所无法避免的此种危险。[③] 可见，按实质解释论者所主张的见解，对刑法条文的入罪性解释，除受法无明文规定不为罪的限定之外，还存在第二道过滤机制，也即，对法律有明文规定的情形还需进一步审查行为对法益的侵害是否已达到应受刑罚惩罚的程度。照理来说，既然比形式解释多一道过滤机制，适用实质解释时行为人应当更容易被出罪才是。但恰恰相反，实质解释论者往往通过借助目的解释、扩张解释等手段而更倾向于也更容易将行为入罪。就此而言，构成要件的甄别值得处罚的法益侵害行为的机能，究竟是像实质论者声称的那样，“是为实现罪刑法定原则的实质人权保障机能而服务的，它本身是实质人权保障机能的一部分”[④]，还是更有助于实现法益保护，不能不令人生疑。无怪乎邓子滨教授毫不客气地这样表达对实质解释论者的批评：“非常明显，也非常遗憾，刘艳红教授给实质犯罪论的高调的定位，总是被她的现实措施所颠覆，她的出

---

① 此处系邓子滨教授援引其他学者表述来支持自己的观点，参见邓子滨．实质刑法观批判．北京：法律出版社，2009：304。

② 刘艳红．走向实质解释的刑法学．中国法学，2006（5）：179.

③ 苏彩霞．实质的刑法解释论之确立与展开．法学研究，2007（2）：43.

④ 同②219.

罪机制总是被自己选择的解释课题弄得名不副实。”[①]

至于形式论者，其一方面大张旗鼓地反对不利于被告人的扩张解释，但另一方面，在对具体个罪的构成要件进行解释时，却又不自觉地采取不利于被告人的扩张解释。比如，承认虚拟财产也是财物，可以成为盗窃罪的对象。[②] 再如，支持将同性之间的性交易纳入“卖淫”概念的内涵之中，从而得出组织同性之间卖淫也构成组织卖淫罪的结论。[③]

最后，当实质论者由罪刑法定的实质侧面来演绎其实质解释论的立场时，其论证逻辑存在值得商榷之处。

读刘艳红教授与苏彩霞教授的论作可发现，其几乎都是从罪刑法定的实质侧面出发去探讨与论证采纳实质解释的必然性与必要性。然而，此种论证进路总是给人留下大大的疑问：当前有关罪刑法定实质侧面的内容，基本上照搬自日本刑法理论，而日本刑法理论中的相应内容则来自美国宪法中为保障公民自由而设置的正当程序条款。照此推论，罪刑法定的实质侧面应当是为更好地实现人权保障才是。令人百思不得其解的是，若是实质解释论源自罪刑法定实质侧面的要求，怎么实质解释的适用在实践中竟会最终导向法益保护而产生南辕北辙的结果？为什么在美国构成个体权利保障之核心的正当程序条款，在引入刑法学中之后竟会反过来蜕变成保护社会的利器？

审视实质论者的论证过程，可发现其在论证逻辑上存在倒果为因的错误。实际上，构成要件之新机能（即甄别值得处罚的法益侵害行为的机能）或者说对构成要件的实质解释，根本不是源自罪刑法定的实质侧面的要求，后者恰恰是为了对付实质化的消极后果应运而生。这是因为，对构成要件的实质解释可能会导致这样的做法变得可接受，即为确保结论的妥当性而无视或允许超越概念的日常含义。对于自由保障而言，这样的做法蕴含巨大的危险。正是为了限制此种危险，所以有必要为罪刑法定增设新的内容与要求，以便使实质性地审查解释结论的妥当

---

① 邓子滨．实质刑法观批判．北京：法律出版社，2009：238.

② 陈兴良．口授刑法学：下册．2 版．北京：中国人民大学出版社，2017：265.

③ 陈兴良．判例刑法学：上．北京：中国人民大学出版社，2009：47.

性成为可能。这才是日本刑法理论引入美国宪法中正当程序条款的相关内容而改造为罪刑法定实质侧面的缘由所在。换言之，不是因为罪刑法定中包含实质侧面的内容，所以构成要件的机能发生了相应的变化，对构成要件应当采取实质解释。此间的因果链恰恰相反：是因为构成要件的机能发生向法益保护倾斜的变化而产生实质解释的需求，所以有必要使罪刑法定发展出实质的侧面，以防止不正义的结论的出现。

从根本上说，罪刑法定实质侧面要求的出现，是为了应对随国家刑罚权扩张而来的实证主义本身的内在危险。从近代以来罪刑法定的发展历史看，它既是刑法实证化的内在要求，也是刑法实证化的必要前提。罪刑法定作为刑法基本原则的地位的正式确立，在宣告犯罪定义权以及相应的惩罚权只能由代表主权的世俗的立法者所享有的同时，使得实定的刑法规范从此成为国家刑罚权发动的唯一根据。费尔巴哈刑法思想的精髓之处便在于确立了刑罚法规的绝对性原则。法律与道德相分离的主张或心理强制说的立论并非费尔巴哈刑法思想的终极目标，而只是作为推导出刑罚法规的绝对性格（即在作为法律的刑罚法规中寻求绝对根据）提出的逻辑；费尔巴哈刑法思想中的刑罚法规绝对的思想、彻底贯彻形式上的合法性的法律的威慑思想，对后世的刑法学产生了永久的决定性影响。[①] 不过，刑法的实证化固然有其积极的时代意义，却也从此开启了潘多拉的魔盒，使得现代社会总是为这样的问题而深深困扰：在国家刑罚权不断扩张的背景之下，如何有效防止作为犯罪定义主体的国家滥用规范优势恣意界定犯罪化范围的问题。罪刑法定实质侧面中的不明确则无效的要求，以及禁止处罚不当罚的行为与禁止不均衡的、残虐的刑罚的要求，均属于为应对这一问题而发展出的有效举措，旨在遏制刑法的实证化所带来的重大危险。此间的关系，用公式表示便是：对社会保护的强调与偏重→国家刑罚权的扩张→刑法的机能化→刑法理论与刑法解释的实质化→实证主义的危险不断升高→罪刑法定的实质侧面要求的出现。

---

① 庄子邦雄．近代刑法思想史序说．北京：中国检察出版社，2010：6.

因而，实质论者从罪刑法定实质侧面的要求出发，去为对刑法规范的实质解释寻找正当根据是不能成立的。即使承认罪刑法定的实质侧面内容对于刑法解释具有重要的指导作用，那也只能得出形式论者的结论，即只允许在出罪的场合适用实质解释。而这样的实质解释分明已经不是实质论者所主张的实质解释，不然，形式解释论与实质解释论之间便不存在什么根本性的分歧。

三、形式解释论与实质解释论分歧之表现

要全面列举形式解释论与实质解释论之间在所有方面的分歧，是个困难的任务。这不仅因为两大阵营都或多或少对对方的观点存在误读或曲解之处，还因为各自的阵营内部在不少问题上其观点本身也并不统一，尤其是实质解释论阵营内部，各主要成员之间所持的见解甚至还存在不小的差异。比如刘艳红教授与苏彩霞教授认为罪刑法定的实质侧面内容要求对刑法规范作实质解释，而张明楷教授则基本认为这两者之间不存在内在的关联①，因而从未从罪刑法定实质侧面的角度去展开对实质解释的必要性的论证。从当前双方的争论来看，形式论者与实质论者有意识地围绕三点分歧而展开：一是先进行概念的文义解释再进行应受刑罚惩罚性的判断，还是应以值得惩罚的法益侵害性来指导对刑法规范的解释（该争点被形式论者归结为是形式判断与实质判断之间的位阶问题）；二是如何看待以及填补刑法漏洞的问题；三是是否容许作不利于被告人的扩大解释。

尽管前述三点分歧很重要，但形式解释论与实质解释论之间的分歧显然不止这些，其他同样重要的分歧因种种原因遭到遮蔽或未及真正展开。可以认为，双方之间的分歧至少可归纳为八个方面。

第一，对构成要件的形式判断（或形式解释）与实质判断（或实质解释）的关系存在不同的看法。

如果不考虑个别论者的曲解或误读，则形式论者与实质论者基本上

① 这是2012年2月14日下午张明楷教授在与笔者的交谈中所表达的观点。

都承认构成要件的解释同时涉及形式判断与实质判断。换言之，形式解释论不是只要形式判断而不要实质判断，实质解释论也不是只要实质判断而不要形式判断。形式解释论与实质解释论在这一问题上的争执，关键不在于要不要实质判断或要不要形式判断，而在于逻辑顺序上二者如何安排。形式解释论者主张先形式判断后实质判断，认为实质判断应当受形式判断的限制，若是将实质判断置前，则形式判断的制约功能将遭到削弱甚至被完全消解。陈兴良教授这样表达其有关形式判断优先的立场："形式判断与实质判断之间存在逻辑上的位阶关系：形式判断必须先于实质判断。唯有如此，才能使实质判断受到形式判断的限制，使其只有出罪功能而没有自外于形式判断之外的入罪功能。尽管实质刑法观也一再主张注重严格控制解释的尺度而只将那些值得处罚的行为解释为犯罪，但为什么根据实质解释论，往往逾越法律规定的限界呢？关键在于实质判断的过于前置，从而取代了形式判断。就形式判断与实质判断之间的关系而言，先作形式判断，其后是可以再作实质判断的，形式判断不可能取代实质判断，而能够为实质解释提供存在的空间。而先作实质判断，则其后就不可能再作形式判断，形式判断必然被实质判断所取代，实质判断的出罪功能无从发挥。"[①] 对形式判断与实质判断的位阶问题，实质论者大多未做过明确的论述。基本上，实质论者对此持不置可否的态度，或者认为它只是个伪命题，因为在其看来，对构成要件的解释根本不存在单独进行形式判断的可能。按刘艳红教授的说法，用"纯粹的形式的判断方法对构成要件符合性进行判断是不可能的，实质判断从一开始就糅合在形式判断之中并发挥作用"[②]。当然，按照形式论者的归类，既然实质论者主张以值得刑罚惩罚的法益侵害性来指导对构成要件的解释，则其的确是将实质判断置于优先的地位，是在完成实质判断之后再作形式判断。

需要指出的是，实质判断在前还是形式判断在前的问题不同于形式

① 陈兴良. 走向学派之争的刑法学. 法学研究，2010（1）：148.
② 刘艳红. 实质刑法观. 北京：中国人民大学出版社，2009：199.

优先还是实质优先的问题。前者指的是在解释过程中遵循怎样的逻辑位序，后者则指的是二者发生冲突时彼此之间的制约关系，基本上是在合理性层面上展开的。形式优先意味着实质合理性受形式合理性的制约，实质优先则意味着形式合理性受实质合理性的制约。就罪刑法定所带来的两类冲突而言，即行为在实质上存在处罚必要性但刑法没有明文规定的冲突（即入罪性冲突）与行为在形式上符合刑法的相关规定但实质上不具有处罚必要性的冲突（即出罪性冲突），形式论者与实质论者的立场是一致的，均主张对前一冲突采取形式优先的立场，对后一冲突则采实质优先的立场，都做出罪的处理。当然，这只是就具体的冲突解决而言，在宏观立场上双方是存在分歧的。形式解释立场者基于形式合理性优先的立场而旗帜鲜明地支持形式法治①，实质论者则认为建立在形式合理性基础上的形式法治本身存在无法克服的缺陷，所以主张“形式法治与实质法治实现优势互补与弊害互克”②。

相比于实质论者，形式论者特别强调位阶上的差别的重要性，甚至认为恰恰是位阶上的不同从根本上导致二者之间在其他问题上的分歧。陈兴良教授明确提出，“形式解释与实质解释的根本区分仅仅在于：在对刑法进行解释的时候，是否先进行形式判断，然后再进行实质判断”③。两大阵营在这个问题上的相异态度颇值得玩味。应该说，形式解释论与实质解释论在形式判断与实质判断的关系处理上的差异是真实存在的，这种差异不仅在于二者之间的位阶，还在于各自在解释过程中所占的权重或分量。相对而言，实质论者更为看重实质判断上的妥当性，而只将形式判断当作消极意义上的外延边界。形式论者虽不能说不重视实质判断，但在其那里形式判断的分量明显要更大些，并且在适用形式判断时也是从积极面去展开的。从逻辑上讲，如果形式论者与实质论者对具体构成要件的形式判断与实质判断在理解上完全一致，则形式判断在前还是实质判断在前应不至于对解释结论产生什么影响。然而，

① 陈兴良. 主编絮语//刑事法评论：第4卷. 北京：中国政法大学出版社，1999：3-4.
② 张明楷. 罪刑法定与刑法解释. 北京：北京大学出版社，2009：73.
③ 陈兴良. 形式解释的再宣示. 中国法学，2010（4）：28.

在具体个案的适用中，为什么形式解释论与实质解释论有时会得出不同的结论呢？此间的关键其实不单纯在于形式判断与实质判断何者置前何者放后，而在于二者对概念可能语义的范围的界定存在不同的看法：实质论者一般倾向于将概念的意义边界推向极致，而形式论者则相对保守，更愿意在概念的常用意义附近打转。

由于看重实质判断上的妥当性，实质论者往往不由自主地容易受实质判断的支配，并由此而对概念的可能语义做富于弹性的处理。毕竟，几乎所有的概念都存在如哈特所言的开放结构（open texture）问题[①]，即只在核心范围内其意义是明确的，其边陲领域则往往是模糊的，这就为实质论者对概念的意义边界的操控提供了可能。只要还属于在语义的边陲领域，实质论者往往会认为没有越出概念的语义射程范围，从而得出符合相关刑法规范的肯定性结论。简言之，在实质论者那里，概念的可能语义的边界是由处罚必要性所代表的实质判断所决定的。正是基于此，实质论者特别喜欢援引作为实质论代表人物的前田雅英提出的著名公式："解释的实质的容许范围，与实质的正当性（处罚的必要性）成正比，与法文通常语义的距离成反比。"[②] 相反，形式论者由于有意识地将实质判断放在后面，所以其对概念的文义理解往往不自觉地受概念的常用文义的约束与影响，对拓展概念的意义范围持一种本能的反对态度。可见，在形式判断与实质判断的关系问题上，位阶安排上的相异本身固然对形式解释论与实质解释论之间的分野产生影响，但更为重要的因素恐怕还是实质判断在解释过程中所占的不同权重有所差异，尤其是对概念文义可能性存在不同的理解与处理。在此种意义上，形式论者对位阶问题本身的意义的强调虽不乏合理性，但多少有未切中要害的嫌疑。

第二，对何谓刑法漏洞以及如何填补刑法漏洞的问题存在不同

---

① H. L. A. Hart, *The Concept of Law*, 2nd edition, Oxford: Clarendon Press, 1994, pp. 124-128.

② 前田雅英. 刑法总论讲义. 6版. 东京：东京大学出版会，2015：60；转引自张明楷. 刑法学. 5版. 北京：法律出版社，2016：41.

看法。

凡是经由形式解释所得出的结论与实质的妥当性判断不一致的场合，都会被形式论者视为刑法的漏洞。形式论者主张刑法的漏洞应由立法进行填补，所以只是例外地认可通过解释填补有利于被告人的刑法漏洞（比如，通过目的性限缩的方法将法律文义所涵盖的某一类型排除出适用范围[①]），不利于被告人的刑法漏洞则一律被委于立法者。形式论者当然也意识到并且承认，随着现代科技的发展与产业结构的调整，在某些领域存在刑法保护不足的现象。不过，在其看来，社会发展与既有刑事立法的滞后性之间的这种差距，不宜通过解释的途径来进行弥补。形式论者认同这样的立场："对于现代社会给我们提出的现代课题，虽说刑法理论不能袖手旁观，但是，将立法的缺陷转嫁给被告人承担，随便用解释论的方法对其进行弥补，反而会引起更大的问题。"[②]

实质论者则往往认为通过解释能够加以解决的问题不算是真正的刑法漏洞，其虽不至于完全否定立法修改的必要性，但将完善刑法的主要途径定位为解释，主张尽可能地通过解释去完善刑法的内容。对其而言，解释若是不能达到完善既有刑法的效果，则根本不能称为解释。正是基于此，张明楷教授断言，"动辄声称法律的现实规定不符合法律应然要求的解释者，其实并没有对法律进行解释"[③]。实质论者对于解释论的倚重可谓令人印象深刻，尤其是对张明楷教授而言，解释论几乎总是有着化腐朽为神奇的力量。依赖其几近出神入化的解释技术，张明楷教授将解释论所可能发挥的弥补漏洞方面的功能推向极致。在他这里，既有的刑法织就的分明是一张严整细密的网，殊少有需要由立法进行弥补的漏洞。一个明显的例子是，在《刑法修正案（八）》出台危险驾驶罪之前，张明楷教授便通过解释论，借助刑法中既有的以危险方法危害公共安全罪，解决了危险驾驶行为尚未造成严重伤亡实害结果如何处理

① 陈兴良．刑法教义学方法论．法学研究，2005（2）：48.

② 曾根威彦．刑法学基础．黎宏，译．北京：法律出版社，2005：18.

③ 张明楷．刑法分则的解释原理：上．2版．北京：中国人民大学出版社，2011：84.

的所谓漏洞的问题。[1] 可以说，正是仰赖于实质论者的在解释论上的努力，此前在我国刑法研究中占据主流的动辄批评立法的风气才一举得以扭转。

形式论者与实质论者有关刑法漏洞的不同看法表面看来无关大局，似乎只是双方论争中的具体分歧之一，实则兹事体大。在某种程度上，正是对于刑法漏洞处理的不同态度，决定了双方在其他诸多问题上的对立。因为倚重解释论来解决刑法中绝大多数的所谓“漏洞”，实质论者自然倾向于对条文的解释做灵活的处理，并由此而对罪刑法定中的刑法有明文规定做不同于形式论者的宽泛的理解。为此，只有通过操控概念的可能语义的边界，给人刑法有明文规定的感觉，实质论者才能为自己的解释结论求得起码的正当性。此外，为了实现对条文的灵活处理，实质论者必定要青睐客观解释与目的解释，因为只有强调刑法条文的意义会随着客观情况的变化而变化，对刑法条文的目的作出重新的解读，其才可能对相关条文的意义按自身的偏好作出界定。与此相对，由于依赖立法修正来解决刑法中的漏洞问题，形式论者对条文的解释会采取较为严格的态度，对罪刑法定中的所谓明文规定有着更高的把握尺度；相应地，形式论者会更倾向于对刑法条文做一般国民所持的理解，强调立法的原意，而对目的解释等代表灵活解释的诸多技术持本能的警惕态度。

第三，对罪刑法定的理解有所不同，并由此影响对不利于被告人的扩大解释的态度。

形式论者与实质论者对罪刑法定中的明确性要求有不同的理解，以致对同一解释，实质论者认为符合罪刑法定，而形式论者却可能认为违反罪刑法定。如前所述，这主要是因为双方对刑法漏洞的看法有异，对概念的可能语义的边界做不同的处理。相对而言，形式论者所坚持的罪刑法定更接近于古典时代的绝对罪刑法定主义，强调对严格解释规则的坚持，只在有利于被告人的情况下允许做扩大解释。实质论者所主张的

---

① 张明楷．危险驾驶的刑事责任．吉林大学社会科学学报，2009 (6).

罪刑法定则与深受主观主义刑法影响的相对罪刑法定主义较为靠拢，主张灵活解释，允许做不利于被告人的扩大解释。就此而言，完全可以将形式解释论与实质解释论之争理解为是刑法解释问题上的两种基本立场——即“严格解释”与“自由解释”——的对峙。[①]

对实质论者而言，之所以支持不利于被告人的扩大解释，恰恰是为了实现其极为执着的对实质妥当性的追求。在此种情况下，所谓的实质妥当性或实质正义，指的便是行为的值得刑罚处罚的法益侵害性。在此，法益理论乃作为积极的入罪性的根据而存在，它与我国传统刑法理论中的社会危害性理论的运作逻辑如出一辙。或许正是基于此，形式论者才会认为法益理论是变相的社会危害性理论，“实质解释论对‘法益’的过度依赖，使得实质解释论与社会危害性理论具有某种内在联系，抑或是说，两者具有天然的亲和力”[②]。

从绝对罪刑法定主义走向相对罪刑法定主义，真正的标志应是解释规则方面的变化，即先前的严格解释规则逐渐被放松乃至放弃，实质导向的灵活解释在实践中日益变得普遍。这样的转变对刑法解释论产生重要的影响，使得在绝对罪刑法定主义之下根本不具有正当性的不利于被告人的扩大解释，开始为人们所接受。罪刑法定从绝对向相对的转变显然值得认真对待，尤其是在我国的法治语境之下，因为它本质上涉及的是罪刑法定如何为适应社会保护的需求而容忍对个体自由保障的放松的问题。除对罪刑法定本身的理解有所不同之外，形式论者与实质论者对双方的争论与罪刑法定之间的关系在界定上也不尽一致。实质论者认为其与形式解释论之争涉及两种意义上的罪刑法定之争，形式解释论只体现罪刑法定原则的形式侧面的要求，实质解释论则同时维护罪刑法定主

① 季卫东教授在1998年的一篇论文中曾指出，与欧美各国以及日本不同，关于法律解释的两种基本立场——客观主义和主观主义，或者说“严格解释”和“自由解释”——在我国并没有形成对峙之势。应该说，这一判断大体仍是成立的，不过，近年来刑法解释中形式论与实质论之争的兴起，或许正在改变此种现状。季卫东．法律解释的真谛——探索实用法学的第三道路：上．中外法学，1998（6）：2.

② 崔嘉鲲．实质解释论：一种无法克服的矛盾//刑事法评论：第28卷．北京：北京大学出版社，2011：58.

义的形式侧面与实质侧面。[①] 形式论者则认为其与实质解释论之争，乃罪刑法定与社会危害性理论之争。[②]

形式解释论与实质解释论之争是否本质上涉及罪刑法定与反罪刑法定之争，或许还有商榷的余地。不过，当形式论者指责实质论者对法益理论的运用与传统的社会危害性理论相等同时，这样的批评并非空穴来风。传统的社会危害性理论之所以受到批判，便在于它是在犯罪构成之外作为另一个入罪性的司法标准而存在。换言之，社会危害性所起的功能不是像在古典自由主义时代的危害性原则那样发挥的是消极意义上的、出罪性的批判功能，即行为不具有危害便不成立犯罪，而是作为积极的入罪标准，即只要行为具有危害便成立犯罪。在实质论者那里，法益理论所起的功能与社会危害性的功能基本上是一致的，即同样作为积极的入罪性的标准而存在。法益理论的基本功能从出罪转向入罪，正如英美法语境中的危害性原则（the harm principle）在当代所经历的蜕变[③]一样，代表的实际上是当代刑法发展中的普遍倾向。此种变化可欲与否，我国刑法是否应当追随，都尚需做审慎的论证。在这一问题上，实质论者或许想得太过理所当然，所以有意无意地无视法益理论本身在功能上的转型。法益理论的功能转型本身，自然不是刑法中孤立发生的现象。倘若罪刑法定本身没有发生变化，很难想象其能容忍法益理论产生这样的蜕变。

第四，对刑法规范的性质在界定上有所不同，对构成要件机能的理解也存在相异之处。

形式论者一般认为刑法规范（主要指罪刑规范）首先是针对国民的行为规范，基于此，构成要件的机能在于为国民提供行动指南，对其的理解必须以一般国民能够理解的形式进行。实质论者则认为刑法首先是针对法官的裁判规范，构成要件的机能还包括保护国民合法利益、防止

① 张明楷．实质解释论的再提倡．中国法学，2010（4）：52-54；苏彩霞．实质的刑法解释论之确立与展开．法学研究，2007（2）：43-45．

② 陈兴良．形式解释化的再宣示．中国法学，2010（4）．

③ 劳东燕．危害性原则的当代命运．中外法学，2008（3）．

处罚不该处罚行为的法益保护机能。

表面看来，形式解释论与实质解释论对刑法规范性质的不同界定，似乎对于双方之间立场的分野没有多大的意义。实际则并非如此。刑法规范作为行为规范，涉及一般公民如何理解刑法规范的问题，作为裁判规范则涉及裁判者如何理解规范的问题。刑法规范首先是行为规范还是裁判规范，最终决定对以下问题的回答：对构成要件的解释，是以一般的国民理解为准，还是以裁判者的理解为准。也即，它涉及哪一种理解具有优先性的问题。当二者发生冲突时，究竟是采用国民最容易理解和接受的解释结论，还是采裁判者的理解，形式解释论与实质解释论分明作出的是不同的回答。一旦刑法规范首先被认为是裁判规范，便意味着对构成要件的日常理解可以为裁判者的理解所超越，处罚必要性将成为决定性的因素，而国民能不能理解、容不容易接受则变得次要。因而，虽然实质论者也强调国民预测可能性的重要性，认为解释结论不能超出国民的预测可能性，并以一般人是否接受作为判断解释结论是否侵犯国民预测可能性的重要线索[①]；但事实上，由于刑法规范首先被认为是裁判规范，实质论者又习惯于对概念的可能语义的边界做弹性的处理，更不愿为固守概念的通常含义而牺牲实质的妥当性，所以其对国民预测可能性的重要性的强调更像是虚晃一枪，多少有些言不符实。

对刑法规范的性质在界定上的不同，直接导致形式论者与实质论者对构成要件机能的理解上的相异。只要罪刑规范首先被看作是针对国民的行为规范，构成要件的机能势必以通过确保其明确性来实现权利保障为核心；相反，如果罪刑规范主要被认为是针对法官的裁判规范，则保护法益必定成为构成要件的首要机能。换言之，对罪刑规范的性质的界定与对构成要件机能的理解之间，存在内在的逻辑关联性。这可以部分地解释，为什么实质论者表面宣称的立场会与其实际效果不尽一致。

第五，存在偏向主观解释论还是偏向客观解释论的区别。

形式解释论与实质解释论这对范畴和主观解释论与客观解释论的范

① 张明楷. 罪刑法定与刑法解释. 北京：北京大学出版社，2009：128.

畴之间究竟是什么关系，是个尚存争议的问题。严格说来，两对范畴之间当然并非对应关系，即形式解释论不等于主观解释论，而实质解释论也不能与客观解释论相等同。毕竟，主观解释论与客观解释论之争主要涉及的是，刑法条文究竟应依照立法当时的意图还是应根据时空变化的客观需要来进行解释的问题。因而，作为形式论者的陈兴良教授会明白地宣称自己主张的是客观解释论。① 然而，若是仔细探究，形式解释论与实质解释论和主观解释论与客观解释论之间还是存在紧密的内在关联的。

与实质论者相比，形式解释论阵营更为注重立法当时的意图与语境，对主观解释论表现出强烈的偏好。这一点可以从邓子滨教授对形式解释与实质解释的定义中清楚地看出来："大体说来，形式解释是指遵循立法者的立法原意，依照法律条文的字面含义的刑法解释论，它是由古典学派所确立的罪刑法定原则衍生出来，强调追求法律的形式正义；实质解释则认定立法原意并不可寻，强调法律文本和解释者的互动，致力于破除法律的僵硬滞后，在个案的定罪量刑中综合考虑各种因素，贯彻以实现实质正义为目的的刑法解释论。"② 从其所下定义来看，邓子滨教授实际上是将形式解释与实质解释当作是主观解释与客观解释的对应范畴的。即使是自称主张客观解释论的陈兴良教授，在具体的个案解释中也往往背离其所宣称的立场，而不由自主地表现出对主观解释论的偏好。以遗弃罪的解释为例。陈兴良教授便是从尊重历史沿革的前提出发，认为我国的遗弃罪只发生在具有亲属关系的行为人与被害人之间，由此而反对张明楷教授对遗弃罪的构成要件进行重新解释，即认为其主体与对象不需要是同一家庭成员的见解。③

实质论者则无一例外是客观解释论的坚定的支持者。实质论者强调刑法条文的解释应当回应现实的需要，对立法背景与沿革的回顾往往是为了得出合乎现实需要的解释结论。按张明楷教授的说法，"对立法背

① 陈兴良．形式解释论的再宣示．中国法学，2010（4）：28.

② 邓子滨．中国实质刑法观批判．北京：法律出版社，2009：11.

③ 陈兴良．刑法教义学方法论．法学研究，2005（2）：47.

景或者立法沿革的考察，绝对不意味着在适用刑法时应当按照立法者当初的本意解释刑法。相反，考察立法背景与立法沿革，常常是为客观解释提供依据的”[①]。正是基于实质解释论与客观解释论之间所存在的这种内在亲缘性，魏东教授这样断言：“客观解释论（客观存在解释论）在一定意义上讲就是实质解释论。”[②]

第六，在解释方法的选择或偏好上有所区别。

大体说来，形式论者更为看重文义解释，倾向于先以日常的语义来判断构成要件的范围，之后再进行是否值得刑罚处罚的实质判断，期望以一般国民所接受的文义理解来限制法官解释上的任意性。对于形式论者而言，处罚必要性与条文本身的含义并不存在什么内在的关联，条文的含义不可能会随着具体行为的处罚必要性程度的高低而有所变化，因为在其看来，“罪刑法定原则是即便具有处罚的必要性，但是如果在事前没有明文规定的话，也不得加以处罚的原则，因此，在确定处罚范围的时候，不应当加入处罚的必要性的考虑”[③]。与此相对，实质论者则更为青睐目的解释（或目的论解释），习惯于采纳结果导向的解释进路，强调具体结论的妥当性，为达成实质妥当的结论往往会容许对概念的解释超越其日常的语义范围。正如德国学者所言，“一般说来：任何能被解释和需要解释的法律概念都不再是日常用语意义上的概念，因此不能按照日常的理解来解释这些概念，而必须根据法律确定的保护目的进行解释。这种‘规范性的’解释可能会明显地背离日常使用的词语意思”[④]。换言之，实质论者倾向于先进行行为是否当罚的实质判断，之后再反过去考虑是否突破概念的日常语义范围。对其而言，突破概念的日常语义不仅不应有什么顾忌，相反，此类解释恰恰是完善既有立法的必要手段。因为“刑法完善的路径为，立法机关制定法律后，解释者根据正义理念与文字表述，并联系社会现实解释法律；在许多情况下，为

① 张明楷．刑法学：上．5版．北京：法律出版社，2016：29.
② 魏东．保守的实质刑法观与现代刑事政策立场．北京：中国民主法制出版社，2011：52.
③ 曾根威彦．刑法学基础．黎宏，译．北京：法律出版社，2005：15.
④ 伯恩·魏德士．法理学．丁小春，吴越，译．北京：法律出版社，2013：91-92.

了实现社会正义，解释者不得不对法律用语作出与其字面含义不同的解释（当然以符合罪刑法定原则为前提）；经过一段时间后，立法机关会采纳解释者的意见，修改法律的文字表述，联系社会现实解释法律；再重复上面的过程。这种过程循环往复，从而使成文法更加完善，使司法不断地追求和实现正义”[①]。可见，对于实质论者而言，是否突破概念的日常语义，并不取决于这样的突破能否为一般的国民所接受，而根本上取决于是否能达到完善立法的效果。

对目的解释的推崇，根源于实质论者对实质妥当性的执着追求。在实质论者那里，目的解释犹如神奇的魔棍，总是能指引其到达自己想要到达的地方。对其而言，法条的文字固然无法更改，但规范的目的却总是可以作出不同的解读。规范的目的虽不至于是只变色龙，但多少是有弹性的，受解释者主观意志的影响，是由解释者自己认定的所谓的立法目的。在绝大多数情况下，既然起点可以由自己选择，实质论者自然能够轻车熟路地到达其想要到达的终点。由于实质妥当性在更多时候指向的是处罚必要性的成立，实质论者借用目的论解释的结果往往是刑法的扩张，从而最终在人权保障与法益保护之间倒向后者。正如批评者所指出的，“所谓的目的论解释，实质上就是将保护法益这一目的作为比较点，来对不同之案件进行权衡。如果待决案件与已决案件能够在保护法益的目标上形成‘相似点’，就可以归入同一类案件进行相同处理。在这种思维模式下，目的论解释和类推解释极易形成联姻之势，发展成一种以‘保护法益一致性’为导向的极度膨胀的法律扩张”[②]。

与形式判断在前还是实质判断在前的争论相比，形式论者与实质论者各自对刑法条文的字面含义（即文义可能性的范围或概念的意义射程）在理解上的不同无疑是更为关键性的。试想，若是双方对文义可能性范围的界定完全一致，则形式判断在前还是实质判断在前就会变得无关紧要。当前有关形式解释论与实质解释论的争论中，人们或许太过强

---

① 张明楷. 刑法学：上. 5版. 北京：法律出版社，2016：2.

② 崔嘉鲲. 实质解释论：一种无法克服的矛盾//刑事法评论：第28卷. 北京：北京大学出版社，2011：60.

调形式判断在前还是实质判断在前的分歧的重要性，反而忽视了彼此在其他方面的差别。

第七，对疑难案件在司法中的地位的认识有所不同，对解释的重要性的判断也存在差异。

形式论者一般将简易案件当作司法中的常规案件，相应地，其往往倾向于贬抑解释的重要性，认为“法律在多数和一般情况下一定是明确的，不明确的一定只是少数和例外的情形。不能以少数、例外代替多数与一般，也就是说，必须承认法律在多数与一般情况下无须解释，确须解释的只能是少数和例外的个案”，并得出“法律应当明确，也能够明确，所以不应当鼓励解释”的结论。[①] 这意味着，在形式论者看来，“频繁救助解释不仅增加了法官的论证负担，而且会破坏法治所要求的确定性。因此，一个追求法治品质的法律体系，必须有能力提供尽可能多的意义清楚明白的规则，确保大量的日常法律实践能够以无须解释的‘机械’方式运作。它也要有能力将大部分案件转变成简易案件，从而有效地限制法官的自由裁量权。法律适用的‘机械’程度越高，则法治的程度越强。过多地诉诸解释，反而会削弱法治的优点”[②]。相反，实质解释论则将关注的重心放在疑难案件上，特别强调法律解释的意义，容易过度放大解释在法律实践中的分量，而低估简易案件对刑事法治的基础性意义。正是由于强调法律解释的作用，实质论者往往在对疑难案件的处理上能够灵巧地闪转腾挪，表现出高超的问题解决能力。相反，形式论者因为心甘情愿地受固有的立法缺陷的制约，认为立法缺陷的代价应由国家来承担而非转嫁给被告人，所以，其在利用法解释解决疑难案件的能力上经常会显得稍逊一筹。

第八，对解释者的自由裁量权的看法有所不同。

形式论者往往推崇立法至上，主张严格限制法官的自由裁量权，在立场上接近于古典自由主义时期的机械解释论者，认为“严格遵守刑法

---

① 邓子滨．中国实质刑法观批判．北京：法律出版社，2009：78-79．

② 范立波．解释与法治．法制日报，2008-04-06．

文字所遇到的麻烦，不能与解释法律所造成的混乱相提并论。这种暂时的麻烦促使立法者对引起疑惑的同句作必要的修改，力求准确，并且阻止人们进行致命的自由解释，而这正是擅断和徇私的源泉。当一部法典业已厘定，就应逐字遵守，法官唯一的使命就是判定公民的行为是否符合成文法律"①。实质解释论则与法律现实主义的立场具有相当的亲缘性，倚重法官在法解释方面的自由裁量权，强调解释者的能动性，相信依靠解释者的内心正义与解释技能，能够确保个案中得出合理的结论。实质论者的名言便是：心中充满正义，目光不断往返于事实与规范之间。若是以简单的标签来概括，则可以说形式论者基本上是司法节制主义者，强调对立法文本所用言辞以及立法者原意的关注，实质论者则可归入司法能动主义者的行列，更喜欢探讨刑法的目的与精神，以便由此得出符合其内心正义的解释结论。基于司法节制的考虑，形式论者严格区分立法与司法的功能，认为立法可以相对自由地追求国家的政策目标，而司法只能在严格的法定条件下进行适用。相反，对于能动司法的追求，使得实质论者从一开始就默认解释在创造规范方面的作用（当然其从未公开宣称），注重刑法解释对国家政策目标的服务功能，致力于将解释者自身的意志打扮成法律规范本身的价值取向。

四、形式解释论与实质解释论分歧之根源

尽管均被冠以形式解释与实质解释之名，且与德日刑法学中的形式解释与实质解释之争在关注焦点上也存在相当的重合，但与后者相比，我国刑法学中的形式解释论与实质解释论之争表现出重要的不同。这种不同不仅表现在，德日刑法学中的实质解释特指对作为犯罪成立条件之一的构成要件的实质解释，而我国刑法学中所谓的实质解释指的是对犯罪成立的所有条件的实质解释，且在实践中被进一步扩大到对刑法中其他刑罚规范或非刑罚规范的实质解释。② 其特殊之处根本上在

① 贝卡里亚．论犯罪与刑罚．北京：北京大学出版社，2008：13.

② 周详．形式解释论与实质解释论之争．法学研究，2010（3）：58.

于，相关的争论超越构成要件论与犯罪论[1]，甚至超越刑法的范畴，而直接与法治的基本立场相联系：我国刑法学中的形式解释论与实质解释论之争，不只是不同刑法观之间的争论，也是不同法治观之间的对立。之所以如此，主要是因为当前我国所处的法治语境与德日等国家并不相同。

古典时期德日刑法学所面临的历史使命是要解决法外恣意的问题，即防止在刑法之外寻找惩罚的根据。从贝卡里亚到费尔巴哈，全部的努力便在于完成这一历史使命。进入20世纪中后期，在防止法外恣意的历史使命完成之后，随着风险社会特性的日益显现，如何更周全地保护法益成为德日等国的首要任务。刑法目的或机能上的重心转移，对刑事立法与刑法理论的构建产生了重要的影响。刑法的保护范围（也即犯罪化的范围）由此而大举扩张，此种扩张不仅表现在立法层面，也出现在法律适用层面。要扩张刑法的保护范围，所能凭借的手段不仅在于通过立法创设新罪名，也在于刑法适用过程中利用既有条文本身所具有的语义弹性，对罪刑规范的涵摄范围进行重新的界定。也即，出现通过解释论而扩张刑法的保护范围的需求。在此种背景下，实质解释应运而生，由此而与强调个体自由保障优先的形式解释之间形成对立。

与德日不同，当前我国刑事法治所面临的任务明显具有**双重性**：既要解决古典自由主义的命题，即防止法外的恣意，限制国家刑罚权的任意发动；同时又要解决风险社会背景下管理不安全性的要求，加强对社会的保护。身处世界风险社会的体系之中，当代中国不仅面临来自国家的安全威胁（即国家与个体之间的对立），也面临随工业化而来、各国普遍需要应对的风险控制（包括技术风险与制度风险的控制）问题。这意味着，在国家的秩序维护与个体的权利保障之间的紧张并未解决的情况下，中国法治的建设又被迫面临如何控制与解决新型风险的问题。在

---

① 对此，形式解释者也有所认识。比如，陈兴良教授明确提出，形式解释论与实质解释论之争不仅是构成要件论之争，也是刑法机能论之争、刑法观之争。陈兴良．形式解释论与实质解释论：事实与理念之展开．法制与社会发展，2011（2）．

两面夹击腹背受敌的情况之下，中国刑法理论在构建任务上表现出自身的独特性：一方面尚需建立古典自由主义意义上的刑事法治机制，另一方面又必须对社会的现实需求作出有效的回应。也即，刑法理论不仅需要解决好正当性与合理性的问题，也必须解决有效性与合目的性的问题。这样的独特性给我国刑法理论的构建带来重大的选择难题：究竟是先重点完成刑事法治机制的建立，在此基础上再考虑如何回应社会需求的问题，还是先着手解决回应社会需求的问题，再进而展开对刑事法治机制的追求？

形式论者与实质论者之间的分歧，其真正根源便在于双方对前述难题作出了不同的选择。形式论者认为我国尚处于前法治阶段，因而当前刑事理论的构建，首要任务是防止法外的恣意问题，也即完成古典时代西方社会已经完成的法治化任务。基于此，形式论者一般都主张回归古典自由主义刑法理论，强调保障个体的行动自由。实质论者则认为当代中国刑事法治的首要任务与西方法治社会的一样，应当呼应社会发展的需求，所以更为强调对法益的保护。比如，在分析日本学者前田雅英的实质论的观点时，刘艳红教授这样指出，“前田的实质犯罪论虽然也同意形式犯罪论者所主张的从定型、形式的意义上把握犯罪的构成要件，但是它更注意刑法应当禁止处罚不当罚的行为并反对处罚的恣意性和不公平性，以更好地保护国民的生活利益。因此，他反对形式的构成要件论，而主张构成要件包含着犯罪成立的实质的内容，对构成要件的理解因此也应该从是否应当处罚的实质角度进行”①。

可见，我国刑法中的形式解释论与实质解释论之争本质上涉及的是有关刑事法治基本任务的立场之争。正是对刑事法治任务的不同定位，导致形式解释论与实质解释论之间的重大分野。对此，形式论者有着清醒的认识。陈兴良教授明确指出，“我国目前正处在从以往不受规范限制的恣意司法到罪刑法定原则转变的过程之中，形式理性的司法理念在我国还没有建立起来。在这种情况下，过于强调实质主义的罪刑法定原

① 刘艳红．实质刑法观．北京：中国人民大学出版社，2009：168.

则，不能不令人担忧。因此，笔者还是强调目前我国迫切需要的是形式理性而非实质理性”①。邓子滨教授也一再强调，中国刑事法治的当务之急是让法官尊重法律、敬畏法律，逐字逐句地适用法律，“正是因为我们不同于德日，所以才不能过早地引入并强调实质法治的理念。这种法治阶段、背景上的认识分歧才是形式论与实质论最深刻的、暂时无法弥合的分歧。其他一些分歧倒在其次”②。

五、提倡一种有节制的实质解释论的立场

若是以实质判断在前还是形式判断在前，或者以是否承认不利于被告人的扩大解释为标准来衡量立场的归属，笔者应当算是一名实质论者。在刑法解释中，笔者主张应当以应受刑罚惩罚性的本质出发来指导对构成要件的解释。当然，此处的应受刑罚惩罚性不仅指的是法益侵害性，也包括刑事政策上的预防必要性。③ 不过，笔者认为，这两种标准不一定适合作为判断究竟属于形式解释论还是实质解释论的基本根据。

首先，以形式判断在前还是实质判断在前为标准来判断人们在解释论上的立场，明显有失偏颇。理由在于：(1) 形式解释与实质解释之争本质上涉及的是解释的限度问题，它与形式判断和实质判断何者置前何者放后并无必然的内在关联。在出罪性冲突的场合，形式论者与实质论者之间均认可实质优先，故双方在此点上没有争议。关键是在入罪性的场合，如何理解实质判断受形式判断制约的问题。此间所涉及的，更多的是形式判断与实质判断在解释过程中所占的权重或分量，而不是二者之间的位序本身。(2) 如本章之前所述，形式判断与实质判断之间的关系问题，关键在于对概念的可能语义的边界的界定。只要强化形式判断的制约，对概念的可能语义做较为严格的限定，则即使实质判断在前，也不会得出与形式判断在前不一样的解释结论。(3) 实质判断在前符合

① 陈兴良. 形式与实质的关系：刑法学的反思性检讨. 法学研究，2008 (6)：109.

② 邓子滨. 中国实质刑法观批判. 北京：法律出版社，2009：213，251.

③ 劳东燕. 刑事政策与刑法解释中的价值判断. 政法论坛，2012 (4).

司法实践中人们的思维习惯。在具体个案中，解释者往往是先基于个人直觉得出是否具有处罚必要性的判断，之后再去找与制定法的文本联系。这种从解释结论再到解释理由或根据的寻找的思维进程，是一种正常的心理现象，并不违反罪刑法定。说到底，“解释”的任务，便是要以某种方式使解释的结果与制定法这一权威性的文本取得联系。正是这种联系，充当着使个体化的解释结果最终为制度所认可的枢纽，并使解释结果显得客观；诸多的解释方法或技术，其实都只是为解释者的判断提供事后正当化的手段而已。

其次，以是否承认不利于被告人的扩大解释作为判断解释论立场的标准，也不尽妥当。理由在于：(1) 概念本身具有多义性，且并不存在固定的意义边界，这使得所谓的扩大解释具体是相对于什么意义的扩大，经常是不明确的。以“破坏”的概念为例。我国刑法条文中多处使用“破坏”的概念，就其内涵而言，有的可能指向物理性的损毁，如《刑法》第 323 条破坏界碑、界桩罪与第 343 条中的破坏性采矿罪，有的是在功能妨碍的意义上使用的，如第 116 条破坏交通工具罪与第 117 条破坏交通设施罪，有的则是指抽象的实质性的妨害，如《刑法》第 13 条有关犯罪定义中的“破坏社会秩序和经济秩序”，以及第 120 条之四利用极端主义破坏法律实施罪与第 256 条破坏选举罪等。由于“破坏”的概念具有多种意义指向，对于第 276 条破坏生产经营罪中的“以其他方法破坏生产经营”，将其理解为实质性的妨碍或妨害生产经营的行为，是否属于对“破坏”概念的扩大解释，便难以轻下断言。(2) 概念本身的语义还会随着社会生活的变化而发生流变，此时刑法解释究竟有没有“扩大”相关概念的意义更是很难断言。以卖淫概念为例，卖淫的本义是指以金钱为对价女性向男性出卖肉体，但如今男性向女性出卖肉体或者同性之间的性交易，恐怕都会被视为卖淫。这是不是对“卖淫”概念的扩大解释呢？人们恐怕很难得出统一的结论。若是认为这是扩大解释，形式论者莫不成还要反对组织同性卖淫行为的入罪结论？事实显然并非如此。作为形式论者的陈兴良教授明确支持将同性之间的性交易纳入卖淫的内涵之中，认为这合乎解释原理。① (3) 是否对相关概念做了扩大解释，有时分明是见仁见智的问题。比如，虚拟财物是否是财物的问题，陈兴良教授持肯定结论，赞成将盗窃虚拟财物的行为作为盗窃罪来处理。② 根据其反对不利于被告人的扩大解释的立场，将虚拟财物视为刑法上的财物，陈兴良教授分明不认为这是扩大解释。然而，将虚拟财物理解为财物，怎么不是对"财物"概念固有意义范围的扩张呢？可见，由于很难确定某一解释是否属于扩大解释，以是否承认不利于被告人的扩大解释作为标准来区分形式解释论与实质解释论，缺乏起码的可操作性。

必须看到，一方面，实质解释论乃至整个实质化思潮的出现有其必然性，从实然层面来看代表着各国刑法理论发展的共同趋势。在风险社会的背景之下，客观上的确存在强化刑法对社会保护的必要，随着公众安全需求的提高，随着控制与管理风险成为主导性的公共政策，我国刑法理论很难不对之作出回应而摆脱实质化的影响。另一方面，对于个体的自由保障而言，实质解释论以及其所代表的实质刑法观的确蕴含着不容忽视的内在危险，形式论者的很多担忧并非杞人忧天。美国学者昂格尔在他论著中也表达过类似的担忧：追求实质的正义在更严重的程度上侵蚀了法律的普遍性，因为不管实质正义如何定义，它只能通过具体的问题、具体处理的方法才能实现。③ 考虑到我国尚处于前法治状态的事实，这种危险甚至还是致命的。一个既无自由又无安全的社会固然让人无法容忍，一个只有安全而没有自由的社会又岂是我们苦苦追求的理想？

基于此，在形式论与实质论的基本立场之争中，笔者虽然持的是实质解释的立场，但同时认同形式论者的担忧。如同 19 世纪的德国，在形式主义合法性尚未占统治地位的年代，把法律解释的功能完全交由法

---

① 陈兴良．判例刑法学：上．北京：中国人民大学出版社，2009：47.

② 陈兴良．判例刑法学：下．北京：中国人民大学出版社，2009：271.

③ 昂格尔．现代社会中的法律．吴玉章，周汉华，译．北京：中国政法大学出版社，1993：185.

官的良心去判断，必然会产生助长恣意专断的结果。[①] 对于当前的中国社会而言，首要的也应当是确立法律的绝对性，即确立只允许在作为法律的刑罚法规中寻求绝对根据的思想。因而，如果说实质解释论的出现具有一定的必然性，那么，形式解释论的倡导便是有其必要性的。即使德日等法治国家日益走向实质论，也不意味着我国刑法也可以并且应当紧紧跟随实质论的大潮。毕竟，所处的法治阶段不一样，实质化蕴含的危险所可能带来的威胁程度也就完全不同。举个形象的例子，这就譬如两列火车，人家的火车装备精良有着灵敏的制动设施，而我们的这列根本就缺乏有效的刹车装置，若是和对方一样高速运行，人家的火车一旦发现问题就随时可以停下来，而我们这列火车到时根本就停不下来而只能落个车毁人亡的结局。身处前法治阶段，即使身不由己地走向实质论，也绝不应无视其中蕴含的危险：实质论的立场极易滑向有（值得刑罚惩罚的）法益侵害即为罪的思维，从而在根本上背离法益保护原则的批判性的宗旨。

明智的选择应当是采取实质解释论的立场，同时认真对待当前争论中形式论者提出的诸多主张，包括：（1）法官的自由裁量权应受严格的制约。（2）刑法规范首先是针对国民的行为规范，因而，对条文的解释不能超越国民的一般理解。（3）不能过度夸大解释论在弥补刑法漏洞上的功能。（4）以主观解释论为主，客观解释论为辅，谨慎使用目的解释。实质解释论有必要让自身的理论具有适度的包容性，适当吸收形式解释论中的合理成分。毕竟，现代刑法学在强调法益保护及法律安全价值的同时，如何迎合工业化社会的需要，以及实践国家重视公共利益及社会安全的任务，而使刑法的发展更能符合社会正义，实践具体的妥当价值，是现代刑法立法技术及法理上应加慎思的重要课题。[②] 因而，解释者不应过于执着于实质判断在前还是形式判断在前的问题，也不必固执地拒绝一切不利于被告人的扩张解释。需要防止的是过于倚重实质判

① 庄子邦雄．近代刑法思想史序说——费尔巴哈和刑法思想史的近代化．北京：中国检察出版社，2010：81．

② 苏俊雄．刑法总论Ⅰ．个人发行，台北：大地印刷厂股份有限公司，1995：236．

断的倾向，同时加强形式判断的制约。具体而言，在刑法解释中有必要以坚持概念的常用语义作为一般规则，以使概念的文义可能性范围不致过分延伸；容许不利于被告人的扩张解释，但对其适用做较为严格的限制，以不超越一般国民的理解为前提。

问题仅在于，当前争论中形式论者所给出的药方，即单纯地回归古典主义刑法理论，是否具有现实性？比如，邓子滨教授提出，“罪刑法定的贯彻，先要澄清它约束刑罚权的本义，强调‘法无明文规定不为罪’。这又分为两种情况：其一，在究竟‘有’还是‘无’明文规定的犹疑之中，应毫不犹豫地选择‘无’的立场，即使我们的解释技术足以达成‘有’的结论；其二，在‘有’明文规定但规定不甚明确的情况下，应推定立法者的意图是‘只将值得处罚的行为规定为犯罪’，并且，在诸种解释方法和结论当中就底线位置横切一刀，硬性确保一个有利于被告人的解释结论”[①]。表面看来，对罪刑法定的贯彻，邓子滨教授给出了非常简洁明了的古典式的解决方案，但这样的方案实际上既不现实，也不具有可操作性。如此一来，岂不是只要存在实体意义上的争论，便要一刀切地得出无罪的结论？那么，究竟由谁来判断刑法“有”还是“无”明文规定的争论？这显然是个无法回避的问题。以2003年的李宁等人组织同性卖淫案为例，南京市秦淮区的司法人员对该案的定性产生重大分歧，以致该案最终经向全国人大法工委请示才得以解决，而此前上海市长宁区也处理过类似案件，基本无争议地定为组织卖淫罪。若是按邓子滨教授给出的标准，南京的李宁案由于处于“‘有’还是‘无’明文规定的犹疑之中”，所以“应毫不犹豫地选择‘无’的立场”，而此前发生在上海的相关案件因为不存在类似的犹疑，所以应该得出有罪的结论。这样处理的话，形式论者所看重的法适用的统一性又如何保证呢？可见，邓子滨教授所提出的回归古典的方案很难经受实践的考验。

在社会语境发生重大变迁的背景下，完全照搬古典主义刑法理论多

① 邓子滨．中国实质刑法观批判．北京：法律出版社，2009：311.

少有一厢情愿与脱离实际之嫌。古典理论中当然有许多出色的智慧与技术可供我们继承与发扬，然而，在有些时候，求诸回归古典虽然是一种选择，却未必是可行的或者有效的。对于当前我国刑法中某些问题的解决，完全可以也必须考虑另觅他途。比如，就我国刑事法治的境况而言，对法官的自由裁量权无疑还是应当主张采取严格制约的立场，但不是通过剥夺其在解释上的自由裁量权或杜绝价值判断的运用（即采取古典主义的方案）来实现，而是通过借助判例制度来解决这个问题。判例制度的设立，在赋予法官自由裁量权的同时，可以有效地限制法官的自由裁量权，从而确保法适用的统一性。[①] 与古典主义的方案相比，判例制度是一种更为合理也更加可行的解决途径。

总结而言，形式解释论与实质解释论之争的兴起，与刑法学研究范式从本体主义向功能主义的转型存在密切的关联。因而，只有放在此种背景之下进行考察，才能对这场争论的意义有深刻的把握。尽管形式解释与实质解释和本体论与功能论（或存在论与规范论）之间未必是对应关系，但可以肯定，形式解释论相对而言较偏向存在论的一端，而实质解释论则更接近规范论的另一端。在当前，需要谨记的一点是，构成要件解释的实质化只是刑法理论实质化思潮中的一环。由于实质化的走向不限于构成要件层面，而是渗透于整个刑法教义学体系，职是之故，我们应当对整个实质化思潮保持必要的警惕。

六、本章小结

1. 当前我国的形式解释论与实质解释论之争不是事实论与价值论之间的争执，而是发生在价值论内部，涉及如何适用价值判断的问题。检视这场争论可发现，双方不仅在基本范畴的指涉与运用上较为混乱，还存在误读、曲解甚或虚构对方观点的现象，并且双方所宣称的立场往往与其实际做法不尽一致。此外，实质论者在论证逻辑上也有值得商榷之处。

---

① 劳东燕. 罪刑法定明确性的困境及其出路. 法学研究，2004（6）：90.

2. 两大阵营之间存在八个方面的重要分歧，这些分歧缘起于双方对刑事法治基本任务的不同定位。我国的形式解释论与实质解释论之争在性质上不同于德日刑法理论中的形式解释与实质解释之争。

3. 在界分形式解释论与实质解释论的立场归属时，不应以实质判断在前还是形式判断在前或是以是否承认不利于被告人的扩大解释作为判断的标准。就我国当前所处的法治阶段而言，有必要提倡一种务实的、具有适度包容性的解释论。

第六章　目的解释作为解释方法的反思性考察

我国刑法解释中的形式论与实质论之争，主要围绕构成要件的解释而展开，涉及的是刑法解释的限度问题。[①] 形式论对实质论的批评主要围绕后者的实体性主张及其可能带来的消极后果而展开，缺乏从方法论角度进行的反思。这大概是因为，在形式论者看来，方法问题在政治上是中立的，它与基本的价值立场无关。然而，这样的设定显然值得质疑。因为“法律方法总是服务于通过法律规范实现的价值，也就是说它与法律秩序的世界观基础相关。当占统治地位的世界观在法律规范颁布与适用的时间点之间出现严重问题时，方法问题对于法律工作者就特别重要。这时，方法问题就很容易演变为世界观的问题”[②]。

认为方法与价值立场无关的观点，或许是过多地受到自然科学思维的影响，以纯粹工具主义的眼光来看待方法，而忽视了“刑法是行使国家权力的一种形式，因而也就是一种政治”[③] 的事实。实际上，“法学方法论是典型的政治力的中心，因为法律人正是政治力的‘随从人员’，并且法律人是以这样的角色在做决定的……政治必然参与法学，所以没有纯粹法学的方法学，因此，方法的决定也就是政治的决定”[④]。这意

---

① 邓子滨．中国实质刑法观批判．北京：法律出版社，2009；刘艳红．实质刑法观．北京：中国人民大学出版社，2009；陈兴良．形式解释论的再宣示．中国法学，2010（4）；张明楷．实质解释论再提倡．中国法学，2010（4）．

② 伯恩·魏德士．法理学．丁小春，吴越，译．北京：法律出版社，2013：239．

③ 马库斯·达博．积极的一般预防以及法益论．杨萌，译//陈兴良．刑事法评论：第21卷．北京：中国政法大学出版社，2007：466．

④ 顾祝轩．制造“拉伦茨神话”：德国法学方法论史．北京：法律出版社，2011：259．

味着，方法并非单纯的工具，方法论的变化往往是屈服于某种政治压力的后果，特定的方法本身可能内在地具有服务于特定法律价值判断的倾向与性质。

客观的目的解释是实质解释论特别青睐的解释方法。在实质论者那里，客观的目的解释犹如神奇的魔棍，总是能指引其到达自己想要到达的地方。对其而言，法条的文字固然无法更改，但规范的目的却总是可以作出不同的解读，规范目的的选择与认定，势必受解释者主观意志的影响。[①] 对于客观的目的解释，形式论者虽曾表现出一定的反感[②]，但并未系统地进行方法论的考察；同属形式论阵营的陈兴良教授，甚至还明确表示支持按社会发展需要客观解读法规范的客观解释论。[③] 然而，如果承认方法本身与价值判断的内容存在某种政治上的关联，则从方法论的角度去检视与反思形式解释论与实质解释论之争就变得极为必要。本章的主旨便在于此，期望通过对目的解释展开方法论意义上的省思，去揭示目的解释与实质解释论之间的内在关联，在此基础上，进一步阐明目的解释的基本功能与其内在危险所在，并就如何约束目的解释的适用给出建议，以防止因不加节制地适用目的解释而导致刑法解释过度的实质化。

一、实质化与目的论之间的关联

严格说来，刑法中的实质化并不仅仅出现在解释论领域，它渗透于整个刑法教义学体系之中。曾有论者将实质解释论视为动摇罪刑法定原则与法治的元凶，认为其所代表的实质法治观是导致纳粹恶法之治的真正罪魁祸首。[④] 应该说，这样的批评部分是不能成立的，而且有将问题简单化处理的嫌疑：既然实质化是纳粹主义的产物，则全盘放弃实质化

---

① 劳东燕. 刑法解释中的形式论与实质论之争. 法学研究，2013 (3)：135.

② 崔嘉鲲. 实质解释论：一种无法克服的矛盾//陈兴良. 刑事法评论：第 28 卷. 北京：北京大学出版社，2011：60；邓子滨. 中国实质刑法观批判. 北京：法律出版社，2009：163-170.

③ 陈兴良. 形式解释论的再宣示. 中国法学，2010 (4)：28.

④ 邓子滨. 实质刑法观批判. 北京：法律出版社，2009：232-237.

便是一目了然而又顺理成章的结论。然而，德国学者的研究发现，不利于被告人的实质化已经被证实以广泛的目的解释形式存在于魏玛时期及之前，而1945年之后法治原则的重建也并未包括同实质化的断绝："不仅联邦法院采纳了1944/l945帝国法院判决的大部分，支持帝国法院基于广泛的目的论解释且仍然通过类推构建的结论，并不介意于刑罚根据的类推，……纳粹时期实质化的动力至今仍然在德国《刑法典》第228条、第240条第2款和第253条第2款等一般性条款和无数特别严重的情形中继续发挥影响"[①]。正是基于此，福格尔将法律日益地被实质化视为20世纪法律与刑法发展所存在的五条路线中的其中一条，他所谓的法律实质化，指的便是形式理性、法定条件程序、法律的安定性与排除恣意，为实质理性、法定的及超法规的目的性程序、公正和结果的正确性所取代。[②] 在对晚近出现的客观归责理论进行评价时，许玉秀教授对此也有论及，认为客观归责理论企图从法秩序的目的出发确定构成要件行为的范围，是想替构成要件行为找出实质的判断依据，它与实质违法性理论，同属于20世纪以来刑法学思潮乃至法学思潮实质化运动的一环。[③] 不只如此，法律的实质化实际上是20世纪一个具有相当普遍性的问题。这也是昂格尔会对实质正义侵蚀法律普遍性的现象予以关注的缘由所在。在他看来，对实质正义的追求，根源于个别化处理问题的需要的增长，而无论实质正义如何定义，它只能通过具体问题具体处理的方法才能实现。[④] 如果承认个别化处理问题是一种客观的社会需求，则法律的实质化便代表的是对这种需求的回应。

刑法中的实质化思潮应当视为耶林所倡导的目的法学的产物。耶林法律哲学的核心概念是目的，在他看来，目的是全部法律的创造者，每条法律规则的产生都源于一种目的，即一种实际的动机，法律是国家为

---

① 约阿希姆·福格尔. 纳粹主义对刑法的影响//刑事法评论：第26卷. 北京：北京大学出版社，2010：295，298-299.

② 同①291.

③ 许玉秀. 当代刑法思潮. 北京：中国民主法制出版社，2005：408.

④ 昂格尔. 现代社会中的法律. 吴玉章，周汉华，译. 江苏：凤凰出版传媒集团·译林出版社，2008：167.

了有意识地达到某个特定目的而制定的。[①] 耶林之前的法律人当然也意识到法律是用来实现某种目的与价值的手段，但那被认为只是立法者的任务，司法者则只要严格运用三段论逻辑，便能自动实现立法者所设定的目的。概念法学向利益法学的重大转变，则为实质论在司法中的适用奠定了方法论基础，因为利益法学要求司法者在适用法律时，必须仔细考量法条背后的利益关系，对各种冲突的利益进行权衡。也正是在利益法学这里，目的获得了前所未有的重要地位。

利益法学本身承继自耶林有关法的目的的学说，是对目的学说的体系化展开。利益法学作为一种法哲学理论并不令人满意，因为它将评价的客体与对客体的评价混为一谈。也即，既将利益视为法的原因因素，也将利益当成价值、应然来理解，作为利益评价的标准而存在，“但如何产生这种神秘的辩证的跳跃，即从量到质，从实然到应然的过渡呢?”[②] 对此，利益法学并没有作出交代。利益本身只是评价的客体，也只能作为评价的客体存在，评价标准无疑需要在利益之外去寻找。也正是在这一点上，之后出现的价值法学（也称评价法学）做了有意义的推进，使得相关问题的探讨从局限于方法论层面延伸到法哲学层面。[③] 不过，作为一种方法论的利益法学，对后世法律适用的影响则至为深远。如拉伦茨所言，“当它（指利益法学——引者注）以法律秩序自身的评价标准，根据这个标准，复杂的事实被仔细斟酌地加以判断，现实的利益在评价中被考虑到，越来越多地替代仅仅以形式的、逻辑的推理为基础的方法时，它逐渐地在事实上彻底改变了法的适用”[④]。从方法论的角度而言，从概念法学到利益法学的转向代表着一场“哥白尼式的革命”，二者建立在截然不同的理论前提之上，前者重在形式概念的体系演绎，后者重在生活利益的保护与生活价值的实现；而作为今日大陆

---

① E. 博登海默. 法理学：法律哲学与法律方法. 邓正来，译. 北京：中国政法大学出版社，1999：109.

② 阿图尔·考夫曼，温弗里德·哈斯默尔. 当代法哲学和法律理论导论. 郑永流，译. 北京：法律出版社，2002：167.

③ 卡尔·拉伦茨. 法学方法论. 陈爱娥，译. 北京：商务印书馆，2003：1-2.

④ 同②167.

法国家法学方法论之主流的价值法学则并不代表一次范式的变迁，不过是利益法学的“直接延续”而已。[①]

在利益法学这里，“利益探究”与“目的探究”虽不能完全等同[②]，但利益乃作为目的所指向的对象与内容而存在，法律的目的便是保护利益。由此，目的一词在利益法学这里获得了前所未有的重要性，人们甚至将它与利益法学的功绩直接挂钩：“利益法学的划时代的功绩就是考虑到了社会与政治现实以及法律规范的法政策学目的。”[③] 自利益法学之后，目的因素被正式纳入体系的建构之中，取代形式逻辑而成为体系的核心；概念法学在后世遭人诟病之处，也恰恰在于其将目的因素排除于体系之外。德国学者曾这样评价概念法学，“概念法学在实际运用上，最终的失败在于它试图完全删除法律目的论的因素（teleologische Element），并且在法律的诠释学中仅运用逻辑的方法”[④]。在当代德国法学理论中，目的论之于法律适用的重要性已经得到普遍的承认。据此，法律制度被认为“永远不能从逻辑意义上的真实概念（客观存在与认知的一致性）角度被判定‘正确的’或‘真实的’。只能从法所追求的目的角度，也就是从基本的价值秩序角度来判断法律规范可能是适当的、有益的、必要的。因此首要的不是正确的逻辑，而是正确的目的论”[⑤]。

对目的因素的关注与强调，显然不只出现在德国法的发展之中。实际上，从形式主义向目的性或政策导向的法律推理的转变，从关注形式公正向关心程序或实质公正转变，被认为是不断扩张干预范围的福利国家对法律所造成的重要影响的表现。昂格尔这样界定其所谓的形式推理与目的性推理：当仅仅乞灵于规则，并从规则推导出结论被认为足以进

① 吴从周. 概念法学、利益法学与价值法学. 北京：中国法制出版社，2011：416-417.

② 在利益法学的代表人 Heck 看来，法律目的所彰显的只是最后得胜的利益，而不是冲突所涉及的所有利益，包括“战败的对立利益”。参见吴从周. 概念法学、利益法学与价值法学. 北京：中国法制出版社，2011：284-285.

③ 伯恩·魏德士. 法理学. 丁小春，吴越，译. 北京：法律出版社，2013：241.

④ Helmut Coing. 鲁道夫·封·耶林的法律体系概念. 吴从周，译//吴从周. 概念法学、利益法学与价值法学，北京：中国法制出版社，2011：597-598.

⑤ 同③59.

行每一个权威性的法律选择时，法律推理就是形式主义的；当如何适用规则的决定依赖于如何才能最有效地促进规则所要达到的目的时，这种推理就是目的性的。[①] 无独有偶，在论及当代法律由自治型法向回应型法的转变时，诺内特与塞尔兹尼克也特别提到了目的问题，并将目的在法律推理中占据支配地位视为回应型法的首要特征。回应型法强调法律应当更多地回应社会需要，认为目的具有足以控制适应性规则制定的客观性和权威性。在其看来，从自治转向回应的关键的一步，就是法律目标的普遍化。特殊的规则、政策和程序逐渐被当作是工具性的和可牺牲的，取而代之的是，重点转至那些包含了政策前提并告知“我们真正要干的事”的更为普遍的目的。[②]

目的在法律适用中重要性的提升，与法律的实质化思潮之间存在莫大的关联。研究者指出，在魏玛时期，“与日益增加地使用无固定内容的标准相结合，司法机关日趋转向目的导向的法律推理模式并关注实质性的正义，这种转向所采取的形式是以明确规定的社会利益为名行使司法的自由裁量权。这一发展进程中的一个因素就是，司法机构逐步承认了由‘自由法律运动’及‘利益法学’的理论家们所提倡的方法和观点”[③]。也正是在目的的支配之下，“回应型法的一个独特特征是探求规则和政策内含的价值”[④]。法律适用从以形式逻辑为中心转变为以目的为中心，对刑法解释论产生了重要的影响。自此以后，刑法适用不再被认为是机械适用三段论的涵摄过程，而变成对法条目的的寻找与实现的过程，需要对法条背后的利益关系进行实质性的考量与权衡。刑法中所谓的目的解释，指的正是在法律适用过程中或者法解释中，应当以法规范所追求的目的作为指导的准绳。它被认为是解释方法之桂冠，“因为只有目的论的解释方法直接追求所有解释之本来目的，寻找出目的观点

① 昂格尔. 现代社会中的法律. 吴玉章，周汉华，译. 江苏：凤凰出版传媒集团·译林出版社，2008：164.

② 诺内特，塞尔兹尼克. 转变中的法律与社会. 张志铭，译. 北京：中国政法大学出版社，1994：86-87.

③ 同①182-183.

④ 同②87.

和价值观点，从中最终得出有约束力的重要的法律意思；而从根本上讲，其他的解释方法只不过是人们接近法律意思的特殊途径”[①]。目的解释作为一种解释方法盛行，到最终被当作解释方法中的“桂冠”，对古典时代的刑法学而言是极为陌生的。在古典主义者看来，“当一部法典业已厘定，就应逐字遵守，法官唯一的使命就是判定公民的行为是否符合成文法律”[②]。这意味着，目的解释的兴起绝非古典时代的产物，而是20世纪以后才出现的新现象。

刑法中的实质化思潮本质上是刑法刑事政策化的产物，是刑法体系日益受刑事政策上的预防目标指引的结果。[③] 刑法体系中的实质化，最初表现为实质违法论的出现。跳脱实证主义的约束而将违法理解为实质意义上的法益侵害，源自李斯特的推动，与其所提出的法益论密切相关。李斯特的法益概念不是为了整理刑法理论的特定领域的需要而提出的，而是伴随目的思想引入刑法学的；目的思想的具体化首先是刑罚目的，所以，他的法益概念是从刑罚论中出现的。[④] 李斯特关于目的刑的思想，众所周知是受耶林目的法学影响的结果。因而，如果承认刑法中实质化的思潮缘起于李斯特的实质违法观，而后者又根源于耶林的目的论思想，则实质化与目的论之间的关联可谓一目了然。在刑法解释领域，实质化直接表现为以值得刑罚处罚的法益侵害性来指导对于构成要件的解释，它借助的支点便是作为刑法保护目的的法益。对实质论而言，目的与法益的关系类似于容器与实物的关系，目的作为盛放实质的法益的容器而存在。之所以要以目的性推理作为方法论基础，是因为只有从法规范的目的入手去展开对构成要件的解释，才能对作为目的之实体内容的法益进行具体的考量，从而得出合乎规范背后的利益格局要求的解释结论。

① 耶赛克，魏根特．德国刑法教科书：上．徐久生，译．北京：中国法制出版社，2017：215.

② 贝卡里亚．论犯罪与刑罚．北京：北京大学出版社，2008：13.

③ 劳东燕．刑法解释中的形式论与实质论之争．法学研究，2013（3）：125.

④ 张明楷．法益初论：修订版．北京：中国政法大学出版社，2003：35.

二、刑法中目的解释的基本功能

归根到底，实质解释论是耶林目的法学的产物，而目的解释也正是在作为目的法学的体系化发展的利益法学与价值法学兴起之后，才日益成为解释方法中的“桂冠”。如果目的解释与实质论之间存在不可忽视的内在关联，则对实质论的检视或反思，必然不能忽视目的解释在其中的角色。形式论者没有对目的解释的适用保持必要的警惕，一方面是因为对方法的中立性问题有所误解，另一方面或许也是因为，形式论者理所当然地认定，实质论者是在与己方相同的意义上界定与适用目的解释方法，即目的解释仅仅是作为文理解释、体系解释与历史解释之外的补充性的解释方法。比如，在文义解释得出的解释结论不够妥当的情况下，对相关概念做目的性的限缩或扩张。[①] 这无疑是一种误解，因为对于实质论者而言，目的解释从来就不是一种与其他解释方法平行的、处于补充地位的解释方法。相反，在实质论者这里，文义、历史、体系充其量只是法律解释时需要考虑的因素，它们都受目的的统领，是在目的的统领之下发挥各自的功能。张明楷教授便明确主张：“对刑法的解释，总是从刑法用语的含义出发，得出符合刑法目的的结论。如果进行语义解释还不能得出符合刑法目的的结论，就要采取其他解释方法，直到得出符合刑法目的的解释结论为止。”[②]

实质论者特别喜欢探究法规范的客观目的或精神，是因为这样的探究会为解释者提供足够的解释空间，使刑法解释具有极大的灵活性。目的为批判既定的做法设立了标准，从而也开辟了变化的途径。[③] 由于法学不再处于逻辑真实性的绝对标准之下，而是目的的相对标准，在这一发展使法学失去科学上的真实性及绝对性宣称的同时，法律适用者也获

---

① 在 2013 年 10 月 12 日南京师范大学法学院举行的“社会转型与刑法解释”的学术讨论会上，陈兴良教授表达过这样的观点。

② 张明楷. 罪刑法定与刑法解释. 北京：北京大学出版社，2009：154.

③ 诺内特，塞尔兹尼克. 转变中的法律与社会. 张志铭，译. 北京：中国政法大学出版社，1994：85-86.

得了创造、独创的自由。① 如此一来，不仅同一概念在不同的刑法条文中，基于不同的规范目的，完全可能可以作出不同的解释；即使是同一个刑法条文中的同一概念，也可能会因为对规范目的的解读的不同，而作出不同的解释。实质论者从未宣称要放弃文义可能性的形式约束，因为后者与罪刑法定所代表的价值紧紧捆绑在一起。然而，不可否认，实质论者确实经常表现出摆脱常规的文义性约束的强烈欲望，其对目的的倚重在很大程度上便是这种欲望的产物。以实质正义为名，实质论者几乎无一例外都是自由解释（或称灵活解释）的拥护者，同时也都是老练的概念文义的操控者。为立法条文所使用的概念，其文义在实质论者这里往往表现出超乎想象的弹性。可以说，借助于自由解释，实质论者将刑法中解释的限度推到了极致。

对自由解释的偏好，根源于实质论者对刑法漏洞的态度。实质论者特别不能容忍刑法中出现所谓的“漏洞”，所以，但凡不是陷入四面楚歌的境地，实质论者总是想方设法要借助对法条的目的解释来实现堵漏，以实现通过解释论编就一张严密的惩罚之网的初衷。由于推崇实质判断优先，实质论者习惯于将本属于违法性层面的是否存在值得刑罚处罚的法益侵害性的判断，与对构成要件的解释完全结合在一起。也因此，实质论者在犯罪构造体系的问题上，会本能地青睐将构成要件层面与违法性层面合二为一的二阶层论（或称合一论）。对于实质论者而言，合一论不仅是其对构成要件展开实质解释的体系性前提，同时也从根本上决定了其对刑法漏洞的界定与甄别的态度：大量在形式论者看来属于法无明文规定的处罚漏洞，对于实质论者而言根本不成其为“漏洞”，因为在实质判断先行的情况之下，通过操纵语义可能性的范围，尤其是突破概念的日常语义，实质论者总是能够将那些看起来已经超出概念语义范围的情形归入相应法条的涵摄范围。那些号称支持三阶层论的实质论者，或者没有充分地意识到其自身立场内在的不一致，或者至多只是

① 英格博格·普珀. 法律思维小学堂. 蔡圣伟，译. 北京：北京大学出版社，2011：66.

形式上维持构成要件符合性与违法性层面的分立，实际上却使这种分立没有任何意义。说到底，支持二阶层或者三阶层，在德日刑法学的背景之下，不只是技术上细枝末节的差别，而是涉及价值诉求的不同。早在十余年前，刘为波博士就表达过对合一论的批评："就理论本身而言，合一论的主张未尝不可，甚至可以说更为可取，因为合一论对犯罪概念的理解无疑要深刻、透彻得多，而这一点是构成要件分立说所远不及的。……但我们不能忘记，理论的生命力在于其基本的价值诉求，而恰恰这一点，是合一论在沉溺于理论的完美时所迷失的。……合一论把违法（规范）要素带入构成要件的错误在于，它以一种技术性思维取代了原则性思维，从而把构成要件的功能给整个地颠倒过来了，构成要件，由原先的规制民众行为的普适性规范，蜕变成了由少数司法工作者掌管的御民私刑"①。正是由于合一论太过善于填补刑法的处罚漏洞，形式论者才会提出，试图将违法性与符合性合并的理论和实践可能在技术上更加得心应手，但在理念上却无疑放松了对入罪欲望的警惕，导致罪刑法定原则不能妥善落实。②

从一开始，目的解释就被当作堵截刑法漏洞的主要的解释方法，它的基本功能是确保刑法之网的严密性与开放性，以堵塞不断涌现的处罚上的可能的"漏洞"。目的解释中的目的扩大了法律的范围，因为它将目的这一形式上的法律因素也当成了法源，这样，作为法价值的一些东西，如公平、正义、秩序等都以目的的形式进入个别法律中，目的成了一般法律的替代品。③ 目的本身是与主体相联系的一个范畴，而目的总是存在重新解释的可能性，通过调整目的或者重新解释目的，目的总是能够赋予刑法条文以生命力，使刑法条文保持足够的弹性，最大限度地实现有效性。目的之于刑法开放性的强大功能，不仅使其在解释论中变得越来越重要，它甚至已然成为整个刑法体系乃至整个法律体系的中

---

① 刘为波．诠说的底线——对以社会危害性为核心话语的我国犯罪观的批判性考察．刑事法评论：第6卷．北京：中国政法大学出版社，2000：120.

② 邓子滨．中国实质刑法观批判．北京：法律出版社，2009：312.

③ 陈金钊．目的解释方法及其意义．法律科学，2004（5）：40.

心。由此，法教义学中所称的体系，不再是或者主要不是指合乎形式逻辑，而是合乎目的。在目的导向的体系之中，所谓的一致性，并非指逻辑上能层层演绎最终统摄最上位概念的自洽性，而主要是指在最高目的支配之下的意义指向上的共同性。就此而言，体系因素与目的因素可谓已经合二为一，体系不再单纯是由抽象概念所构成、以涵摄为逻辑程序的盲目的体系，而是受目的指引的体系，目的透过体系化而被纳入体系之中。由于目的的实体内容是价值，按台湾学者黄茂荣的说法，这便是“体系价值化了！价值体系化了！”[①]

可见，法学中对目的因素的强调，始终是与法律续造的任务联系在一起的。在变迁的社会中，立法者应对的能力明显不足，再加上立法者的表达工具有限[②]，法律的续造已远非立法者一家所能完成；与此同时，概念法学并不足以解决因立法应对能力不足而造成的刑法漏洞问题。从根本上而言，以形式逻辑为基础的概念法学体系具有封闭性，无法将外部的需求通过必要的渠道有效地输入体系之内，而使体系与外部因素形成互动。正是基于此，利益法学的代表人物海克才提出：“（客观的）法律不是一个没有漏洞的、透过自我发展而产生的法律概念体系，也不是一个透过事物本质（die Natur der Sache）而给定的秩序，可以让法律人单纯寻找或者从隐藏中将其揭露出来就可以的；相反地，法律包含了人类为了提出符合其需要的法条所做的努力，这些法条在现有的组合上根本是不够的，法官以及为其做准备工作的研究者，都必须透过自己的创造来填补漏洞。只要现行法（die lex lata）无法提供解答，他就必须以创造法律的方式（de lege ferenda）作出判决。”[③] 可以说，政治层面的立法决策与教义学体系内对合目的性的追求，构成现代法律发

① 黄茂荣．法学方法与现代民法．5版．北京：法律出版社，2007：343.

② 海克（Heck）认为，产生法律漏洞的原因在于：第一，立法者预见能力的不足。立法者要面向未来设计规范，但未来却无法完全预见。第二，立法者的表达工具有限。虽然立法者已经观察到生活中的案件，但无力将他的思想清晰而完整地还原出来。顾祝轩．制造“拉伦茨神话”：德国法学方法论史．北京：法律出版社，2011：49.

③ 吴从周．概念法学、利益法学与价值法学．北京：中国法制出版社，2011：212-213.

展的二元机制。由于是在目的与逻辑之间展开法律分析，现代的“法教义学作为一种学问体系不再是无欠缺的封闭的逻辑体系，而是一种开放的体系”①。对于此种转变，诺内特与塞尔兹尼克也有过类似的表述，认为法律从以规则为核心转变为以目的为核心，正是为了确保法的灵活性，“在富勒强调目的在法律事业中的中心地位时，或者在德沃金和休斯把原则与政策看作是法律推理的根据时，他们表达了现代人对一种能有效应变的法律秩序的向往”②。

三、刑法中目的解释的内在危险

在推动刑法解释向实质化的方向迈进的过程中，目的解释作为一种解释方法可谓居功至伟。然而，目的解释已经被证明是一把双刃剑，它固然能赋予解释以相当的灵活性，并由此确保刑法体系的开放性，但同时它也因赋予法官解释的自由而严重威胁与侵蚀法适用的统一性与客观性。目的解释所具有的优点，包括克服法律的封闭性与僵化性、确保法律推理的合理性等，都是以牺牲规则的权威性和意义的固定性为代价的。③ 目的解释往往被认为是一种任意解释，因为规范本身是否包含一个一以贯之的明确目的在内，这本身就值得怀疑；而即便规范有其“目的”，解释者往往也难以在“规范的字面目的”、“规范制定者制定规范时所确定的目的”和“解释者认为规范应具有的目的”之间作出权衡取舍。④ 可以说，如何确保法适用统一性的问题在 20 世纪以后成为困扰各国法体系的顽疾，与目的论思维的兴起以及目的解释的广泛适用之间存在莫大的关联。在刑法领域，目的解释的适用，其危险还表现在对罪刑法定形成冲击，软化罪刑法定所确立的制约机制。

---

① 顾祝轩．制造“拉伦茨神话”：德国法学方法论史．北京：法律出版社，2011：88.

② 诺内特，塞尔兹尼克．转变中的法律与社会．北京：中国政法大学出版社，1994：90-91.

③ 陈金钊．目的解释方法及其意义．法律科学，2004（5）：37.

④ 刘飞．宪法解释的规则综合模式与结果取向．中国法学，2011（2）：76.

首先，目的解释具有背离严格解释规则的性质。

古典时代的严格解释规则原则上禁止法官对法条进行解释，作为例外，若是对相关概念存在两种以上的可能解释，则要求采纳有利于被告人的解释。然而，随着目的解释的兴起与对灵活解释的日益偏好，严格解释的立场在此后的刑法适用中被逐渐抛弃。当前的刑法学理论为使不利于被告人的扩张解释不至于面临正当性的质疑，硬生生地将刑法中的解释问题与诉讼法上的"存疑时有利于被告"的原则扯在一起，宣称该原则仅适用于对事实的认定，而不适用于对法条的解释。① 问题在于，解释时应当采有利于被告人解释的要求从来就不是源于诉讼法上的"存疑时有利于被告"的原则，而是基于罪刑法定的要求。因而，声称"存疑时有利于被告"仅适用于事实的认定，不可能成为支持不利于被告人解释的做法的正当性根据。

目的解释的基本功能是扩张刑法条文的弹性，当它成为刑法解释方法的"桂冠"时，这本身意味着对古典时代严格解释规则的背弃。正是基于对规范目的的探寻，严格解释规则所主张的概念本身的形式性制约被规避。因为刑法解释中，对于法目的应当如何理解会基于解释者的价值观的不同而有所差异，"目的论的解释是探究刑法法规的规范目的、追求与规范目的的适应性的解释，由于是伴随着实质的、价值判断的解释手法，因此常常是包含着与严格解释的要求、禁止类推解释相矛盾的危险"②。目的解释在当代刑法解释论中不可或缺，但不能否认其所伴随的违反严格解释要求的内在危险。

尽管目的解释偶尔可能有利于被告人的权利保障，但总体而言，它服务于刑法对法益的保护需要。正如张明楷教授所言："符合刑法的文言，意味着实现了刑法的自由保障机能，符合刑法的目的，意味着实现了刑法的法益保护机能。"③ 实质导向的目的解释，本意在于尽量摆脱

① 张明楷."存疑时有利于被告"原则的适用界限.吉林大学社会科学学报，2002（1）.

② 关哲夫.论禁止类推解释与刑法解释的界限.王充，译//刑事法评论：第20卷.北京：北京大学出版社，2007：360.

③ 张明楷.罪刑法定与刑法解释.北京：北京大学出版社，2009：154.

语言的自然含义的制约与束缚，以便从规范论的、功能主义的角度对概念做合乎法益保护需要的灵活构建。因而，实质导向的目的解释往往又是反个人主义的，“个人主义所牵涉的是保护具体个人的利益，其所使用的概念典型地直接取材自与现实有关的日常生活语言，所以这些概念都具有一种与自然语言非常相符合的以及可以说是富含现实的意义核心。因此，这些概念非常反对一种依照规范目的而为的目的性解释，并且也不轻易地屈从于过度强调功能性的观察”①。这意味着，越看重目的解释的刑法体系，在价值取向上就越偏向于社会连带主义；相反，越是强调语言本身的自然意义的约束的刑法体系，其自由主义色彩也越浓。

其次，适用目的解释时容易滑向类推解释。

目的解释与类推解释当然不能完全等同，但实质性的考虑无疑构成类推的基础。“法律的类推适用多半是以客观的或主观的目的性论证为基础”②，因为“必须不断回溯到作为构成要件之基底的规范意旨、根本思想等，才能真正为类推提供‘方向’，提供比较之基础”③。没有目的的支点所提供的支持，超越概念语义的类推解释根本就不可能展开其正当性的论证。有关类推解释的正当性论证，不可能单纯依靠逻辑的力量来完成，而需要借助实质性的理由，而规范的目的正是最为重要的实质理由的来源所在。从类推的运作过程来看，“即使原则上有类推的空间，从‘有待解决的事实与某规范之构成要件二者间存在任何一种相似性’这点，也还不能够导出类推的结果。更确切地说，此二者相同的特性，必须正是应被类推适用的法规范中用以建构法律效果的那些特性。亦即，我们必须从应被类推适用的法规范中导出一个较为一般的不成文法则，而这个较为一般的不成文法则必须涵盖了有待解决的案例。直到

① 许迺曼．批判德国刑法学思潮．钟豪峰，彭文茂，译//许玉秀，陈志辉．不移不惑献身法与正义：许迺曼教授刑事法论文选辑．台北：新学林出版股份有限公司，2006：79.

② 英格博格·普珀．法律思维小学堂．蔡圣伟，译．北京：北京大学出版社，2011：80.

③ 杜宇．类型思维与刑法方法//北京大学法学院刑事法学科群．刑法体系与刑事政策——储槐植教授八十华诞贺岁集．北京：北京大学出版社，2013：129.

加入了这个一般法则，类似推论才能成为一个逻辑上有效的推论。然而，这个较为一般的法则，并不是通过逻辑从应被类推适用之法规范中较为特殊的法则所导出；这个推导其实需要实质的理由”[①]。简言之，被类推的情形不仅必须与特定规范的构成要件具有形式上的相似性，而且该相似性必须正是基于该规范的目的考虑而用以建构相应法律效果的特性的范围。

正是借助于目的解释，实质论者不仅将交通肇事后留在原地不对被害人进行救助的行为认定为《刑法》第133条之中的“交通运输肇事后逃逸”，将《刑法》263条中“冒充军警人员抢劫”的“冒充”解释为包括假冒与充当，从而将真正的军警人员向被害人显示其身份的抢劫也认定为冒充军警人员抢劫[②]，甚至还将《刑法》第176条非法吸收公众存款罪中的“吸收”，理解为包括公众有权提取存款时金融机构拒不允许公众提取的情形。[③] 在司法实务中，尽管人们不一定使用目的解释之类的话语，但到处可见在目的解释思维影响之下，过度延伸概念语义可能性范围的做法。比如，将贩卖毒品罪中“贩卖”界定为包含以贩卖为目的的非法购买[④]，将虚拟的网络空间及其中的秩序界定为“公共场所”与“公共场所秩序”[⑤]，或者甚至将嫖客向卖淫女发出性交易的邀请解释为《刑法》第359条规定的“引诱卖淫”，嫖客在自己住所进行嫖宿的行为解释为该条的“容留卖淫”。前述解释与其说是扩大解释，不如说是类推解释。尤其是实务中的某些做法，这一步走得如此之远，以致相关的结论连实质论者都难以接受。

从结论的实质妥当性的角度，前述解释未必都不合理，然而，对概念的语义做这样的弹性操控，必然使罪刑法定所要求的形式制约陷于崩

---

① 英格博格·普珀．法律思维小学堂．蔡圣伟，译．北京：北京大学出版社，2011：89.

② 张明楷．刑法学：下．5版．北京：法律出版社，2016：723，994.

③ 张明楷．刑法分则的解释原理：上．2版．北京：中国人民大学出版社，2011：102.

④ 2012年5月16日最高人民检察院、公安部《关于公安机关管辖的刑事案件立案追诉标准的规定（三）》第1条第3款。

⑤ 2013年9月6日最高人民法院、最高人民检察院《关于办理利用信息网络实施诽谤等刑事案件适用法律若干问题的解释》第5条第2款。

塌之中。如果对概念的语义可以做这样的违背国民一般期待的界定，则罪刑法定的明确性要求将完全成为一项摆设，而罪刑规范作为行为规范的属性也势必荡然无存。对于抓住他人的头去撞墙、地板的案件，德国实务界没有将相关行为包摄到使用危险工具伤害的概念（即《德国刑法》第224条危险伤害罪）之下，根本理由便在于，如果墙壁或地板被视为一种工具，将会清楚地逾越工具这个概念的意义界限，因为“一个工具，就算不能被‘使用’，也必须要能被它的使用者支配、控制，就像对于一只狗那样”[①]。因而，虽然从规范目的而言，存在将被告人的行为涵摄到第224条的构成要件之下的余地，但既然墙壁或地板并不符合“工具”的含义，在德国实务界看来，便理应排除对第224条的适用。

最后，客观目的论解释的大量适用，势必损害法适用的统一性与法的安定性。

法解释应当维护与追求法规范的目的，这一点应无疑义，关键在于，规范的目的应当如何寻找与确定。客观目的论解释要求根据社会发展的客观需要来对法条目的作出解读，其基本的出发点是“客观目的”这个表述。然而，“如果我们正确观察，就会发现这个用语是一种拟人论的说法。因为，只有人类在行为时才会有目的，法律文本则否。在‘法律之客观目的’这个讲究的标签下所要卖的，其实就是解释者自己放进法律中的目的。‘你所说的各时代的精神，其实只是作者自己的精神，在那精神里面，反映了各个时代的虚影’”[②]。这意味着，所谓的客观解释其实一点都不客观，反倒充斥着浓重的主观色彩：既然是以解释者自己的目的观作为基础，则其他的解释者自然也可以援引不同的目的观来进行争论。如此一来，法条的目的便成为缺乏定论的存在，它犹如变色龙一样，会呈现出多样化的面貌，随着解释者自己的价值取向的不同而有所不同。

---

① 英格博格·普珀. 法律思维小学堂. 蔡圣伟，译. 北京：北京大学出版社，2011：55.
② 同①69.

如果认同客观目的论解释的立场，则无异于肯定，应当以解释者认定的目的作为指导展开对相应法规范的解释。这样的解释论不仅蕴含着倒向无节制的实质解释的巨大危险，严重危及法适用的统一性与法的安定性，也为各种政治力量肆意操控规范的内涵提供了现实的途径。当政治的力量可以随意影响解释的结论时，法教义学苦心构建的体系性制约势必成为一句空话。目的性扩张的极端例子便是类推，在今天的刑法理论中，类推对于法的统一性与安定性的威胁已经无人否认。与扩张性的类推相似，目的论限缩同样可能损害法的安定性价值。对此，杜宇教授有过精到的论述："如果说，类推是对语词外延的扩张，那么，'目的论的限缩'就是对语词核心的剥离。无论是哪种方式，都可能会导致可预测性的丧失。更为紧要的是，当存在两个彼此在适用范围上紧密衔接的规范时，如果以'目的论限缩'限制其中一个规范的适用，便会相应地使另一个规范的适用范围扩张。因此，在客观效果上，'目的论限缩'不仅可能导致规范适用范围的缩小，而且亦可导致（其他）规范适用范围的扩大，从而间接达致类推的效果。"[①]

四、刑法中目的解释的适用规制

不可否认，实质化代表的是 20 世纪以来刑法发展中一股普遍化的潮流。毕竟，在强调法益保护及法律安全价值的同时，如何迎合工业化社会的需要，以及实践国家重视公共利益及社会安全的任务，而使刑法的发展更能符合社会正义，实践具体的妥当价值，是现代刑法立法技术及法理上应加慎思的重要课题。[②] 就此而言，实质解释论的出现有其必然性，鼓吹全盘放弃实质化而重回古典解释论恐怕只是形式论者一厢情愿的想法。[③] 然而，形式论者给出的解决方案不可行，并不意味着其对

① 杜宇. 类型思维与刑法方法. 北京大学法学院刑事法学科. 刑法体系与刑事政策——储槐植教授八十华诞贺岁集. 北京：北京大学出版社，2013：130-131.

② 苏俊雄. 刑法总论Ⅰ. 台北：台湾大地印刷厂股份有限公司，1995：236.

③ 在刑法的解释限度的问题上，形式论者要求根据是否有利于被告人的原则做一刀切的处理。邓子滨. 中国实质刑法观批判. 北京：法律出版社，2009：311.

实质论的批评就不成立。当代的刑法体系始终面临一个基本的命题："如何在增强刑法应变能力的前提下，有效保持刑法的安全性?"[①] 在刑法解释领域，涉及的便是如何确保解释结论的得出过程趋于理性化与具有可控性的问题。对实质化的危险熟视无睹，或者一味地推进实质化而缺乏必要的省思，都有失明智。无论如何，当前争论中形式论者所提出的诸多主张值得认真对待，包括（1）法官在解释上的自由裁量权应受严格的制约；（2）刑法规范首先是针对国民的行为规范，故对条文的解释不能超越国民的一般理解；（3）不能过度夸大解释论在弥补刑法漏洞上的功能。除此之外，谨慎对待目的解释也应是节制对待实质化的必然结论，因为从法解释的角度而言，刑法规范的内涵不仅决定立法文本，也决定方法论上的选择。如果承认倚重目的解释的实质解释论本身蕴含着侵蚀法治基本价值的危险，则问题的关键不仅在于对其实体主张展开检视与批评，也在于从方法论的角度就如何规制目的解释的适用勾勒出一个基本的框架。

"如果说强调目的解释是刑法刑事政策化的结果，那么对于目的解释的制约则是刑事政策法治化的必然要求。目的解释如果缺乏制约，目的的恣意将会轻而易举地瓦解罪刑法定原则。因此，毫不夸张地讲，最终成就目的解释的恰恰是对它本身的制约。"[②] 对于日益偏好于自由解释的刑法体系而言，方法上的控制十分地必要。德国学者格恩（Gern）力主制定一个方法法，在他看来，"如果方法自由，则解释本身也将是自由的，而法律内容本身就处于解释者的自由判断：根据解释者的感觉而来的恣意大门将被开启。因此，不仅要有法律内容的法（ein Recht des Rechtsinhalts），也有要一个方法法（Rechts der Methode），以便可以无恣意且符合法治国地决定方法的选择与优先秩序"[③]。在可预期的将来，制定一个方法法或许不太现实，但利用法教义学的丰富资源来实现对目的解释的合理规制则完全可能。为遏制随实质化而来的企图摆脱

① 周折. 刑事政策视野中的刑法目的解释. 中外法学，2007（4）：452.

② 同①460.

③ 吴从周. 概念法学、利益法学与价值法学. 北京：中国法制出版社，2011：450.

文义约束的日益强大的冲动，有必要借助一种二元性的制约机制，即通过法教义学的内部控制与合宪性的外部控制，来实现对目的解释的规制。

（一）教义学的内部控制

对目的解释的规制，本质上涉及的是如何控制解释者的主观任意性的问题。从法教义学的角度而言，这样的控制不外乎两种途径：一是借助解释方法进行的控制。承认解释者对解释方法享有自由选择权，并不意味着其选择不受任何限制；解释方法适用上的任意，势必使解释结论的得出过程变得完全不可控。因而，借助解释方法使得解释结论的得出过程趋于理性化并具有一定的可控性，是法教义学的内部控制的必要组成部分。二是借助对目的本身的控制。刑法解释并非单纯的方法论问题，解释结论无法完全通过严格控制解释方法的适用而得出，而必须同时考虑解释方法之外的其他因素。这些因素包括实体性的利益权衡、基础价值的维护、现实的可操作性以及解释结论对未来可能产生的政治与社会影响等。在对具体规范的目的进行解读与界定时，应当将前述因素引进来，由此而对目的本身进行必要的控制。只有经过严格考察与检验的目的，才值得作为法规范的目的而受到认真对待。

1. 借助解释方法进行的控制

从以逻辑为中心转向以目的为中心的法律适用，对刑法解释产生的影响便是规范目的被置于至高无上的地位。文义、体系与历史都只是法律解释时需要考虑的因素，而不构成解释方法本身，它们都是在目的统领之下发挥各自的功能。由于过于强调目的对文义、体系与历史等因素的支配地位，这几种因素对目的解释的反向制约作用一直未得到应有的重视。实际上，从对目的解释的规制的角度，有必要提倡与强化文义解释、体系解释与历史解释作为解释方法对前者的反向制约。尤其是，有必要强调文义的形式制约作用，文义解释应当具有相对的优位性，它的基本功能便是标示与划定法律解释活动所允许的范围。

一则，这是制定法的传统使然。“只要我们还是采用制定法，而非判例法或法官法，那么依据文义所为的解释便需要有某种优越性。因为所有的解释都是对于一个制定法的文本所为，所以解释必须要从字面上的解释（所谓文理解释）开始。只有从法条的文义出发，才能够描述解释问题，才能够确定法律体系位置或目的。”① 无论如何，既然法规范的目的是通过制定法的书面表述来体现的，则对目的的寻找与确定理应受立法文本的文义制约。目的解释本身并没有消除法官遵守立法文本的义务，法官仍然要以立法文本为出发点，最后还必须回到立法文本上来。②

二则，这不仅是遵循权力分立原理的结果，也是罪刑法定的必然要求。违背法条文义去贯彻所谓的规范目的，即使得出的结论合乎一般人的正义感，也违背了权力分立的原理。罪刑法定本身意味着犯罪定义权只能由代议制机构（即国会或议会）享有，通过解释去突破法条文义的边界，等于是在代替立法者行使犯罪定义权，这本质上属于对立法权的篡越。法条文字表述上的不当之处，或是由法条表述不当而引起的处罚漏洞，还是应当让立法者自己去弥补。因为“对于立法者的错误描述，只有立法者自己才有权校正”③；过于热心地代替立法者掩饰或修正其中的不当之处，反而使得立法者难以产生尽快修正其法条文字的动机，最终影响人们获得更好的实定法。

基于此，合适的做法应当是，类比于量刑根据问题中报应与功利之间的关系，即报应（或责任主义）因素决定惩罚的上限，在该上限之下考虑功利性的预防需要问题，来处理文义解释与目的解释的关系：文义解释决定解释范围的边界，目的解释则在文义解释所划定的边界范围内发挥作用。一旦承认文义解释的相对优位性，则实质论者将交通肇事后留在原地不救助的行为认定为“交通运输肇事后逃逸”，将真正的军警人员抢劫认定为“冒充军警人员抢劫”，将公众有权提取存款时金融机构拒不允许公众提取认定为非法吸收公众存款罪中的“吸收”等结论，

---

① 英格博格·普珀. 法律思维小学堂. 蔡圣伟，译. 北京：北京大学出版社，2011：80.

② 蒋惠岭. 目的解释法的理论及适用：下. 法律适用，2002（8）：53.

③ 同①82.

都将因超越文义划定的边界范围而应归入类推解释。“刑法文本语词可能具有的含义范围，包括文字的自然意义、各文字间的相关意义以及贯穿全部文字之整条意义，这既是刑法解释的最大边界，也是论理解释与类推解释的根本界限。超越了被解释的语词的可能含义范围，或者改变了被解释的语词应有的客观的意思，就不再是对刑法文本本身含义的阐释与重构，而是扩展法条含义、填补刑法漏洞的类推解释。”① 有权赋予概念以超越其一般语义范围的内涵的，或者利用拟制的技术将本不属于概念文义范围的事物涵摄纳入其中的，其主体只限于立法者。立法者基于刑事政策上的特殊考虑，有时会通过法条的形式，赋予概念以超出一般语义范围的内涵。比如，我国《刑法》第 240 条第 2 款对“拐卖”做了扩张性的规定，即“拐卖”是指以出卖为目的，有拐骗、绑架、收买、贩卖、接送、中转的行为之一的。若不是立法有此特别规定，对拐卖的解释本来应当受“拐卖”概念的语义可能性的制约，收买、接送、中转行为不可能被视为是拐卖行为本身，它们充其量是拐卖的预备行为或帮助行为；而拐骗与绑架至多只能视为是拐卖行为的着手，而难以被认为构成拐卖的既遂。再如，《刑法》第 91 条第 2 款将在国家机关、国有公司、企业、集体企业和人民团体管理、使用或者运输中的私人财产，均视为公共财产。

除文义解释之外，体系解释与历史解释也可用于对目的解释适用的制约。以非法经营罪为例。2013 年 9 月“两高”《关于办理利用信息网络实施诽谤等刑事案件适用法律若干问题的解释》第 7 条的规定，以营利为目的，通过信息网络有偿提供删除信息服务，或者明知是虚假信息，通过信息网络有偿提供发布信息等服务，属于《刑法》第 225 条第 4 项规定的非法经营行为。这样的解释结论单从目的解释的角度考虑或许不存在障碍，如果非法经营罪法条的目的被解读为意在处罚实质上扰乱市场秩序的经营行为的话；仅看第 225 条第 4 项的文字表述，前述行为也确有被归入“其他严重扰乱市场秩序的非法经营行为”的余地。然

① 梁根林．罪刑法定视域中的刑法适用解释．中国法学，2004（3）：129.

而，从体系解释的角度来看，这样的解释结论存在严重的问题。对第225条第4项显然不能孤立地进行解读，而必须对照前三项列举的行为进行同类解释，以保持第225条内部的协调性与一致性，这是体系解释的必然要求。前三项所规定的非法经营行为都涉及违反市场准入制度的业务，包括未经许可经营专营、专卖物品或者其他限制买卖的物品，买卖进出口许可证、进出口原产地证明以及其他法定的经营许可证或批准文件，未经批准经营证券、期货、保险业务或资金支付结算业务。与之相应，如果是经过许可或者批准的单位或个人，是允许从事相关的业务的。然而，通过网络提供有偿删除信息或发布信息等服务，并不属于涉及市场准入制度的业务，在此之前，从来都没有相关的行政规定表明从事这样的业务需要经过事先的许可或批准。况且，似乎也没有迹象表明，前述解释有意将事先经过许可或批准的相关行为合法化。实际上，此类行为统统被认为是不被允许的，入罪与否的关键仅在于是否达到第225条所规定的“情节严重”的程度。基于此，应当认为“两高”的前述解释在方法论上有失妥当，相应的结论从法教义学的角度而言是不可接受的。

2. 借助对目的本身的控制

对目的解释的规制，除通过解释方法的控制之外，还应当对目的本身进行控制。对目的的控制可分为两个层面：一是从形式的层面而言，对具体罪刑法条的目的的解读与界定应当与刑法整体的目的相协调。也即，在解读罪刑规范的目的时，不能孤立地考虑某一具体的规范，更不能仅仅基于该规范而作出界定。既然刑法体系本身构成一个合目的意义上的统一体，既然单个规范的目的与其他规范的目的一道服务于刑法的整体目的，对单一规范的目的的界定，理应同时顾及其他相关条文的目的与作为整体的刑法所追求的目的。二是从实质的层面而言，作为罪刑规范的目的必须通过三重检验（即外部批判，内部批判与后果考察）予以客观的确定。具体而言，首先，必须确认所要追求的目的本身是正义的、理性的，以及有益的；其次，对于完整实现这个目的而言，规范必须是一个适当的手段；最后，实现这个规范目的不得引起超乎规范目的的价值的不利附属后果。[①]

对目的的实质控制，不能以国家的实证法的内容为限，而必须允许考虑法外的事实既存秩序与伦理因素；否则，目的极易沦为国家滥用规范优势的遮羞布。要求目的的正义、理性与有益，本身就意味着引入一种法外的判断标准，而实证法自身显然无法完全提供这样的正当根据。正是基于此，拉伦茨倡导一种不以主体意志（包括立法者与解释者）为转移的、适宜于所规整事物的特质与结构的客观目的论，它在文义解释、体系解释、历史的目的论解释无法获致无疑义的解答时予以适用。在拉伦茨看来，客观目的论包含两类标准：其一涉及被规整事物领域的结构，也即立法者为实现合理立法必须考虑的，同时又无法改变的实际既存状态；其二是隐含于规整之中的一些法伦理原则，只有借助这些原则才能掌握并表达出规整与法理念间的关联。[②] 无独有偶，阿列克西也持基本类似的观点，他认为目的解释所探求的目的，“不是依据过去和现在实际存在着的任何个人的目的，而是依据‘符合理性的’或‘在现行有效的法秩序框架内客观上所要求的’目的”[③]。强调目的的这种独立于主体意志的客观性，是方法论转变之后才出现的现象。根据当代的解释方法学说，适用法律不单纯是运用三段论的涵摄与推理的过程，解释者在忠于法律的同时，也负有作出公正决定的义务。

除对目的进行外部批判之外，对目的的控制还表现在展开内部批判与后果考察上，即必须考虑规范作为实现目的之手段的适当性，同时审慎地考察这样的目的设定是否会以损害更重要利益或价值的保护为代价，给未来的政治与社会生活带来重大的不利后果。以南京换妻案为例，在私密场所多人共同实施性行为是否构成聚众淫乱罪，涉及的是聚众淫乱罪构成要件的解释问题。单从《刑法》第 301 条规定的“聚众进

---

① 英格博格·普珀．法律思维小学堂．蔡圣伟，译．北京：北京大学出版社，2011：69-70.

② 卡尔·拉伦茨．法学方法论．陈爱娥，译．北京：商务印书馆，2003：211-212.

③ 刘飞．宪法解释的规则综合模式与结果取向．中国法学，2011（2）：83.

行淫乱活动”的表述来看，似乎私密进行的聚众性行为也属于涵摄的范围，尤其是如果将该条的规范目的泛泛地界定为保护社会风化的话。然而，这样界定规范目的，首先面临的问题便是，刑事制裁是否适宜作为提升公民个人的性伦理或私德的必要且有效的手段？其次，因动用刑罚来惩处私密的聚众性行为而附随的诸多不利后果，应当如何处理？很显然，对于提升公民的性伦理或私德而言，刑事制裁从来都不是有效的手段；同时，从现代社会严格区分法律与伦理的角度，其必要性也令人质疑。而动用刑罚来惩处私密的聚众性行为，一方面必然会引发对公民私生活与私人住所的更严密的监控，另一方面也为司法人员选择性执法提供了机会，为腐败的滋生提供温床；并且，将有限的执法资源大量分流到此类犯罪上，还构成对执法资源的巨大浪费，影响对其他重要领域的投入。如此检讨下来，便会发现实在不适宜将第 301 条的规范目的泛泛地界定为社会风化的保护。就聚众淫乱罪的法条而言，其规范目的更宜被理解为是对公众的性的羞耻心的保护；相应地，该罪在构成要件上应当内在地蕴含公开性的要件，即行为方式可能为不特定或多数人所知晓，公开性乃作为该罪的不成文的构成要件要素而存在。可见，将对目的的内部批判与后果考察当作选择性规则，对目的的界定能够起到一定的排除与筛查的功能与效果。只有依据经排查后确定的目的，才有可能对构成要件展开合理的解释。

（二）合宪性的外部控制

从刑法与宪法的关系来看，作为下位法的刑法理应受到处于更高位阶的宪法的制约。宪法对刑法的这种制约，自然地也会体现在刑法解释上。梁根林教授曾明确指出，为确保刑法解释结论的可预测性，目的解释应当受到作为更高位阶的母法的宪法文本的制约。① 这当然不意味着，作为解释者的法官有权对刑法文本是否合宪的问题进行实体性的审查。它是指法官在对能被作出解释的、拥有解释空间的规范进行解释和适用的时候，要注意宪法中的基础性决定，注意所谓的基本权利

① 梁根林．罪刑法定视域中的刑法适用解释．中国法学，2004（3）：130.

的“辐射作用”与“主导（法院）解释的顾及”。德国学者施莱希等称之为“基于宪法的解释”，与传统的合宪性解释不同，它不是以宪法为审查标准对规范或其可能的解释进行审查，或在一定情况下决定规范不予适用。[①] 简言之，应当区分制度层面的宪法适用权与方法论层面的宪法适用权。[②] 在我国现有的制度框架下，前一权力由全国人大常委会专享，后一权力则普通法官也可享有。严格说来，“基于宪法的解释”也应当是法官的宪法义务，在适用部门法时，任何法官都负有使其解释合宪的责任，因为“作为公权力主体的法官，不论其有没有违宪审查权，他都有义务将宪法的基本决定和价值安排通过法律解释的技术贯彻于部门法的规范体系”[③]。

“基于宪法的解释”意义上的合宪性解释，具有不同于违宪审查意义上的传统合宪性解释的特点。作为一种法律解释方法，它毋宁是不涉及宪法内容而对宪法的一种“借援”。这种“借援”的效用在于：一方面，由于法院在适用法律解决个案的过程中负有说理论证的义务，单纯解释规则对于宪法的这种“借援”可起到一种辅助性的论证效用，进而帮助解决个案纠纷；另一方面，这种“借援”在方法论的支撑下也在形式上体现了法院对于宪法意旨的贯彻。[④] 本章所谓的刑法解释应当受宪法的制约，自然指的是前种意义上的合宪性解释。为防误解，故采用合宪性控制来指代此种合宪性解释的要求。

就目的解释的规制而言，刑法教义学之外的合宪性控制主要分为两个方面：一是宪法文本内容（尤其是有关基本权利的规定）本身对目的解释的控制；二是作为立宪基础的人民主权、权力分立、法治国等基本原则与精神对目的解释的控制。对目的解释进行合宪性控制，是刑法受宪法制约的命题的必有之义，是从实质合理性的角度展开对目的解释的

① 克劳斯·施莱希，斯特凡·科里奥特．德国联邦宪法法院：地位、程序与裁判．刘飞，译．北京：法律出版社，2007：454-455.

② 王书成．论合宪性解释方法．法学研究，2012（5）：53.

③ 张翔．两种宪法案件：从合宪性解释看宪法对司法的可能影响．中国法学，2008（3）：113.

④ 同②54.

规制。“宪法是确定刑法保护范围和保护程度的根本依据，对目的解释的合宪控制可以保证解释结果所体现的价值衡量不‘溢出’宪法范围。”[①] 基于合宪性控制的要求，基本权利势必构成目的解释的实质的外在边界，通过目的解释得出的结论不允许产生削减甚至否定基本权利的效果。此外，作为解释者的法官有义务在多种解释结论中优先选择合乎宪法的解释结论，或者说其负有避免解释结论引发相关法条违宪嫌疑的义务。德国联邦宪法法院在其判例中曾明确指出：“如果可以对某一规范作出多种解释，并且部分解释所形成的结果是该规范是违宪的，部分解释所形成的结果是该规范合宪；那么该规范就是合宪的，必须对之作出合宪解释。”[②] 这也是合宪性推定的合乎逻辑的产物。所谓的合宪性推定，意指司法机关在对立法进行审查与适用时，首先推定相关立法合乎宪法，这种对立法的保全倾向体现了司法权对立法权的尊重。在任何倡导民主政治的法律体系中，这样的尊重都是必要的。

从合宪性推定的原理出发，可能引发宪法问题的解释结论理应受到排斥。确定这一点，有助于帮人们转换思路，为刑法中某些法条的解释提供合理的方案。以我国《刑法》第 306 条规定的辩护人、诉讼代理人毁灭证据、伪造证据、妨害作证罪为例。该条的规范目的明显是要更为严厉地打击律师实施的妨害司法的行为，如果遵照法条表面的文义，则实施相同的行为，辩护人或委托代理人比司法工作人员更容易入罪，处罚上也更为严厉。

不妨做一下对比。此类行为如果是由司法工作人员实施，适用的是第 307 第 1 款的妨害作证罪与第 307 第 2 款的帮助毁灭、伪造证据罪。从文义的角度进行对照，可发现第 306 条与第 307 条在内容上存在三点不同：(1) 行为类型略有不同。前者的行为类型包含三种，即毁灭、伪造证据，帮助毁灭、伪造证据，以及威胁、引诱证人违背事实改变证言

① 周折．刑事政策视野中的刑法目的解释．中外法学，2007 (4)：460.

② 克劳斯・施莱希，斯特凡・科里奥特．德国联邦宪法法院：地位、程序与裁判．刘飞，译．北京：法律出版社，2007：449.

或者作伪证。后者成立犯罪的行为类型则只有两种，即帮助当事人伪造、毁灭证据与阻止证人作证或指使他人作伪证。因而，如果司法工作人员没有共同参与毁灭、伪造证据，也不是基于当事人的利益进行毁灭、伪造，则其不能构成帮助毁灭、伪造证据罪；而实施相同的行为，辩护人与委托代理人则会构成犯罪。当然，在此种情况下，司法工作人员可能涉嫌滥用职权罪，问题在于该罪的成立要求行为致使公共财产、国家和人民利益遭受重大损失；如果没有造成重大损失，对司法工作人员便不可能以滥用职权罪定罪。(2) 妨害作证的情形中，对行为方式的要求有所不同。同样是指使作伪证的情形，司法工作人员构成犯罪，要求必须“以暴力、威胁、贿买等方式”进行；而辩护人、诉讼代理人则只需满足“威胁、引诱”的条件。由此，单纯地引诱而未采用暴力、贿买方式妨害作证的，司法工作人员不构成犯罪，而辩护人、诉讼代理人则构成犯罪。(3) 帮助毁灭、伪造证据犯罪的成立，在是否要求情节严重上有所不同。在辩护人、诉讼代理人实施相关行为的场合，对其定罪不要求达到情节严重的程度，情节严重属于加重事由；在司法工作人员实施相关行为的情况下，则情节严重作为入罪的基本要件而存在。

《刑法》第 306 条与第 307 条为辩护人、诉讼代理人与司法工作人员设定了不同的入罪门槛。那么，是否存在需要区别对待的特殊理由呢？比如，前种情形中有更为重要的法益需要保护，或者存在刑事政策因素的特殊考虑。然而，从法益的角度，人们显然无法得出辩护人、委托代理人实施帮助毁灭、伪造证据或妨害作证的行为，其法益侵害性程度要较司法工作人员实施相应行为的更高的结论。从刑事政策的层面考虑，也根本不存在需要更为严厉地对待辩护人、诉讼代理人的理由。相反，人们倒是有正当的政策理由做相反的设定，即基于保护辩护权或司法工作人员特殊身份的考虑，对辩护人、诉讼代理人的入罪性门槛应当比司法工作人员的设定得更高。

可见，若是将第 306 条的规范目的界定为从严打击律师实施的妨害司法的行为，并由此展开文义解释，将使该条因违反平等原则而面临违宪的质疑。基于合宪性推定的考虑，前述规范目的明显涉嫌违宪而缺乏正当性。为避免出现违宪的解释结论，有必要对该条的规范目的重新界定，只将该条视为一般意义上的特别法条，其与第307条构成法条竞合中的特别关系（只是主体要素有所不同），据此对该条规定的构成要件展开解读。

具体而言，在对“威胁、引诱证人违背事实改变证言或者作伪证”进行解释时，应对“引诱”“证人”等概念做严格的限定：（1）“引诱”要求必须是以贿买方式进行的引诱，以便与第307条妨害伪证罪的规定保持平衡。（2）“证人”不应包括被告人，即引诱被告人违背事实改变证言或作伪证的情形应当排除在外。《刑法修正案（八）》已将坦白规定为法定的从宽情节，这意味着被告人或犯罪嫌疑人并无如实陈述的义务（等于变相承认沉默权），否则，其便没有理由享有量刑上的优惠。（3）要求必须出现证人违背事实改变证言或者作伪证的客观结果。如果只是对证人实施威胁、引诱行为，但是证人最终没有违背事实改变证言，便理应认为没有发生法益侵害的紧迫危险，不能构成犯罪。

对于“帮助当事人毁灭、伪造证据”的解释，也应遵循类似的原理：（1）为维持与第307条第2款规定的平衡，应当增加情节要素作为入罪要件，即此种行为的入罪，同样要求达到情节严重的程度。（2）有必要对第306条中作为加重构成的“情节严重”与第307第2款中属于基本构成的“情节严重”做不同的解释。前者是法定加重的事由，对其进行界定时自然要求在严重性方面应较后者更高。从合宪的角度考虑，没有理由将具有相同内涵的“情节严重”，在辩护人、委托代理人实施帮助毁灭、伪造证据的场合当作加重情节，而在其他主体实施相关行为时则只作为入罪情节。

归结而言，在当代的刑法语境中，基于实质化之于刑法体系的开放性所具有的意义，实质解释恐怕很难为现代的刑法解释论所放弃。展望未来的刑事政策，我们仍然面临矛盾的任务：“一方面要对个体和集体利益的新的损害形式用适当的、现代化的刑法规范予以反应；另一方面刑法要限制在绝对不再能够容忍的行为方式的领域范围并要避免它的滥用。”[①] 若是要求刑法对新的损害形式作出有效的反应，则放弃实质解释等于自废武功。刑法适用者当然必须遵守立法的字面界限，但同时也必须谋求刑法的刑事政策目的，并将之贯彻与落实于个案之中；在事实与规范之间不断地往返观察，导致了历史上不可能出现的规范具体化，在福格尔看来，这必须成为教义学无可后退的认知。[②] 因而，真正需要关注的命题是，如何确保实质解释论的节制适用？本章对目的解释所展开的反思，正是尝试从方法论的角度，为节制适用实质解释勾勒一个基本的制约框架。科学能够确定为实现应然目的所必需的方法，这种针对由法律目的所限定的方法进行的思考，不应当只是依照法律政治的方式、根据目的来找方法，而且也要回过头来从方法上看目的，也即，要充分地意识到，目的的意义是通过实现目的不可缺乏的手段和与手段相关联的无法避免的副作用来加以阐明的。[③] 承认方法并不具有相对于目的的完全的独立性，承认方法问题并非单纯的技术问题，意味着对实质解释论展开方法论的反思不可或缺。

德国学者魏德士曾指出：“对法律工作者而言，对方法的忠诚起着自我监督的作用。当‘法律适用的精神和目标’毫无约束地专行时，方法就发挥着报警器的作用，反之，如果赋予法律适用自身以单独的‘精神’，那么已经意味着踏上了非理性的道路。也许只有具体的法律适用者的精神在起作用。如果法律适用者不打算用其自身的政策愿望与目标来代替立法的地位的话，那么方法上的自我约束是有益的。”[④] 要求对方法问题保持警惕，是因为方法本身在政治上并不中立，而某些方法已经被证明是用来使法无条件地迎合当权者意志的、唯命是从的工具。纳粹主义依赖于客观解释与目的解释而去除立法性的约束，这本身表明方法的选择不是任意的。所以，有必要对客观解释与目的解释可能导致的

---

① 魏根特．论刑法与时代精神．樊文，译//刑事法评论：第 19 卷．北京：北京大学出版社，2007：305.

② 约阿希姆·福格尔．纳粹主义对刑法的影响//刑事法评论：第 26 卷．北京：北京大学出版社，2010：310.

③ G. 拉德布鲁赫．法哲学．王朴，译．北京：法律出版社，2005：10.

④ 伯恩·魏德士．法理学．丁小春，吴越，译．北京：法律出版社，2013：283-284.

无节制的实质化趋势保持警惕，一种既注重教义学的内部控制又强调合宪性的外部控制的制约框架可谓势在必需。

五、本章小结

1. 刑法中的实质化思潮是耶林目的法学的产物，经由利益法学推动的方法论变革，刑法适用日益地从以形式逻辑为中心转变为以目的为中心。实质化与目的解释之间存在密切的内在关联，后者构成实质解释论的首要方法。

2. 目的解释的适用具有双刃剑的效果。对目的的探究能够赋予解释者以解释的自由；目的解释主要被用于堵截处罚方面的漏洞，确保刑法之网的严密性与开放性。目的解释的内在危险则在于，会弱化罪刑法定的制约机制，并严重威胁与侵蚀刑法适用的统一性与客观性。

3. 目的解释的规制涉及的是如何控制解释者的主观任意性的问题。有必要借助一种二元性的制约机制，即通过法教义学的内部控制与合宪性的外部控制，来实现对目的解释的规制。

第七章　功能主义刑法解释体系性控制之实现

一、体系性思考的控制功能

随着对刑事政策与刑法体系之间作用机理的研究的深化，刑事政策的合目的性考虑不仅对犯罪论的构建产生重要的影响①，它还进一步被引入刑法解释的领域，开始影响刑法解释的方法论。② 在刑法解释领域，刑事政策的合目的性考虑，注重对解释结论的社会效果的考察，自觉以社会效果的考量作为指引，对刑法规范的解释过程进行反思性的调控。这样一种强调合目的性考虑的刑法解释，意味着功能主义进路在我国的兴起。这种进路的功能主义，构成当前我国刑法理论中功能论思潮的主导范式，它主要以目的理性的思想作为自身的理论灵感与构建基础。

功能主义的刑法解释观认为，法条并无固定不变的客观含义，其含义是通过司法者能动性地建构所得。此种解释观强调对刑法体系的应变性价值的维护。由于强调解放解释者的自由，它有利于解决疑难案件和

---

① 劳东燕. 刑事政策与刑法体系关系之考察. 比较法研究，2012 (2)；陈兴良. 刑法教义学与刑事政策的关系：从李斯特鸿沟到罗克辛贯通. 中外法学，2013 (5)；冯军. 刑法教义学的立场和方法. 中外法学，2014 (1)；陈尔彦. 刑事政策与刑法体系关系之梳理——兼论罗克辛目的理性犯罪论体系之变迁. 刑事法评论：第 36 集. 北京：北京大学出版社，2015；吕翰岳. 作为与不作为之区分的目的理性思考——以德国判例学说为借镜. 环球法律评论，2017 (4).

② 劳东燕. 刑事政策与刑法解释中的价值判断. 政法论坛，2012 (4)；杜宇. 刑事政策与刑法的目的论解释. 法学论坛，2013 (6)；劳东燕. 能动司法与功能主义的刑法解释. 法学家，2016 (5)；劳东燕. 功能主义刑法解释的方法与立场. 政法论坛，2017 (2).

个案正义，也能确保刑法应时应势地作出调适。这样一种刑法解释观，是诸多因素综合作用下的产物。包括从概念法学到利益法学的方法论转变，与之相随的实质论思维的兴起，社会法学在20世纪上半叶的勃兴，法律工具主义与目的理性的刑法体系思想的大行其道，以及诠释学对法律解释的渗透性影响等诸多因素，都与刑法解释的功能化之间存在一定的内在关联。[①] 在很大程度上，刑法解释的功能化与实质化是回应社会需要的产物，鲜明地体现出回应型法的特征。[②]

（一）功能论与实质论之间的关系

从基本立场来看，功能主义的刑法解释应归入实质解释论的阵营。它同样偏好于客观目的解释，强调在不违背罪刑法定的前提下对处罚漏洞进行弥补，认为概念本身并无固定不变的含义，其内涵取决于相应规范的保护目的。只不过，实质解释论者往往将目的本身当作论证的逻辑起点，对实质判断来源于何处，或者不作明确的交代，或者以胸中充满正义这样较为含混的表述来应对。功能论者则主张，目的并非论证的逻辑起点，对刑法规范的目的如何解读，取决于对其社会功能的定位。简言之，功能决定目的的解读。其间的逻辑关系是，刑法规范的社会功能决定其保护目的，而保护目的进一步决定对相应规范的解释。这意味着，刑法解释的功能化与实质化之间，在立场、逻辑与方法上均存在亲缘关系。

刑法解释的功能化与实质化，有其必然与合理的一面。它立足于刑法的社会功能来考虑刑法理论的构建，将法的目的定位于社会存在，能够有效避免概念法学的技术逻辑与社会生活相疏离的问题。由于以社会功能的实现作为自身的诉求，这样的一种解释论将关注的重心由法的技术逻辑面向转向法的社会目的面向。它以利益法学（及其评价法学）与

---

① 哲学诠释学与法律解释的功能化之间存在内在的关联。如论者所言，哲学诠释学发现了语言系统的开放性本质，对语言系统采取以功能来解释的态度，更为强调语言所表现出来的动态的功能，而不仅仅局限于语言系统的静态结构。王彬．体系解释的反思与重构．内蒙古社会科学，2009（1）：65.

② 诺内特，塞尔兹尼克．转变中的法律与社会．张志铭，译．北京：中国政法大学出版社，1994：81-132.

社会法学作为自身的方法论基础，认为实质的利益衡量与政策性权衡必须融于其中，而不再将刑法体系单纯地理解为以形式逻辑为基础的概念体系。经由解释入手来锻造刑法体系的开放性，使之合乎当下的规范性需要，功能化的刑法解释能有效缓解因外部环境复杂化而对刑法体系造成的冲击。如此一来，解释的重要性就变得无与伦比，甚至于法解释就成为法本身，由此导致司法日益地显现其作为法律系统之中心的特性。

功能主义的刑法解释关注刑法体系与外部环境之间的互动关系，它往往借助目的论的思考来进行利益权衡，以实现对刑法体系的应变性的维护。如托依布纳所言，法律中的社会学变革（社会学法学、自由法学、利益法学）应该被视为形式法实质化过程在方法论上的对应物。[①] 问题在于，一种实质取向的解释论，由于强调个案裁判的结果取向与利益权衡，短期内确实大大增加了现代法律的社会适应性，但将其内在逻辑推到极致，必然会导致形式法律体系的解构。[②] 基于此，强调应变性的刑法解释论，必然不可避免地面临对自身的实质化倾向的反思性控制问题。这种实质化的倾向本身，内在地蕴含一种破坏法治的潜在力量。"当达到目标或关注结果成为裁判案件的最高准则时，法律体系受规则约束的本质就会有所减损。"[③] 因而，法律体系中，功能化的走向存在侵蚀乃至瓦解法的客观性与统一性的危险，它在扩张法官自由裁量空间的同时，也带来如何解决判决的主观性的难题。我国学者在论及法学对哲学诠释学的继受时，也特别提到哲学诠释学存在相对论与主观论的倾向，容易产生瓦解法治的危险，包括松动法律解释的客观性并侵蚀法律的安定性，导致法律文本意义的无根性和弥散性，由强化解释过程的开放性而导致对法律解释的确定性的消解。[④] 如果承认规则之治的必要

---

① 贡塔·托依布纳. 反思性的法——比较视角中法律的发展模式. 祁春轶，译//魔阵·剥削·异化——托依布纳法律社会学文集，泮伟江，高鸿钧，等译. 北京：清华大学出版社，2012：313.

② 泮伟江. 当代中国法治的分析与建构. 北京：中国法制出版社，2017 (2)：162.

③ 布赖恩·Z. 塔玛纳哈. 法律工具主义：对法治的危害. 陈虎，杨洁，译. 北京：北京大学出版社，2016：319.

④ 王彬. 再论法学对哲学诠释学的继受. 法学论坛，2012 (5)：72，74-75.

性，承认客观、中立、公正始终是法治机制应当追求的基本目标，则维护规则本身的权威，约束解释的实质化所带来的主体恣意性，势必成为当前刑法理论需要直面的重大命题。

（二）功能化走向内在危险的控制

自然，问题的关键不是从根本上放弃功能化，放弃法官的自由裁量，而在于如何使功能化的考量受到反思性的控制，将法官的裁量权约束在规则之治所允许的边界之内。刑法教义学的功能化发展，初衷是要追求与强化刑法回应社会环境变迁的能力。这样的追求，从刑法体系发展的方向来看有其必要。一个过于强调自主性而全然封闭，无法与外界进行能量与信息交换的刑法体系，势必会因欠缺回应社会的能力而遭到否弃。对实质化与功能化考量的反思性控制，本质上涉及的是当代刑法体系的自主性与应变性之间的关系处理问题。对于整个法律体系来说，也是如此。一方面，一套具有自主性的法律体系，对中国社会完成现代转型而言必不可少；另一方面，中国社会正面临急剧的社会转型，需要积极回应伴随社会转型而来的各种规范性需求。基于此，在自主性与应变性的关系上，任何非此即彼的选择，都不免有失偏颇，而可能将我国的法治建构引向歧路。考虑到法律体系的自主性对于法治建构而言具有基础性意义，以牺牲体系的自主性为代价而成全应变性的做法，必须引起高度的警惕。

合理的选择应当是，重新构造法律体系的自主性，使之能与应变性的要求相兼容，并据此而对刑法解释的功能化与实质化施加反思性的控制。在此种意义上，片面强调回应需要的回应型法模式存在先天的不足，而只有反思性的功能模式，才适合充当刑法体系据以重构的模本。我国刑法理论中现有的关于机能主义或功能主义的思考，大体上可归入回应型法的范畴。反思性的功能模式的不同之处则在于，强调刑法体系不是被动地接受社会变迁的影响，而是按体系自身的运作逻辑来化解与应对外部环境带来的激扰。

单纯运用所谓的法感，即有关公正与正当的道德情感，无法防止目的理性对法感的绑架。与此同时，文本论的解释方法也并非可供依靠的有效手段。如论者所言，它受结构主义哲学的影响，在结构主义那里，文本是一个封闭的系统，文本中的符号在相互指称中产生意义；如果解释者遵照结构主义哲学主张的策略进行解释，法律概念的意义只有在与其他概念的差异中才能予以界定，据此，人们可以通过对法律文本上下文语境的考察，通过考察法律条文之间的逻辑关系，通过逻辑学上的矛盾律、排中律、同一律等方法，精确地确定法律概念的含义。① 这种解释观与概念法学将法律当作封闭自足之系统的设定可谓不谋而合，它完全不考虑法律体系的应变性面向。因而，即便文本论的解释方法有现实意义，其意义也较为有限。那么，究竟依据何种技术或机制来实现对功能主义刑法解释的控制呢?

必须承认，在一个正常的法律体系中，对于司法的自由裁量权，存在包括裁判机制、作为形式化知识的法教义学以及法律人共同体等诸多结构性的制约因素。② 就我国而言，在缺乏先例制度，且法律人共同体意识也较为淡薄的情况下，若想解决前述问题，可供仰赖的主要便是法教义学的技术。这意味着，“跳出立法中心主义的窠臼，将理论关注重点转向解释论范畴内的刑法体系内部控制”③。由法教义学所代表的职业性技术具有统合法律共同体的功能，其所固有的超越于使用者个人的普遍化倾向与公共性，有助于在共同体内部建立一种客观性的制约与监督机制；这种机制不仅可以过滤政治性权力与社会性权力对司法裁判之中立性的干涉，而且能够控制法官对于司法权力的滥用，使法官通过技术来隐藏自己不当行为的做法很难得逞。④ 按许酒曼教授的说法，一种按其理念是无漏洞的教义学网络，以及法学对司法裁判精细绵密的监控，仿佛一个国家里的第四权，它只监控而不进行支配，与司法权（第三权）的独立性形成重要的、甚至是不可避免的相互关系；它为“谁将监督管理者”这一复杂问题提供独特的答案，不同于其他权力，

① 王彬．体系解释的反思与重构．内蒙古社会科学，2009（1）：65.
② 泮伟江．当代中国法治的分析与建构．2版．北京：中国法制出版社，2017：241.
③ 梁根林．传统犯罪网络化：归责障碍、刑法应对与教义限缩．法学，2017（2）：10.
④ 同②254-263，281.

它可以不怕各种滥用的情形，因为其唯一的武器是精神思想性的权力。[①]

归结而言，刑法教义学的基本价值就在于，“在法治国罪刑法定原则的基础上以体系化的方式集概念与论证方法之大成，从而使得法律案件得以通过清晰明确的方式得到解决。刑法适用的过程因而是可预见的且可合理审核的，法官的个人评价——不管是道德性的还是政治性的——都会受到显著的遏制”[②]。这意味着，体系性的思考不仅是作为法教义学的核心特征存在，而且对遏制法官/解释者的主观性至关重要，有助于促使个案的实质化权衡合乎法治的整体理性之要求。无论如何，“适用于个别争议决定的规则，不可能只是司法智慧的孤立运用，而必须被纳入某种系统性的相互关系，并且在这当中加以维系；他们必须展现某种连贯的内部结构”[③]。随着目的论思维及方法的大行其道、刑法解释的日趋功能化，强调体系性思考对法官/解释者在个案中的实质性权衡进行制约，显得尤其必要。法官对社会效果的功能性追求，只能在解释允许的边界内来进行，且必须遵循教义学的运作逻辑。

（三）体系性思考的反向制约作用

文义解释对于控制解释边界无疑具有现实的意义。就法条概念的语言意义范围而言，通过将语义学意义的范围与语用学（语境）意义上的范围相结合，由两者相互限制、相互补充地来决定，文义解释可以对解释范围发挥一定的控制作用。[④] 这也是刑法解释上经常诉诸“文义的可能范围”来解决刑法解释的限度问题的原因。然而，正如杜宇教授所指出的，刑法解释的限度，并不只是刑法规范本身的意义限度问题，更是

① 许酒曼．作为学术的刑法释义学．吕理翔，译//许玉秀、陈志辉．不移不惑献身法与正义——许酒曼教授刑事法论文选辑．台北：新学林出版股份有限公司，2006：125.

② 埃里克・希尔根多夫．德国刑法学：从传统到现代．江溯，黄笑岩，等译．北京：北京大学出版社，2015：179.

③ 巴拉克．民主国家的法官．毕洪海，译．北京：法律出版社，2011：23.

④ 杜宇．基于类型思维的刑法解释的实践功能．中外法学，2016（5）：1242.

刑法规范与案件事实间匹配可能性的限度问题。“文义的可能范围”标准至少存在如下缺陷：其一，它的外在界限并非清晰明了，不具有稳定而清晰的品格。其二，它将目光仅放在规范本身，将解释限度把握为文本的语义范围问题，而解释限度其实是“规范与事实间关系性的存在范围”。其三，它将待解释范畴统一地默认为概念，因而考察的是对象是否落入概念的语义范围内；但大部分的待解释范畴其实属于类型，这些范畴与事实间的关系必须从意义性、价值性的角度展开。其四，它不能担保刑法目的性与实质妥当性的达成。①

基于“文义的可能范围”标准的不足，在刑法解释的限度问题上，有必要进一步借助体系性的思考，来约束与防止基于功能性考虑而可能引发的刑罚权的过度扩张。诚如论者所言，机能性方案作为一种合目的性、主题式、政策性的思考，是现代主义的时代精神之体现，但体系性思考本身代表的是更大的政策；体系性思考之所以能够整合各种机能性方案，正是因为它建立在更为根本的机能期待的基础上，而这样的机能期待又是通过逻辑的不断推理来实现的。② 在大陆法的语境中，无论是罪刑法定的明确性所维护的价值，还是法治国对司法提出的同案同判的要求，都必须通过体系性的思考才能实现。就此而言，体系性思考乃作为法治国不可放弃的基本方法而存在的。体系性思考有助于对抗极端的功能主义与目的论思维所可能导致的体系消融甚至崩溃，确保只有与既有法秩序无矛盾地共存的政策才对刑法体系施加影响，防止那些可能造成体系性震荡或结构性矛盾的政策因素进入刑法体系。③

对功能主义刑法解释进行体系性控制的问题，本质上也就是刑法解释的限度问题。在此方面，体系性思考无疑能够发挥积极的作用。体系架构及体系思想，具有审查具体法价值，判断彼此之间是否相容的功能，体系并非外在于价值判断而存在，它构成法价值判断的逻辑秩序；在一个以宪法为基础的现代法秩序中，不允许存在透过体系的改造与修

① 杜宇．基于类型思维的刑法解释的实践功能．中外法学，2016（5）：1241-1242.

② 蔡桂生．构成要件论：罪刑法定与机能权衡．中外法学，2013（1）：140.

③ 杜宇．刑事政策与刑法的目的论解释．法学论坛，2013（6）：83.

正仍无法排除的价值矛盾。[①] 由于体系性思考对刑法解释的边界控制，本质上是刑法体系的自主性要求的延伸，意在将对应变性的追求限定在合理的界限之内。因此，本书探讨的体系性思考与功能主义刑法解释的控制之间的关系问题，必须置于刑法体系的自主性与应变性如何协调的命题框架中，才能真正凸显其重要的意义。

遗憾的是，体系性思考对于功能主义刑法解释的反向制约作用，迄今都未能在方法论层面完成必要的加工。尽管对客观目的解释的危险存在相当的共识，且现有的涉及个罪研究的论作，不少已在自觉地适用体系性的思考与论证方式；但是，缺乏方法论层面的提炼与总结，使得这样的适用并未被广泛接受。即便是自觉适用体系性思考的论作，也多少存在视域局限的问题，往往只是实现了部分程度的体系化。这就使得在解释论的领域，不仅形式解释论阵营强调形式制约方面的有益主张未能被有效地吸纳，从功能主义刑法解释论本身的建构来看，也不可避免地存在结构上的空白与欠缺。归结而言，体系性思考对于功能主义刑法解释的反向制约，之于刑法解释限度的意义，并未在方法论层面得到应有的关注与挖掘。

从方法论的层面来说，基于目的理性的体系思想，无论是犯罪论体系还是刑法解释论的构建，都应当在遵循法治国所要求的明确性、可预见性与体系之间和谐的同时，允许刑事政策的价值选择进入刑法体系，亦即，法律上的限制与合乎刑事政策的目的，这二者应当结合在一起，以实现刑事政策与刑法教义学的统一。[②] 由此，方法论上便需处理体系性思考与合目的性之间的相互作用关系。这种相互作用包含两个面向的内容：一是合目的性考虑之于体系性思考的制约性作用，二是体系性思考对于合目的性考虑的反制性影响。既有涉及方法论上的研究，基本上将关注重心放在前一面向，即刑事政策所代表的合目的性之于刑法解释

---

① 许迺曼．刑法体系思想导论．许玉秀，译//许玉秀，陈志辉．不移不惑献身法与正义——许迺曼教授刑事法论文选辑．台北：新学林出版股份有限公司，2006：263.

② 克劳斯·罗克辛．刑事政策与刑法体系．北京：中国人民大学出版社，2011：13-16.

与犯罪论的功能化构建的积极意义上[①]，而并未对后一面向，即体系性思考如何反制刑法解释与犯罪论的功能化构建，给予应有的关注。由于体系性思考主要由融贯性来体现，而刑事政策上的考虑表现为合目的性，故对功能主义刑法解释的体系性控制，在方法论上可概括为融贯性要求与合目的性要求之间的关系处理问题。由于涉及对刑法解释之方法论的加工与发展，故此一命题的研究，具有超越特定领域的一般性意义。

从我国的刑法理论发展来看，除在犯罪论中贯彻体系性思考以完成总论领域的教义学化的任务外，各论部分也面临如何促进教义学化的问题。后者实际上涉及的是以具体法条为中心的教义学研究。[②] 那么，在解释具体刑法条文时，立足于方法论的角度，究竟应当如何贯彻体系性思考的方法？国内现有的研究对此涉猎较少，至多是在体系解释中有论及，这与刑法各论在我国的教义学化程度较低有关。鉴于体系性思考与作为解释方法的体系解释并不能相等同，对于有关刑法解释中如何贯彻体系性思考的问题，显然值得做专门的探究。这将有助于提升刑法各论的教义学化的水平。本书以此为出发点，在交代体系性思考的内涵与要求的基础上，进一步探讨如何将作为体系性思考之核心的融贯性要求，分别适用与贯彻于刑法的内部与外部，从而实现对功能化解释的合理控制。

二、“体系”概念内涵之演变

随着对德日刑法知识论与研究范式的借鉴，我国刑法学正日益走上

① 劳东燕．刑事政策与刑法体系关系之考察．比较法研究，2012（2）；劳东燕．罪刑规范的刑事政策分析．中国法学，2011（1）；劳东燕．刑事政策与刑法解释中的价值判断．政法论坛，2012（4）；陈兴良．刑法教义学与刑事政策的关系：从李斯特鸿沟到罗克辛贯通．中外法学，2013（5）；杜宇．刑事政策与刑法的目的论解释．法学论坛，2013（6）；冯军．刑法教义学的立场和方法．中外法学，2014（1）；劳东燕．能动司法与功能主义的刑法解释论．法学家，2016（6）；劳东燕．功能主义刑法解释的方法与立场．政法论坛，2018（2）．

② 有关刑法总论的教义学化与刑法各论的教义学化的分类，陈兴良．刑法知识的教义学化．法学研究，2011（6）：29-30．

法教义学化的道路。从其运作来看，“这是一个把规则逐一嵌入正当化连锁结构之中的推理体系，其基础是对部分规则的公理性和实效性的信赖以及把这种信赖逐层推广到其他规则，编织环环相扣的法律之网的机制”[①]。体系性思考乃作为法教义学的首要特性而存在的。就此而言，法教义学首先是一种方法论。国内从事社科法学的研究者，将法教义学理解为一套内容确定且稳定的教义，认为它只能用来应对大批量的常规案件。[②] 这样的理解，其实并未抓住法教义学的本质。

（一）从概念性思维到目的论思维

早期的体系思想受概念法学的影响，所谓的体系，以被应用于数学中的“定理体系”（axiomatische System）为取向。根据这种被视为“体系典范”（systematisches Ideal）的模式，所有的科学认知，皆源于一定数量的基本公式（定理），从这些基本公式中，所有其他正确的命题都能以演绎逻辑的方式推导出来，且其具备三个基本条件：一致性（一个定理不可和其他定理相矛盾）、独立性（一个定理不可源于其他定理）以及完整性（所有用以引导个别命题所必要的知识必须现存于定理之中）。[③] 这样的一种体系，“将所有的法律规定加以分析，抽象化后纳入一个在逻辑上位阶分明，且没有矛盾，以及原则上没有漏洞之规范体系为其特征，该体系要求任何可能的生活事实在逻辑上皆必须能够涵摄于该体系之规范下”[④]。这种金字塔式的体系，关注概念的研究，具有演绎性、形式性与封闭性的特点；相应地，体系性指的是逻辑上的无矛盾与涵摄上的全面性。时至今日，这样的体系观被认为并不可行且非常危险：“一个只依据形式逻辑的标准所构成的体系，其将切断规范背后的评价关联，因此也必然会错失法秩序固有的意义脉络，因后者具有目

---

① 季卫东．法律议论的社会科学议论新范式．中国法学，2015（6）：27．

② 侯猛．关于问题意识的对话//侯猛．法学研究的格局流变．北京：法律出版社，2017：19-20．

③ 许迺曼．刑法体系思想导论．许玉秀，译//许玉秀，陈志辉．不移不惑献身法与正义——许迺曼教授刑事法论文选辑．台北：新学林出版股份有限公司，2006：254．

④ 黄茂荣．法学方法与现代民法．5版．北京：法律出版社，2007：526．

的性，而非形式逻辑所能涵括。”①

目的论思维的出现，改写了人们对于体系的定义。所谓的体系，不再只是形式逻辑导向的概念体系，同时也是建立在目的性秩序基础上的评价体系。体系的秩序性需要放在意义的脉络而非逻辑的框架中来理解，它是目的性要求的产物，也是目的性要求的集中体现。从目的论的角度审视，体系的秩序性是由各目的之间具有位阶性与从属性，而各目的之上又存在由宪法所保护的最高目的所致。因而，在目的导向的体系中，所谓的一致性，并非指逻辑上能层层演绎而统摄于最上位概念的自洽性，而主要是指在最高目的支配之下的意义指向的共同性，即法秩序的基本思想与主要价值决定彼此协调一致。因而，在拉伦茨看来，体系绝不应“像网一样地覆盖”在法秩序之上，法学毋宁应不断地由法秩序整体、其内含的意义脉络出发，赓续发展，借此显示出作为一种意义脉络的法秩序整体。② 除了影响人们对体系定义的理解，目的论思维也彻底改造了法律概念的内涵。法律概念也不再被认为是对所拟描述或规范之对象的特征的单纯事实性列举，而是应目的而生的，是基于某种目的性考虑之后对相关特征进行选择性取舍的结果。换言之，目的内在于法律概念的构造之中：法律概念不是毫无目的而诞生的，也不是毫无目的地被凑合在一起的；法律概念的构成上必须考虑到拟借助该法律概念来达到的目的或实现的价值，即必须考虑所构成之法律概念是否具备实现所期待之目的或价值的功能。③

（二）外在体系与内在体系的关系

受目的论思维的影响，从利益法学以来，有关体系的概念，开始出现外在体系与内在体系两个面向的理解。大体而言，外在体系运用于对法律素材进行形式上的划分，它以抽象概念为基石，透过秩序概念的编排建造而成，是描述性的；内在体系则指向内在的价值秩序，它是一种

① 卡尔·拉伦茨．法学方法论．陈爱娥，译．北京：商务印书馆，2003：49.

② 同①44.

③ 黄茂荣．法学方法与现代民法．5版．北京：法律出版社，2007：66.

由实质判断构成的关联性或意义脉络，以原则及其显现的评价内容为基石，是评价性的。[①] 在体系的这两个面向中，内在体系被认为占据首要的地位，法律体系的应变性（或者说开放性）正是仰赖于内在体系才得以实现。如论者所指出的，“法学一方面要用科学的方法（包括逻辑的方法）处理法律，另一方面也要面对社会实践。而只有重视法律（规范）背后的目的、价值、原则，法学才能保持法律和社会之间的张力。这种目的、价值、原则，起到了沟通法律实践和社会实践的作用。所以，法学运用概念体系对法律的描述，只是一种居于次位的形式性的体系；法学对法律更重要的描述，是用价值、法律目的、法律原则来描述法律背后的道理”[②]。与外在体系仅凭形式判断便可获知不同，内在体系的显现，需要借助法律原则的发现及具体化，以及建构类型、类型系列与规定功能的概念才能实现；其中，功能性的概念是作为内在体系与外在体系之间的联系桥梁而存在的。[③] 内在体系具有三个基本特征：一是评价性，它将法律体系的构成要素由精确的法律概念转换为意义开放性的法律原则，法律体系并非封闭完结的概念群，而成为由协调的价值结构所形成的法律规范内部秩序；二是经验性，它吸纳问题性思考的方式，认为法律体系的构筑通过评价性的法律原则而在个案中完成，法律概念作为法官可根据个案予以填补与扩张的评价框架而存在；三是开放性，作为评价性的价值秩序，内部体系会应时应势而经历变动。[④] 为许迺曼教授所推崇的“不但不会阻碍社会及法律的发展，而且能保留发展的空间，或者至少能够配合发展”的所谓“开放的体系”[⑤]，显然也偏重于内在体系的意义面向。

---

① 卡尔·拉伦茨. 法学方法论. 陈爱娥，译. 北京：商务印书馆，2003：316-319，348-355；伯恩·魏德士. 法理学. 丁小春，吴越，译. 北京：法律出版社，2013：326-327；吴从周. 概念法学、利益法学与价值法学. 北京：中国法制出版社，2011：328-334.

② 纪海龙. 法教义学：力量与弱点. 交大法学，2015 (2)：99.

③ 卡尔·拉伦茨. 法学方法论. 陈爱娥，译. 北京：商务印书馆，2003：355、362.

④ 王彬. 体系解释的反思与重构. 内蒙古社会科学，2009 (1)：66.

⑤ 许迺曼. 刑法体系思想导论. 许玉秀，译//许玉秀，陈志辉. 不移不惑献身法与正义——许迺曼教授刑事法论文选辑. 台北：新学林出版股份有限公司，2006：255.

就内在体系与外在体系的关系而言，作为概念体系的外在体系服务于作为价值体系的内在体系，而内在体系受外在体系所提供的形式性框架的反制。如果说内在体系是灵魂，那么外在体系就是躯壳；没有灵魂，躯壳固然犹如行尸走肉，但没有躯壳，灵魂也会失去栖息的场所。外在体系并无独立的存在意义，其意义在于确保内在体系所彰显的价值的实现；而对内在体系的实质价值的追求，只能在外在体系的形式性框架的边界之内进行。在某种意义上，内在体系与外在体系的关系问题，其实也就是价值判断与形式逻辑之间的关系问题。在复杂的现代社会中，法律由逻辑、事实与价值共同构成，形成一个“三角形结构”：处于三角形底边左端的是逻辑，处于右端的是事实，而处于三角形顶端的是价值。这三者之间形成互动的结构，任何一端的左右或上下移动，都会对其余两端造成影响。①

（三）体系性思考中的价值与逻辑

与此相应，按当代的体系概念，体系性思考首先要求的是内在价值评价上的无矛盾，其次也要求逻辑上的无矛盾。而就价值与逻辑的关系而言，逻辑作为一种法律技术而存在，其运用受到价值的支配与指引；同时，逻辑对价值构成反制，没有逻辑的支持，价值就会丧失作为法律价值的地位。换言之，这是一种价值主导同时又受逻辑反制的体系性思考。一方面，由于价值通过目的来体现，刑法解释中要贯彻体系性思考，便需要将特定条文的规范保护目的与其上位的目的（包括刑法的目的乃至整个法秩序的目的）相协调。就此而言，体系性思考与目的论之间存在着千丝万缕的关联。另一方面，体系性思考的贯彻，要求将特定的条文置于整个刑法的条文结构中，根据条文的地位，联系其他相关法条的含义，来对其内容作出解读。因而，当代所谓的体系性思考，要求的是目的论与逻辑性的统一：目的论支配逻辑性的运作，同时，逻辑性又对目的论构成必要的反制。其中的逻辑性，主要是解决形式理性问题，而目的论则解决的是实质理性问题。在刑法解释中，要求逻辑性与

① 梁上上．利益衡量论．北京：法律出版社，2013：61.

目的论的统一，实际上是在为形式理性与实质理性之争指明解决的出路。

需要说明的是，此处的目的论与刑法政策上的合目的性要求并不相同。目的论指向的是规范体系所蕴含的实质的价值与利益，代表价值秩序层面的考虑，处于刑法体系的内部。与之相对，刑事政策意义上的合目的性要求，指向的是政策效果与社会效果的考虑，涉及解释结论的外部效果的有效性考察。刑事政策的考量因素，实际上处于刑法体系之外，其若想要对刑法体系发挥作用，必须经历一个“对体系进行激扰—体系展开自我反思—体系予以转译与吸纳”的过程。当然，由于合目的性的考虑往往借助目的的渠道，通过影响刑法规范的目的设定而发挥自身的影响，就此而言，刑事政策上的合目的性要求与刑法体系内部的目的论之间，在方法论上存在密切的内在关联。目的本身存在多样化的构建可能，无法作为解释的逻辑原点存在，解释者需要回答，为什么规范目的必须作这样的理解而不是那样的理解，以及如何能证明其所阐明的目的就是规范的客观目的。[①] 这意味着，在目的设定如何正当化的问题上，刑事政策性的考量能够发挥相应的作用，但它本身不等同于体系内部的目的论。

对于功能主义的刑法体系而言，虽然整合了刑事政策的因素，但不应由此导致对体系性思考的放弃或是相对化。说到底，一方面，刑事政策作为外在于刑法体系的因素，只有通过目的的渠道才能被整合进来，从而有可能成为内在体系所接纳的因素。另一方面，强调刑法体系的应变性，也不意味着拒绝体系性的思考。刑法体系对外部环境刺激的任何回应，都需要按体系自身的运作逻辑来作出，不能简单地将刺激与回应理解为单纯的输入与输出的关系。实际上，“法律系统的任何改变，都必须要将外部环境变迁产生的刺激，转化成法律系统能够‘听得懂’的法言法语，才能够通过法治机制内部的运作进行处理，直到最后被转化成法律系统内部运作机制的调整，从而促进法治机制内部运作线路的改

① 杜宇．刑事政策与刑法的目的论解释．法学论坛，2013（6）：76.

变，最终促进法律系统的整体的变迁”[①]。据此，刑事政策作为一种外部环境的因素，只能对刑法体系进行外在的激扰。在这种激扰为体系所感知的情况下，如果刑法体系由此展开对自身的反思性调整，按照体系的运作逻辑而予以转译与吸纳，才有可能发挥相应的作用。若是放弃体系性思考，就等于放弃了刑法体系本身，势必导致政治因素对刑法体系的操控，体系的自主性将荡然无存，最终危及法律系统在现代社会的基本功能的实现。

三、体系性思考的基本要求

从概念式的外在体系向原则式的内在体系的转变，蕴含着法解释论基本范式转换的契机与动因。这也为哲学诠释学对法律解释论施加影响提供了现实的作用路径，解释者正是通过实质性地参与对内在体系的构建，而使自身的主体地位获得正式的承认。在一个概念式的外在体系中，解释者只是作为立法者的传声筒存在；及至利益法学兴起，尽管从实际效果而言，解释者开始分享原先归属于立法者的权力，但这种分享仍是隐秘的，有意无意地被掩藏在立法者的阴影之下。一直到哲学诠释学进入法解释领域，解释者才终于摆脱传声筒的角色，有资格作为独立的主体参与到解释的过程之中。

（一）法官角色与法律适用的观念转变

在哲学诠释学看来，文本建立语境的方式不仅仅要依赖于文本系统的自足性，还强调解释者本人与文本共同构成解释的语境，解释者本人的主观因素作为解释过程中的前理解结构参与到解释的语境中来；解释学循环的过程因此不只是一个文本内部整体与部分之间的循环过程，还是一个解释者在文本整体与部分的循环往复过程，是解释者在理解的辩证循环过程中不断修正前理解、不断加深理解的过程。[②] 可以说，正是解释者视域的参与，使得内在体系保持认知上的开放成为可能。在具体

① 泮伟江．当代中国法治的分析与建构．2版．北京：中国法制出版社，2017：239.

② 王彬．体系解释的反思与重构．内蒙古社会科学，2009（1）：63-64.

个案中，解释者通过将当下合理的价值判断引入内在体系，得以对内在体系的校正与演化作出自身的贡献，最终使制定法具有适应不同时代与环境的能力。当人们强调从现在而不是从当时出发来解释，认为解释者处在比历史上的立法者自己所作的理解“更好地去理解”制定法的境地之中时①，其正是在前述意义上来定位解释的功能。

体系概念内涵的演变，不仅表征着法官/解释者的地位经历深刻的变化，也意味着对法律适用过程本身有了全新的理解。新的体系思想在影响人们对规范性质的认知的同时，直接改变了法律适用的观念：具体规范被认为只是庞大的、具有整体统一性的和计划性的法律秩序的基本粒子，不能与法律和整个法律制度相分离。对于需要调整的生活领域而言，一切具体的法律规范都超越了自身，而指向一个可以推测的整体方案，即“价值评价计划”。从这个意义上说，具体法律规范部分包含了“超越其上的（Überschießend）”立法的正义观。因此，在解决“个案”时，法律适用并不是（简单地）寻找答案，而是如何从整个法秩序出发来对该“个案”作出评价。② 亦即，司法并非单纯理解性的认识活动，而是法官依据整体的内在价值秩序而展开实质评价的过程。

与之相应，所谓法官受法律约束，不仅指法官要适用具体的法律命令，还包括法官必须遵守制定法背后的整个价值秩序，保护制定法认为值得保护的利益的整体。③ 换言之，法官受法律约束，是指法官受双重的拘束：一是制定法的形式，二是制定法体现的价值判断。就前者而言，它意味着，实质导向的功能主义分析不能脱离基本的形式化要求而“裸奔”，法官从事功能性判断不等于走向形式虚无主义；毕竟，功能维度的理想裁判方案需要转换为基于法律文本的形式化解释方案，才能获得权威的外在表达和具体实现。④ 基于此，法官不仅需要关注法律的功

① 卡尔·恩吉施．法律思维导论：修订版．郑永流，译．北京：法律出版社，2014：109．

② 伯恩·魏德士．法理学．丁小春，吴越，译．北京：法律出版社，2013：69．

③ 菲利普·黑克．利益法学．傅广宇，译．北京：商务印书馆，2016：29．

④ 熊丙万．法律的形式与功能：以知假买假案为分析范例．中外法学，2017（2）：322，335．

能维度，也必须对法律的形式维度保持必要的敏感。就后者来说，它意味着法官在个案解释中所做的实质的价值判断，需要以尊重立法者所作出的利益安排为前提。也即，法官在确定目的时，只能在立法者所作的第一次价值选择的范围内，进行司法层面的第二次选择，前者在法律修改之前恒定不变，而后者则仅仅旨在根据社会的发展和个案情况进行“微调”①。法官是在系统的语境下运作的，他的裁定必须融入该系统；职是之故，法官必须确保变化是有组织的，发展是自然、渐进的。②

（二）体系性思考区别于体系解释方法

鉴于体系性思考与作为解释方法的体系解释之间既存在内在关联又存在相异之处，在此，有必要对二者的关系作交代。最初提出体系解释的方法时，所谓的体系，指的是抽象概念式的外在体系，故而，早期的体系解释是以概念之间的差异与相互指称为前提，以追求法律概念在文义上的协调与形式逻辑的自洽为自身的首要任务。依据当代的评价法学，所谓的体系解释，乃立足于开放的内有体系而追求价值评价上的融贯，体系解释于是与目的解释扯上关联，且几乎就等同于目的解释。“因为每一个法律规范，当它们大部分承担着与其他规范一道实现具体的目的，最终补充其他规范这一任务时，在意义上关系到整个法律程序，它们主要是目的性的，所以，体系解释很少可以与目的解释分开。它作为体系解释很大程度上同时又是目的解释。”③

随着体系解释的依据从外在体系向内在体系转变，体系解释的任务也相应地发生了变化，其任务从在上下文的文义脉络中追寻确定性的含义，转化为在体系上把握既有有效的价值标准，通过协调性的解释实现法律秩序上评价的统一。④ 不过，尽管学理上不乏重构体系解释的主张，由于传统的解释方法理论在当代仍然具有很大的影响，体系解释与目的解释被认为属于不同的解释方法，故对体系解释的理解在习惯上还

① 周折．刑事政策视野中的刑法目的解释．中外法学，2007（4）：458.

② 巴拉克．民主国家的法官．毕洪海，译．北京：法律出版社，2011：23.

③ 卡尔·恩吉施．法律思维导论：修订版．郑永流，译．北京：法律出版社，2014：92.

④ 王彬．体系解释的反思与重构．内蒙古社会科学，2009（1）：66.

是停留于其早期的内涵，侧重于形式逻辑层面的要求。一般认为，体系解释是要求将个别的法律观念放到整个法律秩序中去考察规范的内在关联，包括如下要求：无矛盾的要求；不赘言的要求（每个法规范都应具有自己的适用范围，需避免使某些规范成为多余的规定）；完整性要求（法律不应含有规范漏洞）；体系秩序的要求（法律规定的编排都是有意义的）。[①] 由于偏重于形式逻辑层面的要求，这样的体系解释，其制约作用自然比较有限。正是基于此，普珀教授才会认为，对体系解释的检验，显示此种论据相当薄弱，因为其是以有疑问的前提（关于制定法的质量与功效）作为基础的。[②] 对于此种现象，拉伦茨也曾有论及，他认为法学方法论上，人们虽已一再主张法律判断涉及价值判断，但总还囿于传统，将体系因素与目的因素相区分，将体系等同于抽象概念所构成的体系。[③]

归结而言，通常作为解释方法的所谓的体系解释，本身便是体系性思考的产物。但是，它侧重于强调，对个别条文的理解要着眼于其在整个刑法框架（或是整个法秩序）中的地位来展开，意在表明部分只有放在整体之中才能获得准确的理解。从体系解释的要求来看，它偏重于形式性的指涉，核心的内容是规范之间在逻辑上的无矛盾性。就体系性的思考而言，逻辑上的无矛盾性只是其初步或是最低层次的要求，它还进一步蕴含其他的要求，在内容上较体系解释要丰富得多。它不仅包含形式逻辑的要求，也包含实质价值判断的要求；不仅包含整体与部分之间的解释学循环的内容，也包含解释者与文本之间的解释学循环的内容。因而，体系性思考并不只是借助体系解释的方法，它也通过目的解释、文义解释与历史解释来体现。

（三）刑法解释中融贯性要求的具体化

在厘清法律适用的观念变化后，随之而来的问题是，体系性思考的

---

① 英格博格·普珀. 法学思维小学堂. 蔡圣伟，译. 北京：北京大学出版社，2011：56-64.

② 王彬. 体系解释的反思与重构. 内蒙古社会科学，2009（1）：64.

③ 卡尔·拉伦茨. 法学方法论. 陈爱娥，译. 北京：商务印书馆，2003：316-318.

控制功能究竟对刑法解释提出了什么样的要求？由于体系概念包含内在体系与外在体系两个意义面向，若是期望将体系性控制的要求予以具体化，便需同时考虑两个面向。对刑法解释而言，这两个面向涵盖形式性制约与实质性制约的双重因素，故有必要对体系性思考的基本要求做必要的交代。

体系性思考的基本要求是融贯性。融贯性的概念由两部分要素组成：在消极面上，意味着连贯性这种无逻辑矛盾的要求；在积极面上，意味着体系要素之间的积极关联，这种关联不仅是效力上的衍生关系，也包含着评价上的相互支持和证立。相应地，融贯性的要求包括三个层次：第一个层次是连贯性。连贯性要求体系在逻辑上能够自洽，不能存在有明显冲突的法律规范。第二个层次是体系的融贯，它不仅要求法律部门与具体制度内部的各个制定法、判例、习惯法与教义规范之间建立评价上的积极关联，也要求各个法律部门及法律制度与宪法部门及制度之间建立评价上的积极关联，在实质评价上与后者保持一致。第三个层次是理念的融贯，它指的是用以证立法律体系的价值基础的融洽一致，任何融贯的法律体系的背后，都有一套成熟的政治理论与道德信念体系作为支撑，而这种政治与道德理念往往以一种“高级法”的姿态扮演着法律体系背景墙的作用。[①] 融贯性要求的实现，需要综合运用包括文义解释、历史解释、体系解释与目的解释在内的各种解释方法，尤其是依赖体系解释与目的解释。这是由体系概念的两个面向所决定的。

结合融贯性的三个层次要求，刑法解释中进行功能性考量时需要注意四个方面的问题。

首先，刑法适用不是单纯的认识性或发现性的活动，而是涉及价值评价与体系化构建的过程。这是确保融贯性要求得以实现的认知性前提。

传统的认识论哲学建立在自然主义科学观的基础之上。这种认识论

① 雷磊．融贯性与法律体系的建构——兼论当代中国法律体系的融贯化．法学家，2012(2)：4-7.

哲学认为，主体与客体、事实与价值是截然二分的，主体能够摒弃任何主观的价值前见来认识客体，从而可以穷尽对客体属性的认识而达致真理；受此影响，主客二分的认识论图式也被简单照搬到法律适用的过程中来。[①] 按主客二分的图式，由于刑法适用只涉及认知与发现客观存在之本体的过程，整个适用过程于是就变成单纯的找法活动，是作为涵摄过程而存在，根本不具有对法条进行解释的空间。如此一来，司法者便没有必要展开所谓的融贯性的思考。可见，只有认为刑法适用中内在地蕴含解释的环节，而解释不只涉及对文本的语言学分析，也是一种实践性活动，涉及利益的具体权衡与价值评价，涉及司法者主观能动性的发挥，才会面临必须遵循融贯性要求的问题。融贯性要求的提出，是以对司法角色的双重期待作为前提：其一，由于立法仅提供基本的框架，充其量只完成了部分体系化的工作，如何在一般性的框架内，通过解释而使得整个法律体系更为完满和融贯，是裁判者的基本作业。[②] 其二，由于法律始终面临适应社会环境不断变化的需要，司法不得不承担起努力弥合法律与生活的差距的职责。[③] 对司法角色的这种定位，意味着承认法官有权以其所认为的价值判断，来参与和推进对法律体系的融贯化作业。

其次，必须立足于法条，尊重相关条文的文义表述。这是确保融贯性要求得以实现的知识论前提。

法律无法脱离语言而存在。语言不只是交流的工具，而是存在的本质。法律的存在与客观事物的存在，不同之处便在于，法律是通过语言表述出来的。所有权、股份公司、专利、法定继承等现象，都不是在法律之外客观存在的实体，而是由法言法语构成的，是观念上的一种拟制，离开话语，离开议论，就根本没有法律可言。[④] 脱离法条的语言而

---

① 王彬. 法律适用的诠释学模式及其反思. 中南大学学报（社会科学版），2011（6）：77.

② 雷磊. 融贯性与法律体系的建构——兼论当代中国法律体系的融贯化. 法学家，2012（2）：9.

③ 巴拉克. 民主国家的法官. 毕洪海，译. 北京：法律出版社，2011：16-17.

④ 季卫东. 法律议论的社会科学研究新范式. 中国法学，2015（6）：34.

任意展开意义的引申，便不再属于解释，自然也就谈不上合乎融贯性要求的问题。因而，刑法解释时，需要遵循语言逻辑的基本要求，尊重语言在特定语境中的通行内涵。

此外，无论如何看待判决或解释结论得出的过程，也无论是否承认促成判决或解释结论的因素与支持结论正当化的因素可能有所不同，要使之具备起码的正当性，至少必须看上去是从法律文本中得出的结果，也就是必须表明受到规则的拘束。规则的一个主要特征在于，它的表述事关重大（what the rule says really matters），正是这个特征使得规则之所以是规则；规则的文字本身就很重要，它不只是一扇通往其背后正当化依据的透明玻璃窗。[①] 尊重法条的文义表述，是基于规则之治的要求，也是形式理性所使然。法律无所不在的形式性，亦即，即使在某些情形中会导致不正义也要认真对待规则和规则文字的倾向，成为区分法律与许多其他决策方式的标准；因而，司法并不追求通盘考量之后得出的对于当下个案来说是最公平或最睿智的决定，它关注的通常只是一般性规则和原则的充分运用。[②]

再次，必须将待解释的具体法条放在整个法体系中，遵循其价值秩序的内在一致性要求。这是确保融贯性要求得以实现的关键所在。

法律体系不只是一个语言体系，更是一个规范体系。作为规范体系，法律不仅存在效力上的位阶性，也构成具有整体性与内在一致性的价值秩序。这意味着，在解释特定法条时，除语言方面的考虑之外，还应进一步遵循规范性的逻辑。这也是为什么有论者会提出，刑法规范的解释，应同时考虑法条的语言意义范围与法条的规范意义范围，前者取决于法条在语义学上的意义域及其具体运用，后者是指法作为体现特定价值判断的"作品"，其规范性评价所可能覆盖的范围。[③] 揭示法条之间的意义关联，阐释法条保护的利益与价值及其在整个价值秩序中的地

① 弗里德里克·肖尔. 像法律人那样思考：法律推理新论. 雷磊，译. 北京：中国法制出版社，2016：18-19.

② 同①10，36.

③ 杜宇. 基于类型思维的刑法解释的实践功能. 中外法学，2016（5）：1242-1243.

位，均属于法教义学的任务。正如有学者所言："法教义学的任务应是说明实证化背后的道理，既包括单个规范背后的道理，也包括各个规范之间的关系，以求为法的适用服务；并发现实证法的不足之处，依据实证法背后的价值观念以及社会需求去（指导立法者和法官）补充和完善实证法的不足之处，以求为法的创制服务。"①

这意味着，作为解释之根据的，从来就不是某个特定的具体法条，而是作为评价统一体的法律制度；任何个案中，法律秩序都是作为价值评价的整体而予以适用的，司法者要寻找的根本不是适用于具体案件的某个规范的答案，而是整个法律秩序的答案。② 与此相应，在解读任何刑法规范时，有必要置于统一的法体系中，将之理解为具有内在一致性的整个法律制度的组成部分。任何具体规范都不独立存在，法律秩序也并非由像沙滩上互不连接的散沙一样的具体规范所组成。③ 鉴于规范的目的指向的是作为目的统一体的价值秩序中的特定利益或价值，在解读刑法规范的目的时，也便不能只是孤立地考虑特定的具体规范本身。单个规范的目的与其他规范的目的一道服务于刑法的目的，而刑法的目的服从于法体系的整体目的。由是之故，对单一规范的目的的解读，不仅要顾及其他相关条文的目的与刑法的目的，还需进一步考虑法秩序的整体目的。

最后，法体系是一个能够进行自我审查与校正的体系，任何待解释的具体法条都必须经受体系的反思性审视，以保证自身存在的正当性。这是确保融贯性要求得以实现的必要条件。

法教义学理论的展开，本身以承认现行法体系的有效性为前提。对法体系展开整体性的批判，属于法哲学的任务与使命。换言之，法教义学一直在体制内论证，不逾越现行法，也不触及现行体制；法哲学则不局限于现行法范围内，而是对现行法采取超越体制的立场。④ 但这不意

① 纪海龙. 法教义学：力量与弱点. 交大法学，2015（2）：97.
② 伯恩·魏德士. 法理学. 丁小春，吴越，译. 北京：法律出版社，2013：120.
③ 同②65.
④ 阿图尔·考夫曼. 法律哲学. 2版. 刘幸义，译. 北京：法律出版社，2011：8.

味着，任何特定的法条只要是出自有权的立法机关之手，便可理所当然地获得正当性上的支持。对实在法有效性的承认，应当被理解为“对实在法（现行法）的体系性”的肯定；据此，单个法律规定的内容和意义必须获得体系性的支持，如果实在无法将它安排进一个恰当的体系中，这将成为批评、修正甚至废弃它的有效原因。[①] 这意味着，对于特定的具体法条而言，体系概念本身就具有自我批判的机能，能够在内部进行自我审查，并在此基础上实现自我校正。这是一种体系内的自我批判，区别于从体系外部开展的颠覆性的批判；体系内自我批判的标准并非源自现行法秩序之外的超越性的道德标准，而是借由对法体系内部之规范、规范意义及其脉络关联的总结、抽象而获得的统合性原则，得以对于争议条款、规范解释乃至法院判决保持一种反思性评价的可能性。[②] 基于此，如果特定法条的规范目的或相关的概念存在多种解读的可能，则理应选择与既有法体系的整体价值秩序相契合的结论。若是无论如何都无法使之与整体价值秩序相契合，则有必要通过立法论批判而推动立法上的变革。

现代的法体系中，合宪性审查是作为自我审查机制的核心部分而存在。实在法体系作为宪法统率下的法体系，其统合性的基本价值大多通过宪法规范来体现。由于“宪法的本质在于为国家政治和社会生活确立一个统一的规范”，宪法解释不仅对于法律制度中的部分领域，而且对于整体意义上的法律秩序都具有决定性的影响；而欲使宪法承担起规范整个法律制度的功能，就必须把宪法理解为具有内在统一性的体系。[③] 由宪法所构建的客观价值秩序，要求解释者在解释任何实在法的法条时，必须做合宪性的审查与思考。此外，部门法中的一般原则或价值取向即便不具备宪法上的地位，也能发挥类似的作用。无论是偶然防卫，还是为救助他人生命而强制抽取血液或强行摘取器官的行为，抑或是经

① 陈景辉．部门法学的教义化及其限度——法理学在何种意义上有助于部门法学．中国法律评论，2018（3）：73．

② 白斌．论法教义学：源流、特征及其功能．环球法律评论，2010（3）：9．

③ 刘飞．宪法解释的规则综合模式与结果取向．中国法学，2011（2）：72-73．

被害妇女同意的拐卖，之所以不应认为相关行为可以阻却违法，便是体系经过自我审查而得出的结论。[①] 归结而言，在进行法的续造时，体系思维要求不得抵触法律的一般原则以及由宪法所确立的价值秩序，法官所作的创制性补充必须能够顺利地纳入体系。[②] 这体现的是体系性思维对法的续造工作的合理化控制。

在价值取向上，功能主义的刑法解释明显偏重对秩序与安全的保护。在风险社会的背景下，秩序与安全本身是确保个体自由得以实现的基本前提。但这样的价值取向，也必然存在贬抑与威胁个体自由的内在危险。因而，强调对功能主义刑法解释进行体系性控制，是期望在自由与秩序、人权与安全之间达成适当的均衡。说到底，秩序与安全并非法秩序的终极目标，只是在有助于促进与确保国民自由与幸福的意义上，它们才有存在的意义。秩序与安全仍是手段性的价值，从属于国民的自由与幸福这一终极目标。因而，从实现内在体系的融贯的角度，有必要特别审查两个方面：一是刑法规范所追求的秩序与安全方面的价值，是否对促进全体国民的自由与幸福具有积极的意义。以含混的秩序与安全为名，随意限制个体的自由的做法，缺乏起码的正当性。二是在相应的秩序与安全价值通过前述审查的基础上，对其的追求是否符合比例原则与刑法基本原则的要求，是否对个人的基本权利构成不合理的限制。简言之，对刑法解释的功能化的追求，必须有助于促进国民的自由与幸福，必须经得起法体系对其所做的内部审查。不然，功能化本身便不仅没有推行的价值，而且相当之危险。

综上所述，在刑法解释中，强调对功能论考量的体系性控制，意味着在融贯性要求与刑事政策上的合目的性要求之间，努力构建一种相互牵制的关系。体系性控制蕴含两方面的诉求：一是旨在实现对法的确定性与客观性的保障，二是使实质判断能在体系内部得到反思性的审查。总的说来，刑法解释是要在体系性思考所允许的范围内进行后果导向的

---

① 劳东燕．法益衡量原理的教义学检讨．中外法学，2016（2）：379-384.

② 梁迎修．方法论视野中的法律体系与体系思维．政法论坛，2008（1）：66.

考量，追求正当性与有效性的兼具，实现法律效果与社会效果的统一。是故，对解释结论的有效性的追求，并非一味迎合处罚必要性的需求，而是受到体系融贯性的反制，受到作为整体法秩序的逻辑与价值的双重限定。

缺乏融贯性的刑法解释难以具有妥适性。当前我国财产犯罪研究中主流理论对于占有与财物的探讨之所以令人担忧，是因为其过多地考虑合目的性，而基本将体系的融贯性要求抛之脑后。主流观点在接受日本刑法理论中规范性占有的观点的基础上，进一步突破财物有体性的存在论边界而对财物作扩张解释，将包括债权在内的财产性利益也纳入财物的范畴，从而导致对以事实支配为基础的一般占有概念的放弃，导致占有的多义性与观念化，最终危及法的安定性与明确性的价值。① 而实务中的一些判决引发重大争议，包括于欢故意伤害案的一审判决未认定行为的防卫性质、王力军非法经营案的一审判决认定收购玉米的行为构成非法经营罪、赵春华非法持有枪支案的一审判决认定拥有摆放射击摊所用的枪形物构成非法持有枪支罪等，则是缘于司法者在解读相关法条时，既未能遵循体系的融贯性要求，也没有考虑合目的性的因素。对于类似的现象，最高法院的领导曾提出过批评，认为法律内部存在着一个协调的体系，稍微注意它的协调性，充分利用其内部的调整机制，实质正义和社会效果就不难实现，但有的法官往往只关注某一原则而忽略了其他原则的适用。②

刑法规范之社会功能的实现，要求解释者在解释过程中，对解释结论进行社会效果的预估与评测。因而，后果考察虽然并非教义学体系内部的要素与方法，但它作为一种外在的激扰因素，对解释的过程如何展开以及如何得出妥适的解释结论，具有重要的指引意义。刑法解释论日益鲜明的后果导向的特性，便是功能化思维的直接体现，其理应受到体系融贯性的制约。由于体系的融贯性包含价值与逻辑两个面向，在整个

① 徐凌波. 存款占有的解构与重建. 北京：中国法制出版社，2018：11-21.

② 江必新. 在法律之内寻求社会效果. 中国法学，2009（3）：9.

制约机制中，于是会产生如何处理二者关系的问题。

从体系概念中价值与逻辑的基本关系出发，在对刑法条文进行解释时，实现价值融贯性原则上处于优先的决定性的地位，同时价值融贯性的实现以不引发逻辑冲突为必要。一方面，价值融贯性构成逻辑融贯性的基础，并决定后者如何运用；若是价值的融贯性无法确保，逻辑的融贯性便成为无根之木。鉴于价值内容是通过规范目的来体现的，这就等于说，具体刑法规范的目的需要置于整体的法价值秩序中经受审查，看它是否与上位的目的相契合。与上位目的相冲突的规范目的设定，因无法通过价值融贯性的审查，解释者必须考虑对目的的内容进行重新解读。另一方面，逻辑融贯性对价值融贯性具有反制作用，形式逻辑限定了实体价值的可允许解读范围。但凡对特定规范的目的所做的解读会引发法条内部或法条之间的逻辑冲突，就应当考虑放弃而寻找新的价值内容。倘若价值与逻辑之间的冲突无论如何均难以消除，则说明解释论难以合理解决其间的问题，必须转而求助立法修正的手段。在立法作出修正之前，对相关法条应作有利于被告人的解读。亦即，在价值与逻辑之间无法形成合理的交集时，选择价值优先还是逻辑优先，取决于何种解释结论有利于被告人。

四、融贯性要求在刑法内部的适用

在刑法内部适用融贯性要求，就价值面向而言，要求审查对罪刑规范目的所做的相应解读，是否符合相关章节的规范目的，是否符合刑法的整体目的；从逻辑面向来说，主要是审查法条之间是否存在逻辑上的矛盾，是否导致某些规范成为多余，或者导致不必要的处罚漏洞等。由于只要相应的目的内容处于法秩序所允许的价值范围，立法者就拥有自由决定的空间，这使得解释者对特定刑法规范的目的所做的各类解读，都可能较易通过价值融贯性的审查。此种情况下，甄别何者应当成为优先的选项，便要仰赖逻辑融贯性的出面，通过检验其间的逻辑关系而确定，什么样的目的设定能够通过逻辑融贯性的审查。这意味着，在刑法内部适用体系的融贯性要求时，审查的重心往往会放在逻辑融贯性的面向。也即，在对功能化思考的制约机制中，逻辑融贯性突显而出成为主要的抓手，其对规范目的的选定以及在此基础上的构成要件解释，均具有不容忽视的指引作用。尽管如此，在对具体法条进行解读时，一般仍宜先作目的层面的价值融贯性的审查；之后，进一步从法条内部与法条之间的逻辑关系入手，检验相应的目的解读是否合乎逻辑融贯性的要求。在此过程中，解释者的目光往往需要在价值与逻辑之间往返流转。只有同时通过价值融贯性与逻辑融贯性双重审查的规范目的，才能用来指导对相关构成要件或法律概念的解释。

对于存在适用争议的刑法条文，此间的解释过程一般是：(1) 基于社会功能的考虑而对法条的规范目的作出假设→ (2) 价值融贯性的审查→ (3) 逻辑融贯性的审查→ (4) 规范目的的选定→ (5) 逻辑融贯性的审查→ (6) 根据目的对相关要件或概念做功能化的解释。对此解释过程，有必要说明四点：其一，在目的界定的环节与相关要件或概念解释的环节，均会涉及功能性思维的运用。其二，逻辑融贯性的审查，不仅在确定规范目的的环节具有作用，在展开对构成要件与相关概念的解释时也会产生相应的影响。其三，但凡后一环节无法顺利通过，便需要折返并对先前环节作出反思性的调整；因此，严格说来，刑法条文的解释过程呈现的并非单向的线性思维，而是双向的往返流转的循环。其四，就分则的罪刑规范而言，所谓的规范目的其实就是保护法益的问题，故以下论述对此不再做特别的说明。

对功能主义刑法解释的体系性控制的探讨，显然不能仅流于抽象的层面坐而论道，而需要进一步结合我国的实务。毕竟，在刑法解释中，刑法法规构成其基础与界限；解释的概念本身，便内在地蕴含应当立足于相应立法语境的要求。邹兵建博士指出，当前中国的刑法教义学实际上是德日刑法教义学的中国化，其对中国本土的法律规定以及司法实践中的问题缺乏足够的关注，从而制约了其对中国法律规定的解释力和对司法实践问题的解决能力。[①] 诚如斯言，立足于本土的问题来展开教义

① 邹兵建. 中国刑法教义学的当代图景. 法律科学，2015 (6)：45.

学的构建有其必要。如前所述，在刑法内部，由于目的层面的价值融贯性的过滤作用较为有限，故可能会更多倚赖逻辑融贯性面向的检验。同时，虽说完整的解释过程会涉及六个环节，但在解释特定的具体条文时，因某些环节不存在争议而往往能够径直跳过，只就有争议的环节做必要的展开即可。

（一）特定刑法法条内部的协调

在刑法法条内部达成协调，可谓融贯性作业中的入门性要求。一般说来，只要能够确定其规范目的，对法条中的相应概念的理解便可推导得出。就同一特定法条而言，由于其规范目的内在的一致，目的指向上的趋同，势必要求对法条中的同一概念做相同的界定。同时，对同一罪名中属并列关系的款项规定，在提炼与把握其共同的实质内涵的基础上，运用类型学的思维，将相关规定予以具体化。刑法法条内部的协调存在三种典型的情形。

其一，同一法条中的同一概念，当它针对不同的行为对象时，不应做相异的界定。

以强制猥亵罪中的猥亵概念为例。强制猥亵罪是作为保护个人的性自主权的罪名而存在的，对其规范目的基本不存争议，故只需围绕解释的后三个环节，即“规范目的的选定→逻辑融贯性的审查→相关要件或概念的解释”来展开。通常认为，猥亵是指以刺激或满足性欲为动机，用性交以外的方式对被害人实施的淫秽行为，司法实务也明确肯定性交的行为属于强奸罪的规制范围，不构成猥亵。[①] 然而，若是将猥亵限定为性交以外的其他涉性行为，则强迫与男童发生性交的行为，便既不构成强奸罪也不构成猥亵儿童罪，从而无法予以定罪。问题在于，强制性交比普通的猥亵行为在性质上更为严重。从举轻以明重的当然解释原理出发，普通的强制猥亵男童的行为若是构成犯罪，则没有理由对不法程度上更为严重的强制男童性交的行为不予处罚。这意味着，至少在针对

① 最高人民法院刑事审判第一、二、三、四、五庭．刑事审判参考：第 98 集．北京：法律出版社，2014：68-69.

男童的情形中，必须将强制性交的行为也纳入猥亵的范围。那么，可否考虑针对不同的对象而对猥亵概念做相异的界定呢？在同一法条的同一罪名中，对猥亵的含义做相异的界定，无论从语言逻辑还是规范逻辑的角度，都无法找到正当的理由或根据。更何况，如何界定猥亵的含义，还将影响强制猥亵罪与强奸罪之间的关系处理。如果根据对象的不同而对猥亵概念做不同的界定，势必导致两罪的关系变得错综复杂。只有将强制性交也纳入猥亵的范围，才既符合功能性的考量，又合乎融贯性的要求。如此一来，强奸罪与强制猥亵罪之间便构成法条竞合，强奸罪本身也符合强制猥亵罪的构成要件，而非通常所认为的那样，两罪在构成要件上相互对立，就如同盗窃罪与诈骗罪之间的关系。

以《刑法》第 133 条交通肇事罪中涉及的两处逃逸规定（即“肇事后逃逸”与“因逃逸致人死亡”）为例。司法解释对两处的逃逸规定，表面看来是作相同的理解，即均理解为因逃避法律追究而逃跑。但实际上，后者还要求具备致使被害人得不到救助的要件。为逃避法律追究与被害人得不到救助之间，在规范上显然并非重合的关系。由“因逃逸致人死亡”的内在结构来看，致使被害人得不到救助才是其中的核心要件。这一点也可从实务案件的处理中得到佐证。不少案件的行为人是将被害人送至医院救治后逃跑。在被害人因医治无效而死亡的情况下，实务中并不认为行为人构成“因逃逸致人死亡”[①]。这意味着，司法解释对两处逃逸的解释并未保持一致；而这样的处理，同时背离价值融贯性与逻辑融贯性的要求。由于对逃逸规定的规范目的内容存在争议，故对其的解释，需要较为完整地经历解释过程的各个环节。从逻辑融贯性对于价值融贯性的反制来看，司法解释对于逃逸规定的规范目的设定无法成立，并由此导致其对相应概念的界定都存在疑问。

一则，这将导致两处逃逸规定在规范目的无法保持一致。“肇事后逃逸”规定的规范目的在于防止行为人逃避对法律责任的追究，而“因

---

① 最高人民法院刑事审判第一、二、三、四、五庭．刑事审判参考：第 92 集．北京：法律出版社，2014：7-11.

逃逸致人死亡”规定的规范目的则主要在于防止对受伤的被害人不予救助。二则，案发后逃避法律追究的情节并非影响不法的因素，不可能提升行为的不法程度，因而在逻辑上不可能得出适用加重法定刑的推论。将单纯涉及人身危险性的情节作为加重因素来处理，有违责任主义原则的价值与逻辑。三则，将“肇事后逃逸”的规范目的定位于逃避法律追究，会与有关自首的规定相冲突。它不仅有违罪刑相适应原则，不利于保护被害人的法益，也不当地限制了自首制度的适用。① 四则，会使交通肇事罪的规范目的保护范围缺乏必要的限定，过于扩张“因逃逸致人死亡”的成立范围，并导致无法合理处理罪数问题。比如，行为人在肇事后逃跑的过程中再一次发生交通事故，或者先前的交通肇事造成危险物外溢而引起其他事故造成他人死亡的情形，可能都被归入“因逃逸致人死亡”，而不作为数罪来处理。

不难发现，如果遵循逻辑融贯性对价值融贯性的反制，对于交通肇事罪中两处逃逸规定的规范目的，只有做完全相同的理解，将之限于救助伤者以防止提升死亡的风险，由此而将逃逸理解为故意的不救助②，才能通过价值面向与逻辑面向的双重审查。同时，在合理确定规范目的的基础上，只有按结合犯的行为构造来理解有关逃逸的规定③，也才能使得对“逃逸”、“逃逸致人死亡”与指使逃逸情形的解释或界定，合乎逻辑融贯性的要求。

其二，对于同一罪名中构成并列关系的款项规定，必须在遵循形式逻辑的基础上，提炼其共同的实质内涵，据以作出相应的解释。

通过反向炒作信用而妨害他人经营的行为④，能否构成破坏生产经营罪，便涉及对“以其他方法破坏生产经营的”规定如何理解的问题。

---

① 张明楷．论交通肇事罪的自首．清华法学，2010（3）：35-41.

② 姚诗．交通肇事“逃逸”的规范目的与内涵．中国法学，2010（3）：94-95.

③ 劳东燕．交通肇事逃逸的相关问题研究．法学，2013（6）.

④ 类似的案件如南京市中级人民法院（2016）苏 01 刑终 33 号刑事判决书。该案事实为，经营淘宝店铺的被告人，指使他人恶意批量购买同行所开店铺的商品，让淘宝平台怀疑相关店铺进行虚假交易，对其商品作出商品搜索降权的市场管控措施，导致被害商户遭受经营损失 10 万余元。

对该规定的理解，不仅牵涉破坏生产经营罪处罚范围的合理性边界，也牵涉对其规范目的（即保护法益）的妥当解读，故解释过程的六个环节都不可避免地要予以考虑。

《刑法》第276条将“毁坏机器、残害耕畜”与“以其他方法破坏生产经营”的规定相并列。反向炒作信用的行为是否属于“以其他方法破坏生产经营”，取决于两个问题的回答：一是其中的“生产经营”是理解为生产或经营，还是理解为生产性经营。按前一解读，第276条将被理解为既保护生产性活动又保护经营性活动，而按后一解读，该条被限定于只保护生产性活动，而不保护单纯的经营性活动。二是“以其他方法”是否仅限于通过破坏生产资料的方法。初看之下，依据同类解释的原理，由于前面所列的两项是“毁坏机器、残害耕畜”，而机器与耕畜分别属于工业与农业的生产资料，“以其他方法”似乎也只能限定于通过破坏生产资料的方法。张明楷教授便认为，第276条要求的是行为方式与行为对象的同类：行为必须表现为毁坏、残害等物理性的毁损行为；同时，行为所毁损的对象必须是机器设备、耕畜等生产工具、生产资料。[①]

这样的理解，势必导致破坏生产经营罪只能适用于对生产性作业的保护，而将经营性的商业基本排除在外；并且，对工业与农业中的生产性经营的保护范围也极窄，只有以毁坏财物的方法破坏生产经营的行为才能予以处罚。问题在于，这样的限缩不仅有违功能维度上的合目的性要求，在体系的逻辑融贯性上也无法找到充分的根据。按此种观点，由于相关行为往往也构成故意毁坏财物罪，破坏生产经营罪的法条基本成为多余的法条。归结而言，将“以其他方法”限定于通过破坏生产资料的方法的观点，要么就是错误地将本罪的法益理解为对物权的保护，要么未能在构成要件的解释上进行必要的体系性思考。

基于功能性考虑与逻辑融贯性的要求，对第276条的规范目的显然有必要作重新的解读。如论者所言，将其法益界定为生产经营的经济性

---

① 张明楷．妨害业务行为的刑法规制．法学杂志，2014（4）：3.

利益较为妥当，行为对象则是生产经营，而非机器设备之类的生产资料。[①] 与此相应，决定破坏生产经营罪中“其他方法”的内涵与外延的，不是前面的“毁坏机器设备、残害耕畜”，而是“其他方法”之后的“破坏”；“破坏”的本质在于妨害，它不限于对物的暴力，也包括威力与诡计的方法。[②] 从“毁坏机器设备、残害耕畜”与“以其他方法破坏生产经营”的关系来看，第276条所规定的罪状对构成要件行为的勾勒，重心明显是放在“破坏”的概念上，“毁坏机器、残害耕畜”只是对破坏概念的典型行为表现的列举。这样的立法技术在我国刑法中并不少见，侵犯商业秘密罪中有关“以盗窃、利诱、胁迫或者其他不正当手段获取权利人的商业秘密的”的规定，还有破坏集会、游行、示威罪中有关“扰乱、冲击或者以其他方法破坏依法举行的集会、游行、示威，造成公共秩序混乱的”规定，都应作这样的理解。可见，第276条中“毁坏机器、残害耕畜”的规定，并未对之后的“其他方法”构成形式上的限制，对“破坏”的界定，需要从实质上有无妨害生产经营的角度进行，而其中的“生产经营”应理解为生产或经营，而不是生产性经营。对破坏生产经营罪的构成要件做这样的界定，能够通过合目的性与融贯性的双重审查，从而实现功能性考虑与体系性思考的有机统一。

（二）不同刑法法条之间的协调

不同刑法法条之间如何实现协调，并无定规，但无论如何必须要能排除逻辑上的冲突，并确保作为目的体系的刑法在价值秩序上的内在一致。刑法规范兼具评价规范与行为规范的双重性质，分则中的罪刑规范更是如此。在具体解释过程中，究竟涉及其中部分环节还是所有环节，取决于规范目的是否存在争议。由于行为的不法程度是由法定刑来表征，对相应构成要件的解释，除了受法益的指导之外，还必须考虑运用以刑制罪的原理。所谓的以刑制罪，指的是法定刑的严厉程度反过来会

---

① 柏浪涛．破坏生产经营罪问题辨析．中国刑事法杂志，2010（3）：41-44.

② 高艳东．破坏生产经营罪包括妨害业务行为——批量恶意注册账号的处理．预防青少年犯罪研究，2016（2）：20-22.

制约与影响构成要件的解释，这是罪刑相适应原则在解释论中予以应用的体现。[①] 说到底，以刑制罪的原理，可由体系融贯性的要求推导得出。

比如，对于强迫妇女提供性交以外的其他性服务，是否构成强迫卖淫罪的问题。从该罪法定刑为 5 年以上 10 年以下有期徒刑来看，若是将提供性交以外的性服务也认为定“卖淫”，势必导致该罪与强奸罪（基本犯的法定刑为 3 年以上 10 年以下有期徒刑）之间在罪刑关系上的不相协调。基于此，有必要将强迫提供性交之外的性服务的行为排除在“强迫卖淫”的范围之外。当然，其中的性交是否仅限于自然的性交而不包括其他方式的性交，存在探讨的余地。这一问题本身，与强奸罪中强奸的外延如何界定有关。再如，《刑法》第 224 条之一的组织、领导传销活动罪在构成要件上必须具备骗取财物的要件，故只能涵盖所谓的“拉人头”型与“收取入门费”这两类传销行为，以销售业绩为计酬依据的“团队计酬”型的传销行为，虽然仍属于行政法所规制的对象，但无法按组织、领导传销活动罪定罪。那么，是否可考虑将该类传销行为按非法经营罪来处罚呢？答案是否定的。一则，刑法中的传销概念应当保持同一含义。在立法已通过修正案将应受刑法规制的传销概念予以明确规定的情况下，司法者只能按照刑法对传销的定义来判断相关行为是否属于刑法上的传销；不能以行政法上的规定为依据，对刑法中的传销概念做多元化的界定。二则，从第 224 条之一与第 225 条非法经营罪之间的关系来看，两者法定刑相同，由此从逻辑上可推论，适用第 225 条的传销行为应当以符合第 224 条之一中的“传销”为前提。若是对“传销”一词的界定松严不一，对仅符合行政法上“传销”定义的行为按非法经营罪来处罚，势必导致对性质较为轻微的行为与对性质较为严重的行为适用相同法定刑的结果，这明显违背以刑制罪的解释论原理。

一般而言，对不同刑法法条中使用的相同概念，在其规范保护目的

① 劳东燕．刑事政策与刑法中的价值判断——兼论解释论上的“以刑制罪”现象．政法论坛，2012（4）：38-41.

并无不同的情况下，应当考虑做相同的界定。这既是价值融贯性的要求使然，也是遵循逻辑融贯性的要求的结果。比如，非法持有枪支罪中的“枪支”概念，必须与其他涉枪罪名中的“枪支”概念，保持内涵与外延上的一致，将其杀伤力标准限定于具有类型性地导致他人重伤或死亡的现实可能性的程度。①

不过，涉及以下三种情形，则可能需要例外地考虑做不同的界定：

(1) 不同的刑法法条虽然使用了相同的概念，但其规范目的或者说保护法益的指向并不相同。比如，强奸罪与抢劫罪的基本构成中都包含暴力的概念，但二者不能作等同的界定。杀人的暴力可以作为抢劫罪中的手段行为，但无法成为强奸罪中的手段行为，这是由抢劫罪与强奸罪在保护法益上的不同所决定的。

(2) 基于语境或语用学的考虑，相同的概念在不同的运用场景中可能具有不同的含义。比如，《刑法》第 323 条规定的破坏界碑、界桩罪与破坏永久性测量标志罪中的“破坏”，其含义明显指向物理性的毁损，而第 256 条的破坏选举罪中的“破坏”，更接近于妨碍或妨害的含义，因为选举作为一种制度性的存在，是无法成为物理性的毁损方式的行为对象的。

(3) 基于罪刑关系的均衡性考虑，相同或相似的概念可能需要做不同的界定。对于相同或相似的概念，如果赋予其相同的内涵，将会导致体系上的罪刑不相均衡，此时便应考虑采取相异的理解。比如，《刑法》第 234 条第 1 款中的“故意伤害他人身体的”中的“伤害”，无疑应解读为致人轻伤；第 333 条第 2 款中的“有前款行为，对他人造成伤害的”中的“伤害”，则无论如何不能理解为致人轻伤。这是因为，根据第 333 条第 1 款的规定，非法组织他人卖血或强迫他人卖血的行为，在未造成伤害结果的情况下，适用的法定刑是 5 年以上 10 年以下有期徒刑。如果认为第 333 条第 2 款中的“伤害”包含轻伤，便会出现没有造

---

① 劳东燕. 法条主义与刑法解释中的实质判断——以赵春华持枪案为例的分析. 华东政法大学学报，2017 (6)：23-26.

成结果的情形适用 5 年以上 10 年以下有期徒刑，而造成轻伤的反而只适用 3 年以下有期徒刑、拘役或者管制。就贪污罪中的“窃取”与“骗取”如何理解的问题，晚近有论者认为应区别于通常的盗窃与诈骗概念，主张在侵占的含义内来进行解释，“窃取”是指以秘密获取的方式侵占，而“骗取”是指以欺骗的手段侵占，二者与“侵吞”一样，都不过是对侵占具体手段的列举。[①] 之所以如此，也正是基于避免使贪污罪与盗窃罪、诈骗罪之间出现罪刑关系失衡的问题的考虑。

前述三种情形中，对相同概念做不同的界定，主要体现的是价值融贯性对逻辑融贯性的作用关系。价值融贯性的这种作用，反过来对刑法解释中的功能化考虑构成强有力的制约。

在不同刑法法条之间的协调上，除了价值融贯性之外，逻辑融贯性也能对功能化的考虑发挥重要的制约作用。只要相应的解释结论或是会引发法条之间的关系冲突，或是会造成罪刑不相适应，又或是会导致其中之一的罪名被虚置，则这样的解释结论必须予以排除，而应当考虑其他的解释方案。对此，可举相应的事例予以说明。

其一，以寻衅滋事罪中“公共场所”的解释为例。《刑法》第 293 条的寻衅滋事罪，其中第 1 款第 4 项将“在公共场所起哄闹事，造成公共场所秩序严重混乱的”作为行为类型之一。对于该项规定中的“公共场所”与“公共场所秩序”如何理解，学界存在较大的争议。由于该款所规定的前三项并未就行为发生的场所进行描述，故难以主要依据与前三项的类比来确定公共场所如何界定的问题。2013 年“两高”《关于办理利用信息网络实施诽谤等刑事案件适用法律若干问题的解释》第 5 条第 2 款，将“编造虚假信息，或者明知是编造的虚假信息，在信息网络上散布，或者组织、指使人员在信息网络上散布，起哄闹事”，认定为“在公共场所起哄闹事”；同时，将“造成公共场所秩序严重混乱”理解为“造成公共秩序严重混乱”。该司法解释涉及两个问题：一是网络虚拟空间能否解释为公共场所；二是公共场所秩序是否等同于公共秩序。

① 王彦强. 业务侵占：贪污罪的解释方向. 法学研究，2018（5）：150.

这两个问题归根结底涉及对“公共场所”的解释问题。

对于法条中使用的特定概念，如果无法主要依据该法条内部的语言逻辑与规范逻辑，便有必要结合它在其他刑法法条中的使用情况来作出解释。除了第 293 条第 1 款，在刑法中有多个法条出现公共场所的概念，包括第 130 条“非法携带枪支、弹药、管制刀具或者爆炸性、易燃性、放射性、毒害性、腐蚀性物品，进入公共场所或者公共交通工具”，第 236 条第 3 款第 3 项“在公共场所当众强奸妇女的”，第 237 条第 2 款“在公共场所当众犯前款罪的（即强制猥亵他人或者侮辱妇女的）”，以及第 291 条“聚众扰乱车站、码头、民用航空站、商场、公园、影剧院、展览会、运动场或者其他公共场所秩序”等。在这些法条中，公共场所都是指不特定或多数人的身体可以进出的物理性的场所，不包括虚拟的网络空间。如果这些条款中的“公共场所”都限于物理性的空间场所，则没有理由认为，为什么独独寻衅滋事罪中的“公共场所”要做例外的界定。寻衅滋事罪的成立，要求行为人“在公共场所起哄闹事”。试问，身体根本无法进入的虚拟空间，又如何能够实施起哄闹事的行为？前述司法解释对“公共场所”做过度扩张的解释，将导致寻衅滋事罪的法条与其他的相关法条难以协调。除公然偏离立法文本的表述之外，其在体系性的运用上至少面临两大疑问①：一是擅自改变上下位概念之间的关系，用上位概念来替换下位概念，将公共场所提升为公共空间，将公共场所秩序提升为公共秩序。二是擅自改变第 293 条第 1 款第 4 项表述的内在逻辑关系，从该项规定的语言逻辑与规范逻辑来看，明显要求行为发生场所与结果发生场所具有同一性，司法解释却放弃了同一性的要求。这种不顾文义约束且无视融贯性要求的解释，显然缺乏基本的正当性。

其二，以对第 286 条第 2 款规定中的“数据和应用程序”的解释为例。《刑法》第 286 条的破坏计算机信息系统罪，第 2 款规定的是“违反国家规定，对计算机信息系统中存储、处理或者传输的数据和应用程

① 张明楷．简评近年来的刑事司法解释．清华法学，2014（1）：16－17．

序进行删除、修改、增加的操作，后果严重的，依照前款的规定处罚”。由于该条第1款与第3款，针对的都是影响计算机信息系统正常运行的行为，对第2款中的“数据和应用程序”便面临是否仅限于危及计算机信息系统安全的数据和应用程序的问题。如果只着眼于该条所列的其他两款规定，似乎应将本罪的法益解读为计算机信息系统的安全，从而对第2款中的“数据和应用程序”做限定性的解释。

但是，结合功能性考虑、价值融贯性与逻辑融贯性三个方面的因素，第2款的法益宜界定为数据与应用程序本身的安全。首先，基于功能性的考虑，从刑事政策合目的性的角度而言，数据与应用程序本身具有独立的保护价值，对其“进行删除、修改、增加的操作”的行为具有刑法上的处罚必要性。其次，从价值融贯性的要求而言，《刑法》第285条第2款规定非法获取计算机信息系统数据的行为构成犯罪，这表明数据实际上就是作为区别于计算机系统的独立法益而受到刑法的保护。最后，立足于逻辑融贯性的要求，也可得出第286条第2款规定的保护目的是数据与应用程序的安全的结论。与第285条第2款规定的非法获取计算机信息系统数据的行为相比，对数据和应用程序“进行删除、修改、增加的操作”的行为在不法程度上要更高，处罚必要性也更大。这是因为，前一类行为并不影响权利人正常地使用数据，而后者则不然，会严重影响权利人对数据的使用。既然第285条第2款的规范目的是保护数据本身的安全，则从合逻辑的角度而言，第286条第2款的规范目的也应当是一般的数据与应用程序的安全。由此可见，就破坏计算机信息系统罪的规范目的而言，理解为同时包含计算机系统的安全与数据的安全，是更为合理的选择。

在确定第286条第2款规定的保护目的之后，进一步适用逻辑融贯性的要求，可推导得出该款中的“数据和应用程序”应理解为计算机信息系统中存储、处理或传输的一般意义上的数据和应用程序，既不限于危及信息系统正常运行的数据和应用程序，也包括不危及信息系统运行的数据和应用程序。一则，从第286条第2款的表述来看，与第1款、第3款的表述不同，这两款分别要求具备“造成计算机信息系统不能正常运行”与“影响计算机系统正常运行”的结果要件，而第 2 款则没有类似的表述。这不能视为立法疏漏所致，而应理解为立法者是有意为之的。故而，第 2 款的行为构成犯罪，不要求对数据和应用程序实施删除、增加、修改的行为，必须达到影响信息系统不能正常运行的程度。二则，由于非法获取数据的行为在不法程度上比“进行删除、修改、增加的操作”的行为要低，如果刑法认为前一行为构成犯罪，则对后者便没有理由不予以处罚。这是举轻以明重的当然解释原理所使然，也是基于对罪刑相适应原则的遵循。

其三，以侵犯著作权罪中“复制发行”概念的解释为例。《刑法》第 217 条对侵犯著作权罪规定了四种行为类型，其中第 1 项规定的是“未经著作权人许可，复制发行其文字作品、音乐、电影、电视、录像作品、计算机软件及其他作品的”行为，第 3 项规定的是“未经录音录像制作者许可、复制发行其制作的录音录像的”行为。这两项规定中的“复制发行”，究竟指的是“复制或发行”还是“复制且发行”，抑或是单纯的“复制”，刑法理论上存在较大争议。张明楷教授认为，应理解为“包括复制或者发行以及复制且发行”[①]。这也是司法实务的立场。2007 年“两高”《关于办理侵犯知识产权刑事案件具体应用法律若干问题的解释（二）》第 2 条，将“复制发行”解释为包括复制、发行或者既复制又发行的行为。

但是，倘若认为“复制发行”包括单纯的复制与单纯的发行，便不可避免地会出现与第 218 条有关销售侵权复制品罪的规定不相协调的问题。这明显有违逻辑融贯性的要求。一则，由于“发行”本质上就是销售行为，如果单纯的发行一律构成侵犯著作权罪，第 218 条势必成为多余的立法而受到虚置。二则，既然立法者单独规定了销售侵权复制品罪，且所配置的法定刑较侵犯著作权罪的法定刑为轻，则从逻辑上推论，单纯销售的行为在不法程度上被认为要较“复制发行”的行为为低。由此而言，将单纯的发行也理解为“复制发行”从而适用侵犯著作

---

① 张明楷．刑法学．5 版．北京：法律出版社，2016：824－825.

权罪的法定刑，人为拔高了对销售行为的不法评价程度；同时，与“发行”相比，单纯的“复制”，由于产品并未推向市场，其不法程度甚至还要较单纯的“发行”的低一些，适用侵犯著作权罪的法定刑，更是缺乏必要的根据。三则，从第 217 条的具体行文来看，其中第 1 项与第 3 项中都使用的是“复制发行”的表述，而同款第 4 项则使用“制作、出售”（假冒他人署名的美术作品）的表述。如果立法者认为“复制”与“发行”之间是选择关系，则其完全可以像第 4 项规定那样来表述。四则，第 217 条中的四项规定之间属于并列关系，从第 2 项规定来看，“出版他人享有专有出版权的图书”中的“出版”概念，无疑包含复制与发行两个环节，否则便称不上是“出版”。该项规定中，“出版”的对象是图书，与第 1 项、第 3 项所规定的行为对象相比，也难以得出后两者所针对的行为对象较图书相比更具刑法上的保护必要性，从而单纯的复制行为也应予入罪的推论。

可见，从理顺第 217 条规定的内部逻辑关系，尤其是确保侵犯著作权罪与销售侵权复制品罪在罪刑关系上的均衡而言，有必要认为，第 217 条中的“复制发行”仅限于“复制且发行”的情形，而第 218 条规制的是单纯销售的行为。单纯的复制不应认为构成侵犯著作权罪，基于发行目的而实施复制的行为，可考虑按未遂犯来处理。如果行为人在复制之后，又将复制品交由他人销售，或者事先有约定与分工，自己承担复制部分的工作，而由他人承担发行的行为，则依据共同犯罪的原理，对行为人可以认定为构成“复制发行”，以侵犯著作权罪来定罪处罚。总而言之，将第 217 条中的“复制发行”理解为复制且发行，是最合乎体系融贯性的解释结论。

五、融贯性要求在刑法外部的贯彻

就刑法解释而言，融贯性要求不只指向刑法的内部，也指向刑法的外部，需要实现刑法法条与其他法部门（包括宪法）的协调。这种意义上的协调，不可避免地会涉及法秩序统一性原则的问题。不过，法秩序统一性原则其实只适用于违法性层面的行为评价，即其他部门法评价为合法的行为，刑法上无论如何不能认定为构成犯罪的不法。换言之，这个原则主要在违法性层面发挥出罪的功能，它不直接作用于对构成要件的解释，也并不否定刑法应当根据自身的制度目的和价值设定来独立地解释具体犯罪的构成要件。①

实务中有一类所谓的“两头骗”案件，如何定罪处罚便涉及民法与刑法在行为评价上如何保持一致的问题。比如，被告人对外宣称有大量资金可供低息出借，借款人只需提供房屋产权证作抵押。以保证出借资金安全为由，被告人骗取借款人在签订抵押借款合同的同时，进而办理委托被告人抵押、处置房产的公证手续。尔后，被告人持从借款人处骗取的房产证、公证书等文件，隐瞒房屋产权的来源及委托代理处置房产的条件等，以房屋产权人代理人的身份，又与他人签订正常的抵押借款合同，由此获得大量资金。除了以借款的形式支付给房屋产权人一部分之外，被告人将其中的大部分资金占为己有。对于该案的处理，一种观点认为被告人向借款人（同时也是房产所有人）骗取房产的行为与通过抵押所骗房产而获得资金的行为，构成两个诈骗罪。问题在于，被告人以房屋产权人代理人的身份，与他人所签的抵押借款合同，在民法上被认为是有效的；如果认为后一行为构成独立的诈骗罪，便会出现民法与刑法对同一行为的性质评价截然不同的情况，有违法秩序统一性的原则。基于此，有必要认为，该案在刑法上属于一行为的情形，前一骗取抵押权之代理权限的行为不具有独立意义，并不符合诈骗犯罪的构成要件，而属于诈骗的预备行为。被告人诈骗的标的物并非房产，而是房产的抵押权所产生的利益，即财产性利益，被害人是房产所有权人。被告人通过抵押借款合同将房产抵押给他人的行为，对房产所有人而言构成诈骗的实行行为，因而，其行为并不成立数罪，而只构成一个合同诈骗罪。相应地，诈骗数额不是房产本身的价值，而是被告人实际占有的金额。出借资金的他人并非本案的被害人，对其而言，抵押借款合同在民法上有效，并不存在成立诈骗犯罪所要求的财产损失；作为资金出借

① 徐凌波．存款占有的解构与重建．北京：中国法制出版社，2018：23．

人，其并无义务审查房产所有权人是否是基于被骗而出让的代理权限。

刑法与其他法部门之间的融贯性作业，主要指的是后者的相关法条是否以及如何影响刑法法条的解释。在这一问题上，现行的两种做法均存在过犹不及的问题：一种是片面强调刑法保护的独立性与独特性，而主张对刑法法条中相应概念依循刑法逻辑作出界定即可，根本无须考虑来自其他法部门相关原则或法条的制约问题。另一种是对于刑法法条中相应概念的含义，认为只要照搬其他法部门的界定足矣，完全不用顾及彼此在规范目的与体系语境方面的差异。这两种做法无论在理论上还是实务中，都相当常见。刑法作为惩罚法，其所保护的利益与价值秩序安排，往往是由其他法部门所创设或构建。由是之故，在对刑法法条的规范目的进行解读时，可能需要将其他法部门的视域也引入进来，展开一体性的考虑，以类似于视域融合的方法来处理待解释之概念的界定问题。这也是刑法最后手段性原则之要求的由来。无论如何，“在对生活事实进行法律评价时，不能局限于将该争议事实仅仅涵摄于某一个法律规范的事实构成之中。法律适用者必须将法律（与整个法律秩序）理解为相互联系的内容与价值评价的统一。在目的性解释观点看来，某个法律规范的适用范围，也即立法者所期待的实施界限其实是由该规范法律‘系统’中，或者（更确切地说）在法律秩序的‘评价计划（Wertungsplan）’中的地位决定的”[①]。因而，在解释刑法法条时，完全不考虑其他法部门相关原则或法条的制约，不可能具有正当性；同时，照搬其他法部门对相关概念的界定，不考虑刑法作为惩罚法的特殊性，也并不可取。

在刑法外部贯彻融贯性要求，就价值的融贯性而言，需要审查对罪刑规范目的所做的相应解读，是否合乎所调控的相应功能领域的规范目的，是否合乎宪法层面的价值设定。从逻辑的融贯性来说，审查的主要仍是传统的体系解释所指涉的内容。在刑法外部进行体系融贯性的审查时，价值融贯性与逻辑融贯性之间的关系并无实质的不同，但审查重心

① 伯恩·魏德士．法理学．丁小春，吴越，译．北京：法律出版社，2013：67.

一般会放在价值融贯性的面向。这主要是因为，在刑法解释牵涉其他法部门的规定时，规范目的的确定经常是首先要解决的问题。由于涉及不同法部门之间在规范目的上的相互协调，价值融贯性的问题经常无法像在刑法内部那样比较容易获得解决。但凡涉及与其他法部门的关系处理，不仅特定罪刑规范的保护目的为何，其所划定的不法类型，以及不法本质的呈现，都无不取决于价值融贯性问题的解决。只有先行解决价值融贯性面向的疑问，逻辑融贯性的运用才有相应的余地，构成要件中相关概念的解释，也才有展开论证的基础。当然，对于规范目的如何选定以及相关要件或概念如何解释的问题，逻辑融贯性仍能起到一定的作用。

（一）刑法法条与其他部门法的协调

刑法法条与其他部门法相协调的情形，一般都涉及构成要件的解释，主要可分为两大类。

第一类是特定的构成要件中，某一或某些构成要件要素是否该当的判断，需要借助其他部门法的规定来完成。无论自然犯还是法定犯，都可能涉及这方面的问题。这主要是因为刑法中相关构成要件的设置，本身就是以保障其他部门法所确立的秩序作为诉求，尽管构成要件所指向的法益，未必是由其他部门法所创设。比如，财产犯罪的设立，便在于保障民法上的财产秩序。因而，财产犯罪中涉及占有以及占有转移的判断，便不得不考虑民法的相关规定。就“一房二卖”的案件而言，受物权归属及移转方面的民法规则之不同的影响，行为人是否构成侵占罪，在我国与德国，便可能得出与日本不同的结论。[①] 我国与德国的民法中对于房屋产权的转移，都不以签订有效的房屋买卖合同为充足，还要求进一步完成房屋的登记手续；相反，日本民法上所有权的转移，则仅以合同成立为要件，登记并非所有权移转的条件。基于此，在房屋没有完成转移登记的情况下，行为人进行的一房二卖，在我国与德国都无法构成侵占罪，因行为人第二次出卖房屋时仍属于对自己财物的有权处分。

---

① 徐凌波．存款占有的解构与重建．北京：中国法制出版社，2018：24-26.

相反，在日本则会得出可构成侵占罪的结论，因为一俟买卖合同完成，房屋所有权便已转移给第一次买卖中的买方。

第二类是特定犯罪的构成要件，本身便以直接违反其他部门法的法规作为前置性的要件。这类犯罪在刑法理论上通常被称为法定犯或行政犯，也包括某些含有自然犯因素的混合法定犯。在法定犯中，来自其他部门法的规定不只影响构成要件该当与否的判断，还直接决定构成要件的内在构造，并影响相关构成要件要素的内涵与外延。从刑法与其他部门法的基本关系来看，可进一步区分为两种情形。对相同的概念如何进行解释，端赖于其所处的情形。这样的处理，表面看来有违语言逻辑，实则体现的正是价值融贯性的要求。

一种情形是，二者所保护的法益具有共同性，但该法益既非刑法也非其他部门法创设，而是来自上位的宪法。相应的部门法法条与刑法法条均被用于保护此种法益，根据行为的不法程度，对其施予不同程度的保护。基于此，二者之间具有内在的衔接性与递进性，对共同法益形成阶梯式的保护关系。尽管刑法法条与相应部门法法条所保护的法益在抽象意义上属于相同范畴，但在具体的内容指向上可能存在差异：刑法往往被分配用于保护法益结构中处于较高位阶的部分，而其他部门法则用来保护处于较低位阶的部分。那些含有自然犯因素的混合法定犯，其所呈现的刑法与其他部门法的关系往往属于此种类型。在危害公共安全与伪劣商品领域的犯罪中，有不少罪名是混合法定犯。刑法法条与相应的部门法法条在规范目的的具体指向上有所不同，这导致刑法与其他部门法中所使用的相同概念，可能需要做不同的界定。典型的例子如枪支的概念。在现行制度语境下，对刑法中涉枪罪名中的枪支，宜做不同于行政法上的枪支的理解，即区分刑法上的枪支与行政法上的枪支鉴定标准。这种二元化的理解既能顾及维护社会治安的需要，又能有效解决涉枪类罪名在罪刑关系上的均衡问题。具体而言，将公安部所规定的枪口动能比 1.8 焦耳/平方厘米的标准，仅视为行政法上枪支的认定标准；刑法中的枪支则采用“足以致人伤亡或者丧失知觉”的标准，由司法机关委托专门鉴定机构进行鉴定，以穿透人体的体表作为具备杀伤力的下限。[①] 从2018年最高人民法院关于枪支犯罪的批复来看，采取的显然也是二元化理解的做法，对刑法上的枪支不再单纯适用公安部的枪口动能比标准，而是采用综合标准，要求充分考虑涉案枪支的外形、材质、发射物、购买场所和渠道、价格、用途、致伤力大小、是否易于通过改制提升致伤力等因素。[②] 此类情形中，对刑法与其他部门法所使用的相同概念做不同的界定，恰恰是贯彻融贯性要求的体现，体现的是法秩序的不同组成部分之间的分工与协作。

另一种情形是，二者所保护的共同法益，是由其他部门法中作为前置性要件而存在的规定所创设，刑法的角色在于使相应法益得到补充性的保护。在此种情形中，刑法与相关部门法之间的关系，并不体现在根据不法程度的差异而对同类行为进行分段式规制的分工合作上，而主要体现在以刑事制裁的手段，确保相关部门法所创设的法益不致落空。此类犯罪往往属于单纯的法定犯，至少基本犯的构成是如此。由于法益本身便由其他部门法的规定所创设，相应规定又对此类犯罪的不法结构，尤其是构成要件的设置具有决定性的影响；故而，就此类犯罪而言，在对其构成要件进行解读时，必须密切结合前置性规定，由此构建形式上与实质上均应予处罚的特定不法类型。由法益的特性与不法的本质所决定，对此类犯罪中相关要件的解释，原则上应当遵循相应部门法中前置性规定的界定。

比如，《刑法》第217条侵犯著作权罪中“复制发行”的概念，除“复制”与“发行”之间在逻辑上是什么关系的问题之外，还面临是否按《著作权法》的界定来理解“复制”与“发行”的问题。《著作权法》第10条第5项与第6项对复制权与发行权有专门的定义，其中复制权

① 劳东燕．法条主义与刑法解释中的实质判断——以赵春华持枪案为例的分析．华东政法大学学报，2017（6）：24-26.

② 2018年3月最高人民法院批复：对于以压缩气体为动力且枪口比动能较低的枪支的行为，在决定是否追究刑事责任以及如何裁量刑罚时，不仅应当考虑涉案枪支的数量，而且应当充分考虑涉案枪支的外形、材质、发射物、购买场所和渠道、价格、用途、致伤力大小、是否易于通过改制提升致伤力，以及行为人的主观认知、动机目的、一贯表现、违法所得、是否规避调查等情节，综合评估社会危害性，坚持主客观相统一，确保罪责刑相适应。

是指以印刷、复印、拓印、录音、录像、翻录、翻拍等方式将作品制作一份或者多份的权利，而发行权是指以出售或者赠与方式向公众提供作品的原件或者复制件的权利。同时，该条第 7 项至第 12 项，又分别规定出租权、展览权、表演权、放映权、广播权与信息网络传播权。这意味着，《著作权法》中“复制”与“发行”具有特定的含义，且被视为不同于出租权、展览权、表演权、放映权、广播权与信息网络传播权中所指涉的行为。然而，对于侵犯著作权罪中的“复制发行”，司法解释却没有遵循《著作权法》的相应界定，而是通过扩张解释将《著作权法》中归入其他权属的内容，也都逐渐纳入“复制”与“发行”（尤其是后者）的范畴之中。

2004 年“两高”《关于办理侵犯知识产权刑事案件具体应用法律若干问题的解释》与 2005 年“两高”《关于办理侵犯著作权刑事案件中涉及录音录像制品有关问题的批复》先是将通过信息网络传播的行为也视为《刑法》第 217 条中的“复制发行”[①]。随后，2007 年“两高”《关于办理侵犯知识产权刑事案件具体应用法律若干问题的解释（二）》第 2 条第 2 款将通过广告、征订等方式推销侵权产品的行为也视为“发行”。2008 年最高人民检察院与公安部《关于公安机关管辖的刑事案件立案追诉标准的规定（一）》对前述司法解释的立场进行确认与重申。2011 年“两高”《关于办理侵犯知识产权刑事案件适用法律若干问题的意见》第 12 条则进一步扩张了“发行”的外延，认为“发行”包括总发行、批发、零售、通过信息网络传播以及出租、展销等活动。如此一来，《刑法》第 217 条中的“发行”，不只包含《著作权法》中“发行”概念所涵盖的出售或赠与，也包含被《著作权法》纳入出租权、展览权、表演权、放映权、广播权与信息网络传播权等权属的相应行为。

---

① 2004 年“两高”《关于办理侵犯知识产权刑事案件具体应用法律若干问题的解释》第 11 条第 3 款规定，通过信息网络向公众传播他人文字作品、音乐、电影、电视、录像作品、计算机软件及其他作品的行为，视为第 217 条规定的“复制发行”。2005 年“两高”《关于办理侵犯著作权刑事案件中涉及录音录像制品有关问题的批复》规定，未经录音录像制作者许可，通过信息网络传播其制作的录音录像制品的行为，应当视为第 217 条第 3 项规定的“复制发行”。

司法解释的此种扩张倾向，从合目的性的角度而言有其合理的一面，可视作是为应对网络技术对版权制度的结构性破坏而做出的弥补。通过扩张第 271 条的处罚范围，这样的弥补符合功能化的需要，对于刑法规范社会功能的实现有所助益。然而，前述司法解释显然难以通过价值融贯性与逻辑融贯性的双重审查。诚然，司法解释将通过广告、征订等方式推销侵权产品的行为，以及总发行、批发、零售的行为均视为"发行"，虽说可能也扩张了"发行"的外延，但这种扩张尚处于允许的范围。无论如何，"发行"指向的行为中包含销售，前述列举之行为的确可纳入销售概念的范畴。但是，将第 217 条中的"复制"尤其是"发行"，进一步扩张到包含信息网络传播、出租、展销等行为，由于违背体系融贯性的要求而必然面临正当性上的质疑。

侵犯著作权罪所指向的著作权法益是由《著作权法》所创设。《著作权法》既然将复制权、发行权与出租权、展览权、表演权、放映权、广播权以及信息网络传播权等做分门别类的并列性列举，便意味着它们各自指向的是不同的行为及权利。《刑法》第 217 条第 1 项与第 3 项使用"复制发行"的表述，表明立法者通过刑法想要保护的只限于著作权中的复制权与发行权，不包括著作权中的其他权利项。换言之，《著作权法》所列举的多项权利中，立法者经过审慎考虑之后，只选择将其中的复制权与发行权纳入刑法的保护范围。由此，侵犯著作权罪的保护法益非一般意义上或者包含所有权利项的著作权，而应理解为著作权中的复制权与发行权。立法者显然认为，在未经权利人许可的情况下，只有复制发行的行为才达到值得刑罚处罚的程度，从而需要作为犯罪来处理；除复制权与发行权之外，实施侵犯著作权中其他权利的行为，仅仅构成一般意义上的侵权。没有理由或是根据认为，立法者在选择使用"复制发行"的表述时存在疏忽；从尊重立法文义表述的要求而言，只能认为其是有意这样为之。现行的司法解释，将原本属于侵犯其他权利的行为也纳入侵犯复制权或发行权的行为类型中，不仅打乱了著作权法各项权利之间的内在逻辑关系，也不当扩张了侵犯著作权罪的法益范围，将复制权与发行权之外的其他权利项也纳入刑法的保护。这种只考虑合目的性而不顾及体系融贯性的所谓解释，已经不属于解释，而是抛开立法条文的造法。将法无明文规定的行为也纳入处罚范围，明显有违罪刑法定的原则。

与侵犯著作权罪类似，非法经营罪中前置性的部门法规定与刑法法条之间的关系，也宜按类似的原理来处理。该罪保护的法益并非一般意义上的市场经济秩序，而是设有准入许可的特定领域的市场秩序。这些特定的领域基于对国计民生的重要意义，并不实行自由竞争，国家对此设立准入许可制度。只有获得准入许可的组织或个人，才有权经营相应的业务。这意味着，该罪的规制范围是依据经营的内容而非经营的方式来确定。这也是从法条列举的前三项行为所得出的必然推论。基于此，对该罪中的“违反国家规定”要件理应做限制性的解释。“违反国家规定”，是指违反法律、行政法规中对部分物品实行专卖、专营，对部分经营活动实施许可证制度、审批制度等管理措施的规定；存在与经营行为相对应的法律、行政法规，是成立本罪的前提。[①] 据此，即便是实质上被认为应属国家专营专卖范围的特殊经营行为，在国家尚未出台相应的法律法规进行调整之前，也不能认定为构成非法经营行为。

（二）刑法法条与宪法性规范的协调

在融贯性要求中，所谓体系的融贯，还进一步蕴含与宪法部门及制度之间建立评价上的积极关联，在实质评价上保持内在一致的意义面向；而所谓理念的融贯，意味着以宪法为基础而构建的价值秩序，并非国家可随意确定，其本身还应与作为背景墙的成熟的政治理论与道德信念体系相契合。因而，对于包括刑法在内的下位法而言，任何具体的规范都只是庞大的、具有整体统一性和计划性的法律秩序的基本粒子，其评价标准通常超越规范本身而以法律秩序的价值评价计划为导向，由此，在适用某个具体规范时，基于其在表达上的局限性和非完整性，只有进行和谐的解释后，法律适用才是有意义的，而统一的法律价值观来

① 周光权．刑法各论．3版．北京：中国人民大学出版社，2016：322.

自以宪法为基础的和谐的解释。①

在解释论层面，宪法与刑法之间是相互作用的关系。高位阶的宪法当然是解释下位阶法律的基础与界限，下位阶的法律也可对宪法规范含义的确定产生积极的影响。解释者的目光需要在法律与宪法之间往返流转，不同位阶规范之间的诠释循环与相互调适不可避免。宪法规范与刑法解释之间的相互调适，是指宪法概念经由刑法解释得以具体化，从而丰富宪法的内涵；而刑法解释通过输入宪法价值，得以更好地履行它对基本权利的国家保护义务。② 本章基于论题所限，主要关注宪法对刑法的作用关系之面向。在刑法条文的解释中考虑宪法的规定，主要是为了解决价值融贯性的问题，确保刑法规范的保护目的所指向的价值与宪法的价值秩序保持内在的一致，不至于溢出后者所允许的范围。可以说，对于刑法解释而言，宪法的价值秩序代表的是功能化考虑的边界，为功能主义刑法解释划定了解释的价值限度。

在刑法解释中引入宪法的维度，并不意味着解释者拥有违宪审查的权力。从宪法的角度而言，其实存在两种宪法案件，即违宪审查意义上的宪法案件与合宪性解释意义上的宪法案件。③ 在我国的制度语境中，包括法官在内的解释者当然无权对法条本身进行合宪性审查，这属于全国人大常委会的专属性权力。然而，由于宪法本身代表的是一种客观的法秩序，任何解释者都有义务使自己的解释过程及其结论合乎宪法的要求。由是之故，就刑法领域而言，所谓刑法法条与宪法性规范的协调，主要指向合宪性解释意义上的宪法案件。加入宪法的视角，使得在经典的解释方法中扩充了一项，也就是宪法导向的解释和合宪解释；所谓宪法导向的解释是指，当存在若干个合宪解释可能性时，挑选其中最为符合宪法路线的那种解释，而合宪解释则要求，对违宪的各种解释可能性

① 伯恩·魏德士. 法理学. 丁小春，吴越，译. 北京：法律出版社，2013：67-69.

② 杜强强. 论宪法规范与刑法规范之诠释循环——以入户抢劫与住宅自由概念为例. 法学家，2015（2）：16-17.

③ 张翔. 两种宪法案件：从合宪性解释看宪法对司法的可能影响. 中国法学，2008（3）：111.

加以批判，并得出合宪的解释。[①] 合宪性解释意义上的宪法案件，一般会涉及对包括刑法在内的部门法法条的解释。它又可被分为两类。

1. 旨在确保国家履行保护义务的宪法案件

这类案件所涉及的刑法解释之所以与宪法有关，是因为宪法所保护的重要价值或权益，乃借助于刑法的手段来确保实现的。这是国家对公民承担宪法上的保护义务的体现。相应的刑法规范，是作为保障宪法性的价值或权益得以实现的手段而存在的。合宪性审查的重心在于，刑法法条所保护的特定法益是否具有宪法上的基础。与此相应，对于刑法法条的解释，主要涉及如何界定相关概念才能合理实现对宪法价值或权益的保护问题，其属于合目的论思考的范畴。由于宪法保护的价值与权益的范围相当宽泛，对特定法益进行此种意义上的合宪性审查，对于刑法所具有的制约作用就比较有限。这也是法益论经常难以起到预期的批判功能的缘由所在。

在现代国家中，国家对于公民的生命、健康、自由与财产等都承担相应的保护义务，需要通过刑法手段来防止其受到他人的不法侵害。在遵循比例性原则的基础上，立法者基本上可自行决定如何以及通过何种手段来保护宪法上的重要价值或权益。某种价值或权益是否选择通过刑法来保护，将哪些不法的行为类型纳入刑法的处罚范围，如何设定相应不法类型的构成要件等，立法者享有相当大的自由裁量空间。正如德国联邦宪法法院在其判决中指出的，确定可罚行为的范围乃立法者的基本职责。因此，为了实现宪法上允许的目标，在什么情况下刑法适格且必要这样的经验性问题上，立法者被赋予宽广的“评估空间”[②]。

在此类宪法案件中，合宪性解释的作用主要在于，为刑法解释提供一种新的有效的解释路径，使得在刑法条文具有多重含义或者含义不明

① 洛塔尔·库伦. 论刑法与宪法的关系. 蔡桂生，译. 交大法学，2015 (2)：160.
② 同①166.

确时，可从宪法规定中寻找线索，从而确定刑法条文的含义。[①] 此前我国宪法学界对涉户犯罪的相关研究，便可归入此类宪法案件。

就“户”的界定而言，将刑法中的“户”与宪法上的住宅概念相对接，有助于合理确定“户”的内涵与外延。宪法上的住宅概念，其任务在于要提出一个标准，借以判断何种生活关系能够落入住宅自由的保护范围之内；从我国宪法的规定来看，住宅自由的权利主体是公民而非家庭，其主要保护的是个人生活的安宁，即“个人生活的安宁”可作为住宅自由规范领域的划定标准。[②] 刑法中的户的概念显然应当在此种意义上来理解。就此而言，当前的司法解释将“户”界定为供家庭生活所需[③]，不当限缩了住宅自由的规范领域，实务适用中有必要将其中的“家庭生活”转换为公民的日常生活。[④]

至于入户抢劫的加重处罚规定，从合宪性解释的角度而言，是否应体系化适用于所有的涉户犯罪，则存在较大分歧。支持者认为，从住宅具有作为公民私生活自由展开之物理空间的宪法地位出发，应当承认住宅在法秩序中的独立价值；而住宅的这种独立价值，使其不仅有必要体现于入户抢劫的加重规定之中，也应当体现于对包括强奸罪在内的其他涉户犯罪的规范评价之中，即要么适用加重构成要么进行数罪并罚，以实现对所有涉户犯罪之不法的充分评价。[⑤] 反对者则提出，刑法教义学上现有的牵连犯与数罪并罚的处理方式，已足以对入户犯罪提供比较充分的评价，符合宪法保护住宅自由的意旨，又不至于对行为人的人身自由干涉过重，故并无进行合宪性解释的必要；入户犯罪的刑法规范是国家履行保护义务的体现，立法者于此享有较大的裁量空间，宪

---

① 张明楷．宪法与刑法的循环解释．法学评论，2019（1）：13.

② 杜强强．论宪法规范与刑法规范之检释循环——以入户抢劫与住宅自由概念为例．法学家，2015（2）：17，21-22.

③ 2005年6月，最高人民法院《关于审理抢劫、抢夺刑事案件适用法律若干问题的意见》第1条规定，“户”在这里是指住所，其特征表现为供他人家庭生活和与外界相对隔离两个方面，前者为功能特征，后者为场所特征。

④ 同②24-25.

⑤ 白斌．宪法价值视域中的涉户犯罪——基于法教义学的体系化重构．法学研究，2013（6）.

法并不要求刑法必须将所有入户犯罪的刑罚都提升到入户抢劫罪的水准，非但如此，入户抢劫的刑罚本身就有过分严厉而违反比例原则之嫌。①

应当说，反对者的观点更具合理性。只是住宅自由的法益，难以单独作为入户抢劫的加重处罚根据。这一点与立法对非法侵入住宅罪所配置的法定刑相对照便可看出。这意味着，有关入户抢劫的加重处罚规定，要么因违反比例原则而涉嫌违宪②，要么必须在住宅自由之外，另行添加能够表明对入户抢劫不法之加重的其他处罚根据，才可能予以正当化。就此而言，以入户抢劫的加重规定作为衡量的基准，而要求其他的涉户性犯罪都获得像入户抢劫那样的严厉处罚，本身就存在基准偏差的问题；在此基础之上所展开的体系化重构，自然也就如空中楼阁一般缺乏基础，不仅根本谈不上是融贯性要求得到贯彻的体现，反而会在涉户犯罪中引发罪刑关系的全面失衡，导致重刑主义的肆意蔓延。

2. 旨在限定刑法解释边界的宪法案件

该案所涉及的刑法解释，其与宪法之间的关联性体现在，宪法性规范主要被用于限定刑法解释的边界，防止目的论思考危及法治国的根基，危及对个体基本权利的保障。在此种情形中，国家对刑法手段的运用受到宪法的限制，宪法性规范是在解释限度的问题上发挥合宪性控制的作用。亦即，国家通过刑法履行其保护义务，尽管享有相当大的裁量空间，但仍需遵循必要的宪法性制约。这些制约主要来自宪法上的一些原则与涉及基本权利的宪法规范。在解读紧急避险的正当根据时应将个人自治的限制置于其中，不允许只单纯进行社会功利主义的考量，显然是考虑宪法上人格自由发展的基本权利的结果；同样地，对于经被害妇女同意而予以拐卖的行为，不应认为会产生阻却构成要件或阻却违法的结果，也是基于遵循作为宪法基础价值的人性尊

① 杜强强．入户犯罪、牵连犯处断与比例原则——兼论合宪性解释对刑法释义学命题的尊重．首都师范大学学报（社会科学版），2016（1）：66．

② 杜强强．入户抢劫的死刑设置与住宅自由保护．法治现代化研究，2017（3）：154．

严的考虑，因为宪法不可能承认将人当作商品买卖的行为的合法性。[①]相应的解释结论，体现的正是宪法层面的价值与权利对刑法解释边界的控制。

对于刑法分则所规定的罪刑规范而言，如果立法旨在保护的某种利益或秩序，会在相当程度上妨碍公民对基本权利的行使，则在解读相关法条的法益及其构成要件时，应以不危及个人自治领域内基本权利的行使为前提，即有必要做目的性的限缩。

比如，我国刑法中有不少罪名，涉及对成年人之间自愿的性行为或性服务进行刑法规制，且所配置的法定刑相当高。由于性自由属于个人自决的范围，而个人自决权是作为宪法上的基本权利，根据法律保留原则，没有理由在仅涉及私域的情况下对个人的性自由进行刑法规制，更不宜作为严重犯罪来处理。与此同时，如果将此类行为做宽泛的入罪化处理，还可能引发国家对个人的隐私权、住宅自由等基本权利的侵害，引发警察的选择性执法等。这意味着，妨害风化类的犯罪涉及多方利益的权衡与考量，对立法目的的追求理应在尊重宪法价值与基本权利的前提下进行。

有鉴于此，有必要将此类犯罪的法益限定于公众在性自主方面不受冒犯的权利（引诱未成年人聚众淫乱罪中则还涉及对未成年人身心健康权利的保护），而不宜泛泛地理解为是社会性风化或性道德方面的秩序利益。据此，诸如聚众淫乱罪、传播淫秽物品罪、组织淫秽表演罪与组织播放淫秽音像制品罪等罪名，均应添加公开性作为不成文的构成要件要素，即要求以特定人或多数人可能知晓的方式实施相应的行为。此外，对其他构成要件要素应做限制性解释，以便尽可能限缩入罪化的范围。例如，“聚众”应限于同一物理空间内三人以上的聚合情形，不包括虚拟空间中的聚众；“淫乱”要求存在现实的身体接触，且行为本身具有性指向意义；至于“淫秽物品”，除了内容本身体现淫秽性外，还应要求存在特定的载体，具有反复被多人传看的可能性，故单纯的视频

---

① 劳东燕. 法益衡量原理的教义学检讨. 中外法学，2016（2）：381-382，384-385.

流不应认定为淫秽物品。

在解释限度的问题上，合宪性解释意味着引入宪法的视角，由此而对法条的解释施加来自宪法的限制。这不仅适用于刑法法条的解释，也适用其他部门法法条的解释。这体现的是价值融贯性的要求对于政策上的合目的性考虑所作的必要限制。在对刑诉法的规定进行解读时，从宪法角度来展开价值融贯性的审查更是必不可少。

例如，《刑事诉讼法》第 56 条第 1 款规定了非法证据排除规则。[①]从实务适用来看，在大量决定不予排除的案件中，“真实故合法”“印证故合法”“稳定故合法”的论证方式的存在，表明我国的非法证据排除规则主要是实体真实驱动下的规则，基本目的在于保障无辜者不被错误追究，人权保障只是其副产品。[②] 然而，将该条的规范目的解读为确保实体真实，难以符合体系的融贯性要求。

从宪法的视角来看，第 56 条第 1 款的规范目的理应定位于对被告人在刑事诉讼中的基本权利进行保障，亦即，只要是以侵犯被告人基本权利的方式所获取的证据，不管是言词证据还是实物证据，均应当予以排除。因而，在适用该规定时，不能将其要件理解为：取证手段非法＋非法手段可能影响实体真实。对无辜者的保护并不是非法证据排除规则的规范目的，充其量只是其客观上产生的辐射效果。在解释第 56 条第 1 款时，有论者主张，非法证据的本质在于对公民重大基本权利的侵犯，这些权利包括公民的住宅、财物等不被任意搜查、扣押的权利，人身自由不被任意侵犯的权利，不被强迫自证其罪的权利，以及获得律师帮助的权利等。在言词证据的场合，凡是通过侵犯犯罪嫌疑人或被告人基本权利的方式而获取的，都属于“非法方法”，一律应予排除；在实物证据的场合，只要是通过侵犯犯罪嫌疑人或被

① 该款规定，采用刑讯逼供等非法方法收集的犯罪嫌疑人、被告人供述和采用暴力、威胁等非法方法收集的证人证言、被害人陈述，应当予以排除。收集物证、书证不符合法定程序，可能严重影响司法公正的，应当予以补正或者作出合理解释；不能补正或者作出合理解释的，对该证据应当予以排除。

② 易延友. 非法证据排除规则的中国范式. 中国社会科学，2016（1）.

告人基本权利的方式而收集的，均应认定构成实质性瑕疵，从而将之排除。[①] 这样的观点，正是引入宪法视角贯彻价值融贯性要求而得出的结论。

值得指出的是，如果通过刑法解释无论如何都无法使相应的规定合乎宪法，便有必要转向立法论的批判。比如，在 2011 年《刑法修正案（八）》对盗窃罪的法条进行立法修改之前，“盗窃金融机构，数额特别巨大”的情形，设定的法定刑是“处无期徒刑或死刑，并处没收财产”。该条款不仅与抢劫罪中有关抢劫银行或者其他金融机构的规定（即适用 10 年以上有期徒刑、无期徒刑或死刑）不相协调，而且面临合宪性上的质疑。有论者认为，刑法通过盗窃罪的法条对金融机构财产给予特殊保护的做法，违反宪法上的平等权保护规范，也无法通过比例原则的审查。[②] 不得不说，当年许霆案在刑法上的处理困境，便与盗窃罪立法规定本身的不合理有关，以致在当时的立法语境下，根本没有合理且可行的教义学上的解决路径，而只能通过适用《刑法》第 63 条第 2 款做权宜性的处理。

六、本章小结

1. 刑法解释的功能化与实质化，是由刑法追求自身的社会功能所致，体现的是刑法体系的应变性的面向。对功能主义刑法解释的体系性控制，在价值面向上涉及刑法体系的自主性与应变性的关系处理，在方法论上涉及融贯性与合目的性的相互制约。

2. 在体系的概念经历演变之后，体系性思考不仅指向逻辑上的无矛盾，而且指向内在价值评价上的无矛盾。体系性思考的基本要求是融贯性，主要包括逻辑融贯性与价值融贯性两个面向。就二者之间的关系而言，价值融贯性处于优先的地位，决定逻辑融贯性的运用，而逻辑融

---

① 易延友．非法证据排除规则的立法表述与意义空间——《刑事诉讼法》第 54 条第 1 款的法教义学分析．当代法学，2017（1）：46，55.

② 白斌．刑法的困境与宪法的解答——规范宪法学视野中的许霆案．法学研究，2009（4）：115-120.

贯性对价值融贯性具有反制作用。

3. 在刑法解释中，为实现融贯性的作业，除特定的刑法法条内部需要保持协调外，不同的刑法法条之间也需要达成协调。同时，融贯性要求也指向刑法的外部，要求实现刑法法条与其他法部门（包括宪法）的协调。

4. 在对构成要件进行解释时，应当根据刑法法条与相应部门法法条的关系性质，来确定相应的概念是做相同的理解还是做不同的解读。在刑法领域，合宪性解释意义上的宪法案件可分为两类：一类旨在确保国家履行保护义务，另一类旨在限定刑法解释的边界。应当根据宪法案件的不同类型，来实现刑法法条与宪法性规范之间的协调。

下　编

功能主义刑法解释的规范性适用

一种强调适时而变与自我制约的功能主义刑法解释，需要在具体的领域中得到运用与检验。本书下编旨在将上编与中编所提炼与发展出来的方法论，运用于防卫过当、死刑标准、以危险方法危害公共安全罪、交通肇事罪与非法持有枪支罪等具体领域。通过对相应法条展开教义学上的解读，以考察功能主义刑法解释的规范性适用问题。

第八章　防卫过当问题的合理化处理

本章拟由防卫过当切入，结合结果无价值论与行为无价值论之争，来审视当前防卫过当认定中存在的问题及其根源所在。我国当前对防卫过当的认定，由于深受“结果→行为”思考进路的影响，存在诸多不合理之处。有必要立足于刑事政策上合目的性的考虑，反思结果无价值论本身的不足，抛弃其“结果→行为”的思考进路的立场，重新界定正当防卫正当化的理论根据。只有这样，才能对《刑法》第 20 条第 2 款的规定作出合目的性的妥当解释，并在具体个案中实现对防卫过当的合理认定。

一、当前防卫过当认定中存在的问题

1997 年的刑法修正，对正当防卫的规定做了重大的立法修改。除增设第 20 条第 3 款的特殊防卫之外，又特别放宽对防卫限度方面的限制，将防卫过当的标准由原先的“超过必要限度造成不应有的损害”，改为“明显超过必要限度造成重大损害”。这一立法修改的目的非常明显，意在放宽正当防卫的成立标准，以纠正此前普遍存在的对防卫限度的把握过于严格的做法。无论是学界还是实务界，对这样的立法目的均有清晰的认识，且总体上表现出支持的态度。[①] 当然，对特殊防卫制度的设立，在当时也引来人们的一些担忧。有学者曾明确对特殊防卫权的立法化提出质疑，认为无限制的防卫自由不仅会导致血腥报复和暴力杀

① 赵秉志，肖中华．正当防卫立法的进展与缺陷——建国以来法学界重大事件研究（十九）．法学，1998（12）：3；沈德咏，戴长林．完善刑事立法强化公民的正当防卫权．中国法学，1996（5）：24.

戮，而且会动摇刑罚适应的根基，导致国家法秩序的松弛和法律的软弱无能。[①] 从迄今为止立法施行的效果来看，应该说前述有关滥用防卫权的担忧并未成为现实。不仅学理上普遍坚持对第 20 条第 3 款作严格解释，将之仅限定于生命或重大的身体安全受到紧迫威胁的场合，实务中对适用第 20 条第 3 款的特殊防卫也表现得相当克制。与此同时，对正当防卫成立标准把握过严的倾向则并没有得到根本的扭转，尤其是在防卫过当的认定上。

一方面，无论是学理还是实务，对是否超过防卫限度的把握仍然偏严。在具体个案中，只要受保护的法益小于受侵害的法益，特别是在出现致人重伤或死亡的情况下，防卫人便容易被认定为防卫过当。

对限卫限度的把握过严，缘于通行的标准采取的是以基本相适应说为基础的折中说。在防卫是否超过“必要限度”的问题上，我国刑法理论上历来存在基本相适应说、必需说与折中说（也称适当说）之争，其中，基本相适应说与折中说具有重大的影响力。早期学说在防卫限度的标准上，便强调防卫强度必须与不法侵害的强度相适应，认为应始终“以不法侵害的强度（包括行为性质、方法手段、工具、作用力量的程度、作用部位以及行为人的特点等等），来约束防卫行为的强度，使之不超过不法侵害的强度”[②]。这种防卫强度必须与不法侵害的强度相适应的观点，虽然在之后没有占据通说的地位，但却构成通说所主张的折中说的基础，至今仍对我国的学理与实务具有重要影响。

在 20 世纪 80 年代主流的教科书中，在防卫过当的判断上采取的便是折中说，认为防卫的必要限度，是指防卫人的行为正好足以制止侵害人的不法侵害行为，而没有对后者造成不应有的危害，主张应将基本相适应说与必需说结合起来进行判断。[③] 在 1997 年立法对正当防卫的规

---

① 田宏杰. 防卫权限度的理性思考. 法学家，1998（4）：49.

② 金凯. 试论正当防卫与防卫过当的界限. 法学研究，1981（1）：15.

③ 高铭暄. 中国刑法学. 北京：中国人民大学出版社，1989：153；何秉松. 刑法总论. 北京：中国政法大学出版社，1988：121；马克昌，江任天. 刑法. 北京：法律出版社，1985：53.

定做重大修正之后，我国刑法理论仍压倒性地坚持折中说。[①] 折中说宣称要将基本相适应说与必需说相结合，但其实与基本相适应说并无本质区别，二者之中，基本相适应说才是判断是否超过防卫限度的决定性标准，拥有最终的否决权。因而，它根本不可能消除基本相适应说所固有的缺陷。诚如论者指出的，按照折中说的见解，确定防卫行为为制止不法侵害所必需，并不足以排除成立防卫过当的可能；如果防卫与侵害之间不能保持基本的相适应，则防卫行为依然会被认为超过必要限度。这样一来，折中说的结论与基本相适应说的就不可能有任何区别，而基本相适应说的弊端在通说中也根本没有得到有效克服。[②]

另一方面，在具体个案的处理中，一旦认定防卫超过规定的限度，防卫人便往往直接被认定构成犯罪，且成立故意犯罪；尤其是在实务中，防卫过当几乎都是按故意伤害罪来处理。

实务界将防卫过当一般按故意犯罪处理的做法，不同于学界的主流观点。在防卫过当的罪过形式上，学理上传统的见解一直认为防卫过当的罪过形式限于过失与间接故意[③]，晚近以来有力的学说则主张也包括直接故意[④]；同时，按照学界主流的看法，防卫过当的情形一般成立过失，特殊情况下才构成故意。学界与实务界在防卫过当罪过见解上的对立，早已有论者注意到[⑤]，但究竟为什么会如此，相关的论者并未做进一步的说明。一般认为，实务界的观点是源于对故意概念作形式的理解。[⑥] 这样的解读具有一定的说服力，但它本身无法解释，为什么实务

① 高铭暄，马克昌．刑法学．5版．北京：北京大学出版社，2011：134；张明楷．刑法学：上．5版．北京：法律出版社，2016：211-212；陈兴良．规范刑法学：上册．2版．北京：中国人民大学出版社，2008：147；黎宏．刑法学．北京：法律出版社，2012：141；赵秉志．刑法总论．北京：中国人民大学出版社，2007：392.

② 陈璇．正当防卫中风险分担原则之提倡．法学评论，2009（1）：108.

③ 高铭暄，马克昌．刑法学．5版．北京：北京大学出版社，2011：135；赵秉志．刑法总论．北京：中国人民大学出版社，2007：394；王作富．刑法．5版．北京：中国人民大学出版社，2011：99.

④ 张明楷．刑法学：上．5版．北京：法律出版社，2016：213；陈璇．论防卫过当与犯罪故意的兼容．法学，2011（1）.

⑤ 姜伟．防卫过当不应一概定为过失犯罪．现代法学，1984（3）：26.

⑥ 张明楷．刑法学：上．5版．北京：法律出版社，2016：212.

界在防卫过当的罪过问题上持故意说的立场，而在假想防卫的罪过问题上则持过失说的立场。

从逻辑上讲，如果坚持对故意的形式理解，则实务界在假想防卫的罪过问题上原本也应当持故意说才对。但就假想防卫的罪过问题而言，实务界的立场与学界的主流看法[①]并无差异，同样认为假想防卫要么成立过失要么构成意外事件。在一起假想防卫致人死亡的案件中，最高人民法院相关业务庭在裁判要旨中明确指出，“不能把刑法理论上讲的故意与心理学理论上所讲的故意等同、混淆起来……假想防卫虽然是故意的行为，但这种故意是建立在对客观事实错误认识基础上的，自以为是在对不法侵害实行正当防卫。行为人不仅没有认识到其行为会发生危害社会的后果，而且认为自己的行为是合法正当的，而犯罪故意则是以行为人明知自己的行为会发生危害社会的后果为前提的。因此，假想防卫的故意只有心理学上的意义，而不是刑法上的犯罪故意”[②]。在假想防卫的问题上，实务界对故意概念的解读分明是实质的，而非形式的。这就不免让人疑惑，为什么在假想防卫的问题上，实务界对故意概念采取的是实质解读，而在防卫过当的问题上却倾向于形式解读？

认为防卫过当一般构成故意犯罪，而假想防卫至多成立过失犯罪的实务立场，在教义学层面会遭遇诸多的疑问。其一，为什么在不法侵害客观上不存在而防卫人误以为其存在的情况下，其主观上的防卫意识被认为能够阻却故意的成立；反之，如果不法侵害客观上存在，为什么防卫人主观上的防卫意识反而无法阻却故意的成立？其二，如果认为防卫过当一般构成故意犯罪，则为什么防卫人基于杀人的意图造成不法侵害人死亡，成立的是故意伤害（致死）罪而不是故意杀人罪？也即，为什

① 高铭暄，马克昌．刑法学．5版．北京：北京大学出版社，2011：131；张明楷．刑法学．4版．北京：法律出版社，2011：195；陈兴良．规范刑法学：上册．3版．北京：中国人民大学出版社，2013：144；黎宏．刑法学．北京：法律出版社，2012：131；周光权．刑法总论．2版．北京：中国人民大学出版社，2011：144；赵秉志．刑法总论．北京：中国人民大学出版社，2007：387.

② 最高人民法院刑事审判第一庭、第二庭．刑事审判参考：第20集．北京：法律出版社，2001：12.

么主观上的防卫意识能阻却杀人的故意，却不能阻却伤害的故意？其三，假想防卫与防卫过当的行为人，主观上都具有防卫意识，从客观上来看，前者是造成无辜之人的重伤或死亡，后者则是导致不法侵害人的重伤或死亡，照理说前者的不法程度应当高于后者的才对，为什么前者仅构成过失致人重伤罪或过失致人死亡罪，而后者构成性质更为严重的故意伤害罪？可见，对防卫过当与假想防卫在不法评价上的轻重倒置，缺乏起码的合理性。令人困惑的是，存在这么多明显的逻辑漏洞，防卫过当一般按故意伤害罪处理的实务做法却一直得以维持，且迄今都未受到应有的质疑。

综合前述两方面的问题来看，立法修正正当防卫的目的在相当程度上是落空了。为什么立法的目的会落空？仅仅将防卫限度的把握过严追溯至基本相适应说，把防卫过当按故意犯罪处理归因于对故意概念的形式解读，并没有找到问题的根源。此类做法无法解释一系列的问题：为什么“必要限度”的判断标准没有随着立法的重大修正而有所调整？为什么防卫过当罪过问题上学界主流的观点始终未能扭转实务的做法？尤其是，为什么二十余年来刑法教义学层面所取得的长足进步，对防卫过当的研究却没有产生基本的影响？笔者以为，这与实务中长期存在的“唯结果论”的倾向存在密切关联，而晚近以来结果无价值论在我国的强势兴起，则为这种“唯结果论”提供了必要的理论根据，使防卫过当认定中的既有惯习得以强化。

结果无价值论与实务中的“唯结果论”能结合在一起，缘于它们都是以结果作为关注的核心与起点，采取的是“结果→行为”的思考进路。此种思考进路在防卫过当的认定中一直占据着支配地位。这可以解释，为什么在有关防卫限度的规定作出重大立法修正且获得普遍的认可之后，刑法学理与实务仍然继续坚持以基本相适应说为基础的折中说。只要以结果为核心与起点来考虑正当防卫与防卫过当的区分，对立法修正的这种阳奉阴违的态度必然难以避免。同时，实务中将防卫过当一般按故意犯罪处理的做法也变得可理解。强调客观结果之于正当防卫成立与否的决定性意义，必然降低主观因素在认定正当防卫中的作用。按

“结果→行为”的思考进路，在不符合第 20 条第 3 款所规定的特殊防卫的条件的情况下，只要防卫人所损害的法益大于不法侵害人所针对的法益，便会被认为存在结果的不法。既然结果本身遭到法的否定评价，防卫人有意识地追求或放任这种结果出现，也便被认为符合《刑法》第 14 条规定的“明知自己的行为会发生危害社会的结果，并且希望或者放任这种结果发生”，构成故意犯罪自是理所当然的结论。至于为什么刑法学理上所取得的长足进步对防卫过当的研究没有什么影响的问题，其中的缘由更是一目了然：它是结果无价值论占据优势地位的必然产物。结果无价值论为防卫过当领域既有的“唯结果论”做法提供了理论上的支持，它不仅没有削弱反而还进一步强化了“唯结果论”的影响力。任何试图在这一领域寻求突破的论者，首先面临的便是如何肃清结果无价值论的主导性影响的问题。这无疑增加了在防卫过当领域展开创新研究的难度。

二、“结果→行为”的思考进路之缺陷

我国实务中“唯结果论”的做法与结果无价值论之间的关联意味着，在正当防卫的适用领域，若要从根本上解决对防卫限度把握过严与防卫过当的罪过认定问题，就必须对“结果→行为”的思考进路进行认真的审视，而这又势必牵涉对结果无价值论的不足的反思问题。

结果无价值论基于自身的结果主义逻辑，在排除违法的根据方面采取的是法益衡量说，只要所保护的法益大于所损害的法益，相关的行为便可由此而正当化。对于正当防卫与紧急避险，结果无价值论采用优越利益原理来解释，而在被害人承诺等事由中，则采取利益阙如原理。为了解决正当防卫中所牺牲的法益允许大于所保护的法益而引起的冲突，结果无价值论特别强调，对不法侵害人的法益需做缩小评价，以将正当防卫纳入优越利益原理的框架之下。然而，在防卫过当的认定上，由单纯的法益衡量出发，采取“结果→行为”的思考进路，无论是从解释论的角度，还是从方法论、逻辑或刑事政策的角度来看，都存在明显的缺陷。

首先，采取“结果→行为”的思考进路，会大大降低《刑法》第 20 条第 2 款所规定的防卫限度的门槛，有违立法的基本目的。

根据第 20 条第 2 款的规定，只有正当防卫明显超过必要限度造成重大损害的，才应当负刑事责任。该条对防卫过当规定了两个要件：一是“明显超过必要限度”，二是“造成重大损害”。如果承认 1997 年立法修正的目的是要扩张正当防卫的适用范围，扭转过往对防卫限度把握过严的弊端，则理应将这两个要件之间理解为并列关系，而非同一关系或从属关系。换言之，要成立防卫过当，必须同时满足这两个要件才行，并且这两个要件之间是相互独立的。这样的解读也符合立法文字表述的含义。至于具体如何处理“明显超过必要限度”与“造成重大损害”之间的关系，将在第四部分作出交代。

然而，受“结果→行为”思考进路的影响，当前无论是学理上还是实务中，对是否明显超过必要限度的判断，都着眼于最终发生的严重损害而展开。对结果无价值论者而言，这缘于其将刑法有关正当防卫的规定首先视为裁判规范，而非决定规范或行为规范所致；对实务中的“唯结果论”者来说，它更多的是一味追求简单明了、可操作性强的司法判断标准的产物。二者的共同之处在于，在解读防卫过当中“明显超过必要限度”与“造成重大损害”的要件时，都倾向于消解前一要件，而片面地将严重损害的出现与否当作防卫过当的核心条件，使得是否明显超过必要限度的判断往往从属于有无造成重大损害的判断。

有论者明确主张将防卫损害视为必要限度特定的、唯一的限定、制约对象，认为对防卫损害之轻重予以允许和限定，是必要限度的核心内容；只有造成不应有的“重大损害”，才可认定为“明显超过必要限度”，也才能认定为防卫过当。[①] 也有论者虽然名义上是将“明显超过必要限度”与“造成重大损害”理解为两个条件，并承认二者之间是并列关系，但在具体界定二者的含义时，却又认为是否明显超过必要限度的判断取决于重大损害的出现与否。比如，张明楷教授与黎宏教授都明

① 杨忠民．对正当防卫限度若干问题的新思考．法学研究，1999（3）：52-54.

确断言，不存在所谓明显超过必要限度但没有造成重大损害的情况，也即，只有在造成重大损害的情况下，才存在明显超过必要限度的问题。[①] 可以说，这种以“造成重大损害”为基础来理解“明显超过必要限度”的内容，是所有在防卫限度问题上持折中说论者的通病。折中说论者一方面宣称以防卫的客观需要作为判断其中的“必要限度”的标准，另一方面又强调以实际导致的后果来界定“必要限度”。这意味着，在是否“明显超过必要限度”的考量之中，便要求考虑防卫行为实际造成的损害结果。这必然使得“明显超过必要限度”的要件在解释学上丧失了独立的意义。对于此种弊端，同为结果无价值论者的山口厚有着清晰的洞悉。他明确指出，将结果的重大性之判断纳入防卫行为的相当性的判断中，不但会加剧防卫行为的相当性这一概念及其判断基准的不明确，而且会导致广泛地认定防卫过当，过于限定正当防卫的成立。[②]

其次，“结果→行为”的思考进路，机械地割裂作为整体的防卫行为，并脱离构成要件来展开不法的评价，在方法论上存在严重的缺陷。

结果无价值论所采取的“结果→行为”的思考进路，由于着眼于最终发生的损害结果，往往将防卫行为人为地拆解为两个部分：一部分为制止不法侵害所必需，能够阻却违法性，另一部分则超出制止不法侵害所需，具有违法性。在此基础上，人们来展开防卫行为是否过当以及是否具有违法性的论证。这种将机械割裂作为整体的防卫行为的做法，可谓“结果→行为”的思考进路在方法论上的重大缺陷之一。

将防卫行为进行拆解尽管在理论上可行，但正如有学者批评的那样，由于防卫行为往往是防卫人在高度紧张的精神状态下实施，且通常是在非常短暂的时间内完成的，很难想象在这种情况下，防卫人由起先对其防卫行为和结果持正当的防卫意识的瞬间突然转变为犯罪的故意。人为地将一个完整的防卫行为机械地割裂开来，将前一半认定为正当防卫，后一半认定为防卫过当不符合实际，也没有意义。事实上，果真前

① 张明楷．刑法学：上．5版．北京：法律出版社，2016：212；黎宏．刑法学．北京：法律出版社，2012：142.

② 山口厚．刑法总论．付立庆，译．北京：中国人民大学出版社，2011：131-132.

一半行为是正当防卫，后一半行为也难以认定为防卫过当，而宜认定为防卫不适时。[①] 对于结果无价值论者从整体事实中抽取并不重要的事实单独进行评价的问题，周光权教授也做过犀利的批评。[②]

除了机械割裂整体行为的问题之外，“结果→行为”思考进路在方法论层面的另一缺陷在于，脱离构成要件来认定刑事不法。不法作为一种犯罪类型，本来应当与具体犯罪的构成要件紧密结合在一起。结果无价值论由于是以结果为核心与起点来展开不法的判断的，往往脱离具体犯罪的构成要件，抽象地来讨论不法成立与否的问题。这种弱化构成要件价值的做法，容易使结果无价值论笼统地得出因为存在损害，所以具有结果无价值的结论，至于是什么具体犯罪的结果无价值，在所不论。[③] 如此一来，不仅构成要件对于违法性的制约机能以及构成要件的违法推定机能在相当程度上丧失殆尽，在处理具体问题时，也经常导致在界定评价范围时眉毛胡子一把抓，将本应剔除的因素也混入其中，由此而得出错误的推论。

就防卫过当的情形而言，人们本来应当在否定故意犯的不法之后，再去考察是否成立过失犯的不法；然而，由于脱离构成要件来认定不法，“结果→行为”思考进路的奉行者往往不由自主地将已被正当化的有意伤害行为，又重新纳入犯罪事实之中来进行评价，从而动辄得出防卫过当成立故意伤害罪的结论。对此，陈璇博士的分析可谓切中要害：将防卫过当认定为故意伤害罪严重混淆了防卫的有意性与犯罪故意，从刑法评价上来说，由于防卫人的有意伤害行为是以正当防卫为根据的合法举动，故该行为本身并不是刑法予以否定的对象，不存在成立故意伤害罪的可能；刑法要追究的只是行为超过必要限度所造成的结果，只有伤害行为所导致的加重部分，即过失致人死亡（或重伤）的事实，才成立犯罪。[④] 在防卫过当的认定上，实务中时常出现的将正当防卫的有意

---

① 胡东飞．论防卫过当的罪过形式．法学评论，2008（4）：154.

② 周光权．行为无价值论的法益观．中外法学，2011（5）：955.

③ 同②956.

④ 陈璇．论防卫过当与犯罪故意的兼容．法学，2011（1）：124-125.

性与犯罪的故意混为一谈的问题，正是“结果→行为”的思考进路在方法论上脱离构成要件来认定不法的缺陷所导致的。

再次，“结果→行为”的思考进路，使得人们在“必要限度”的判断上采取行为后标准，并存在由结果反推故意的逻辑漏洞。

结果无价值论者基于对“结果→行为”思考进路的奉行，在界定“必要限度”的概念时，往往要求同时考虑防卫所造成的损害结果，并与防卫行为所保护的法益相权衡。[①] 这必然使得原本针对防卫行为本身的“必要限度”，时常取决于事后出现的损害结果。在涉及“必要限度”的判断问题上，结果无价值论者实际上采取了行为后（或裁判时）标准。也即，站在裁判时的角度，以事后查明的客观事实为基础，来判断防卫行为是否“明显超过必要限度”。如此一来，但凡不能适用第 20 条第 3 款的场合，只要防卫客观上造成不法侵害人死亡或重伤，并且防卫所要保护的法益客观上小于实际造成的损害结果，防卫行为便容易被认定为“明显超过必要限度”。对“必要限度”的判断采取行为后标准，不仅让防卫人承担了过多的风险，也背离现行立法有关防卫过当规定的基本精神。防卫行为超过限度的本质不在于严重损害结果的发生，而在于防卫人以明显违反社会相当性的方式和手段造成严重的后果。[②] 一味倚重事后查明的客观事实，脱离一般人对防卫行为发生时具体情境的可能认识，必然造成动辄认定防卫过当的结果。

在“必要限度”的判断上采取行为后标准，不可避免地产生由结果反推故意的问题，即犯罪故意的成立与否，不是依据行为时的情境来决定的，而是由结果反推所得出的。故意的成立与否判断，本来应当采取行为时标准，即根据行为时所蕴含的风险与行为人对行为时风险的认知与意欲来确定；实际结果的出现与否仅影响既未遂的成立，不能以结果的严重来反推故意。比如，A 与 B 因琐事发生争吵，过程中 A 对 B 进行推搡并打 B 耳光，致 B 倒地触石而亡的案件中，一般应认定为过失

---

① 张明楷．刑法学：上．5 版．北京：法律出版社，2016：212；黎宏．刑法学．北京：法律出版社，2012：141.

② 陈璇．正当防卫中风险分担原则之提倡．法学评论，2009（1）：103，105.

致人死亡罪。因为按一般人的经验判断，推搡与打耳光的行为本身并不具有导致他人死亡或轻伤以上的类型性风险，相应地，自然也就很难认为A在行为时对致人死亡或伤害的风险有认知并持希望或放任的心态。然而，在防卫过当的情形中，由于对“必要限度”的判断采取行为后标准，防卫行为是否“明显超过必要限度”反过来是由最终的损害结果来决定的，这就等于是让故意的成立取决于实际出现的结果。只要防卫人有意识地造成这种结果，其便容易顺理成章地被认定为具有故意。可以说，也正是由于在“必要限度”判断上采取行为后标准，黎宏教授才会得出防卫过当只能成立故意犯的结论。[①] 在防卫过当中，由结果反推故意的做法，在不当扩张故意伤害罪的适用的同时，也使得过失犯罪几无成立的余地。其中的缘由，不得不追溯至“结果→行为”的思考进路。正是这种思考进路，容易使人们将刑法上的故意混同于日常生活中的故意。

最后，从刑事政策的角度来看，在防卫过当的认定中采取“结果→行为”的思考进路，无法实现法律效果与社会效果的统一。

按“结果→行为”的思考进路来认定防卫过当，在不当地限缩正当防卫成立范围的同时，也对防卫人提出了过于苛刻的要求。“结果→行为”思考进路的奉行者，由于对防卫人的真实处境缺乏必要的想象与体谅，经常以一种“事后诸葛亮”[②] 式的明智，要求防卫人在遭遇突发的不法侵害时冷静沉着，严格控制防卫的强度，以保护不法侵害人的生命与重大健康。其冠冕堂皇的理由往往是，防止防卫权的滥用。防卫人由此而身陷困境：要么忍气吞声地隐忍不法侵害，要么因展开反击而面临被犯罪化的高度风险。将防卫人逼入这样的境地，不仅有违常理与常情，在刑事政策上也极不明智。

对正当防卫而言，具有决定性的并非不同的权利与法益之间或类似的价值之间的矛盾，而是法与不法之间的冲突；被侵害人与不法侵

① 黎宏．刑法学．北京：法律出版社，2012：142.

② 周光权．刑法学习定律．北京：北京大学出版社，2019：213.

害人之间的利益冲突，因而以有利于前者的方式予以解决，其法益被置于优先地位。[①] 这意味着，在由防卫引起的风险问题上，既有的制度作出的是不利于不法侵害人的分配。作为积极侵犯他人自由领域的一方，不法侵害人理应承担由此而引发的不利后果的风险。从刑事政策的角度来看，这样的风险分配安排有其合理性，它在给作为无辜方的防卫人提供必要保护的同时，也有助于更好地威慑潜在的不法侵害人。然而，“结果→行为”的思考进路却改变了既有的风险分配格局，基本上要求不法侵害人与防卫人平均分担防卫所带来的风险。这样的改变既不公平也不合理。一方面，在我国公力救济资源不足且社会保障机制薄弱的情况下，没有任何理由让无辜的公民忍受对自身合法利益的不法侵害。另一方面，它会降低违法的成本，极大地助长潜在不法侵害人的嚣张气焰，同时严重挫伤人们抗击不法的勇气与信心。从当前我国不法侵害日益猖獗的现状来看，真正需要担忧的恐怕并非对防卫权的滥用，而是对正当防卫限定过严带来的后遗症。

正当防卫属于私力救济的一种。考虑到我国公力救济资源严重不足，同时其有效性也颇值得质疑的现实，在正当防卫这样的领域，提升私力救济的分量与权重有其必要性。因为“立法者必须考虑私人惩罚和公共惩罚各自的比较优势，以决定是否以及在多大程度上将公共资源投入到一个特定的社会控制领域。如果私人监控和私人惩罚的成本更低但收效更大，法律就应当更多地利用私人之间的监控和惩罚。”[②] 采取“结果→行为”的思考进路，由于要求防卫人与不法侵害人以大体相等的比例来承担防卫所带来的风险，间接地具有排斥私力救济而倚重公力救济的效果。从社会控制总成本（即公共控制成本与私人控制成本之和）的最小化来看，在正当防卫领域过于倚重公力救济并不可行，且不可避免地有脱离现实语境之嫌。

---

① Vgl. Jähnke/Laufütte/Odersky, *STGB Leipziger Kommentar*, §§32, 33, 11Aufl., 1992, §32 Rn. 6.

② 桑本谦. 公共惩罚与私人惩罚的互动. 法制与社会发展，2005（5）：113.

三、正当防卫正当化根据的重新定位

防卫过当认定中流行的“结果→行为”的思考进路，必须要追溯到正当防卫的正当化根据问题。正是将正当防卫正当化的根据建立在法益权衡的基础之上，才导致人们在界定防卫限度的要件时，采取以结果为核心与起点的判断。欲纠正这种唯结果主义的倾向，势必要抛弃以法益权衡为基础的优越利益原理，而对正当防卫的正当化根据进行重新的定位。

德国刑法理论一般认为，正当防卫的正当化根据或指导思想，根源于个体权利面向的保护原则与社会权利面向的法确证（Rechtsbewährung）原则。所谓的保护原则，其核心是自我保护思想，即允许每个人保卫自身的法益，当国家在确定的情形中不能履行保护其公民自由免受他人侵犯的任务时，作为人的自我防卫的“原权利”必须为公民所保留。所谓的法律确证意味着，防卫人防护自身或他人的同时，也在保卫法秩序的意义上确证了法，此即“法无须向不法让步”（Das Recht braucht dem Unrecht nicht zu weichen[①]）；由此，防卫人在国家无法亲自确证法的场合成为法的守护者。[②] 在这样的一种二元论中，保护原则与法确证原则共同作用，法确证需求的不同会影响保护权限的安排[③]；换言之，保护原则与法确证原则之间是相互补充的关系：法确证原则无论如何不仅仅建立在绝对的国家意识之上，其意义也不单限于消极的一般预防，它扩张了随个人保护视角而得出的防卫人的权利。与此同时，基于法保护任务理应由国家自身所保留的考虑，通过使正当防卫仅在基于个人保护理由而必要的场合得到“权力授权”，个人权利的面向也限制了社会权利的面向。[④] 这种以保护原则与法确证原则为基础来解说正当防卫的二元

① 这一德文表达，在我国刑法学理上，有时也被译为“正当无须向不正当让步”或“正当没有必要向不正当让步”。

② Vgl. Kühl. *Strafrecht Allgemeiner Teil*, 6 Aufl., 2008, § 7 Rn. 8-10; Jescheck/Weigend. *Lehrbuch des Strafrecht Allgemeiner Teil*, 5. Aufl., 1996, S. 336.

③ Vgl. Roxin. *Strafrecht Allgemeiner Teil*, Band I, 4. Aufl., 2006, § 15 Rn. 3.

④ Vgl. Schönke/Schröder. *Strafgesetzbuch Kommentar*, 28. Aufl. 2010, § 32 Rn. 1a.

论，构成德国的通说。[①] 无论是保护原则还是法确证原则，就其单独而言，被认为不足以说明正当防卫的根据与界限：一方面，将正当防卫的正当化根据仅仅定位于个人权利面向的保护原则，将使“法无须向不法让步”的格言被化约为防卫人的“主观权利”与不法侵害人的“主观不法”。问题在于，此处总是涉及法共同体的利益，而不只是被侵害人的利益，这也是不法侵害原则上无须回避的缘由所在。同时，在正当防卫中要求侵害人自担风险的想法，理由也只可能在于侵害行为的违法性，而这一点再一次归结到法确证利益。此外，单纯的个人权利面向，也不可能解释正当防卫与紧急避险、自救行为、抓捕行为之间的区别。另一方面，单是法确证原则，也无法成为正当防卫正当化的全部根据所在。因为有关正当防卫的立法条款，并不包含一般意义上的防止不法的权利，而只适用于行为人制止针对自身或他人的侵害的场合，法确证利益在此“仅通过个人保护的媒介”而出现。[②]

然而，受日本刑法学中结果无价值论的强烈影响，前述正当防卫的指导思想在我国受到了批判。黎宏教授对保护原则与法确证原则分别提出了批评。他认为，自我保护说的中心意思是，防卫行为是基于人的自我防卫本能而产生的，属于迫不得已的情形，因此，其实际上是将正当防卫理解为排除行为人的主观责任事由，偏离了通常将正当防卫理解为排除社会危害性事由的立场。将正当防卫理解为排除责任事由，会得出可对正当防卫实施正当防卫的结论。至于法确证说，在他看来，由于确认法律利益的主体是法院，根据法所确认的利益对正当防卫的原理进行说明时，必然要使用“代理理论”，即个人代替法院行使该种权限。但代理理论存在以下问题：第一，为什么允许代理？第二，按照代理理论，正当防卫就是代为行刑；第三，会得出对于没有紧迫性的侵害行为进行反击要予以处罚的根据仅仅在于“无权代理或者侵害了代理权”的

---

① Vgl. Roxin. *Strafrecht Allgemeiner Teil*, Band I, 4. Aufl., 2006, § 15 Rn. 3.

② Vgl. Schönke/Schröder. *Strafgesetzbuch Kommentar*, 28. Aufl. 2010, § 32 Rn. 1a.

结论。因此，法律确证利益说也难以对正当防卫作出合理的解释。[①]

黎宏教授的前述批评意见难以成立，其论证逻辑存在诸多问题。

其一，黎宏教授将本来以权利为核心的个人保护原则，错误地解读为个人的自我防卫本能，得出正当防卫由此成为责任阻却事由的结论；这样的推理建立在误解保护原则内涵的基础之上，其所作出的批评因而也就有无的放矢的嫌疑。根据个人保护原则的内在逻辑，防卫不法侵害系个体的正当权利，正是这种权利的存在，使得通过损害相对方法益的手段来防卫自身或他人法益的做法为法所容许。这意味着，依据保护原则来解读正当防卫，必然认为正当防卫属于违法阻却事由，而根本不可能得出所谓的正当防卫变成责任阻却事由的推论。

其二，黎宏教授将法确证原则的内涵偷换为代理理论，并据此展开批评，这样的批评并未切中要旨。在正当防卫中，被侵害人不只是处于事实上的紧急状态之中，也处于法定的紧急状态之中，对被侵害人而言，来自侵害人的侵害不仅危及其利益，而且对其权利构成威胁；由此，制止不法侵害不只是有关个人自我保全的斗争，更是涉及一般意义上的法保卫的斗争，即对法秩序的有价值的防卫。[②] 同时，法确证原则涉及一般预防的考虑，通过允许为保护个人而进行必要的防卫，立法者同时追求一般预防的目的；因为每一个在正当防卫中遭遇抗击的不法侵害表明，人们不可能在不冒风险的情况下来损害法秩序，同时，它也具有稳定法秩序的效果。[③] 因而，从法确证的原则出发，并不能得出个人代行法院权限的结论，其不过是在申明与确证“法无须向不法让步”的法秩序立场。实际上，防卫人是否代行国家刑罚权的问题，并不是法确证原则所带来的，其根本上涉及的是公力救济与私力救济之间关系的法哲学定位。在一种主张合法的暴力只能由国家垄断的理论语境下，承认个人在遭受紧急的不法侵害时具有正当防卫的权利，本身便意味着个人

① 黎宏．刑法学．北京：法律出版社，2012：127.

② Vgl. Jähnke/Laufütte /Odersky（hrsg.）. *STGB Leipziger Kommentar*，§§32，33，11Aufl.，1992，§32 Rn. 13.

③ Vgl. Roxin. *Strafrecht Allgemeiner Teil*，Band I，4. Aufl.，2006，§15 Rn. 2f.

在代行国家刑罚权。因而，只要不否认正当防卫是公民享有的权利，即便是以优越利益原理为根据来解说正当防卫，也同样存在防卫人是否在代理国家行使刑罚权的疑问。黎宏教授将并非源自法确证原则的问题也归咎到其身上，未免有“欲加之罪、何患无辞”的嫌疑。

与黎宏教授类似，西田典之也批评法确证观点的根底潜藏着代行国家刑罚权的意识，并认为据此相关理论将归结为，仅仅对能理解规范的含义者才具有法确证的利益，不能对无责任能力者实施正当防卫，也不存在所谓的对物防卫，而这样的结论难言妥当。[①] 西田的观点也明显建立在误解法确证原则的基础之上。法确证原则确证的是一般的法秩序立场，并非特殊预防。在不法侵害人本身不理解规范含义的场合，只能表明难以起到特殊预防的效果。但即使是无责任能力者实施的侵害，也仍构成不法，可纳入“法无须向不法让步”中的“不法”的范畴。从社会权利的角度来理解，正当防卫意味着法秩序不需要向不法屈服；尽管保护法秩序的一般利益在正当防卫中共同发挥作用，但其对侵害人而言并不具有刑罚的特性，因而，正当防卫并不限于有责的侵害。[②] 可以说，允许对无责的不法侵害进行防卫，完全合乎法秩序对自身立场的确证要求。至于所谓的不存在对物防卫空间的问题，刑法上法与不法的评价对象乃人的行为，对于并非来源于人的侵害所造成的损害，又何来“法”或者“不法”之说？将单纯动物造成的损害，纳入“不法侵害”的范畴而容许进行对物防卫，本身便有违行为刑法的基本宗旨。一个并非基于人的意思的举动，根本就不可能成为刑法评价的对象。这样的举动在构成要件之前的行为阶层，便已经被排除出去，又怎么会进入违法性阶层？是故，得出对物防卫并无存在空间的结论，恰恰体现的是法确证原则的合理性，而绝非其缺陷所在。

其三，黎宏教授将保护原则与法确证原则相互割裂，理解为两种独

① 西田典之. 日本刑法总论. 2版. 王昭武，刘明祥，译. 北京：法律出版社，2013：132.

② Vgl. Jescheck/Weigend. *Lehrbuch des Strafrecht Allgemeiner Teil*, 5. Aufl., 1996, S. 336-337.

立的一元论的做法值得斟酌。当黎宏教授对保护原则与法确证原则分别展开批评时，他分明将二者割裂开来，把二者当作为内容迥异的两种一元论来处理。这样的解读方式，极大地误解了保护原则与法确证原则之间的内在关系。在德国刑法理论中，二者构成作为通说的二元论的两轴，根本就不是两种独立的理论。西田典之在对法确证原则展开批评时，也存在类似的错误。因而，他才会以将不法侵害人的行为当作犯罪来处理，也完全有可能确证法规范存在为由，而主张法确证的观点存在未能说明正当防卫为何不需要补充性的缺陷，即无法说明正当防卫之中并无躲避义务的问题。[①] 在此，西田不仅对法确证原则的理解存在一些偏差，而且明显是在一元论的基础上来展开解读的。抛开其对法确证原则的理解偏差不论，只要将法确证界定为二元论中的一元，其所谓的缺陷也根本是子虚乌有。在面临紧迫不法侵害的场合，基于保护原则的考虑，会得出个人有防卫自身或他人合法利益不受侵害的权利，而既然是防卫人的权利，自然也就不需要在别无避免侵害的方法时才行使。此点足以说明，正当防卫为何不需要补充性。

笔者认为，相较于建立在法益权衡基础上的优越利益原理，将正当防卫的正当化根据定位于保护原则与法确证原则，更具合理性。

首先，从保护原则与法确证原则出发，可以很好地解释正当防卫成立要件中的一系列疑问，而优越利益原理对此却无法给出合乎教义学逻辑的说明。

第一，为什么不能对单纯的公法益进行正当防卫？刑法理论上一般认为，正当防卫所保护的利益原则上仅限于个人法益与涉及个人法益的公共利益，不包括单纯的国家、社会利益。这样的观点大体上也为结果无价值论者所认可。[②] 保护原则能够对这样的限定作出合理的解释：既然正当防卫具有个体权利的面向，自然只能对涉及个人法益的不法侵害

---

① 西田典之. 日本刑法总论. 2版. 王昭武，刘明祥，译. 北京：法律出版社，2013：131.

② 张明楷. 刑法学：上. 5版. 北京：法律出版社，2016：197－198；黎宏. 刑法学. 北京：法律出版社，2012：130.

进行防卫，而不允许扩张至一般的公共利益。优越利益原理由于缺乏这样的面向，以至很难从中得出类似的结论。按优越利益原理的逻辑，只要所保护的利益优于所侵害的利益，便足以使相关行为正当化。因而，从理论上讲，针对任何危及合法利益的不法侵害，都是允许进行防卫的，而这样的结论结果无价值论者也并不接受。

第二，为什么防卫人一般而言没有退避的义务？在面临不法侵害时，防卫人并不负有采取退避措施的义务，这一点在各国刑法理论上都几乎没有争议。从法确证原则的角度，其间的理由一目了然，法无须向不法让步；同时，既然针对不法侵害而实施防卫，是防卫人在行使其自身的权利，则作为权利者一方，其自然无须蒙受屈辱而进行退避。相反，建立在法益权衡基础之上的优越利益原理，却无法解释为什么防卫人不承担回避义务。如果防卫人能够通过躲避，在实现保护自身或他人合法权益的同时又不损及侵害人的法益，则根据优越利益原理，理应得出相反的结论才是，因为只有那样，才合乎其法益权衡的基本逻辑。

第三，为什么不要求所保护法益与所损害法益之间保持均衡或基本的相当？我国刑法的学理与实务都承认，为保护处于较低层级的法益，而损害不法侵害人的身体健康甚至生命，不影响正当防卫的成立。换言之，正当防卫的成立，并不要求所保护法益与所损害法益之间保持均衡。从保护原则与法确证原则出发，对均衡性要求的放弃很容易得到解释：从个体权利的面向而言，既然防卫是行使权利的体现，则其间的关键显然只在于，“为有效制止不法侵害，什么措施是必要的，而不取决于侵害人在此过程中必须承受哪种损害”[①]；从社会权利的面向来说，由于防卫行为同时也是在保护法秩序利益，法秩序利益与所保护法益叠加之后所具有的权重，使得放弃均衡性要求成为当然的推论。反之，依据优越利益原理，往往仅允许“正当防卫所造成的损害表面上略大于所避免的损害”[②]。如此一来，便难以解释，在不成立特殊防卫的情况下，

---

① Vgl. Jescheck/Weigend. *Lehrbuch des Strafrecht Allgemeiner Teil*, 5. Aufl., 1996, S. 337.

② 张明楷. 刑法学：上. 5版. 北京：法律出版社，2016：198.

为什么并非但凡防卫行为造成不法侵害人死亡，便一律能够否定正当防卫；而根据其优越利益原理的逻辑，其本来应当顺理成章地得出这样的结论才是。

第四，为什么防卫人享有比国家更大的“惩罚”权利？从《刑法》第 20 条第 2 款与第 3 款的规定来看，防卫人的权利行使力度比国家机关职权的行使力度要大得多。刑法理论上一般认为，在警察依法履行职务抗击不法侵害的场合，其行为应依据职务行为而非正当防卫予以正当化。[①] 因而，在抗击强度方面，警察并不享有一般防卫人的权利，更不允许行使特殊防卫。比如，在遇到不法侵害人盗窃他人财物时，一般的防卫人可以采取损害侵害人身体健康的方式来进行防卫，即使由此导致重伤或死亡也仍可能属于正当防卫，而如果抗击的主体是警察，则原则上不允许其采取此种方式来制止盗窃。在遇到严重危及人身安全的暴力犯罪时，如抢劫、强奸等场合，防卫人可直接将不法侵害人置于死地，而警察则一般不被允许这么做。实际上，实施相关行为的不法侵害人即使被移送司法机关，在仅仅对他人重大人身安全创设危险的场合，依据既有的刑法规定，也不过是按抢劫未遂或强奸未遂等被判处若干年有期徒刑。对此，只有以保护原则作为正当化的根据之一，才能作出合理的解释：防卫人的防卫权并非来源于国家的惩罚权，在性质上完全不同于后者。反之，若是依据优越利益原理，则无法理解为什么对警察就不能适用正当防卫的规定，为什么防卫人权利的行使力度比司法机关职权的行使力度要大得多。

第五，为什么正当防卫的成立要求防卫人至少具有防卫认识？我国传统的刑法理论认为，成立正当防卫，防卫人主观上必须具有防卫认识与防卫目的。晚近以来，要求放松防卫意识方面的要求，认为只要具备

---

① 我国实务的观点有所不同。根据 1983 年 9 月 14 日最高人民法院、最高人民检察院、公安部、国家安全部、司法部《关于人民警察执行职务中实行正当防卫的具体规定》，警察执行职务中制止不法侵害被认为属于正当防卫。这样的观点并不合理，尤其是，在 1997 年立法修正增设特殊防卫，并大幅放宽防卫限度的情况下，允许警察实行正当防卫，会带来诸多的问题。

防卫认识即可满足防卫主观要件的观点[①]，渐具影响力。结果无价值论者也持防卫认识必要说，同时认为偶然防卫虽不成立正当防卫，但因缺乏法益侵害性而不可罚。[②] 要求正当防卫的成立必须具备主观正当化要素的见解，从保护原则与法确证原则的角度考察，是合乎逻辑的结论。只有当防卫人意识到自己在行使权利，在对个体利益进行保护的同时也在与不法相抗争，其行为才得以正当化。这是基于二元的行为无价值论所得出的结论，即某一行为若要阻却违法，必须同时否定结果无价值与行为无价值，而要求存在防卫意识，正是对其中的行为无价值的否定。因为刑法的禁止内涵，“绝对不可能仅仅存在有因果作用的法益侵害（存在结果非价）之中，而是基于刑法旨在影响人的举止的目的，始终以一个‘行为非价’（为法所不容许的行为的目的性）为前提”[③]。相反，如果以优越利益原理作为正当防卫的基础，则按结果无价值论的逻辑，只要客观上所保护的法益较所损害的法益优越，即足以全盘否定违法；据此，正当防卫的成立，必然并不以主观上存在防卫意识为必要。换言之，从优越利益原理出发，无论如何都得不出防卫意识属于正当防卫成立条件的结论。我国的结果无价值论者之所以作出妥协，肯定防卫意识的必要性，显然是考虑到《刑法》第 20 条第 1 款中，存在“为了使国家、公共利益、本人或者他人的人身、财产和其他权利免受正在进行的不法侵害”的规定。如果承认是基于这一规定而得出相应的解释结论，则反过来，这无异于是表明，基于对立法文意与立法目的的尊重，不应以结果无价值论的立场来解读有关正当防卫的规定。

第六，为什么在不法侵害系由无责任能力人或责任能力减轻者所实

① 陈璇. 论防卫过当与犯罪故意的兼容. 法学，2011（1）：119.

② 黎宏. 刑法学. 北京：法律出版社，2012：136；黎宏. 论正当防卫的主观条件. 法商研究，2007（2）：72. 此外，张明楷教授似乎也并未全盘否定正当防卫的成立要求具备防卫意识，他批判的重心显然放在只有主客观相一致的正当行为才排除犯罪成立的观点之上，故而他才会得出偶然防卫类似于不可罚的不能犯的结论。倘若正当防卫的成立无须防卫意识，他本来应当得出偶然防卫成立正当防卫的结论。张明楷. 刑法学：上. 5 版. 北京：法律出版社，2016：205，208-209.

③ 许迺曼. 刑法体系思想导论. 许玉秀，译//许玉秀，陈志辉. 不移不惑献身法与正义：许迺曼教授六秩寿辰. 台北：新学林出版股份有限公司，2006：279.

施的场合，防卫人便负有退避的义务，且必须严格控制防卫的限度？我国刑法理论普遍认为，针对来自无责任能力人的不法侵害，防卫人具有克制的义务，只有在无法避让的情况下才允许进行防卫，同时，在防卫限度的要求上也更为严格。[①] 从保护原则与法确证原则出发，对此的解释是：此类场合并不需要确证法秩序，因为相关侵害并没有或并未实质性地质疑法秩序的效力，故正当防卫权的基础仅在于或主要在于自我保护的权限[②]；相应地，自然就不允许防卫人行使像一般情形中那样的防卫权。罗克辛也指出，从法确证原则的刑事政策基础来看，该原则并不适用于儿童和精神病人，原因是，对于并非有意识地触犯法律从而不可罚的人来说，法秩序并不需要在他们那里"确证"自己的效力。[③] 反之，优越利益原理仅仅建立在对法益进行排序的基础之上，而即使不法侵害来源于无责任能力人或责任能力减轻者，也不可能影响这种排序；因而，它也根本无法说明，为什么在此类场合中，防卫人的防卫权限会受到限制。张明楷教授以"法益应当尽可能受到全面保护"[④] 为由，来解释此种场合中防卫人的克制义务，缺乏足够的说服力。在不法侵害来自有责任能力人的场合，又何尝不存在全面保护法益的需求呢？此外，西田典之提出，未必有必要强调法确证的利益，因为只要在防卫行为的相当性这一要件中对此加以考虑即可，即更加严格地判断防卫行为的相当性。[⑤] 问题在于，为什么对此种场合中的相当性，要做较一般情形而言更为严格的界定呢？从优越利益原理的前提出发，得不出这样的推

---

① 张明楷．刑法学：上．5版．北京：法律出版社，2016：199；高铭暄，马克昌．刑法学．5版．北京：北京大学出版社，2011：132；黎宏．刑法学．北京：法律出版社，2012：130；赵秉志．刑法总论．北京：中国人民大学出版社，2007：390；沈德咏，戴长林．完善刑事立法强化公民的正当防卫权．中国法学，1996（5）：22.

② Vgl. Jescheck/Weigend. *Lehrbuch des Strafrecht Allgemeiner Teil*，5. Aufl.，1996，S. 45-346.

③ 克劳斯·罗克辛．刑事政策与刑法体系．2版．蔡桂生，译．北京：中国人民大学出版社，2011：36-37.

④ 张明楷．刑法学：上．5版．北京：法律出版社，2016：199.

⑤ 西田典之．日本刑法总论．2版．王昭武，刘明祥，译．北京：法律出版社，2013：133-134，146.

论。在此，西田根本就是回避了问题，以风马牛不相及的所谓相当性来予以搪塞。

值得指出的是，从法确证利益丧失或实质性降低的角度出发，也有助于解释在涉及防卫挑唆的场合，为什么当挑唆人有权实施正当防卫时，其也负有节制与退避的义务。根据我国刑法理论的通说，对防卫挑唆一般不能实施正当防卫，但如果侵害程度大大超过挑唆人预想或者挑唆人欲终止的场合，则允许挑唆人进行正当防卫，但其负有退避义务，且必须严格控制防卫限度。当挑唆者以法律秩序的防卫者之姿态出现时，其正当防卫权只能依自我保护的必要性而定，因此，挑唆者原则上负有闪避义务，他的防卫权一开始即限于单纯被动的保护性防卫。[①] 相应地，挑唆者成立正当防卫，还要求所保护法益与所侵害法益之间保持相当。

第七，为什么对故意的不法侵害与过失的不法侵害，以及对因家庭成员矛盾引起的正当防卫与非家庭成员之间的正当防卫，在防卫的要求上会有所区别？法确证利益是否降低的因素，有助于解释这个疑问。这是因为，在涉及过失不法侵害与因家庭矛盾引起的正当防卫的场合，法确证利益有实质性的降低，故正当防卫权主要是基于自我保护的权限。与此相应，防卫人需要承担克制的义务，且原则上应力求避免使用致命的暴力。相反，立足于优越利益原理，其关注点仅局限于客观上所保护法益与所损害法益之间的比较。故意不法侵害与过失不法侵害之间，以及对因家庭成员矛盾引起的正当防卫与非家庭成员之间的正当防卫之间，势必不存在实质性的区别。而既然相应的情形从法益的角度而言并无不同，根据结果无价值论的逻辑，自然也就不可能得出在防卫要求上应有所区别的结论。

其次，优越利益原理实际上是以法确证原则作为基本的前提的，其本身无法自洽地充当证成正当防卫正当化的全部根据。

---

① 许迺曼．刑法体系思想导论．许玉秀，译//许玉秀，陈志辉．不移不惑献身法与正义：许迺曼教授刑事法论文选辑．台北：新学林出版股份有限公司，2006：258.

由于正当防卫一般允许所损害的法益大于所保护的法益，结果无价值论于是面临如何解决跟其理论设定之间冲突的问题。为了使立足于法益衡量的正当化根据看起来能成立，结果无价值论者往往借助于对不法侵害人的法益进行缩小评价的手段，从而使得优越利益原理可适用于正当防卫。然而，不法侵害人的法益为什么要受到缩小评价，依据什么被缩小评价，优越利益原理本身无法给出自洽的解释，而必须以“法无须向不法让步”的原理作为其必要前提。对结果无价值论而言，被侵害人的利益优位性或不法侵害人的法益保护价值在防卫必要限度之内被否定，正是根据“法无须向不法让步”而得出的。① 在我国的结果无价值论者的相关论述之中，也可清楚地发现这一点。

比如，张明楷教授提出，正当防卫中，“在面临紧迫的不法侵害的情况下，防卫人没有退避的义务，因为‘正当没有必要向不正当让步’；不法侵害者的法益虽然没有被完全否定，但在正与不正的冲突中只能通过损害不法侵害者的利益来解决冲突，故不法侵害者利益的保护价值在防卫的必要限度内被否认，于是，应受保护的法益优越于不法侵害者的利益（也可以说，不法侵害者的利益实质上受到了缩小评价）”②。张明楷教授的这一论述，不仅明确承认防卫人没有退避义务是源于法确证原则，而且表明不法侵害者的法益在必要限度内被否定，正是因为正当防卫涉及的是正与不正的冲突。换言之，正是在“法无须向不法让步”的前提之下，方得出不法侵害者的法益受缩小评价的推论。黎宏教授的相关论证也体现了这一点。当他声称“从‘正当防卫当中，不法侵害人的法益保护程度相对降低’的观点来看，正当防卫之所以合法，是因为不法侵害人是法益冲突事态的制造者和引起人。他引起了法益侵害事态，其固有的法益就要受到否定评价，其受保护的程度相对于防卫人而言，就要缩小或者降低”③ 时，他不过是在说，引起法益侵害事态的侵害人是不法的一方，故而其法益要受到缩小的评价。

① 山口厚．刑法总论．付立庆，译．北京：中国人民大学出版社，2011：114.

② 张明楷．刑法学：上．5版．北京：法律出版社，2016：198.

③ 黎宏．论正当防卫的主观条件．法商研究，2007（2）：70.

优越利益原理将法确证原则与对法益的评价不加区分地杂糅在一起，不仅扰乱了法益的一般位序，而且始终没有解决究竟如何衡量侵害人与防卫人之间法益大小的问题。它一直都未能提出一个明确的标准，来解决具体的缩小比问题。含糊以对的结果是，在某些特定的情形中，优越利益原理的适用往往给人无所适从的感觉。比如，优越利益原理的支持者主张，在挑唆防卫的场合，由于防卫人的挑唆是引起事件的原因，所以其法益所受保护的程度自然要相应降低或者缩小，即便受到对方的攻击，其正当防卫权也应当受到一定限制。[①] 据此，防卫人似乎成为不正的一方，故其利益要受到缩小的评价；同时，由于挑唆者的防卫行为仍被认为存在成立正当防卫的余地，于是，作为侵害人的被挑唆人，其法益也应被缩小评价。那么，在双方的法益均受到缩小评价的场合，怎么依据优越利益原理的逻辑来展开正当防卫成立与否的判断呢？优越利益原理的支持者显然忘记告诉我们，其到底是如何确定双方各自的缩小比程度的。

最后，从我国现行有关正当防卫的立法规定来看，也可以推断出，其立足于保护原则与法确证原则，而非优越利益原理。

不可否认，在旧刑法规定的时代，从法益权衡的角度来展开正当化根据的叙说有相当的根据。1979 年的刑法对防卫限度规定得相当严格，与日本刑法第 36 条第 2 款规定[②]的立场较为接近，只要“超过必要限度造成不应有的损害”，就构成防卫过当。这也是为什么当时的刑法理论普遍采取基本相适应说或以基本相适应说为基础的折中说，来解读防卫限度的问题。然而，1997 年的刑法对正当防卫的规定做了重大的修正，不仅增设特殊防卫的制度，而且将防卫过当的标准改为“明显超过必要限度而造成重大损害”。在此种情况下，死守原有的理论或一味借鉴日本刑法学理对防卫过当的解读，而不作出相应的调整，未免太过罔顾立法，也缺乏基本的正当性。

---

① 黎宏. 论正当防卫的主观条件. 法商研究，2007（2）：70.

② 《日本刑法典》第 36 条第 2 款规定：超出防卫限度的行为，可以根据情节减轻或免除处罚。

从法解释论的角度而言，对现行《刑法》第 20 条第 2 款与第 3 款的规定，不能从法益衡量的角度去解读，而理应立足于保护原则与法确证原则。尽管罪刑法定的明确性要求，不像在构成要件中那样属于构造性原则，但无论如何，其在正当化事由中具备一种限制性的作用，即限制社会调节原则，以避免其过分地变化，法律上秩序规则的变化要服从明确性要求的限制。[①] 基于此，任何脱离现行立法规定来解说正当化事由的做法，都是不被容许的。即使认为我国现行有关正当防卫的立法，过于扩张了正当防卫的范围，也不允许借助立基于法益权衡的优越利益原理而隐蔽架空该立法规定。这也是为什么罗克辛会提出，根据德国现行法律[②]，如下做法是不允许的："即人们将利益衡量原则普遍地应用到正当防卫为一正当化事由当中，或者人们否定权利证明原则，并认为在一切人们能够避免外来侵害时，都负有回避义务，从而扩张了正当防卫领域的可罚范围。"[③] 倘若是以法益权衡作为其正当化的解读根基，则 1997 年的立法修正就会变得多余，立法者大费周章地设立特殊防卫，并修改防卫过当的标准就会完全丧失意义。因而，如果承认在刑法领域，无论是学者还是司法者，均只能"解释"法律而不允许进行"造法"，则在正当防卫的问题上，理应尊重立法的文意表述，尊重从文意表述中透露出来的立法目的。

四、如何实现对防卫过当的合理认定

一旦肯定正当防卫的正当化根据应以保护原则与法确证原则作为共同基础，而非基于优越利益原理，则对于防卫过当的认定，思考的重心便不应放在所保护法益与所损害法益之间的比较之上，尤其是，不能以结果作为思考的起点，来展开对防卫过当的判断。正当防卫的成立并不

① 克劳斯·罗克辛. 刑事政策与刑法体系. 2 版. 蔡桂生，译. 北京：中国人民大学出版社，2011：39-40.

② 《德国刑法典》第 32 条规定，正当防卫不违法。为使自己免受正在发生的不法侵害而实施必要的防卫行为，是正当防卫。第 33 条规定，防卫人由于慌乱、恐惧、惊吓而防卫过当的，不负刑事责任。

③ 同①40.

以合乎利益衡平或手段相当为前提，单以利益不衡平或手段不相当为由，便认定防卫行为过当，不仅有违正当防卫的正当化根据，也不当地限缩了正当防卫的成立范围。

从保护原则与法确证原则出发，防卫过当涉及的是对防卫权的滥用；而防卫权是否滥用，应立足于一般人的观念，从行为规范或社会伦理的角度进行客观的评价。因而，对防卫过当的认定，需要从禁止权利滥用的角度去考虑。在不法侵害来自无责任能力者、涉及特别近亲关系或挑唆防卫的场合，之所以要对防卫人施加特定的防卫限制，正是基于禁止权利滥用的考虑。当然，禁止权利滥用的考虑只构成界定防卫过当的指导思想，它本身不足以成为防卫过当的标准。若是将权利滥用当作判断防卫过当的标准来适用，必然使正当防卫权的界线变得不确定。无论如何，对正当防卫权的限制，不允许建立在有损法安全的一般条款之上，而必须联系构建与限定这种权利的基本原理来考察。[①] 有关防卫过当的标准，现行《刑法》第 20 条第 2 款规定得很明确，即“明显超过必要限度造成重大损害”。因而，关键在于，在对第 20 条第 2 款进行解释时，贯彻禁止权利滥用的指导思想。

(一) 对第 20 条第 2 款规定的理解

如前所述，在当前我国刑法学理与实务中，对第 20 条第 2 款所规定的防卫过当的两个要件，即“明显超过必要限度”与“造成重大损害”的理解，往往偏重于后者，使得是否明显超过必要限度的判断，从属于有无造成重大损害的判断。如此一来，“明显超过必要限度”与“造成重大损害”这两个要件实际上就合二为一了。这是优越利益原理及其“结果→行为”思考进路的逻辑使然。将正当防卫的正当化根据定位于保护原则与法确证原则之后，“明显超过必要限度”与“造成重大损害”势必成为两个独立的要件，二者之间不存在从属关系：“明显超过必要限度”应理解为就防卫行为本身而言，“造成重大损害”则针对

---

① Vgl. Jescheck/Weigend. *Lehrbuch des Strafrecht Allgemeiner Teil*, 5. Aufl., 1996, S. 345.

的是防卫造成的结果，只有二者同时具备，才能构成防卫过当。换言之，有必要“将正当防卫的限度条件，进一步细化为行为限度条件与结果限度条件。在行为限度条件中，主要以必要限度为衡量标准，若明显超过必要限度则成立行为过当；而在结果限度条件中，以是否造成可量化操作的重大损害后果为判断基准，造成了不法侵害人重伤或死亡的重大损害后果，才成立结果过当”[①]。同时，从禁止权利滥用的角度考虑，在防卫过当的判断中，“明显超过必要限度”要件的权重应大于“造成重大损害”要件的权重。是否构成权利滥用，首先是由防卫的行为本身是否“明显超过必要限度”来体现，其次才由结果层面的“造成重大损害”来体现。如果防卫行为没有“明显超过必要限度”，则即使造成不法侵害人重伤或死亡的结果，也不能否定正当防卫的成立。日本判例的立场与此相近。根据其最高裁判所的判决，被正当化的防卫行为的范围，不应该根据所产生的“结果”，而应该通过所使用的“防卫手段”本身予以判断。[②]

在具体处理“明显超过必要限度”与“造成重大损害”二者的关系时，需注意以下几点。

首先，明显超过必要限度的防卫行为既有可能造成重大损害，也有可能因意外原因而没有造成。比如，警察 A 晚上执行完公务回家，看到小偷翻墙要进入自家院内即拔枪射击，但因光线较暗没有击中小偷。此案中，A 的行为便属于明显超过必要限度但没有造成重大损害的情形。

其次，实际发生重大损害的结果，既可能是防卫人合理的防卫行为所导致的，也可能是防卫人明显超过必要限度的防卫行为所造成的。比如，赵某、杨某和管某三人均系某台资厂的工人，赵某和杨某二人经常纠集他人，在厂内惹是生非。某日，杨某与管某在厂内打篮球时发生碰撞，赵某与杨某借机敲诈管某，让其拿 500 元请吃饭平息此事，否则就

① 郭泽强，胡陆生．再论正当防卫的限度条件．法学，2002（10）：29.

② 山口厚．刑法总论．付立庆，译．北京：中国人民大学出版社，2011：129.

找人打他，遭到管某的拒绝。次日，管某坐在厂门外花坛边休息时，赵某领两名无业人员李某、王某过来，李某上前说“你就是管某”，并开始推打管某的肩膀，管某被迫自卫，王某见状也参与打管某，三人徒手扭打在一起。扭打过程中，王某被管某推倒在地后不省人事，双方即停止扭打。王某被送医院经抢救无效而死亡。经法医鉴定，王某系摔跌时右下颌着地致原发性脑干损伤死亡。此案中，管某将王某推倒在地的行为导致王某死亡，从最终结果来看，已经符合“造成重大损害”的条件，但管某的行为不能认定为明显超过必要限度的防卫行为。当管某与王某、李某扭打在一起时，他并未使用刀具，而是徒手反击，并且其反击行为也仅仅表现为将王某推倒在地，完全没有超出不法侵害的强度。因而，本案属于防卫行为未明显超过必要限度但却造成重大损害的情形。

再次，防卫行为本身是否“明显超过必要限度”的评价，应区别于行为是否“造成重大损害”的评价。是否“明显超过必要限度”的判断，针对的是与实际发生的结果相切断的行为本身，需要以行为时的事实情节作为判断的基础，由一般人的角度展开经验性的审视：从规范或社会伦理的角度来看，为保护相关的个人法益，防卫人采取此种程度的强力进行防卫是否尚算合理。在考察防卫行为本身的强度时，虽也要考虑其是否具有导致他人重伤或死亡的、类型化的危险，但此处涉及的是行为的危险，而非作为结果的危险。简言之，它仅仅是在探讨实行行为的问题。是否“造成重大损害”的判断，则涉及狭义的结果归责的判断。它包含两部分的内容：一是“重大损害”的结果已实际发生。所谓的“重大损害”，学理上一般认为仅限于重伤或死亡，不包括轻伤或财产方面的损失。这样的见解也为实务所认同。[①] 二是“重大损害”的结果客观上可归责于防卫行为。也即，在重伤或死亡结果已出现的情况下，必须进一步确定其与防卫行为之间存在刑法上的因果关系。只有在

① 在赵泉华故意伤害案中，最高人民法院相关业务庭在裁判理由的解说中指出，所谓重大损害，在有关司法解释没有明确之前，应当把握在没有造成不法侵害人人身重大损害，包括重伤以上这一限度内。最高人民法院刑事审判第一庭、第二庭. 刑事审判参考：第 38 集. 北京：法律出版社，2004：104.

不法侵害人的重伤或死亡结果可归责于行为人的防卫行为的情况下，才能认定防卫人“造成重大损害”。不然，即使防卫行为“明显超过必要限度”，且出现重伤或死亡的结果，也不能认定为防卫过当。

最后，有必要将第 20 条第 2 款规定中的“必要限度”概念，区别于正当防卫中的防卫限度的概念。诚如论者所言，根据新刑法的规定，即使防卫行为超过了必要限度，只要不是明显超过必要限度造成重大损害，仍然符合正当防卫的限度条件。也即，存在着超过正当防卫的必要限度但未超过正当防卫的限度条件的情形，这一部分情形，在旧刑法中以防卫过当论处，在新刑法中则成立正当防卫。可见，新刑法中的“必要限度”一词是从旧刑法中借用过来的，故其含义与旧刑法中的含义保持一致，但是对于新刑法中正当防卫的“限度条件”，则必须要有全新的理解。[①] 简言之，根据现行刑法规定，防卫限度的概念在外延上要大于“必要限度”的概念，前者包含两个部分，即行为限度与结果限度，而“必要限度”涉及的仅仅是行为限度的问题，故二者不应混为一谈。

在厘清“明显超过必要限度”与“造成重大损害”二者的关系之后，需要进一步处理的难题是，如何界定“明显超过必要限度”的内容，或者说以什么标准来判断防卫行为是否属于“明显超过必要限度”。我国刑法理论上所谓的基本相适应说、必需说与折中说之争，便是围绕“必要限度”的问题而展开的。本书认为，对“明显超过必要限度”的理解，应当采取必需说的立场。

一方面，从保护原则与法确证原则的基本思想出发，是否“明显超过必要限度”的判断，只能着眼于所采取的防卫行为是否为保护个体合法的利益所必需。所谓的“必需”，意指非此即不能有效制止不法侵害，或者虽可能制止不法侵害，但会给防卫人（或被侵害人）自身带来人身或财产安全方面的不合理风险。只要防卫行为构成为制止不法侵害所必需且合理的手段，便应径直得出没有“明显超过必要限度”的结论。德

① 王政勋，贾宇．论正当防卫限度条件及防卫过当的主观罪过形式．法律科学，1999(2)：79-80．

国刑法理论一般认为，必需性具体根据侵害与防卫行为发生的整体情状，特别是根据侵害的强度、侵害人的危险性及其行动，以及既有的防卫手段的可得性来确定。防卫行为的必需性应按客观、事先的标准来判定，也即，一个审慎的第三人处于被侵害人的位置时对当时情状所作的判断。在审查防卫行为的必需性时，原则上不需要对所涉及法益的价值关系进行权衡。[①] 只要防卫人所采取的行为对于制止侵害而言构成必需，则即使出现严重的结果，也属于正当防卫的范围。

另一方面，从刑事政策的角度而言，必需说相对于基本相适应说或折中说更具合理性。在对正当防卫成立条件进行解释时，理应考虑刑事政策上的预防效果。在“必要限度”的问题上，采取基本相适应说或折中说，等于为不法侵害者提供了护身符。由此，保护不法侵害者法益的任务就被放在防卫人身上，防卫人有义务保护不法侵害人免受防卫行为所造成的损害。这无异于变相鼓励不法侵害者去实施侵害，同时，它也给防卫人带来过大的负担。这种让防卫人承担过多风险的做法，缺乏合理性。诚如学者所言，一方面，由于侵害人是冲击整体法秩序的肇事者，从遏制不法行为的目的出发，法律有理由要求他为自己在实施侵害时可能遭受的各种损害承担风险。另一方面，由于防卫人是合法权益的积极捍卫者，为宣扬社会正义观念，刑法不应对他施加过多的束缚。只是为避免公民私力救济权的无限扩张和滥用，法律才为防卫者预设一定的风险，以督促他在实施防卫行为时不要逾越社会容许的范围。[②]

此外，采取必需说，也符合《刑法》第20条的立法文意及立法目的。实际上，在1997年立法修正后不久，学界与实务界就均有论者提出，鉴于新刑法放宽正当防卫的限度标准，并增设特殊防卫的制度，在“必要限度”的问题上，理应根据新的立法精神改采必需说。[③] 本书认

---

① Vgl. Jescheck/Weigend. *Lehrbuch des Strafrecht Allgemeiner Teil*, 5. Aufl., 1996, S. 343.

② 陈璇. 正当防卫中风险分担原则之提倡. 法学评论，2009 (1)：102-103.

③ 彭卫东. 论防卫过当. 法学评论，1998 (4)：87；梁华仁，刘为波. 评新刑法对正当防卫制度的修改. 政法论坛，1998 (1)：29；黄祥青. 刑事疑难案例分析两则. 政治与法律，1999 (5)：54.

同这样的见解。立法层面所经历的重大调整，必须忠实地体现在法解释论上。解释者不能以自己对应然法的态度，去取代对刑法条文的解释。因为一旦脱离了现行的立法规定，也就丧失了解释的基础，无法再被认为是一种解释了。

（二）"行为→结果"思考进路的适用

从禁止权利滥用的指导思想出发，防卫过当的考察重心不在结果环节，而在行为环节，行为才应当是思考的起点与核心所在，故需要采取"行为→结果"的思考进路。适用"行为→结果"的思考进路，有助于纠正结果无价值论在方法论上的两大缺陷，即机械割裂整体行为与脱离构成要件来认定刑事不法。就防卫过当的认定而言，"行为→结果"的思考进路的适用，有助于在具体个案中合理把握"明显超过必要限度"的问题，并避免将防卫过当普遍当作故意犯罪来处理。

一方面，有关行为限度的判断，即防卫行为本身是否"明显超过必要限度"，应当采取行为时的一般人标准，以整体的防卫行为作为评价的对象。

防卫行为是否"明显超过必要限度"，仅应根据不法侵害发生时的具体情况来展开判断，适用行为时的一般人标准。解释者需要站在中立的立场，结合防卫当时的具体"情境"，做整体的、假定的判断，而不是进行事后的、"马后炮"式的判断。[①] 也即，从一般人的观念出发，考虑一般人的可能认识，设想具有通常理解能力的第三人处于防卫人当时的境地，是否会作出相同或类似的选择，是否存在选择强度较低且又能有效制止不法侵害的其他防卫措施的可能。法律解释者所假设的这个"其他防卫措施"，应当具备两个限制性条件：一是在制止不法侵害的有效性方面，它必须能够达到与现实案件中防卫行为相同的水平；二是防卫人即使选择这种防卫措施，也不会使自己处于更为危险的境地。[②] 在"必要限度"的判断问题上，要特别重视不法侵害发生时的情势，将双

① 周光权．正当防卫成立条件的"情境"判断．法学，2006（12）：102.

② 陈璇．正当防卫中风险分担原则之提倡．法学评论，2009（1）：108.

方的手段、强度、人员多少与强弱、在现场所处的客观环境与形势当作首要的考虑因素，并注意不应将作为整体的防卫行为机械地割裂开来进行评价。在面临突发的、紧迫的不法侵害时，防卫人因恐惧、慌乱、紧张等因素，往往不可能对侵害方的侵害强度作出准确的判断，并以基本相当的反击手段来展开防卫。

其一，如果防卫行为本身的强度与不法侵害强度基本相当，或者甚至小于不法侵害的强度，则无论实际造成的结果有多严重，都不能认为是“明显超过必要限度”。

以张建国故意伤害案为例。① 1998 年 7 月 13 日，被告人张建国到天福园酒楼与马润江、付洪亮一起饮酒。在该酒楼卫生间，他与同在酒楼饮酒的徐永和（曾是张建国的邻居）相遇。张建国遂同徐永和戏言：“待会儿你把我们那桌的账也结了。”徐永和闻听此言，对张建国进行辱骂并质问，边说边扑向张建国，并掐住张的脖子，张建国即推挡徐永和。在场的马润江将张、徐二人劝开。徐永和返回饮酒处，抄起两个空啤酒瓶，将酒瓶磕碎后寻找张建国。当张建国从酒楼走出时，徐永和嘴里说“扎死你”，即手持碎酒瓶向张建国面部扎去。张建国躲闪不及，被扎伤左颈、面部（疤痕长约 12cm）。后张建国双手抱住徐永和的腰部将徐摔倒在地，致使徐永和被自持的碎酒瓶刺伤左下肢动脉、静脉，造成失血性休克，经医院抢救无效而死亡。法院认定被告人构成正当防卫，并根据《刑法》第 20 条第 1 款宣告其无罪。该案中，对于徐永和手持碎酒瓶攻击其面部的行为，被告人采取的防卫行为是用双手抱住对方的腰部将其摔倒在地，其防卫行为的强度明显低于对方的侵害强度。只要将考察的重心放在防卫的行为本身，并立足于行为时的一般人标准，便可轻易得出被告人的防卫行为没有超出“防卫限度”的结论，根本不存在争论的余地。

其二，在防卫行为本身的强度超出不法侵害的强度，但从行为时的

① 最高人民法院刑事审判第一庭、第二庭．刑事审判参考：第 22 集．北京：法律出版社，2002：5.

一般人标准来判断，该防卫行为系制止不法侵害所必需时，仍不能认为防卫行为“明显超过必要限度”。换言之，根据防卫行为发生时的具体情境，从一般人的观念来看，并不存在选择更为轻缓的防卫手段的可能，或者虽存在选择其他较为轻缓的防卫手段的可能，但选择此类手段会使防卫人陷入危险境地的，仍属于为制止不法侵害所必需的情形，不存在构成防卫过当的余地。

以李明故意伤害案为例。[①] 2002 年 9 月 17 日凌晨，被告人李明与其同事王海毅、张斌、孙承儒等人在北京某迪厅娱乐时，遇到本单位女服务员王晓菲等人及其朋友王宗伟等人，王宗伟对李明等人与王晓菲等人跳舞感到不满，遂故意撞了李明一下，两人当时未发生进一步争执。李明供称其感觉对方怀有敌意，为防身，遂从其住处取尖刀一把回到迪厅。其间王宗伟打电话叫来张艳龙、董明军等三人帮其报复对方。在李明取刀返回迪厅后，王宗伟向张艳龙指认李明，并指使张艳龙等人在北沙滩桥附近的过街天桥下伺机报复李明。当日凌晨 1 时许，李明、王海毅、张斌、孙承儒等人途经北沙滩桥附近的过街天桥时，张艳龙、董明军等人即持棍对李明等人进行殴打。孙承儒先被打倒，李明、王海毅、张斌进行反击，其间，李明持尖刀刺中张艳龙胸部、腿部数刀。张艳龙因伤及肺脏、心脏致失血性休克死亡。孙承儒所受损伤经鉴定为轻伤。一审判决认定李明的行为不构成正当防卫，以故意伤害罪判处李明有期徒刑 15 年；二审判决认定李明具有防卫意识，但防卫明显超过必要限度，以故意伤害罪改判其有期徒刑 5 年。

就本案而言，因不法侵害方采取的是持棍殴打的方式，李明持尖刀予以反击，在防卫强度上的确高于对方的侵害强度。不过，如果立足于行为时的一般人标准，依据当时的情境进行整体的判断，应当认为李明的行为成立正当防卫，而非防卫过当。

一则，来自张艳龙这一方的不法侵害并非微不足道，孙承儒被殴打

---

① 最高人民法院刑事审判第一、二、三、四、五庭．刑事审判参考：第 55 集．北京：法律出版社，2007：13.

至轻伤的事实可证明这一点。二则，李明拿出随身携带的尖刀进行反击，明显为为制止不法侵害所必需。在当时的具体情境之下，并不存在采取其他较为轻缓的防卫措施来制止不法侵害的可能。其他的防卫措施，无外乎两种：一是李明放弃使用尖刀，赤手空拳与持棍的对方相搏斗；二是李明可使用尖刀反击，但应避开对方的要害部位。问题在于，事发当时为凌晨1时许，不法侵害方又事先有备而来持棍守候在现场，在李明这一方突然遭到对方持棍攻击，且己方已有1人被打倒在地的情况下，期待李明放弃使用随身携带的尖刀，或者在使用时避开对方要害部位，不仅不现实，也根本无法有效地制止不法侵害，或者至少会使李明及其同事身陷更为危险的境地。三则，当时双方人员基本相等，不法侵害方是持棍进行攻击的，而李明是使用尖刀予以防卫，从双方所使用的器具与行为强度来看，并不显得过于悬殊。

基于前述理由，应当认为，尽管李明的防卫强度大于对方的侵害强度，且造成一人死亡，但鉴于在当时的情况之下，并不存在使用节制手段进行防卫的现实可能，故其行为对于制止不法侵害而言构成必需。即使其行为造成严重的损害后果，也不能影响正当防卫的成立。因而，一审判决完全否定李明的防卫意识固然有些荒唐，二审法院认定李明构成防卫过当的结论也难言妥当。

其三，在涉及假想防卫是否过当的判断时，应遵循相同的标准来处理。

一般的假想防卫要么成立过失犯罪要么构成意外事件，而假想防卫过当则有可能成立故意犯罪。因而，在假想防卫的场合，有时也会需要判断是否过当的问题。与防卫过当的判断相同，假想防卫过当的考察重心也应放在行为环节，立足于行为时的一般人标准，以对行为限度进行合理的把握。

以王长友过失致人死亡案为例。① 1999年4月16日晚，被告人王

① 最高人民法院刑事审判第一庭、第二庭. 刑事审判参考：第20集. 北京：法律出版社，2001：9.

长友一家三口入睡后，忽听见有人在屋外喊叫王与其妻佟雅琴的名字。王长友便到外屋查看，见一人已将外屋窗户的塑料布扯掉一角，正从玻璃缺口处伸进手开门闩。王即用拳头打那人的手一下，该人急抽回手并跑走。王长友出屋追赶未及，亦未认出是何人，即回屋带上一把自制的木柄尖刀，与其妻一道，锁上门后（此时其十岁的儿子仍在屋里睡觉），同去村书记吴俊杰家告知此事，又到村委会向大林镇派出所打电话报警。当王与其妻报警后急忙返回自家院内时，发现自家窗前处有俩人影，此二人系本村村民何长明、齐满顺，二人来王家串门，见房门上锁正欲离去。王长友未能认出何、齐二人，而误以为是刚才欲非法侵入其住宅之人，又见二人向其走来，疑为要袭击他，随即用手中的尖刀刺向走在前面的齐满顺的胸部，致齐因气血胸，失血性休克当场死亡。何长明见状上前抱住王，并说："我是何长明！"王长友闻声停住，方知出错。一审法院判决王长友犯过失致人死亡罪，判处有期徒刑 7 年。一审宣判后，检察机关以"被告人的行为是故意伤害犯罪，原判定罪量刑不当"为由提起抗诉。二审法院驳回抗诉，维持原判。

对于本案被告人的行为，两审法院均是按一般的假想防卫来处理，判决结论也得到最高人民法院相关业务庭的认同。然而，该案判决与相应的裁判理由的解说，显然忽视了重要的一点，即被告人的假想防卫行为是否存在过当的问题。本案中，被告人对不法侵害存在误认当无疑问，且鉴于此前刚发生他人非法侵入其住宅的事实，此种误认存在合理的根据。不过，立足于当时的情境，按行为时的一般人标准判断，即使被告人误认对方要袭击他，鉴于对方只是赤手空拳，且并无征兆表明对方的袭击会对其人身安全构成严重的威胁，被告人直接用尖刀刺向被害人胸部，并非制止假想中的不法侵害所必需，应属"明显超过必要限度"。基于此，被告人的行为并非普通的假想防卫，而应认定为假想防卫过当。由于被告人对不法侵害的误认具有合理性，难以认定其在此环节存在过失，故其刑事责任并非产生于对不法侵害的误认，而是取决于其实施的假想防卫行为"明显超过必要限度"。换言之，被告人的刑事责任并非来自其假想的防卫，而来自其过当行为。相应地，本案如何定性，要看被告人对“侵害”的强度是否存在误认，以及案发当时是否是因慌乱、紧张等因素而采用了过度的防卫手段。笔者倾向于认为，被告人对“侵害”的强度并不存在误认，但由于恐慌、紧张而过失地使用了致命的手段，以过失致人死亡罪定罪较为妥当。

另一方面，在成立防卫过当的情况下，应当结合具体的构成要件，来判断行为人是否成立犯罪，是成立过失犯罪还是故意犯罪。

基于保护原则与法确证原则的考虑，在是否“明显超过必要限度”的问题上采必需说，将使正当防卫的成立范围有所扩张，这必然带来防卫过当成立范围相应限缩的后果。同时，防卫行为即使构成防卫过当，也不意味着随之便可得出防卫人构成犯罪的结论。由于防卫过当并非独立的罪名，故在追究防卫过当的刑事责任时，必须结合分则具体罪名的构成要件来进行。倘若无法符合相关罪名的成立要件，则即使形式上具备“明显超过必要限度造成重大损害”的条件，也可能得出无罪的结论。

在防卫过当的认定中，采取“行为→结果”的思考进路，意味着由防卫意识出发，去展开相应的判断。一般而言，有必要遵循以下三个步骤，来考虑对防卫过当刑事责任的追究。

首先，如果防卫过当是由紧张、惊慌、恐惧等因素所引起，且就防卫人个体的情况而言，不具有期待其采取合理防卫措施的可能，则防卫人因缺乏罪责而难以认定为犯罪。

在我国实务中，只要肯定防卫行为明显超过必要限度且由此造成重大损害，都一律地要按犯罪来处理。这样的做法并不合理。以李尚琴等故意伤害案为例。[①] 被告人李尚琴与被害人张铁柱离婚后仍同住在一起。张铁柱因不满法院对房屋产权的判决结果，多次在住处对被告人李素琴和李尚琴等人滋事，并曾因涉嫌放火烧该住处于 2002 年被北京市公安局海淀分局采取强制措施。李素琴因此不得不经常性地拨打 110 报

① 陈兴良，张军，胡云腾．人民法院刑事指导案例裁判要旨通纂：上卷．北京：北京大学出版社，2013：421-422.

警寻求警方的保护，案发前她一共曾报过 22 次警，曾经有一天更是报警 3 次。2004 年 1 月 21 日凌晨 2 时许，张铁柱持柄铁锤击打睡在客厅的李尚琴的儿子孟宪宝，孟被击伤（经鉴定为轻伤）。在北屋睡觉的李尚琴、李素琴及李素琴之子（15 岁），听见孟宪宝的叫喊声，冲出门与张铁柱搏斗，抢下铁锤。后李尚琴看到张铁柱手中握有打火机且地上有汽油流淌，遂将打火机打掉在地，三人合力将张铁柱按倒在地上。适时，李尚琴见儿子孟宪宝头部大量流血，情急间持铁锤击打仍在地上挣扎的张铁柱后脑一下，并随即与张悦一同送孟宪宝去医院。此时张铁柱躺在地上已经一动不动。被告人李素琴持木柄铁锤继续击打张铁柱的腿部、膝盖、胳膊、手部、肩部等部位。后李素琴报警，警察将其抓获归案。被害人张铁柱因失血性休克合并闭合性脑损伤而死亡。一审法院认为李尚琴构成防卫过当，以故意伤害罪判处李尚琴有期徒刑 1 年，缓刑 1 年；李素琴在被害人失去侵害能力时继续持械殴打，构成故意伤害罪，判处其有期徒刑 3 年，缓刑 3 年。

本案中，被告人李尚琴在被害人已被按倒在地的情况下，完全可以采取其他较为缓和的防卫措施，如将张铁柱用绳子捆绑起来等，故其持铁锤击打被害人后脑的行为并非制止不法侵害所必需，应认为其防卫行为已明显超过必要限度。不过，从案发当时的情境与李尚琴个人的情况来看，要求其合理控制防卫强度，并无期待可能性。一则，当时地上有汽油流淌，而张铁柱手中的打火机也刚被打倒在地，万一张挣脱后放火，后果将不堪设想；二则，当时孟宪宝头部大量流血，作为母亲，李尚琴见此情景自然方寸大乱；三则，案发当时，被害人是在持铁锤行凶，并且，从此前多次报警的经历来看，被害人滋事的程度远非一般的家庭冲突可比。综合案发当时的种种情况，完全可以想象，李尚琴处于极端惊恐、慌乱、焦急与紧张的状态之中，要求其合理控制防卫行为的强度可谓强人所难。基于此，对李尚琴防卫过当的行为，理应以缺乏罪责为由而得出不构成犯罪的结论，法院的判决有失妥当。

其次，在存在期待可能的防卫过当的场合，防卫意识作为主观的正当化因素，在多数情形下将阻却犯罪故意的成立。由于缺乏故意犯罪的行为无价值，故防卫过当一般应优先考虑成立过失犯罪。

当前我国实务中，对防卫过当一般都定以故意伤害罪。学界也有个别学者提出，防卫过当只能由故意（或限于间接故意）构成。[①] 然而，将防卫过当普遍地认定为故意犯的做法存在疑问。

其一，将防卫过当一般按故意犯罪定性，明显忽视了防卫意识的作用与地位。在防卫过当中，防卫人认识到不法侵害正在发生，基于保护法益的意思而实施相关行为，这样的“有意性”并不符合《刑法》第14条的犯罪故意的定义。认为防卫过当一般成立故意犯的论者，往往是将防卫行为与过当行为进行割裂，认为防卫行为具有防卫意识，而过当行为并不涉及防卫意识的问题。但实际上，在防卫过当中，防卫行为与过当行为是合为一体的，二者本身是一个整体的行为。立足于防卫意识，势必认为它的存在将阻却犯罪故意的成立，由此得出缺乏故意犯罪的行为无价值的结论。在否定成立故意伤害罪或故意杀人罪的基础上，随之需要探讨的是，过当行为是否构成过失致人重伤罪或过失致人死亡罪。故意论者因脱离具体的构成要件来评价不法，将本已剔除的“有意性”因素，又重新纳入评价的范围，由此不当地得出防卫过当成立故意犯的结论。实际上，只要结合具体的构成要件来展开对不法的评价，则此时分明只涉及过失犯罪是否成立的问题，而根本不牵涉故意的认定。

其二，将防卫过当一般按过失犯罪来处理，能够避免违反量刑的基本原理，并遏制量刑失衡的问题。实务中，在对防卫过当按故意伤害罪定性的基础上，往往同时援引《刑法》第20条第2款的规定，通过减轻处罚来实现轻刑化的效果，最终的量刑往往低于7年有期徒刑。这样的做法是以违背量刑基本原理为代价的。根据一般的量刑原理，减轻处罚只允许在既有法定刑的基础上降一格处理。比如，在致人重伤或死亡时，按故意伤害罪来判处，法定刑幅度为10年以上有期徒刑、无期徒刑或者死刑；如果适用减轻处罚的规定，则理应在7年以上10年以下

---

① 王政勋，贾宇．论正当防卫限度条件及防卫过当的主观罪过形式．法律科学，1999(2)：81；黎宏．刑法学．北京：法律出版社，2012：143.

有期徒刑的幅度内来量刑。此外，由于防卫过当仅限于致人重伤与死亡的情形，如果动辄按故意伤害罪或故意杀人罪来定，鉴于其宽泛的法定刑幅度，而量刑的自由裁量权又掌握在具体的法官手中，这势必加剧量刑上的不均衡现象。反之，将防卫过当一般认定为过失犯罪，在过失犯罪的法定刑幅度内来量刑，会有利于遏制量刑畸轻畸重的现象。

其三，将防卫过当一般按过失犯罪来处理，有助于使其与假想防卫之间的法秩序评价保持平衡。如果将防卫过当普遍当作故意犯罪，而假想防卫则至多按过失犯罪来处理，势必会导致法秩序评价上的内在矛盾。以不法侵害作为防卫对象的防卫过当，竟然在一般意义上较根本不存在侵害的假想防卫，成立性质上更为严重的犯罪，这难免有些匪夷所思。毕竟，防卫过当中存在现实的不法侵害，防卫人处于“正”的一方；而假想防卫中所谓的“侵害”子虚乌有，假想防卫人自始便属于“不正”的一方。无论如何，故意伤害罪是比过失致人重伤罪与过失致人死亡罪要严重得多的罪名，考虑到罪名本身所具有的污名化效果，将防卫过当普遍地当作故意伤害罪来处理的做法难说妥当。

其四，将防卫过当一般按过失犯罪来处理，在刑事政策上具有合理性。从刑事政策的角度而言，将防卫过当定性为性质严重的故意犯罪，必然使公民在行使自我保护的权利或见义勇为时束手束脚。在当前的社会环境中，人们往往在他人遭受不法侵害的场合冷漠以对，这样的现象虽说是由诸多复杂的因素造成的，但多少也与刑法上对正当防卫的成立限定得过严有关系。为避免不当地限制公民的防卫权，更有效地保护法益，除放宽防卫限度的要求之外，降低对防卫过当在刑法上的不法评价实有必要。有论者担心，如果防卫过当只成立过失犯，会使防卫过当行为得到两次优遇。① 这样的担心有些多余。现行立法本就鼓励人们行使正当防卫的权利。更何况，就我国社会而言，谁会认为防卫权是行使得太多太滥而非太少太不充分呢？此外，同一论者在论及假想防卫过当时，明确承认对不法侵害与侵害程度同时存在误认的假想防卫过当，可

① 黎宏．刑法学．北京：法律出版社，2012：143.

在成立过失犯罪的同时，适用《刑法》第20条第2款有关防卫过当减免处罚的规定，只是其处罚必须高于通常的假想防卫所成立的过失犯。[①] 倘若假想防卫过当可以享受两次优遇，为什么防卫过当反而就不能呢?

最后，在蓄意滥用权利的场合，对防卫过当可按故意犯罪来处理。

笔者认为，防卫过当有成立故意犯罪的可能，但其成立范围需要受到严格的限制。只有在蓄意滥用权利的场合，才能考虑定以故意犯罪。比如，行为人为保护价值较小的法益，而在并非处于特别惊恐、慌乱或紧张的状态之下，蓄意地适用重度的暴力造成他人重伤或死亡的，可按故意伤害罪或故意杀人罪来处理。微财杀人或重伤他人之所以被认为属于权利滥用的类型，便在于，“在防卫只是保护微小的价值时，自我保护的利益与侵害人的危害行为相比经历急剧的降低。同时，法确证利益也要被否定，因为法秩序不可能为防卫价值微小的利益或针对微不足道的侵害，而允许以侵害人的实质性损害为代价”[②]。在对公民行使正当防卫权表现出宽容态度的同时，对蓄意的权利滥用按故意犯罪来定处，合乎刑事政策的需要。

需要特别指出的是，为使对防卫过当的处罚与对假想防卫过当的处罚之间保持必要的平衡，有必要纠正实务中对假想防卫与假想防卫过当不予区分的做法。对于假想防卫过当，不应一概地按过失犯罪来处理。假想防卫过当实际上可分为两种。第一种是行为人不仅误认不法侵害的存在，也对“侵害”的强度产生误认，该种情形仍按过失犯罪处理。第二种是行为人仅误认不法侵害的存在，对“侵害”的强度则没有误认。在这种情况下，如果行为人并非由于惊恐、慌乱或紧张等因素不当地提升防卫强度，而是蓄意采用明显超过限度的防卫措施，则对行为人理应按故意犯罪来处理。将假想防卫过当区别于一般的假想防卫，并认为前者存在构成故意犯罪的余地，有助于避免对防卫过当与假想防卫过当在

---

① 黎宏. 论假想防卫过当. 中国法学，2014 (2)：270-271.

② Vgl. Jescheck/Weigend. *Lehrbuch des Strafrecht Allgemeiner Teil*, 5. Aufl., 1996, S. 348.

法秩序评价上的失衡。

五、本章小结

1. 在当前对正当防卫的认定中，在防卫限度上采取严苛的标准，防卫过当则一般按故意犯罪来处理。它是实务中“唯结果论”倾向的产物，结果无价值论则为其提供理论性支持。结果无价值论的“结果→行为”的思考进路，存在明显的缺陷。

2. 要反思其根源，必须追溯到正当防卫的正当化根据。这是由立基于法益权衡的优越利益原理所致。正当防卫的正当化根据，应当定位为保护原则与法确证原则。

3. 在解释《刑法》第 20 条第 2 款时，需将“明显超过必要限度”与“造成重大损害”理解为两个独立的条件，前者涉及行为限度，后者涉及结果限度。有关行为限度的判断，有必要采取行为时的一般人标准。

4. 防卫过当的考察重心不在结果环节，而在行为环节。从行为出发并以其为核心展开的“行为→结果”的思考进路，有助于纠正结果无价值论机械割裂整体行为与脱离构成要件来认定刑事不法的两大方法论缺陷。

5. 在防卫过当的场合，若确定行为人存在罪责，应优先考虑成立过失犯罪；只有蓄意滥用权利的情形，才有成立故意犯罪的余地。

第九章　死刑适用标准的体系化构造

死刑适用在我国一直并非单纯的刑法问题，而深受刑事政策的影响。这意味着，想要在实体法层面对死刑适用的问题进行研究，不仅必须遵循法解释自身的体系性逻辑，也需要整合刑事政策上的合目的性的考虑。只有这样，对死刑适用标准的刑法界定，才不至于与刑事政策的走向背道而驰。

应当说，严格限制与不断削减死刑的适用，已然成为我国刑法学界与实务界的共识，它也符合当前刑事政策的发展走向。除了出台各种程序性保障举措之外，如何通过刑法解释贯彻削减死刑的理念，成为当前特别关注的问题。在死刑复核权收归最高人民法院统一行使后，实体法上的努力显得尤为重要，因为单是集中死刑案件的最终决定权而缺乏明确的适用标准，不可能实现对死刑的有效控制。但迄今为止，对《刑法》第 48 条第 1 款规定的“罪行极其严重”与“不是必须立即执行”如何把握，学理上尚未达成基本的一致，司法解释也从没有做过正面的界定。在具体个案中，对“罪行极其严重”与“不是必须立即执行”的认定，基本上是依靠司法人员运用莫以名状的直觉来完成的。实证研究表明，尤其是在决定究竟适用死刑立即执行还是死缓的问题上，法官的自由度与随意性相当高。[①] 也即，是否留在死缓圈，在很大程度上取决于法官的自主判断而非规范解释，对此，有学者表达过深切的担忧：

---

① 赵兴洪. 死刑缓期两年执行适用标准研究//刑事法评论：第 19 卷. 北京：北京大学出版社，2006：72-73.

“不幸的是，正是这个最自由的部分与被告人是否立即去死这个不可逆的法律后果之间形成对应，其令人堪忧之处倒不仅仅是那些死刑圈里被告人的个人命运，更在于这种决定生命去留的方式是一种缺乏明确性操作规则的方式，一种制度化程度较低的方式。”[①]

在《刑法修正案（八）》增加死缓限制减刑的制度之后，死刑适用上的任意与混乱有进一步加剧的趋势。最高人民法院在第一批与第三批指导案例中公布的王志才故意杀人案（以下简称王志才案）与李飞故意杀人案（以下简称李飞案），便可视为这种混乱的产物。除了存在对被害人诉求的考虑失当、对手段残忍情节的界定随意等问题之外，这两个指导案例还面临对死缓限制减刑的适用标准不统一，指导案例与既有司法解释相冲突，以及对死缓限制减刑的适用违反溯及力上的从旧兼从轻原则的批评。[②] 总体上，王志才案与李飞案延续了最高人民法院此前有关死刑适用的基本立场，是既有死刑政策的产物。因而，指出指导案例本身存在的缺陷固然有其意义，但更为重要的，或许是进而审视与反思其背后支配死刑适用的主导思路。在限制与削减死刑已然成为共识的背景之下，当前支配死刑适用的主导思路是否有助于实现这样的目标，值得给予严正的关注。倘若这种主导思路与目标实现的需求完全相背离，恐怕不是人们愿意看到的。

在当前，想要在立法层面大幅削减死刑基本不太可能，更为现实的途径只能是，通过解释论来达到有效控制死刑适用的效果。一味地批判我国有关死刑的立法于事无补，“解释者与其在得出非正义的解释结论后批判刑法，不如合理运用解释方法得出正义的解释结论；与其怀疑刑法规范本身，不如怀疑自己的解释能力与解释结论”[③]。只有善于运用

① 白建军．死刑适用实证研究．中国社会科学，2006（5）：144.

② 黎宏．死缓限制减刑及其适用——以最高人民法院发布的两个指导案例为切入点．法学研究，2013（5）：106-111；劳东燕．透视死刑适用的司法政策：以指导案例为视角．复旦大学法律评论：第1辑．北京：法律出版社，2014；周光权．刑事案例指导制度：难题与前景．中外法学，2013（3）：484-487.

③ 张明楷．刑法分则的解释原理：上．2版．北京：中国人民大学出版社，2011：序说第3页.

各种合理的解释方法，将削减死刑的理念贯彻到解释结论中，而不是仅仅停留于口头或书面文字，才能真正为削减死刑作出贡献。[①] 因而，至为关键的是，要将削减死刑的理念贯彻到对《刑法》第48条第1款的解释之中，贯彻到对普通死缓、死缓限制减刑与死刑立即执行之间的关系界定之中。基于此，本章从解释论的角度切入来讨论死刑适用的标准，并就如何处理普通死缓、死缓限制减刑与死刑立即执行之间的关系发表自己的看法，以期为削减死刑贡献绵薄之力。

一、当前我国死刑适用的主导思路及其问题

我国刑法规定了死刑缓期二年执行（以下简称“死缓”）的特殊制度。尽管名义上属于死刑的范畴，死缓实质上并非生命刑。实务中，被判处死缓的被告人转而改判死刑立即执行的可能性微乎其微。因而，与死刑立即执行相比，死缓与无期徒刑更为相似，只不过多了二年的考验期，而二年的差别对于死缓与无期徒刑这样严厉的刑罚而言无疑十分细微。[②] 死缓的这种“无期徒刑＋二年”的特性，使得刑法学界普遍寄希望于通过增加死缓的适用来实现对死刑的控制。[③] 这样的立场也为实务界所分享。最高人民法院近十余年来公布的有关死刑适用标准的规范性文件，包括1999年10月27的《全国法院维护农村稳定刑事审判工作座谈会纪要》[④]，2001年1月21日的《全国法院审理金融犯罪案件工作

① 张明楷．刑法学者如何为削减死刑作贡献．当代法学，2005（1）：9.

② 倪泽仁，周林．政治话语与法理逻辑——对我国死缓制度的反思．国家检察官学院学报，2003（6）：110.

③ 陈泽宪．论严格限制死刑适用．法学，2003（4）：55；张正新．我国死缓制度的产生、发展与思考．中国刑事法杂志，2003（5）：20；张文，黄伟明．死缓应当作为死刑执行的必经程序．现代法学，2004（4）：78；赵兴洪．死刑缓期两年执行适用标准研究//刑事法评论：第19卷．北京：北京大学出版社，2006：89；刘志伟．通过死缓减少死刑立即执行的路径探究——基于刑法解释论的考量．政治与法律，2008（11）：9-10；储槐植．死刑司法控制：完整解读刑法第四十八条．中外法学，2012（5）：1019.

④ 该纪要规定，对于因婚姻家庭、邻里纠纷等民间矛盾激化引起的故意杀人犯罪，适用死刑一定要十分慎重，应当与发生在社会上的严重危害社会治安的其他故意杀人犯罪案件有所区别。对于被害人一方有明显过错或对矛盾激化负有直接责任，或者被告人有法定从轻处罚情节的，一般不应判处死刑立即执行。

座谈会纪要》[1]，2007年9月13日的《关于进一步加强刑事审判工作的决定》[2]，2008年12月1日的《全国部分法院审理毒品犯罪案件工作座谈会纪要》[3]，以及2010年2月8日的《关于贯彻宽严相济刑事政策的若干意见》第29条[4]，都特别强调死缓制度的适用。最高人民法院的这种通过增加死缓来控制死刑的这种立场，在实务中也得到了较好的贯彻。对某一地级市2000～2005年故意杀人案件的实证研究表明，在该地区，报复杀人被判死缓的概率是14.3%，贪财杀人被判死缓的概率是16.7%，家庭琐事杀人被判死缓的概率是41.2%，情杀被判死缓的概率是50.0%，邻里纠纷被判死缓的概率则高达81.8%。[5]

诚然，增加死缓能否从根本上改变我国对死刑适用的局面，尚难下定论。对此，批评者的担忧并非杞人忧天：在死刑观念没有发生根本变化，死刑适用标准仍然模糊不清，法官的死刑裁量权仍然相当自由的情况下，期望死缓适用的不断增加能产生死刑立即执行的适用人数逐年下降并不切实际。[6] 但无论如何，通过死缓制度来控制死刑的适用，不失

---

① 该纪要规定，对于金融诈骗犯罪数额特别巨大，但追缴、退赔后，挽回了损失或者损失不大的，一般不应当判处死刑立即执行。

② 该决定规定，严格控制和慎重适用死刑，因婚姻家庭、邻里纠纷等民间矛盾激化引发的案件，因被害方过错行为引起的案件，案发后真诚悔罪积极赔偿被害人经济损失等具有酌定从轻情节以及具有法定从轻、减轻情节的，一般不判处死刑立即执行。

③ 该纪要规定，毒品数量达到实际掌握的死刑数量标准，具有下列情形之一的，可以不判处被告人死刑立即执行：（1）具有自首、立功等法定从宽情节的；（2）已查获的毒品数量未达到实际掌握的死刑数量标准，到案后坦白尚未被司法机关掌握的其他毒品犯罪，累计数量超过实际掌握的数量标准的；（3）经鉴定毒品含量极低，掺假之后的数量才达到实际掌握的死刑数量标准的，或者有证据证明可能大量掺加但因故不能鉴定的；（4）因特情引诱毒品数量才达到实际掌握的死刑数量标准的；（5）以贩养吸的被告人，被查获的毒品数量则达到实际掌握的死刑数量标准的；（6）毒品数量刚达到实际掌握的死刑数量标准，确属初次犯罪即被查获，未造成严重危害后果的；（7）共同犯罪毒品数量刚达到实际掌握的死刑数量标准，但各共同犯罪人作用相当，或者责任大小难以区分的；（8）家庭成员共同实施毒品犯罪，其中起主要作用的被告人已被判处死刑立即执行，其他被告人罪行相对较轻的；（9）其他不是必须判处死刑立即执行的。

④ 该条规定，要准确理解和严格执行"保留死刑，严格控制和慎重适用死刑"的政策。对于罪行极其严重，但只要是依法可不立即执行的，就不应当判处死刑立即执行。

⑤ 欧阳玉静．死刑缓期执行和死刑立即执行的量刑依据//刑事法评论：第21卷．北京：北京大学出版社，2007：165.

⑥ 林维．论死刑缓期两年执行制度的异化．河北法学，2005（7）：65.

为既有立法格局下最为务实也最具可操作性的路径。从解释论的角度而言，要增加死缓的适用或扩张其适用范围，势必只能通过放宽“不是必须立即执行”的适用条件。对此，前述提及的几个最高人民法院的规范性文件，至少在理念层面都表现出那样的倾向。从对实务案件的处理来看，这样的放宽也可谓是经验层面的事实。

然而，经验研究同时表明，实务中判处死缓的案件往往要求存在特殊的从宽事由。白建军教授对大样本死刑案件的实证分析表明，导致法官们较多适用死缓的用刑因素包括：一是纠纷激化中的被害过错；二是损失返还、赔偿或退赃；三是认罪态度好；四是行为既遂但实际损失不大；五是义愤犯罪；六是常见于毒品犯罪的特情引诱；七是抗诉或再审时被告已服刑超过两年等。[①] 对《人民法院刑事指导案例裁判要旨通纂》收集的 63 起故意杀人案[②]所做的统计分析也表明，所有被判处死缓的被告人，都至少存在一种从宽情节，才会被认定为“不是必须立即执行”。现将统计结果报告如下：(1) 有 9 起案件存在自首或亲属报案的情节；(2) 有 8 起案件是由邻里或婚恋纠纷所引发；(3) 有 6 起案件涉及对被害方进行抢救或积极赔偿；(4) 有 4 起案件被告人系作用相对较小的主犯；(5) 有 3 起案件被害人一方存在过错；(6) 有 1 起案件被告人行为时认识与控制能力受损；(7) 有 1 起案件被告人作案时刚满 18 周岁，且到案后交待态度较好。

只有在具备特定从宽事由时才予以适用死缓的事实表明，实务中对《刑法》第 48 条第 1 款规定的理解，是按以适用死刑立即执行为通例而以适用死缓为例外的思路展开的。从前述提及的最高人民法院五个规范性文件的相关规定中，也可发现这一点：仅仅在出现特定情节时，如被害人一方有明显过错或对矛盾激化负有直接责任，或者犯罪数额虽达到特别巨大，但追缴、退赔后，挽回了损失或者损失不大，或者具有其他

---

① 白建军．死刑适用实证研究．中国社会科学，2006 (5)：144-145.

② 这 63 起案件均来自由最高人民法院主办的刊物，包括最高人民法院发布的指导性案例、《刑事审判参考》、《人民法院案例选》与《最高人民法院公报》。陈兴良，张军，胡云腾．人民法院刑事指导案例裁判要旨通纂：上卷．北京：北京大学出版社，2013：304-420.

从轻、减轻处罚情节的，才允许例外地不适用死刑立即执行。指导案例中的王志才案与李飞案最终适用死缓，也是因为两案均系由婚恋纠纷所引发的，且前案中被告人具有坦白悔罪、积极赔偿等从轻处罚情节，而后案中则存在亲属主动协助公安机关将被告人抓捕归案，并积极予以赔偿的因素。

以适用死刑立即执行为通例而以适用死缓为例外的这种思路，在死刑案件判决书的常规书写格式中也有清晰的呈现。在决定适用死缓的情况下，法官一般都是先在“本院认为”部分论述被告人构成某罪，然后论述被告人具有从宽处理的情节，得出“鉴于被告人 x……，对被告人 x 判处死刑，可不立即执行”的结论；如果决定适用死刑立即执行，法官一般不论述被告人为什么应该判处死刑立即执行。其间的逻辑显然是：在罪行极其严重的情况下，适用死刑立即执行不需要理由，一般都应判处死刑立即执行；而只有当被告人具有某些可以宽恕的理由，才可能考虑适用死缓。①

期望借助增加死缓来削减死刑的策略选择，以及对《刑法》第 48 条第 1 款理解时所采取的以适用死刑立即执行为通例而以适用死缓为例外的思路，导致在对“罪行极其严重”与“不是必须立即执行”进行界定时，面临解释理念与价值取向上的内在龃龉。增加死缓的适用，是晚近以来严格控制死刑政策的产物，它要求尽量扩张“不是必须立即执行”的涵盖范围，以减少死刑立即执行的适用；而对第 48 条第 1 款采取以适用死刑立即执行为通例而以适用死缓为例外的理解，则显然根源于较早时期更为严厉的死刑政策，它将“罪行极其严重”理解为是适用死刑立即执行的充分条件。尤其是，1997 年立法修正时，对于死刑适用的立法标准，虽以“罪行极其严重”取代“罪大恶极”的表述，但“罪行极其严重”一般仅被认为代表更为规范的表述，其意义仍主要承袭自“罪大恶极”，是从行为的客观危险与行为人的主观恶性和人身危

① 赵兴洪．死刑缓期两年执行适用标准研究//刑事法评论：第 19 卷．北京：北京大学出版社，2006：75.

险性两个方面综合进行把握的。① 这一点从司法解释的相关规定中也可得到印证。这就不可避免地带来三个方面的问题。

其一，对于如何把紧“罪行极其严重”这一端，在实体法层面缺乏实质性的努力。

通过增加死缓来控制死刑的适用，其有效性一方面固然依赖于对“不是必须立即执行”的宽泛界定，另一方面也取决于对“罪行极其严重”一端的严格把关。试想，如果对进入死刑圈的标准，也即“罪行极其严重”的界定非常宽松，使得更多的案件与被告人被划入死刑圈，则即使对“不是必须立即执行”做放宽的解释，也不可能真正实现逐步削减死刑的目标。如储槐植教授所言，要有效控制死刑立即执行的适用，应当追求一种两端分化的“宽严相济”的死刑政策：对“罪行极其严重”死刑标准的把控需日益“严紧”，对“不是必须立即执行”的“犯罪分子”的尺度则要逐渐“放宽”掌握。② 从当前实务来看，对“罪行极其严重”往往采取比较宽泛的界定。以最常适用死刑的故意杀人罪为例。故意杀死一人，一般就被径直认为达到“罪行极其严重”的标准，直接以死刑立即执行作为基准刑来展开相关的考量。对《人民法院刑事指导案例裁判要旨通纂》收集的 63 起故意杀人案的核查表明，具体个案中，法院否定“罪行极其严重”的情形，仅限于被害人有严重过错、未造成严重后果、特殊的行为方式（如帮助自杀或不作为）、被告人的责任能力存在障碍，或者存在多个从宽情节的结合等情形。③ 实务中对

---

① 高铭暄主编．中华人民共和国刑法的孕育诞生和发展完善．北京：北京大学出版社，2012：225-226；陈兴良．死刑适用的司法控制——以首批刑事指导性案例为视角．法学，2013（2）：44-45；张绍谦．死刑司法适用标准研究．华东政法学院学报，2009（2）：91．也有论者持不同的意见，认为由“罪大恶极”修改为“罪行极其严重”，表明立法规定的死刑适用标准，由行为的客观危害与人身危险性并重转变为重行为客观危险而轻人身危险性。该论者对此提出批评，认为它是严打政策中重刑主义思想的体现，故建议司法中应注重人身危险性评价对于死刑适用的意义。严格而言，这种观点与通行的见解并无本质区别，因为它同样要求从行为的客观危害与行为人的人身危险性两方面入手去把握死刑适用的标准。张远煌．我国死刑适用标准的缺陷及其弥补方法．法商研究，2006（6）：41-42．

② 储槐植．死刑司法控制：完整解读刑法第四十八条．中外法学，2012（5）：1020．

③ 陈兴良，张军，胡云腾．人民法院刑事指导案例裁判要旨通纂：上卷．北京：北京大学出版社，2013：304-420．

“罪行极其严重”的宽松把握意味着，对增加死缓的适用之于削减死刑所具有的效果，不能做过于乐观的估计。

其二，对于哪些因素影响“罪行极其严重”的认定，哪些因素决定“不是必须立即执行”的成立，不作起码的区分，由此导致对“不是必须立即执行”理解上的混乱。

由于“罪行极其严重”被理解为适用死刑立即执行的充分条件，在相关的考量中，必然要求综合考虑涉及行为的客观危害、行为人的主观恶性与人身危险性的各类情节因素。既然“罪行极其严重”中考虑的是涉及行为与行为人在内的所有因素，“不是必须立即执行”中所需考虑的因素自然便会与前者相重合。这使得对“不是必须立即执行”的理解，自始至终充满着混乱与分歧。早期理论对这一点的认识就很不统一[①]，晚近以来受死刑政策调整的影响，对“不是必须立即执行”的放宽理解，更是使之成为几乎无所不包的概念。它不仅包括罪行与人身危险性等方面的因素，还包括证据问题、预防效果、各类政策（包括民族、宗教、外交、侨务与生育等领域的政策）、民意以及政治影响等因素。来自实务界的以下说法具有典型性：“不是必须立即执行”包括的情形具有广泛性，既应考虑犯罪的因素，又应考虑犯罪人的因素，还应考虑被害人的因素；既应考虑社会危害性的因素，又应考虑人身危险性的因素，还应考虑一般预防的因素；既应考虑犯罪个人的因素，又应考虑社会民众的因素，还应考虑国家的因素；既应考虑实体法律方面因素，又应考虑程序法律方面因素。[②] 基于刑法理论未能从教义学的角度为“不是必须立即执行”的界定提供具有统一内核的实质性根据，故谨慎的论者往往遵循惯习根据实务的经验做常规的列举，而不做进一步的展开论述。[③]

其三，在增加死缓限制减刑制度之后，如何把握其适用标准以便与

---

① 高铭暄．刑法学原理：第3卷．北京：中国人民大学出版社，1994：554-556；马克昌．刑罚通论．武汉：武汉大学出版社，1999：433-455.

② 高憬宏，刘树德．死缓适用条件设置的四维思考．当代法学，2005（5）：97.

③ 张明楷．刑法学：上．5版．北京：法律出版社，2016：531-532.

死刑立即执行和普通死缓的适用相区分，更是成为一笔糊涂账。

《刑法修正案（八）》增加了死缓限制减刑的制度，这使得如何处理普通死缓、死缓限制减刑与死刑立即执行之间的关系迫在眉睫。然而，对“罪行极其严重”与“不是必须立即执行”各自所应考虑因素的不予区分，也波及对死缓限制减刑的适用标准的合理把握。于是乎，不仅在涉及“罪行极其严重”与“不是必须立即执行”的判断中，法官需要综合考虑案件中所有的情节因素，在决定是否适用死缓限制减刑时，也“要综合考虑犯罪的性质，犯罪的起因、动机、目的、手段等情节，犯罪危害后果，被告人的主观恶性和人身危险性等因素，全面分析量刑情节”[①]。这意味着，在涉及死刑适用的案件中，办案法官理论上要将案中所有情节先后考察三次，看看是否分别满足“罪行极其严重”、“不是必须立即执行”与死缓限制减刑的适用标准。这种不分重点的、重复的综合考虑，使得各类情节因素相互混杂，对具体案件中法官如何适用死刑，根本不可能起到指导的效果。究竟是适用死刑立即执行，还是适用死缓限制减刑或普通死缓，几乎完全取决于法官的自由裁量。由此，导致我国刑事司法中出现一种极为吊诡的现象：如盗窃之类的普通刑事案件中，法官的自由裁量权被限制得很死，而在涉及生杀予夺的死刑适用问题上，却缺乏必要的规范制约而几乎全部委之于法官。

最高人民法院显然也意识到了前述问题，所以才专门发布王志才案与李飞案，期望以指导案例的形式来为死刑（尤其是死缓限制减刑）的适用提供必要的指导。然而，这两个指导案例能否真正对实务起到指导效果，有些令人生疑。诚如批评者所言，在死缓限制减刑的裁量上思路不清、说理不足，在相关情节的评价上过于随意，使得两个指导案例存在一个致命的不足，即案例之间缺乏均衡，可能导致实务无所适从。李飞案中的被告人无论从客观的犯罪事实还是从对主观恶性的评价上看，严重程度明显要重于王志才案的被告人。如果死缓限制减刑的适用以王

① 最高人民法院案例指导工作办公室．指导案例 4 号《王志才故意杀人案》的理解与参照．人民司法，2012（7）：42.

志才案为范本，则对李飞案的被告人有轻纵之嫌；相反，如果以李飞案为标准，则对王志才案中的被告人过于严苛。[①] 不只如此，对同一情节分别在“罪行极其严重”、“不是必须立即执行”与死缓限制减刑适用条件的判断中反复予以使用的做法，更是只会误导实务。李飞案中，根据裁判要点的“被告人犯罪手段残忍，且系累犯，论罪应当判处死刑”概括，累犯成为决定死刑适用的一个重要考量因素；而根据裁判理由的描述[②]，累犯同时又分别属于决定死缓适用与决定限制减刑的考量因素。换言之，李飞案对累犯这一情节不仅三次评价，而且分别作了正反不同方向的评价。这种对同一情节多次、逆向评价的做法，显然违反量刑情节评价的基本原理。[③]

二、对于《刑法》第48条第1款的重新解读

当前死刑适用中存在的混乱，归根到底是源于对《刑法》第48条第1款缺乏合理的解释。以适用死刑立即执行为通例而以适用死缓为例外，是否构成对第48条第1款的唯一的理解进路，这一点颇值得怀疑。有学者曾提出，我国刑事立法首先是将“死刑只适用于罪行极其严重的犯罪的分子”作为通例，而将死缓作为在“不是必须立即执行”时的特例，即在逻辑上首先想到的是要判处死刑，只是在死刑的执行不具有紧迫性的时候才适用死缓，而不是相反。[④] 但这显然是一种固守先前理解的解释结论。刑法文本的生命需要通过法解释来赋予。因而，先前理解并不天然具有正当性，不分情况地固守先前理解，只会扼杀文本的生命

---

① 黎宏. 死缓限制减刑及其适用——以最高人民法院发布的两个指导案例为切入点. 法学研究，2013（5）：108-109.

② 李飞案的裁判理由称：“李飞虽系累犯，但此前所犯盗窃罪的情节较轻。综合考虑上述情节，可以对李飞酌情从宽处罚，对其可不判处死刑立即执行。同时，鉴于其故意杀人手段残忍，又系累犯，且被害人亲属不予谅解，故依法判处被告人李飞死刑，缓期二年执行，同时决定对其限制减刑。”

③ 叶良芳，应玉倩. 死缓限制减刑的司法适用——最高人民法院第12号指导案例评析. 浙江社会科学，2013（2）：92.

④ 卢建平. 死缓制度的刑事政策意义及其扩张. 法学家，2004（5）：139.

力。就刑法解释而言，解释者理应将自己的先前理解置于刑法理念之下、相关条文之间、生活事实之中进行检验。当先前理解有悖刑法理念，与刑法的相关条文存在矛盾与冲突，或者无法公平地处理现实案件时，就必须放弃先前理解，转而去寻求新的解释结论。①

基于罪刑法定的要求，文义是制约刑法解释的决定性因素之一。因而，对第48条第1款的理解，首先有必要考察的是，哪些可能的理解处于其字面意思之内。从第48条第1款的立法表述来看，存在两种可能的解读：一是以适用死刑立即执行为通例而以适用死缓为例外，二是以适用死缓为通例而以适用死刑立即执行为例外。前种解读固然符合该条的字面意思，后种理解同样没有超出该条的文义可能性范围。倘若两种解释结论都不背离相关法条的文字意思，则何种理解进路更为合理，显然必须寻求其他的依据。笔者认为，对第48条第1款的规定，应当采取以适用死缓为通例而以适用死刑立即执行为例外的理解。

首先，从第48条第1款表述的内在逻辑来看，应当得出以适用死缓为通例而以适用死刑立即执行为例外的结论。

持以适用死刑立即执行为通例而以适用死缓为例外的进路的解释者，显然是将第48条第1款前句的“死刑只适用于罪行极其严重的犯罪分子”理解为死刑立即执行的适用标准，而后句“对于应当判处死刑的犯罪分子，如果不是必须立即执行的，可以判处死刑同时宣告缓期二年执行”的规定，则解读为是适用死缓的标准。相应地，对前句“死刑只适用于罪行极其严重的犯罪分子”与后句“对于应当判处死刑的犯罪分子”中的两处“死刑”概念，都限定为死刑立即执行。只有这样来限定，满足“不是必须立即执行”条件的被告人，才可能从死刑立即执行的范围中予以剔除，而作为例外来处理。然而，这样的理解存在疑问。死缓既然在名义上也属于死刑，则第48条第1款前句中的“死刑”概念必定同时包含死刑立即执行与死缓。换言之，“罪行极其严重”并非专门针对死刑立即执行的适用标准，而只是进入死刑圈的门槛，适用死

① 张明楷．刑法学者如何为削减死刑作贡献．当代法学，2005（1）：9.

缓同样需要满足“罪行极其严重”的条件。后句中出现的第一处“死刑”概念，显然也只能理解为包含死缓在内的广义的死刑，而不限于死刑立即执行。不然，在语义上就是相互矛盾的：既然已经是“应当判处死刑（立即执行）的犯罪分子”，又何来“不是必须立即执行”之说呢？如果在前提上已经肯定被告人属于应当判处死刑立即执行的犯罪分子，怎么还可能存在“不是必须立即执行”的情节呢？

如果第48条第1款前句与后句中出现的两处“死刑”概念，都同时包含了死缓与死刑立即执行，则该款后句的规定，便不可能理解为在设定死刑立即执行的例外。准确地说，后句实际上是在设定死刑立即执行的标准，立法者是从反面入手来补充死刑立即执行的适用条件。也即，适用死刑立即执行，必须在满足“罪行极其严重”的基础上，进一步满足“必须立即执行”的条件。由于死缓与死刑立即执行是呈梯度排列，死缓在其中梯度较低，满足“罪行极其严重”，等于达到进入死刑圈的门槛，也等于刚刚满足适用死缓的标准；而只有进一步满足“必须立即执行”的条件，才允许适用死刑立即执行。基于此，对第48条第1款理应做这样的解读：前句是从正面规定死缓的适用标准，满足“罪行极其严重”即可考虑适用死缓；后句则是从反面进一步补充死刑立即执行的条件，即适用死刑立即执行必须同时达到“罪行极其严重”与“必须立即执行”两个条件。前句与后句之间是递进关系。因而，对第48条第1款，理应采取以适用死缓为通例而以适用死刑立即执行为例外的理解，而不是相反。至于后句中立法者为什么采用反面的表述，理由很简单：立法者意在特别提醒司法者，不要忘记适用死缓。对一个死刑适用大国而言，这样的提醒无疑极有必要。

其次，对第48条第1款采取以适用死缓为通例而以适用死刑立即执行为例外的理解，有助于合理界定“罪行极其严重”与“不是必须立即执行”各自所应考虑的因素。

对第48条第1款采取以适用死刑立即执行为通例而以适用死缓为例外的理解，势必会将“罪行极其严重”视为适用死刑立即执行的充分条件。相应地，“罪行极其严重”便会成为一种综合性的判断，除客观罪行之外，行为人的人身危险性因素也必须纳入其中。有论者之所以对1997年刑法以“罪行极其严重”替代“罪大恶极”的做法提出批评，认为其立法表述存在缺陷，主张应将人身危险性的因素也纳入其中①，也正是因为其理所当然地认定“罪行极其严重”是死刑立即执行的充分条件。然而，倘若在“罪行极其严重”的判断中，既要考虑行为因素，又要考虑行为人的因素；既要考虑客观危害性与主观恶性，又要考虑人身危险性；那么，“不是必须立即执行”又该考虑什么因素呢？所有在“不是必须立即执行”中需要考虑的因素，在“罪行极其严重”中便已予以考虑。于是，不仅二者各自所应考虑的因素不可避免地混杂在一起，而且“罪行极其严重”与“不是必须立即执行”的判断便会合二为一。如此一来，对“罪行极其严重”与“不是必须立即执行”也就不可能展开教义学的分析，亦即，在实体法上根本无法对二者进行界分。无怪乎有论者索性认为，死刑立即执行与死缓之间并没有根本性的区分，而主要是一个政策问题。②

然而，缺乏教义学上的界定而仅依靠政策性的把握，必然使我国刑法所设的两条生死分界线③都脆弱得不堪一击，且难以避免适用中的恣意。任由将这两条生死分界线置于个体法官之手，由其随意操控被告人的生死，这样的代价恐怕不是刑事法治所能承受的。更何况，教义学对此并非无能为力。只要对第48条第1款进行重新解读，便可走出前述困境。

采取以适用死缓为通例而以适用死刑立即执行为例外的理解，“罪行极其严重”便只成为进入死刑圈的门槛，它充其量只是达到死缓的适用标准；要进一步适用死刑立即执行，还需要满足“必须立即执行”的

① 张远煌．我国死刑适用标准的缺陷及其弥补方法．法商研究，2006（6）：43.

② 陈兴良．死刑适用的司法控制——以首批刑事指导性案例为视角．法学，2013（2）：45.

③ 有论者提出，如果说“罪行极其严重”与刑法分则的死刑条款共同构成了中国刑法的第一条生死分界线——生命刑与非生命刑得以“泾渭分明”，那么，“不是必须立即执行”可谓中国刑法的第二条生死分界线——死刑立即执行与死刑缓期2年因此“貌合神离”。赵兴洪．确立先例标准促进死缓适用之规范化．法学，2009（11）：79.

条件。如此一来，对“罪行极其严重”的界定，便可以仅考虑行为本身；而对“不是必须立即执行”的理解，则从行为人的角度切入，着重考量人身危险性。在量刑过程中，先考虑行为本身，再进一步考察行为人的因素，符合行为刑法与责任主义的要求。如果客观的罪行本身尚未达到进入死刑圈的标准，则即使辅之以极大的人身危险性，也不可能满足死刑适用的标准。这是因为，在量刑过程中，人身危险性只允许在责任主义所对应的点之下发挥作用，它不可能成为加重因素。对此，笔者将在本章第三部分中详加论证。

总而言之，采取以适用死缓为通例而以适用死刑立即执行为例外的理解，容易理顺“罪行极其严重”与“不是必须立即执行”之间各自所应考虑因素的关系，避免目前二者相互夹杂的混乱现状。

再次，对第 48 条第 1 款采取以适用死缓为通例而以适用死刑立即执行为例外的理解，有助于协调其与第 50 条第 2 款之间的关系，同时避免判决时思考逻辑上的迂回反复。

刑法条文不会始终保持固定不变的含义。尤其是，如果立法增设或修正某一条款，其影响很可能波及其他法条，从而有必要对后者作出新的解释，以便与所增设或修正的法条相协调。这是体系解释的基本要求。进行刑法解释时，不仅需要在法条内部达成协调，而且应当与刑法中的其他法条达成协调。就第 48 条第 1 款而言，在《刑法修正案（八）》增加第 50 条第 2 款之后，便需要考察这样的立法变动是否对第 48 条第 1 款的解释产生影响。

在增设死缓限制减刑的规定之后，对第 48 条第 1 款若是仍采取以适用死刑立即执行为通例而适用死缓为例外的理解，势必造成判决中思考逻辑的混乱。它意味着，法官在考虑是否适用死刑时，得按“死刑立即执行→普通死缓→死缓限制减刑”的顺序来进行。从王志才案与李飞案裁判理由的描述中，可以看出包括最高人民法院在内的三级法院，都是按这样的顺序来思考的：先考虑是否适用死刑立即执行，再考虑是否适用普通死缓，在此基础上进一步考虑是否适用死缓限制减刑。问题在于，“罪行极其严重”是不利情节，“不是必须立即执行”是有利情节，而50条第2款所列的条件又是不利情节，这种由重到轻又由轻到重的思考顺序，不仅有违量刑的基本原理，也容易导致思维逻辑上的混乱。死缓限制减刑分明是比普通死缓更为严厉的刑罚，在已经肯定能够适用较轻的普通死缓之后，又进一步去思考是否可能适用死缓限制减刑，这样的迂回反复实在让人费解。

正是基于此，黎宏教授批评两个指导案例在死缓限制减刑的判决过程中存在先后顺序的颠倒。因而，他主张在排除适用死刑立即执行的情况下，首先应当考虑是否适用死缓限制减刑，之后才能考虑适用普通死缓，即采取“死刑立即执行→死缓限制减刑→普通死缓”的思考顺序。[①] 应当说，黎宏教授的批评触及了问题的实质。按“死刑立即执行→普通死缓→死缓限制减刑”的顺序，的确存在先考虑从严情节，再考虑从宽情节，之后再考虑从严情节的问题。这种逻辑上的迂回反复不仅违背人们的思维习惯，也徒然增加量刑问题的复杂性与恣意性。在此种意义上，黎宏教授的批评有其道理，其提出的“死刑立即执行→死缓限制减刑→普通死缓”的方案也的确可以避免思考逻辑上迂回反复的问题。不过，从法解释的角度而言，他的方案并未解决问题，相反，其存在的缺陷比指导案例所采取的进路的缺陷更为严重。

黎宏教授显然也将“罪行极其严重”视为死刑立即执行的适用标准，同时，他把第48条第1款后句中的“不是必须立即执行”仅设定为是普通死缓的适用条件。照此理解，“不是必须立即执行”就不适用于第50条第2款所规定的死缓限制减刑，而仅适用于普通死缓。可是，第48条第1款后句并未明示该规定仅适用于普通死缓。退一步说，即使从字面意思来看，存在将第48条第1款后句中的“死刑缓期二年执行”限制解释为普通死缓的余地，这样的理解也存在疑问。因为“不是必须立即执行”的判断只可能有两种答案：一是肯定“不是必须立即执行”，二是否定“不是必须立即行”。只有在肯定的情况下，才可能产生

① 黎宏．死缓限制减刑及其适用——以最高人民法院发布的两个指导案例为切入点．法学研究，2013（5）：105-106.

究竟是适用死缓限制减刑还是普通死缓的问题。换言之，按黎宏教授的解读，无论是普通死缓还是死缓限制减刑，都应当首先满足“不是必须立即执行”的条件；如果没有满足，则根本不涉及适用普通死缓还是死缓限制减刑，而是适用死刑立即执行的问题。基于此，认为第 48 条第 1 款后句中的“不是必须立即执行”仅适用于普通死缓的设定，在解释论上不能成立。相应地，他的“死刑立即执行→死缓限制减刑→普通死缓”的建议，也就成了无源之水。可见，对第 48 条第 1 款的规定，只要采取以适用死刑立即执行为通例而以适用死缓为例外的理解，认为“罪行极其严重”是适用死刑立即执行的充分条件，就必然只能按照指导案例所采取的逻辑顺序进行判决，即“死刑立即执行→普通死缓→死缓限制减刑”。

这意味着，在增设死缓限制减刑制度之后，如果对第 48 条第 1 款仍采取以适用死刑立即执行为通例而以适用死缓为例外的理解，必然无法解决死刑裁量过程中思考逻辑的迂回反复问题。要在解释论上协调第 48 条第 1 款与第 50 条第 2 款之间的关系，同时避免产生指导案例中出现的判决顺序颠倒的问题，只能放弃先前理解，转而采取以适用死缓为通例而以适用死刑立即执行为例外的进路。按后一进路，在死刑案件的判决中，将按“普通死缓→死缓限制减刑→死刑立即执行”的顺序进行。具体而言，第一考察是否属于“罪行极其严重”，以确定有无达到适用普通死缓的标准；第二考察是否满足第 50 条第 2 款规定的条件，以确定能否适用死缓限制减刑；第三考察是否属于“必须立即执行”，以确定应否适用死刑立即执行。

最后，对第 48 条第 1 款采取以适用死缓为通例而以适用死刑立即执行为例外的理解，在刑事政策上有助于真正贯彻削减死刑的理念，也有利于合理分配证明责任。

对第 48 条第 1 款采取适用死刑立即执行为通例而以适用死缓为例外的理解，死缓的适用仍只是作为例外而存在。从刑事政策的角度而言，单纯扩张例外范围的做法，不利于削减死刑的理念的真正贯彻。如果在思考的过程中首先考虑是否适用死刑立即执行，随后再考虑是否存在从宽事由，从而例外地适用死缓，必然会使法官将死刑立即执行作为优先的选择。因而，只要以适用死刑为通例的惯性思维没有得到根本的改变，则控制乃至削减死刑的任务便不可能成功。一方面高举削减死刑的旗帜，另一方面在具体的法条解释中又将这样的理念抛之一旁，纵容死刑立即执行的大肆适用，从法解释的角度而言，这样的做法未免蹩脚。它与追求削减死刑的目标背道而驰，只会带来南辕北辙的效果。如果解释者“严格控制死刑”的口号不是在作秀，则人们恐怕只能怀疑其解释能力。

如果承认削减死刑已成为共识，对第 48 条第 1 款的解释，便理应从有利于贯彻削减死刑的理念的角度来展开。与其动辄批评立法现实不符合应然要求，不如尝试运用各种解释方法得出符合正义的解释结论。采取适用死缓为通例而以适用死刑立即执行为例外的理解，在不违背罪刑法定的情况下，将使法官在死刑案件中优先考虑死缓的适用。由于是以死缓而不是以死刑立即执行作为量刑的基准，这将使大量从严情节与从宽情节相抵为零的案件均会以判处死缓结案。与当下单纯扩张例外的做法相比，前述做法无疑更有助于贯彻通过增加死缓来削减死刑的策略，也更有利于严格控制死刑立即执行的适用。

此外，采取以适用死缓为通例而以适用死刑立即执行为例外的理解，也有助于合理分配控辩双方的证明责任。采取前述理解，死刑立即执行的适用条件中势必包括“必须立即执行”。既然“必须立即执行”是适用死刑立即执行的积极要件，控方理应对此承担证明责任，而不应再如当前实务的做法那样，往往要求辩护方证明为什么属于“不是必须立即执行”的情形。将“必须立即执行”的证明责任改由控方承担，同时要求法官在裁判理由中说明为什么属于“必须立即执行”，不仅符合刑事诉讼法中证明责任的分配原理，也能够更有效地制约死刑立即执行的适用。

三、第 48 条第 1 款中“罪行极其严重”的界定

如前所述，对第 48 条第 1 款的规定，并不只有以适用死刑立即执

行为通例而以适用死缓为例外一种解读。退一步说，即使早先的立法原意曾包含这样的意思，也不意味着不能根据客观的情势与需要对之做新的解读。采取以适用死缓为通例而以适用死刑立即执行为例外的理解，在不违反罪刑法定的同时，能够更好地达致通过刑法解释削减死刑的目标。与当下常规的解读相比，笔者所主张的观点，将使普通死缓、死缓限制减刑与死刑立即执行的适用标准产生微妙的变化：普通死缓的适用标准由“罪行极其严重”＋“不是必须立即执行”变为“罪行极其严重”，死缓限制减刑的适用标准由“罪行极其严重”＋“不是必须立即执行”＋第 50 条第 2 款所列条件，变为“罪行极其严重”＋第 50 条第 2 款所列条件，死刑立即执行的适用标准则由“罪行极其严重”改为“罪行极其严重”＋“必须立即执行”。总体上，死缓的适用范围将大大放宽，而死刑立即执行的适用标准则趋于严格。在确立基本的解读框架之后，对“罪行极其严重”在教义学层面作出明确界定便成为可能。

（一）“罪行极其严重”不应包含人身危险性的内容

当前的通说认为，“所谓罪行极其严重，是犯罪的性质极其严重、犯罪的情节极其严重、罪犯的人身危险性极其严重的统一”[①]。这样的观点也为实务所认同。最高人民法院的法官便撰文认为，罪行极其严重应包括四个方面的内容，即犯罪性质特别严重、犯罪情节极其严重、犯罪后果极其严重、被告人的主观恶性和人身危险性极大。[②] 白建军教授基于对最高人民法院通过各个渠道公布的 1643 个死刑案件的实证研究所作的分析，也佐证了这一点。因而，他才会提出，“由于量刑情节中的某些问题如自首、立功等并非犯罪本身的严重性问题而是表明犯罪人的人身危险性、个别预防的必要性等指标，从这个意义上说，所谓‘罪行极其严重’并不完全是个等害报应的概念，还在一定程度上体现了预防的功利性含义”[③]。然而，从教义学的角度而言，认为“罪行极其严

① 马克昌，高铭暄. 刑法学. 5 版. 北京：高等教育出版社，2011：237.

② 高憬宏，姜永义，王尚明. 故意杀人、故意伤害案件的死刑适用. 人民司法，2010（3）：34.

③ 白建军. 死刑适用实证研究. 中国社会科学，2006（5）：143.

重”包含人身危险性的内容的观点并不合理。

首先，“罪行”概念强调的分明是犯罪行为本身，将人身危险性的内容也加入其中，明显超出相关概念的意义范围。

1997年刑法修正时在立法表述上由“罪大恶极”改为“罪行极其严重”，不应简单视为仅涉及概念用语的调整。立法上既然删除“恶极”而偏向于强调罪行，解释论上自然不能将前一意义再加入其中。若是对“罪行极其严重”的解释仍然完全沿用“罪大恶极”的解释，就不仅是说立法者在做无用功，如此罔顾立法的解释也很难再说是一种“解释”，而根本就是解释者自己在立法了。

同时，也只有以行为为核心来理解第48条第1款中的“罪行”概念，才能与刑法典其他条文所使用的“罪行”概念保持意义上的一致。除第48条第1款之外，立法者还分别在《刑法》第5条、第9条、第26条第3款、第67条第1～3款等处使用了“罪行”这一概念。第5条规定，刑罚的轻重，应当与犯罪分子所犯罪行和承担的刑事责任相适应。此处所谓的“罪行”，刑法理论上倾向于解释为客观的犯罪行为，而其后的“刑事责任”被理解为人身危险性。[①] 第9条规定，对于中华人民共和国缔结或者参加的国际条约所规定的罪行，中华人民共和国在所承担条约义务的范围内行使刑事管辖权的，适用本法。对这一条中的“罪行”，刑法理论上更是没有争议地认为仅指犯罪行为本身。第26条第3款规定，对组织、领导犯罪集团的首要分子，按照集团所犯的全部罪行处罚。由于人身危险性具有专属性，本条中的“罪行”自然仅指集团实施的犯罪行为，而不可能包含集团成员各自的人身危险性。第67条第1～3款分别涉及自首、准自首与坦白的规定，所谓“如实供述自己的罪行”“如实供述司法机关还未掌握的本人其他罪行”“如实供述自己罪行”中的“罪行”概念，明显也是围绕行为事实而展开。

其次，如果认为“罪行极其严重”中包含人身危险性的内容，则实

① 陈兴良．刑法适用总论：上卷．3版．北京：中国人民大学出版社，2017：55-56；张明楷．刑法学：上．5版．北京：法律出版社，2016：510；黎宏．刑法学．北京：法律出版社，2012：27-28.

务中对存在自首、立功、真诚悔罪或对被害方进行赔偿等从宽情节的行为人适用死缓，便有违教义学的逻辑。

自首、立功、真诚悔罪或赔偿等情节都是表征行为人人身危险性的因素。实务中，但凡死刑案件中存在此类从宽情节，法官往往会否定死刑立即执行而判处死缓。这样的做法不仅存在来自司法解释的根据，也获得了学理的支持。然而，如果认为此类涉及人身危险性的情节属于判断"罪行极其严重"时必须加以考虑的因素，则前述判处死缓的结论势必无法获得教义学的支持。"罪行极其严重"显然是对包括死缓在内的一般死刑的适用条件。倘若认为"罪行极其严重"在外延上包含人身危险性的内容，则在具备前述从宽情节时，原则上便应得出否定人身危险性极大或极其严重的结论；而鉴于人身危险性极大或极其严重属于"罪行极其严重"的有机组成部分，欠缺这一方面的内容，自然也就根本不可能再成立"罪行极其严重"。既然相关情节已然表明犯罪人的罪行不属于"罪行极其严重"，便意味着根本不存在适用死刑的前提条件，自然也谈不上适用死缓的问题。[①] 换言之，如果自首等从宽情节属于"罪行极其严重"中必须考虑的内容，则对相关的行为人根本就不应当适用死缓，而只能判处无期徒刑以下的刑罚才是。

再次，如果认为"罪行极其严重"中包含人身危险性的内容，则对第 48 条第 1 款的理解势必无法与刑法分则中的其他死刑条款相协调。

对第 48 条第 1 款中的"罪行极其严重"的解释，应当与刑法分则中的相关条文相协调，这是体系解释的必有之义。我国刑法分则规定了诸多死刑的罪名，但只有一个罪名涉及强制适用死刑，即第 121 条劫持航空器罪，该条规定，致人重伤、死亡或者使航空器遭受严重破坏的，处死刑。毫无疑问，第 121 条规定的适用死刑的情形，应当被理解为已经满足第 48 条第 1 款中的"罪行极其严重"的标准；不然，在法解释论上便是不可想象的。然而，第 121 条并没有在罪行本身之外，额外地要求具备人身危险性方面的因素。换言之，在劫持航空器致人重伤、死

① 黄晓亮，徐盛军. 中国现行刑罚体系的理论反思：第 3 卷. 刑法论丛，2009：303.

亡或者使航空器遭受严重破坏的情况下，适用死刑并不以存在累犯、再犯、前科或其他表征人身危险性的从严情节为必要条件。只要满足前述相应的行为与结果要件，即使行为人是初犯、偶犯或者存在真诚悔罪等情节，法官也必须适用死刑，并无自由裁量的余地。因而，如果认为“罪行极其严重”中包含独立的人身危险性的内容，则第48条第1款的规定势必无法与第121条相协调。

按照通常的观点，人身危险性即再犯可能性，是从被告人有无前科、平时表现及悔罪情况等方面综合进行判断。[①] 要使第48条第1款与第121条、第239条第2款的规定相协调，便必须承认，在规范层面，满足“罪行极其严重”的标准无须以人身危险性极大或极其严重为要件。有论者可能会提出，实施劫持航空器的行为并致人重伤、死亡或者使航空器遭受严重破坏，或者实施绑架行为并致使被绑架人死亡或者杀害被绑架人的情形，由于行为人实施的是高度暴力性的犯罪，从其实施的罪行便可得出其人身危险性极大的结论。的确，实施暴力性犯罪的行为人，其人身危险性程度一般说来要较实施其他犯罪的行为人的要高。问题在于，这只是一种基于经验的判断。正如盗窃罪通常是以秘密窃取的方式来实施的，但与秘密窃取在规范层面并不属于盗窃罪的构成要件要素一样，人们见到的天鹅通常是白色的这一事实本身，并不能证成“所有的天鹅都是白色”这一命题的真实性。

行为的危险性与行为人的危险性虽然存在一定的关联，行为的危险性往往可以表征行为人的危险性，但在规范层面，二者毕竟是相互独立的因素。这也是特殊预防被区别于一般预防的根据所在。如果行为的危险性与行为人的危险性总是合一，则不仅人身危险性的概念没有什么用处，特殊预防也将面临被釜底抽薪的命运。具体个案中，总是可能存在行为的危险性与行为人的危险性并不直接对应的情况。即使是故意杀人这样的暴力犯罪，在大义灭亲或被害人存在严重过错等场合，也可能出

① 2010年4月最高人民法院刑三庭《在审理故意杀人、伤害及黑社会性质组织犯罪案件中切实贯彻宽严相济刑事政策》第二部分第3条。

现行为的危险性与行为人的人身危险性完全不相对应的情况。因而，以劫持航空器或绑架罪系高度暴力性犯罪，故而行为人的人身危险性也相应极大为由，得出即使是第121条与第239条第2款的规定也内在地包含人身危险性内容的见解，但这并不可取。按照论者的逻辑，所有规定死刑的罪名都将包含这样的人身危险性因素。如此一来，个案中根据行为人的具体情况去考量其人身危险性的要求，便会丧失意义。这必然直接危及人身危险性概念的存在价值。

还有论者可能提出，强制性死刑在国外遭受批评的原因便在于，它背离现代标准，导致量刑时无法考虑特殊预防的因素，“在既定案件中，只有对死刑的恰当性进行个别化考量，宪法才能够确保死刑案件的被告不是‘面孔模糊、毫无个性差别的一个群体当中的一员，可以盲目地用死刑加以处置’”①。但这样的批评显然是立法论层面的，而不是解释论意义上的。况且，在我国刑法规定死缓制度的情况下，立法上规定强制性死刑所带来的问题在相当程度上得以缓解。此外，立法上的这种缺陷，也不可能通过引入人身危险性因素进行纠正。在劫持航空器致人重伤、死亡或者使航空器遭受严重破坏，或者绑架致使被绑架人死亡或者杀害被绑架人的场合，法官或许可以考虑通过对第121条与第239条第2款做限定解释，使之仅适用于犯罪既遂的主犯（或正犯），在存在从犯（或共犯）或出现未遂、中止、预备的情况下，则援引总则中有关减轻处罚的规定，来实现对强制性死刑的适用范围的限缩。但无论如何，法官无权通过单纯援引人身危险性方面的因素而对相关行为人拒不适用死刑，因为立法并没有赋予其这样的裁量权。

最后，如果认为“罪行极其严重”包含人身危险性的内容，则必然违背行为刑法与责任主义的基本要求。

当前通说在界定“罪行极其严重”时，要求综合考虑行为的性质、情节与行为人的人身危险性，实质上是将人身危险性当作促成法定刑升

① 柯恩，唐哲，高进仁. 当代美国死刑法律之困境与探索：问题与案例. 蔡婷霞. 刘超，等译//北京：北京大学出版社，2013：15.

格的积极要素来运用。只有当人身危险性被认为能够发挥积极的补足功能，就罪行本身而言原本并未达到死刑适用标准的案件，才会由于人身危险性极大而变得达到“罪行极其严重”的门槛。然而，人身危险性在罪责刑结构中，并不当然地起决定作用，而只是在一定程度上起修正作用，即人身危险性不能增加刑罚量，不能使尚不够犯罪标准的行为成为犯罪行为；它只在人身危险性较小或者没有的时候，起减小刑罚量或者起否定犯罪成立的作用，即无论在定罪中还是在量刑中，人身危险性只应具备单向性功能。[①] 根据行为刑法与责任主义的要求，人身危险性因素不可能具有补足罪行严重程度之不足的功能，更不可能成为促使法定刑升格的因素。

《刑法》第 48 条第 1 款并不是在规定量刑原则，而是在确立适用死刑的法律基准。能够决定法定刑由有期徒刑、无期徒刑进一步升格到死刑的，只可能是涉及罪行的因素，而不可能是人身危险性方面的因素。这是罪刑法定的应有之义，也是行为刑法的必然要求。行为刑法要求可罚性只是与符合构成要件的行为相关联，制裁也只是对单个行为的回应，而不是针对行为人的整个生活经历或者行为人的被预期的未来危险。[②] 在罪行本身尚未达到适用死刑的法律基准的情况下，如果由于加入极大的人身危险性，便允许适用死刑，无异于承认人身危险性具有加重处罚的效果。

但是，将人身危险性当作加重因素，不仅背离既有的立法规定，也严重违反责任主义的原则。一方面，根据现行的刑法规定，与人身危险性直接相关的累犯、再犯等情节均只成立从重情节。如果允许依靠人身危险性因素来提升法定刑，势必会得出累犯与再犯等属于加重情节的结论，这样的结论明显背离现有的立法规定。也正是基于此，张明楷教授才一再强调，不管是死刑削减论者，还是死刑赞成论者，都不能将累犯、再犯解释为法定刑升格条件中的“情节严重”“情节特别严重”；如

① 游伟，陆建红．人身危险性在我国刑法中的功能定位．法学研究，2004（4）：6-7.

② Roxin. Strafrecht Allgemeiner Teil，Band I，4. Aufl.，2006，§ 6 Rn. 1.

果将累犯、再犯解释为情节加重犯中的加重情节，则会导致对累犯与再犯的处罚比加重处罚有过之而无不及。[①] 另一方面，根据责任主义的原则，宣告刑无论如何不应高于行为人的罪责所允许的程度。在德国，责任主义的限定刑罚的功能甚至具有宪法性的地位，超越罪责程度的刑罚被认为违反《基本法》第1条规定的人性尊严。[②] 责任主义对量刑的制约，要求预防的需要只能在责任刑的点之下予以考虑。

据此，与特殊预防相关的人身危险性因素，无论如何都不可能具有提升责任刑的点的效果。责任刑的点是由行为人对具体行为的罪责所决定。“责任判断的对象，乃当下、以受到法律非难的意念所从事的行为，且首要以单一行为责任作为标准。”[③] 也就是说，罪责是针对具体的行为而言，是规范层面对行为人明明能够选择合法行为却仍然决意实施相关不法行为的谴责，而不是针对行为人的整个人格的谴责。在界定“罪行极其严重”时，要求综合考虑行为的社会危害性与行为人的人身危险性的做法，由于让人身危险性成为积极提升量刑上限的因素，在违反责任主义的同时，最终走向了行为人刑法。

（二）“罪行极其严重”应同时涵盖行为的主客观侧面

当前学理与实务均倾向于将人身危险性纳入第48条第1款规定的“罪行”概念的范畴，另一个重要原因或许是，人们误以为，行为只包含表现在外部世界的客观事物，与内在心理或精神相关的主观要素均属于行为人范畴的因素；而基于犯罪是主客观相统一的产物的考虑，在理解“罪行”概念时，不能不考虑行为人的因素。实务界有论者这样指出，“罪行极其严重”在客观方面的含义比较明显，在主观方面的含义则比较模糊，理论上很难从正面对其从主观方面进行解释。因而，其认为新刑法将“罪大恶极”改为“罪行极其严重”并不科学。[④] 学理上大

① 张明楷．刑法学者如何为消减死刑作贡献．当代法学，2005（1）：8.

② Roxin. Strafrecht Allgemeiner Teil，Band I，4. Aufl.，2006，§3 Rn. 52.

③ 许迺曼．刑法罪责理论的现状．王皇玉，译//许玉秀，陈志辉．不移不惑献身法与正义：许迺曼教授刑事法论文选辑．台北：新学林出版股份有限公司，2006：570.

④ 高憬宏．论故意杀人罪的死刑适用．长春：吉林大学，2007：86.

多认为“罪行极其严重”的含义与此前的“罪大恶极”并无差别也从侧面印证了这一点。然而，此类观点至少存在两个问题：一是割裂性地理解行为的范畴，误将行为的客观侧面等同于行为本身；二是将不同的主客观概念混为一谈，误以为行为人实施行为时的内心意思属于行为人范畴的因素，由此导致主观因素往往更多地与人身危险性的概念捆绑在一起，被当作与行为范畴相对立的因素。正是基于此，前述论者认为，可借用胡云腾博士对“罪大恶极”的解释来界定“罪行极其严重”的基本含义，即必须从主、客观两方面来理解：客观上必须是犯罪行为及其后果极其严重，给社会造成的损害特别巨大；主观上必须是犯罪分子的主观恶性和人身危险性特别大，表现为蓄意实施严重犯罪，犯意坚决、良知丧尽、不思改悔。[①]

然而，以行为为核心来理解“罪行”的概念，并不意味着“罪行”只能限定于行为的客观方面的内容。黎宏教授提出，“所谓‘罪行极其严重’，应当仅指客观上所引起的危害结果，即行为人所犯罪行客观上对国家和人民的利益危害特别严重、情节特别恶劣，但不包括行为人的主观恶性和人身危险性的内容在内”[②]。这样的观点存在疑问。其一，如果“罪行”的内容仅指客观上所引起的危害结果，则岂非说“罪行极其严重”较之前的“罪大恶极”而言反而是降低了死刑适用的标准，因为之前适用死刑的标准是“罪大”＋“恶极”，而如今只要“罪大”即可满足死刑适用的门槛？其二，这样的观点无法与分则中的死刑条款相协调。按黎宏教授的观点，过失犯罪也完全可能满足“罪行极其严重”的标准，因为过失犯罪同样可能引起极其严重的危害结果，但我国刑法中的死刑罪名没有哪一个是过失犯罪。其三，当黎宏教授援引刑法第121条与第239条第2款的相关规定来表明劫持航空器罪与绑架罪中，适用死刑的唯一标准就是客观上引起“致人重伤、死亡或者使航空器遭受严重破坏”的后果或“致使被绑架人死亡或者杀害被绑架人”时，他

① 高憬宏．论故意杀人罪的死刑适用．长春：吉林大学，2007：86．

② 黎宏．刑法学总论．2版．北京：法律出版社，2016：344．

分明忽视了这两个犯罪同样是故意犯罪的事实。并且，他似乎也没有注意到，实施严重暴力犯罪的心态本身便是主观恶性评定中的重要内容。可见，仅仅只是客观上引起的危害结果极其严重，而不具备相应的主观要件，不可能满足“罪行极其严重”的条件。

行为刑法意义上的行为概念是作为一个整体而存在的，它既包括外在的客观侧面，也包括内在的主观侧面。换言之，外在的举动与由此导致的危害后果固然属于行为的有机部分，内在的心理因素（包括故意/过失、目的、动机等）同样属于行为的不可或缺的组成要素。将整体的行为切分为客观侧面与主观侧面两个部分，只是基于法教义学分析上的便利需要，并不意味着在行为的客观侧面与行为本身之间能够画上等号，前者只是后者的一个组成部分。因而，如果“主观恶性是被告人对自己行为及社会危害性所抱的心理态度”，而“人身危险性即再犯可能性，可从被告人有无前科、平时表现及悔罪情况等方面综合判断”①，则所谓的主观恶性理应属于行为的内在组成部分，而只有人身危险性才属于行为人范畴的因素。

学理上有时的确是将行为人刑法称为主观主义刑法，但此主观非彼主观。主观恶性中的所谓主观，是相对行为的客观侧面而言的，主要指行为人实施相关行为时的内心态度，“表现在犯罪动机、犯罪预谋、故意内容及结合被害人有无过错等方面综合判断”②。而与主观主义刑法相对立的是客观主义刑法，二者之争则是在刑事实证学派与刑事古典学派之间展开，争论的核心在于刑罚的对象是行为对法益的侵害还是行为人的再犯可能性。将主观恶性中的“主观”与行为人刑法意义上的“主观”混为一谈，根本就是乱点鸳鸯谱。当黎宏教授断言死刑适用条件由“罪大恶极”改为“罪行极其严重”是现行刑法强化客观主义立场的结

① 2010年最高人民法院刑三庭关于《在审理故意杀人、伤害及黑社会性质组织犯罪案件中切实贯彻宽严相济刑事政策》第二部分第3条。

② 高憬宏，姜永义，王尚明．故意杀人、故意伤害案件的死刑适用．人民司法，2010（3）：35．

果[①]，并据此将“罪行”理解为客观的危害结果时，他分明也混淆了不同意义上的主客观概念。他所谓的客观主义，显然只能在与行为人刑法相对立的行为刑法的意义上来理解；不然，相应的命题便不可能成立。而从行为刑法的范畴出发，断断得不出“罪行”概念不包含任何主观要素的推论。

总而言之，在行为刑法的框架之内，“罪行”的内容不仅包括行为的客观危害，也包括与行为相关的主观因素，但不包括行为人所特有的表征其人身危险性的因素。笔者提出的与行为相关的主观因素，跟国内通说主张的主观恶性所要求考虑的内容基本重合，但鉴于主观恶性这一概念的内涵较为模糊，理论上对之缺乏严格的界定，且往往将它与人身危险性混在一起，故笔者对主观恶性的概念持保留的态度。实际上，诚如论者所言，主观恶性应当与人身危险性相区别。主观恶性与社会危害性构成犯罪的主客观内容，主观恶性作为已然的客观存在的心理事实，与犯罪构成有密切的关系，属于已然的犯罪范畴；人身危险性的核心内容则是再犯可能性，主观恶性是人身危险性的表征之一，不是人身危险性本身。[②] 在具体判断罪行是否极其严重时，有必要从行为的主客观两个侧面来展开：客观侧面主要考察犯罪性质、犯罪手段、行为对象与犯罪后果；主观侧面则主要考察故意、目的、动机、预谋、行为心态等。故意毫无疑问属于“罪行极其严重”所应包含的内容，除此之外，目的、动机等因素也属于“罪行”的组成部分。

德国学理与实务一致认为，涉及行为人的确定动机或心态的构成要件应当从行为刑法而非行为人刑法的角度进行解释。比如，“残暴地”杀害他人要按德国刑法第211条规定的谋杀罪来处罚。根据判例，残暴是指“基于冷酷无情的心态而使被害人遭受特别强烈的身体上或精神上的疼痛与折磨”。这种心态的确定，并不取决于行为人是否是一个残暴的人，只要在具体的单个行为中，行为人表现出冷酷的心态而使被害人

① 黎宏．死刑缓期执行制度新解．法商研究，2009（4）：102．

② 游伟，陆建红．人身危险性在我国刑法中的功能定位．法学研究，2004（4）：5，13．

遭受特别折磨就足矣。即使这样的杀人行为（比如忌妒杀人）与行为人的人格形象不一致，行为人在其他场合可能表现为温和善良的人，该杀人行为也是“残暴”的，应当作为谋杀来处罚。谋杀罪中的其他要素如“贪婪”或“阴险”，也不以行为人是贪婪或阴险的人为条件，而只要在具体的单个行为中呈现出这种特征就可以。[①]

此外，因被害人过错往往会影响对行为罪责的评定，它也是判断动机时需要考虑的因素，有必要从行为刑法的角度来进行解读。从实务中的典型案例来看，被害人的严重过错往往是行为人实施杀人等犯罪的动因所在，而出于义愤的动机杀人通常被法院认定为“情节较轻”的故意杀人。比如，龚世义等人故意杀人案、张志信故意杀人案、阎留普夫妻故意杀人案以及姚国英故意杀人案中，因被害人一方存在严重过错，被告人虽故意杀死被告人，法院均在“三年以上十年以下有期徒刑”的法定刑幅度内量刑，甚至对被告人适用缓刑。[②] 在周文友故意杀人案中，最高人民法院相关业务庭在裁判理由的解说中明确提出，被害人过错大小与被告人的罪行的轻重、人身危险性程度成反比，因为被害人有过错，往往能够反证被告人罪行较轻、人身危险性较小。[③] 在故意杀死他人的情况下，如果承认被害人过错会影响罪行的大小，则受影响的部分势必只能是罪行的主观部分，因为从客观造成的法益侵害来看，被害人有严重过错情形下的杀人与一般的故意杀人并没有什么差别。

只有将行为动机与被害人过错等因素纳入“罪行”的范畴，在行为人基于大义灭亲的动机或者被害人具有重大过错情形下实施的杀人，才能从逻辑上产生否定“罪行极其严重”的效果，而对行为人在无期徒刑以下量刑。“罪行极其严重”的判断资料应当包括从犯意产生到犯罪结果出现为止的、所有与行为相关的情节，但是不包括事前的信息，如被告人是否是累犯、再犯，是否有犯罪前科以及平常的一贯表现等；也不

① Roxin. Strafrecht Allgemeiner Teil，Band I，4. Aufl.，2006，§6 Rn. 17.

② 陈兴良，张军，胡云腾. 人民法院刑事指导案例裁判要旨通纂：上卷. 北京：北京大学出版社，2013：306-309，327-328，365-366，391-392.

③ 最高人民法院. 刑事审判参考：第46集. 北京：法律出版社，2006：39.

包括事后的信息，如被告人是否自首、坦白、立功，或者是否赔偿损失、是否获得被害方的谅解等。根据笔者对“罪行”概念内容的界定，“罪行极其严重”必须同时满足行为的客观危险极其严重与行为时的主观恶性极其严重两方面的要求，仅仅具备其中之一，不能被认为达到“罪行极其严重”的标准。换言之，客观危害与主观恶性之间并不是相互补足的关系，而是并列共存的关系，需按先客观危害再主观恶性的确定顺序来展开判断。即使行为的客观危害极其严重，如果行为时的主观恶性没有达到极其严重的程度，也应当排除适用死刑的可能。只有这样，“罪行极其严重”作为我国刑法的第一条生死分界线，才能更有效地发挥它的界分功能。因而，相较于“罪大恶极”的立法规定，“罪行极其严重”不仅在表述上更为科学，符合行为刑法与责任主义的要求，而且整体上也提高了死刑适用的标准。

在现行《刑法》第 48 条已然作出立法修改的情况下，仍以“罪大恶极”来说明“罪行极其严重”的做法有失妥当。[①] 与此同时，任何在解释论上得出“罪行极其严重”所设的死刑适用标准要低于“罪大恶极”的结论的见解，也都值得斟酌。认为“罪大恶极”的表述要比“罪行极其严重”更契合罪刑相适应的精神[②]，或者前者比后者对死刑的裁量起到更严格的限制作用的见解[③]，忽视了这样的一个事实：“罪大恶极”要求综合考虑行为的客观危害与行为人的人身危险性。而所谓的综合考虑，等于是将二者当作此消彼长的因素来对待，认为行为客观危害方面的不足，可以由行为人的人身危险性因素来补足。在 20 世纪 80 年代“严打”期间，对恶极罪不大的被告人判处死刑并非罕见。[④] 1997 年立法修正时以“罪行极其严重”代替“罪大恶极”，便是为了遏止罪行不足人身危险性来补的现象。人身危险性不允许再作为积极的加重因素来发挥作用。只有在行为的客观危险与相应的主观恶性均达到极其严重

① 黎宏. 刑法学总论. 2 版. 北京：法律出版社，2016：344.

② 高憬宏，刘树德. 死缓适用条件设置的四维思考. 当代法学，2005（5）：96.

③ 张远煌. 我国死刑适用标准的缺陷及其弥补方法. 法商研究，2006（6）：40.

④ 储槐植. 死刑司法控制：完整解读刑法第四十八条. 中外法学，2012（5）：1018.

的程度时，才能满足死刑适用的门槛；不然，行为人的人身危险性再高，也不可能被划入死刑圈。基于此，将人身危险性因素从“罪行极其严重”的考量中予以剔除，并没有降低死刑适用的标准，而是提高了死刑的适用标准。这不仅摆正了罪行与人身危险性二者的位置，避免了“就死刑的适用标准而言，与其说是行为的客观危害极重，不如说是行为人的人身危险性极大”[①]之类的谬误，而且能够杜绝对恶极罪不大的被告人适用死刑的可能性。

四、第48条第1款中的“不是必须立即执行”

一直以来，关于如何界定“不是必须立即执行”的问题，刑法理论上倾向于认为需同时考虑罪行的因素。马克昌教授提出，应当从罪行和刑事责任两方面进行考察：从罪行上看，不是必须立即执行的与必须立即执行的相比，后者罪行的社会危害性一般说来要比前者严重；从刑事责任上看，罪行最严重的，一般说来要负最严重的刑事责任，但如果具有法定的应当从轻或减轻处罚的情节，刑事责任就应适当减轻，与此相应，所判死刑也就不是必须立即执行。[②]陈兴良教授也认为，“在罪行极其严重当中，还是存在着程度上的区分。当罪行达到极其严重这个界限的时候，就具备了适用死刑的基本条件。在达到这一条件以后，还存在着死刑立即执行与死刑缓期执行的区分，对于这一区分来说，并不是不再考虑罪行严重程度这个因素，而只考虑主观恶性以及人身危险性这个因素”[③]。然而，这种观点存在不合理之处。

正如批评者所指出的，作为判断是否“罪行极其严重”的标准，除了行为人所犯罪行是否极其严重之外，就是其在共同犯罪中的作用、平常的一贯表现、犯罪后的表现以及是否以实际行动悔罪、被害人有无过错等，而这些恰恰也是判断是否“不是必须立即执行”时所应考虑的内

① 张远煌．我国死刑适用标准的缺陷及其弥补方法．法商研究，2006（6）：43．

② 马克昌．论死刑缓期执行．中国法学，1999（2）：113．

③ 陈兴良．死刑适用的司法控制——以首批刑事指导性案例为视角．法学，2013（2）：51．

容。这种将相同的情节和内容既作为是否“应当判处死刑”的情节看待，又作为判断是否“不是必须立即执行”的情节使用的做法显然是不恰当的。它不仅存在逻辑上循环论证的嫌疑，而且也违反了刑法中的禁止重复评价原则。[①] 从逻辑上讲，表明“罪行极其严重”的情节与表明“不是必须立即执行”的情节应当是相互独立的，后者不应对前者的判断产生影响。“凡是某一情节能优先被视为‘罪行不是极其严重’所考虑而不能适用死刑（包括死缓）的因素，就不能先适用死刑再将其作为适用死缓的因素来考虑，因为‘不是必须立即执行’毕竟是‘罪行极其严重’之后的又一限制性条件，否则就是曲解了立法原意。”[②]

晚近以来，有论者反对前述观点进而主张，应当以主观恶性与人身危险性作为适用死刑立即执行与死缓的决定性因素，当行为人主观恶性极大、人身危险性极为深重时，就要对其判处死刑立即执行；反之，当行为人主观恶性不是很大、人身危险性不是极重时，对其就只能判处死缓。[③] 但这样的观点同样存在疑问。如本章第三（二）部分所述，局限于行为的客观侧面去界定“罪行”的概念，在教义学逻辑上根本无法自圆其说。与行为相关的主观因素往往影响“罪行极其严重”的成立与否，它与单纯表征行为人人身危险性的因素存在本质的不同，因而，二者不应被一道归入“不是必须立即执行”的范围。

与前种观点相比，后一观点的合理之处在于，对“罪行极其严重”的界定不再纠结于人身危险性的问题。也只有这样，“不是必须立即执行”才能从当前的一团乱麻中解脱出来。“罪行极其严重”考虑的是行为刑法方面的因素，“不是必须立即执行”则相应放在行为人刑法的范畴之内来理解，偏重于特殊预防，主要关注人身危险性的问题。对此，储槐植教授晚近的论文中有过精辟的论述：“‘罪行极其严重’为死刑适用的一般化标准，即不能因人而异，属行为刑法，体现形式理性，同等情况同等对待；具体‘犯罪分子’为死刑执行方式裁量的个

① 黎宏．死刑缓期执行制度新解．法商研究，2009（4）：102．

② 高憬宏，刘树德．死缓适用条件设置的四维思考．当代法学，2005（5）：96-97．

③ 黎宏．死刑缓期执行制度新解．法商研究，2009（4）．

别化根据，即需因人而异，属行为人刑法，体现实质理性，不同情况不同对待。综观《刑法》第 48 条，兼有形式理性与实质理性，协调行为刑法与行为人刑法，是谓矛盾统一。"[①] 笔者非常赞同按此框架来解读第 48 条第 1 款的规定。这样处理"罪行极其严重"与"不是必须立即执行"之间的关系，有助于解决长久以来困扰理论与实务的难题，即如何对"罪行极其严重"与"不是必须立即执行"各自考虑的因素作出区分。

"罪行极其严重"考察的是行为本身，以客观存在的要件事实作为"罪行"的实体内容；"不是必须立即执行"则着重测定行为人的人身危险性。人身危险性并不是一种客观的事实，而仅仅是司法人员对行为人在未来的再犯可能性的预测与估计。它虽也需依据众多的客观事实，包括犯罪行为事实、犯罪前后的事实以及与犯罪无关的事实，但这些事实充其量只是人身危险性的表征，而并不是人身危险性的内容。鉴于第 48 条第 1 款后句是在进一步补充适用死刑立即执行的条件，故有必要如学者所主张的那样，转换思路从正面界定"必须立即执行"的范围，因"必须立即执行"和"不是必须立即执行"在外延上互补，凡是不属于"必须立即执行"的，都属于"不是必须立即执行"[②]。具体而言，对"必须立即执行"的把握应分为两个步骤进行。

一是由行为事实入手来估测行为人的人身危险性，为"必须立即执行"的判断奠定初步的基础。与行为相关的客观事实具有双重的功能，它不仅是评价行为是否构成犯罪的唯一法定依据，而且这些事实本身便是人身危险性的重要表征。也就是说，"客观事实作为一个表征，它既反映行为的社会危害性，也反映行为人的人身危险性"[③]。不仅涉及犯

---

① 储槐植．死刑司法控制：完整解读刑法第四十八条．中外法学，2012（5）：1016．需要指出的是，储槐植教授并不严格区分主观恶性与人身危险性，在后文中他甚至主要使用主观恶性的概念，认为主观恶性与人身危险性都是要考察犯罪分子的人格情况。不过，如果他是在行为人刑法的范畴内使用主观恶性的概念，则应当承认，其所谓的主观恶性主要指的是人身危险性。

② 何显兵．死缓制度研究．北京：中国政法大学，2009：89.

③ 游伟，陆建红．人身危险性在我国刑法中的功能定位．法学研究，2004（4）：12.

罪成立与否的构成要件事实如此，涉及法定刑升格的加重构成事实，在影响对行为构成犯罪的评价的同时，也具有体现与反映行为人的人身危险性的作用。包括行为性质、行为方式、作案手段、行为对象、危害后果、行为动机、犯罪起因以及是预谋还是临时起意等在内的与行为相关的情节，都是据以测定行为人身危险性程度的重要依据。

比如，就行为性质而言，暴力犯罪的行为人，其人身危险性一般高于非暴力犯罪的行为人的人身危险性；实施重罪的行为人，其人身危险性高于实施轻罪的行为人的人身危险性。这也是为什么最高人民法院案例指导工作办公室在解读李飞案时，特别指出累犯的前罪与后罪情况有多种情形，“不同的关系模式所体现的累犯的人身危险性和主观恶性有所不同。因此要进一步区分累犯的人身危险性和主观恶性程度，并在量刑时有所区别和体现”[①]。再如，从犯罪起因来说，因婚恋、家庭、邻里纠纷等民间矛盾引发而针对特定对象实施犯罪的行为人，其在人身危险性上要低于在社会上随机选择侵害对象而实施同类犯罪的行为人。

总的说来，与行为相关的事实中，要特别注重对犯罪起因与犯罪动机的考察，它们“既是具体衡量人身危险性大小的切入点，也是充分发挥人身危险性因素对死刑司法适用制约作用的基础。因为，两者正是判断行为人蔑视现行伦理规范程度与再次实施严重危害社会行为可能性大小的关键因素”[②]。与行为方面的其他事实相比，犯罪起因与犯罪动机与个案中行为人的具体状况联系更为紧密，更能凸显其与同类犯罪的行为人之间的差异。

在当代刑法理论中，不依据行为而只利用行为之外的事实来估测行为人的人身危险性，是不被允许的。无论是行为刑法或是行为人刑法，都不可能反对行为是行为人人身危险性征表的立场。只要承认刑罚的目的中包含特殊预防，主张行为事实具有双重功能的观点，就并不涉及循环论证的问题，也不违背禁止重复评价原则。因为尽管同样是以行为事

---

① 最高人民法院案例指导工作办公室．指导案例 12 号〈李飞故意杀人案〉的理解与参照．人民司法，2013（3）：38．

② 张远煌．我国死刑适用标准的缺陷及其弥补方法．法商研究，2006（6）：44．

实作为依据，在“必须立即执行”的判断中，相关的行为事实并不是用以评价罪行本身的，而是着眼于行为人的再犯可能性的估测。换言之，对行为事实的考察，始终是围绕个案中具体的行为人而展开，是为了尽量接近地勾勒出行为人在未来的大致形象。行为事实不过是估测行为人再犯可能性的一种线索，作为线索，其诚然可能具有提示性的效果，但二者绝不等同。实际上，行为事实与行为人人身危险性之间不相对应的情况，在实务中比比皆是。这也是为什么即使是同一法官，对实施相同罪行的行为人的处罚也经常不尽一致的缘由所在。

二是借助与行为人人身密切相关的专属因素，来进一步测定行为人的人身危险性，为“必须立即执行”的判断提供最终的根据。基于行为事实而对行为人的人身危险性所作的估测，勾勒的只是一个初步的轮廓，要准确测定行为人的人身危险性，必须进一步考虑表征人身危险性的、为行为人专属的其他因素。此类因素一般是犯罪前或犯罪后的情节，包括是否为累犯或再犯，有无犯罪前科，平时的一贯表现，犯罪后是否对被害人进行抢救，是否存在自首、立功或坦白的情节，是否对被害方进行赔偿，以及认罪悔罪态度等。由于此类因素与行为本身并无关联，不能视之为“罪行”的内容，故而在“罪行极其严重”的判断中，不容许考虑这些因素。在行为人所实施的行为满足“罪行极其严重”的标准的前提下，前述因素理应留待“必须立即执行”的判断中予以考虑。

与通常主张的“不是必须立即执行”的判断中需综合考虑罪行与人身危险性的观点相比，笔者虽也认为必须考察行为事实方面的因素，但这种考察完全围绕人身危险性的估测而展开。只有能够表征人身危险性的行为事实因素，才会纳入考察的对象范围。并且，行为事实的因素和为行为人专属的特定因素之间，也不是综合考虑或者随机组合的关系，二者各自发挥相应的功能：前者为行为人人身危险性的估测勾勒大致的轮廓，后者则具有对前述轮廓进行校正的功能。鉴于在涉及死刑适用的场合，行为人所实施的往往是极为严重的犯罪，从行为事实推断，容易过高估测行为人的人身危险性，因而，必须特别重视为行为人专属的特定因素的校正功能。在某种意义上，在“必须立即执行”的判断中，为行为人专属的特定因素甚至比一般的行为事实因素更为重要。毕竟，是否“必须立即执行”，涉及的是个案性的判定，理应着眼于具体行为人的具体情况进行个案量定才行。只要承认“必须立即执行”的界定应从特殊预防的角度展开，则个案中构成要件事实之外的其他特殊的客观事实，对于测定行为人的人身危险性而言，往往具有更大的意义。

值得指出的是，由于与行为人人身密切相关的因素和行为事实因素均被置于人身危险性的维度上进行考察，故而，完全可能出现二者在指向上相互抵触的情形。比如，在行为人以极其残忍的手段杀死被害人之后自首的案件中，手段极其残忍表征的是高度的人身危险性，而自首则表征的是较低的人身危险性。再如，因被害人一人有过错，行为人将被害人一家全部杀死的案件中，被害人过错指向的是较不严重的人身危险性，而行为人连杀数人的情节则指向极其严重的人身危险性。此外，在与行为人人身密切相关的各个因素之间或行为事实各个因素之间，也可能发生相互抵触的现象。比如，作为累犯的行为人在故意杀死他人之后又具有立功情节，累犯与立功都属于与行为人人身密切相关的特定因素，但它们在人身危险性维度的指向上正好相反。无论是哪种抵触的情形，均应考虑类比适用物理学中作用力与反作用力的原理，对不同指向的各个情节作认真的权衡，考察不利情节与有利情节之间是否相互抵消，或者其中一种指向的情节在权重上完全超越另一指向的情节。

最高人民法院刑三庭《在审理故意杀人、伤害及黑社会性质组织犯罪案件中切实贯彻宽严相济刑事政策》的文件中指出，对于自首的故意杀人、故意伤害致人死亡的被告人，除犯罪情节特别恶劣，犯罪后果特别严重的，一般不应考虑判处死刑立即执行；对具有立功表现的故意杀人、故意伤害致死的被告人，一般也应体现从宽，可考虑不判处死刑立即执行。但如果犯罪情节特别恶劣，犯罪后果特别严重的，即使有立功情节，也可以不予从轻处罚。前述规定保留对具有自首或立功情节，但犯罪情节特别恶劣、犯罪后果特别严重的故意杀人、故意伤害致死的被告人适用死刑立即执行，合理的解释只能是：从人身危险性的维度而言，情节特别恶劣与后果特别严重在抵消自首或立功所呈现的反作用力的同时，仍有足够的剩余，足以表征被告人具有极大的人身危险性，因而，对其仍可适用死刑立即执行。

此外，在被害方一人存有严重过错而行为人连杀多人的场合，应当认为，行为人对存有严重过错的被害人实施故意杀人等犯罪，并不符合“罪行极其严重”，但将并无过错的其他被害人一并杀害，综合起来必定满足“罪行极其严重”的标准；同时，鉴于被害方一人存有严重过错根本无法抵消行为人连杀几人所表征的极高的人身危险性，故此类案件可被认定符合“必须立即执行”的条件。

综合以上分析，是否适用死刑取决于罪行方面的因素，而死刑执行方式的选择则主要取决于犯罪分子自身的情况。[①] 对罪行极其严重且存在极高人身危险性的行为人，可适用死刑立即执行，而对仅实施极其严重的罪行但人身危险性并非极高的行为人，理应考虑适用死缓。学理与实务常将被害人过错、共同犯罪中的作用等归入“不是必须立即执行”的情形，这样的安排并不合理。实际上，这些因素均属于“罪行”本身的范畴，它们会影响罪行极其严重的成立，故而放在“罪行极其严重”的判断中更为合理。

五、如何处理现行三种死刑类型之间的关系

《刑法修正案（八）》增设死缓限制减刑制度之后，给我国既有的死刑适用体系带来冲击。现行《刑法》第 50 条第 2 款规定，对于被判处死刑缓期执行的累犯有及因故意杀人、强奸、抢劫、绑架、放火、爆炸、投放危险物质或者有组织的暴力性犯罪被判处死刑缓期执行的犯罪分子，人民法院根据犯罪情节可以同时决定对其限制减刑。对这一规定如何理解，不仅影响溯及力问题上的立场，更牵涉死缓限制减刑与死刑

① 储槐植. 死刑司法控制：完整解读刑法第四十八条. 中外法学，2012（5）：1018.

立即执行、普通死缓之间的关系如何处理的问题。

（一）第 50 条第 2 款的规范目的

对于第 50 条第 2 款，首先面临的疑问是，它究竟是一个从严处罚的规定还是从宽处罚的规定？这便涉及对其规范目的的解读。考虑到我国现有的刑罚结构同时存在死刑偏重和生刑偏轻的缺陷，对第 50 条第 2 款似乎既可解读为旨在加重刑罚以解决生刑太轻的问题，也可解读为旨在限制死刑立即执行的适用以解决死刑偏重的问题。按前种解读，死缓限制减刑分流的是按先前规定将被判处普通死缓的一部分被告人，死刑立即执行的适用范围则保持不变。对原本只判处普通死缓的被告人转而适用死缓限制减刑，自然是一种不利于被告人的、从严处罚的规定。据此，第 50 条第 2 款不应溯及既往地适用。采后种解读，死缓限制减刑则分流的是按先前规定会被判处死刑立即执行的一部分被告人，普通死缓的适用范围不受影响。对原本将判处死刑立即执行的被告人转而适用死缓限制减刑，无疑是一种有利于被告人的、从宽处罚的规定。据此，第 50 条第 2 款可溯及既往地适用。

实务的立场明显是倾向于将之解读为从宽处罚的规定，从最高人民法院 2011 年 4 月 25 日《关于〈中华人民共和国刑法修正案（八）〉时间效力问题的解释》第 2 条可以发现这一点。[①] 该条提到的“根据修正前刑法判处死刑缓期执行不能体现罪刑相适应原则”，显然应当理解为按修正前刑法的规定本来可对被告人适用死刑立即执行的情形。这也是为什么王志才案与李飞案将第 50 条第 2 款溯及既往适用的缘由。倘若它是从严处罚的规定，根据从旧兼从轻原则，两个指导案例断无适用死缓限制减刑的余地。最高人民法院案例指导工作办公室在解读王志才案时专门指出，对判处死刑缓期执行的被告人限制减刑，是为严格执行死刑政策、限制死刑立即执行创造条件；一部分过去因判处死刑缓期执行

① 该条规定：“被告人具有累犯情节，或者所犯之罪是故意杀人、强奸、抢劫、绑架、放火、爆炸、投放危险物质或者有组织的暴力性犯罪，罪行极其严重，根据修正前刑法判处死刑缓期执行不能体现罪刑相适应原则，而根据修正后刑法判处死刑缓期执行同时决定限制减刑可以罚当其罪的，适用修正后刑法第五十条第二款的规定。”

仍难以罚当其罪而判处死刑立即执行的，尤其是过去因被害方反应强烈等原因而判处死刑立即执行的，今后依法可以判处死刑缓期执行并限制减刑。[①] 学理上也有强烈的呼声主张采取从宽处罚的解读，认为第 50 条第 2 款是将一部分原本可以判处死刑立即执行的案件，划入死缓限制减刑的范围，意在限制死刑立即执行的适用范围，使死刑立即执行的适用标准更为严格。[②]

从宽处罚的解读立场可能面临的质疑在于，第 50 条第 2 款针对的是累犯与因实施八种特定的严重暴力犯罪而被判处死缓的犯罪分子，对于实施其他死刑犯罪（包括非暴力犯罪）而又不构成累犯的犯罪分子则并不适用。若是将第 50 条第 2 款理解为从宽处罚的规定，则势必得出这样的推论：一部分实施特定严重暴力犯罪而本应判处死刑立即执行的犯罪分子，将被分流出去转而适用死缓限制减刑，死刑立即执行的适用规模较原先有所限缩；而实施其他死刑犯罪（包括非暴力犯罪）的犯罪分子，除成立累犯的情形外并无适用死缓限制减刑的余地，不存在从死刑立即执行的范围中分流的问题，故死刑立即执行的适用保持原先的规模不变。这样的推论是荒谬的。无论如何，相比于非暴力犯罪，对严重暴力犯罪保留死刑总是更容易为人们所接受，也契合当前倡导的宽严相济的刑事政策。

尽管如此，笔者仍赞同将第 50 条第 2 款理解为从宽处罚的规定的观点。也即，刑法增设死缓限制减刑制度，并非为解决生刑偏轻的问题，而是旨在减少死刑立即执行的适用。

首先，将第 50 条第 2 款的规范目的解释为减少死刑立即执行的适用，能够更为有效地贯彻严格控制死刑的刑事政策。刑事政策具有指导刑法解释的功能。对于解释者而言，在顾及刑法条文协调的同时，理应

① 最高人民法院案例指导工作办公室．指导案例 4 号《王志才故意杀人案》的理解与参照．人民司法，2012（7）：42.

② 陈兴良．死刑适用的司法控制——以首批刑事指导性案例为视角．法学，2013（2）：53；叶良芳，应玉倩．死缓限制减刑的司法适用——最高人民法院第 12 号指导案例评析．浙江社会科学，2013（2）：88-89；黎宏．死缓限制减刑及其适用——以最高人民法院发布的两个指导案例为切入点．法学研究，2013（5）：112.

以刑事政策的价值取向来充实刑法解释中价值判断的内容。① 为了在刑事政策上达到削减死刑的目标，解释者“面对有关死刑的条款时，必须抓住所有机会与空间，尽一切可能得出削减死刑的解释结论。唯有如此，才能在现行刑法之下，将死刑减少到最低限度”②。与将第 50 条第 2 款理解为从宽处罚的观点相比，从严处罚的解读立场不仅无助于减少死刑立即执行的适用，反而会增加死缓制度的严厉性。也正是基于此，最高人民法院案例指导工作办公室在解读指导案例时，特别批评了不是从控制死刑立即执行的角度来理解与适用第 50 条第 2 款的做法，认为这会造成对死缓限制减刑的不当适用。③

其次，既有刑罚结构中生刑偏轻的问题，已然通过对其他条文的立法修正得到解决。《刑法修正案（八）》的立法过程中，生刑偏轻的确也是该次立法修正所关注的重点。然而，生刑偏轻的问题并不需要借助死缓限制减刑的增设来实现，通过对原《刑法》（2009 年已作修改）第 50 条第 1 款、第 78 条第 2 款与第 81 条第 1 款进行修改，加重生刑的立法目的已可顺利实现。根据修正后的第 50 条第 1 款规定，被判处死缓的被告人，如果确有重大立功表现，二年期满后，由原先的“减为十五年以上二十年以下有期徒刑”改为“减为二十五年有期徒刑”；而修正后的第 78 条第 2 款与第 81 条第 1 款，将无期徒刑减刑以后实际执行的刑期与适用假释的实际执行年限，均从原先的 10 年提高到 13 年。这意味着，相比于原先的规定，《刑法修正案（八）》使得被判处普通死缓与无期徒刑的犯罪分子，至少需要多服 3～5 年有期徒刑。在《刑法修正案（八）》施行之前，从实际情况来看，我国被判处死缓与无期徒刑的犯罪分子，一般分别服刑 18 年左右与 15 年左右可重获自由。④ 照此推算，在现有规定之下，被判处普通死缓与无期徒刑的犯罪分子实际服刑的年

---

① 劳东燕. 刑事政策与刑法解释中的价值判断——兼论解释论上的“以刑制罪”现象. 政法论坛，2012（4）.

② 张明楷. 刑法学者如何为削减死刑作贡献. 当代法学，2005（1）：9.

③ 最高人民法院案例指导工作办公室. 指导案例 4 号《志才故意杀人案》的理解与参照. 人民司法，2012（7）：42.

④ 陈兴良. 宽严相济刑事政策研究. 北京：中国人民大学出版社，2007：16-17.

限将提高至 21～23 年与 18～20 年。考虑到监狱生活对犯罪人再社会化所带来的重大障碍，同时，经验调查也已表明，已经服刑 15～20 年的犯罪人，在释放以后很少犯罪。[①] 应该说，这样的加重幅度已足以解决既有刑罚结构中生刑偏轻的问题。

最后，将第 50 条第 2 款解读为从宽处罚的规定所可能面临的质疑，在教义学上并非没有解决方法。为避免出现涉及严重暴力犯罪的死刑立即执行的范围因分流有所限缩，而涉及非暴力犯罪的死刑立即执行范围则保持不变的不当结论，教义学上有两种解决方案可供选择：一是认为在增设第 50 条第 2 款之后，对于实施其他死刑犯罪（尤其是非暴力犯罪）的犯罪分子，除非构成累犯，不然，便既不允许适用死刑立即执行，也不应适用死缓限制减刑，而只能对其适用普通死缓。二是在行为人实施其他死刑犯罪的场合，对“必须立即执行”做更为严格的界定，使得被分流出去的情形不是转而适用死缓限制减刑，而是适用普通的死缓。这是基于举重以明轻的当然解释的原理：既然立法上肯定一部分实施严重暴力犯罪的犯罪分子从死刑立即执行的范围中予以分流，则将实施其他死刑犯罪的犯罪分子从死刑立即执行的范围中排除出去一部分更应得到容许。对“必须立即执行”做更为严格的把关，能够达到这样的效果；据此，被划入死刑圈的行为人将更多地适用普通死缓而非死刑立即执行。笔者倾向于采取第二种解决方案。

（二）三者之间的关系及其适用

第 50 条第 2 款面临的另一个疑问是，它到底是实体性的规定还是仅涉及刑罚变更的程序性规定？实务的做法是将之理解为实体规定，认为第 50 条第 2 款规定了一种不同于普通死缓的制度。依照此种观点，死缓限制减刑被视为死刑立即执行、普通死缓之外的第三种执行方式。笔者基本认同此种立场，同时进一步认为，宜将普通死缓、死缓限制减刑与死刑立即执行理解为死刑范畴内的三种准刑种。

死刑立即执行与死缓尽管名义上属于死刑的范畴，但二者本质上涉

---

① 张明楷．死刑的废止不需要终身刑替代．法学研究，2008（2）：86．

及生刑与死刑的差别，如果不是求名而是求实，则死缓显然与无期徒刑在性质上更为接近。实务中，有些对被告人判处死缓的案件，被害方一再上访要求改判死刑立即执行，也正是基于被害方意识到二者不仅仅是执行方式的不同，而是存在着涉及生与死的巨大差距。严格说来，死缓实质上是对死刑附条件的免除执行而非延缓执行，认为死缓与死刑立即执行同属于死刑执行方式的传统见解实不足取。① 正是由于死刑立即执行与死缓之间存在本质的不同，强调对死缓的增加适用对于削减死刑而言才具有重大的意义。与此同时，普通死缓与死缓限制减刑之间的实质差异也不容忽视，二者无论在适用条件还是法律后果上，均存在重大差别：被判处死缓限制减刑的罪犯，实际服刑至少要达到22～27年，而普通的死缓罪犯一般只要实际执行14～18年。② 也是基于此，实务界普遍认为，死缓限制减刑虽不是独立的刑种，但实际已成为介于死刑立即执行与普通死缓之间的过渡刑罚，在适用对象上不同于死刑立即执行与普通死缓。③

将普通死缓、死缓限制减刑与死刑立即执行理解为死刑范畴内的三种准刑种，有助于与自首、立功等规定相协调。以自首为例，根据刑法的规定，自首属于法定的从轻、减刑情节。倘若不将普通死缓、死缓限制减刑理解为区别于死刑立即执行的准刑种，在行为人自首的案件中，势必要么对行为人适用死刑立即执行，要么适用无期徒刑以下刑罚，而根本不存在适用普通死缓或死缓限制减刑的余地。因为《刑法》第62条与第63条规定得非常明确，从轻处罚是指在法定刑的限度内判处刑罚，而减轻处罚是指在法定刑以下判处刑罚，在存在数个量刑幅度时，应当在法定量刑幅度的下一个量刑幅度内判处刑罚。如此一来，只可能出现这样的结果：要么是自首的从宽处罚规定陷于流

---

① 高铭暄，徐宏．中国死缓制度的三维考察．政治与法律，2010（2）：6.

② 黎宏．死缓限制减刑及其适用——以最高人民法院发布的两个指导案例为切入点．法学研究，2013（5）：100-101.

③ 最高人民法院案例指导工作办公室．指导案例4号《王志才故意杀人案》的理解与参照。人民司法，2012（7）：43；方文军．死刑缓期执行限制减刑制度的司法适用．法律适用，2011（8）：67.

产，由此导致死刑立即执行的大量适用，要么是死缓制度基本陷于被虚置的状态。

比如，在行为人故意杀人后自首的案件中，如果法官选择适用从轻处罚，则在“死刑、无期徒刑或者十年以上有期徒刑”的法定刑幅度内，他只能选择无期徒刑或十年以上有期徒刑；如果法官选择选用减轻处罚，则其理应适用“三年以上十年以下有期徒刑”的量刑幅度。不然，便根本无从体现从宽处罚的效果。然而，无论是实务还是学理，都分明是将从死刑立即执行改为死缓限制减刑或普通死缓当作从宽处罚的结果。相关的司法解释明文规定对自首的被告人一般不应考虑适用死刑立即执行，但却允许对其适用死缓。学理上所争议的也只是，从死刑立即执行降为死刑缓期执行究竟是从轻处罚还是减轻处罚的问题。[①] 如果普通死缓、死缓限制减刑与死刑立即执行之间被认为仅涉及执行方式的不同，则不仅司法解释的做法缺乏基本的正当性，学理上的相关争论没有什么意义，普通死缓与死缓限制减刑也将面临被虚置的命运：但凡具有从宽情节的死刑案件，都不可能存在适用普通死缓或死缓限制减刑的余地。可见，只要认可实务做法的合理性，则普通死缓、死缓限制减刑与死刑立即执行实际上就是被当作不同的准刑种来对待的。

在承认普通死缓、死缓限制减刑与死刑立即执行构成死刑范畴内的三种准刑种的基础上，随之而来的问题是，如何界定三者之间的关系并进行适用。如笔者之前所述，是否划入死刑圈是由罪行因素所决定的，而具体适用何种执行方式——或者更准确地说是适用死刑范畴内的哪一准刑种，则取决于行为人的人身危险性；而根据对第 48 条第 1 款与第 50 条第 2 款关系的解读，应当采取“普通死缓→死缓限制减刑→死刑立即执行”的思考顺序。

首先，满足“罪行极其严重”的条件，只是达到适用普通死缓的法律基准。具体个案中，在具备“罪行极其严重”的前提下，普通死缓是作为量刑基准而存在的。原则上，如果行为事实方面既不存在从严情节

① 陈兴良．死刑适用的司法控制——以首批刑事指导性案例为视角．法学，2013（2）：51.

也不存在从宽情节（或从严情节与从宽情节能相互折抵），并且行为人专属的特定因素中同样既不存在从严情节也不存在从宽情节（或从严情节与从宽情节能相互折抵），则应优先考虑适用普通死缓。自然，如果行为人专属因素方面存在从宽情节，表明其人身危险性很小，由此导致特殊预防必要性的降低，则最终的宣告刑可以在无期徒刑以下进行选择。这并不违反责任主义的要求。

其次，在满足“罪行极其严重”的同时，如果行为事实或行为人专属因素中存在表征人身危险性提升的特定从严情节，则应继而考虑是否可适用死缓限制减刑。对于第 50 条第 2 款规定的适用条件，包括累犯、特定的八类犯罪（包括故意杀人、强奸、抢劫、绑架、放火、爆炸、投放危险特质或者有组织的暴力性犯罪）以及“根据犯罪情节等情况”的要求，均应从人身危险性的角度入手来解读，而不能着眼于行为的客观危害。也就是说，“对死缓犯决定同时限制减刑的考量因素，是行为人的再犯可能性，而再犯可能性又取决于行为人的犯罪情节所反映的主观恶性和罪前、罪后情节所体现的人身危险性”[①]。据此，如果累犯的情节，或者在所实施的犯罪属于特定的八类犯罪之一的情况下存在相应的犯罪情节，能够表明行为人具有严重的人身危险性，则法院可对行为人适用死缓限制减刑。

可以肯定的是，只有从人身危险性的角度切入解读第 50 条第 2 款，才能有效防止法官将该条当作加重普通死缓的规定。从行为的客观危害角度出发去理解该条，很容易导致这样的结果：但凡涉及八类特定的犯罪之一的死刑案件，只要满足“罪行极其严重”的条件，法院便一律适用死缓限制减刑，或者至少是将死缓限制减刑当作优先于普通死缓的选择。如此一来，不仅死刑立即执行未得到任何控制，死缓制度反而还因限制减刑的存在而变得严厉。这样的做法不仅违背第 50 条第 2 款的规范目的，也不利于严格控制死刑的刑事政策的贯彻。

---

① 叶良芳，应玉倩. 死缓限制减刑的司法适用——最高人民法院第 12 号指导案例评析. 浙江社会科学，2013（2）：91.

最后，在满足“罪行极其严重”与第 50 条第 2 款规定的适用条件的基础上，只有当行为事实或行为人专属因素中表征人身危险性提升的从严情节，在适用死缓限制减刑之后还有足够的剩余，表明行为人的人身危险性已达到“必须立即执行”的程度时，方允许考虑适用死刑立即执行。对死缓是否限制减刑以及是否属于“必须立即执行”，都是着眼于人身危险性的判断，故其中所考虑的情节必定大部分是重合的。比如，累犯既可能是决定死刑立即执行的因素，也可能是决定限制减刑的因素；具体功能和分量如何，应当视构成累犯条件的“前罪”的性质和情节而定。[①] 在涉及累犯或者所实施的犯罪属于八种特定犯罪之一的死刑案件中，死缓限制减刑应当作为其中的必经程序。只有在能够确定满足死缓限制减刑的适用标准之后，表征人身危险性的从严情节还有剩余的情况下，才可进一步考虑是否适用死刑立即执行的问题。理由很简单：死缓限制减刑要求的人身危险性程度，必定低于死刑立即执行中的“必须立即执行”；在相关案件中，如果行为人的人身危险性尚达不到死缓限制减刑所要求的程度，则其自然更不可能满足死刑立即执行的人身危险性标准。

综上，普通死缓、死缓限制减刑与死刑立即执行之间是梯形递升的关系，究竟适用何者取决于对行为人人身危险性的估测与评定。需要指出的是，在不涉及累犯且所实施的犯罪也非八种特定犯罪之一的死刑案件中，因不存在适用死缓限制减刑的余地，故死刑适用的思考顺序中只有“普通死缓→死刑立即执行”两个步骤。

六、本章小结

1. 对第 48 条第 1 款的规定，不应采取以适用死刑立即执行为通例而以适用死缓为例外的理解，而有必要遵循以适用死缓为通例而以适用死刑立即执行为例外的解读。

---

① 叶良芳，应玉倩．死缓限制减刑的司法适用——最高人民法院第 12 号指导案例评析．浙江社会科学，2013（2）：95．

2. 第48条第1款前句是在规定划入死刑圈的标准，后句是在进一步补充适用死刑立即执行的条件。普通死缓的适用标准是“罪行极其严重”，死缓限制减刑的适用标准是“罪行极其严重”＋第50条第2款规定的条件，死刑立即执行的适用标准是“罪行极其严重”＋“必须立即执行”。

3. 第48条第1款前句中的“罪行极其严重”应从行为入手来解释，“罪行”概念的内容包括行为的主客观侧面，但不应包含行为人的人身危险性；“罪行极其严重”要求同时满足行为的客观危害极其严重与行为时的主观恶性极其严重。第48条第1款后句中的“不是必须立即执行”则应着眼于行为人的人身危险性来理解，有必要转换思路从正面去界定“必须立即执行”。对“必须立即执行”的把握，应分两个步骤来进行。

4. 第50条第2款的规范目的是减少死刑立即执行的适用，生刑太轻的问题已通过其他条文的修正得到解决。对第50条第2款规定的适用条件，应从人身危险性的角度入手来解读。此外，为与第50条第2款的规定相协调，在涉及该条规定的八种特定犯罪之外的其他死刑案件中，对“必须立即执行”应作更为严格的把关，以限缩死刑立即执行的适用范围。

5. 普通死缓、死缓限制减刑与死刑立即执行应视为死刑范畴内的三种准刑种，适用死刑时有必要采取“普通死缓→死缓限制减刑→死刑立即执行”的思考顺序。在满足划入死刑圈标准的前提下，应当以普通死缓作为量刑基准，优先考虑普通死缓的适用。是否适用死缓限制减刑或死刑立即执行，取决于对行为人人身危险性的测定与评估。死缓限制减刑适用于人身危险性严重的行为人；只有在判处死缓限制减刑仍无法实现特殊预防效果的场合，才允许对具有更高程度的人身危险性的行为人适用死刑立即执行。

第十章　以危险方法危害公共安全罪的解释学研究

在风险社会的背景下，公共安全的问题不可避免地受到高度的关注。以危险方法危害公共安全罪作为一个堵截性罪名，经常被用于规制缺乏定型性或难以简单归入其他公共安全犯罪的行为。因而，如何使该罪可以应时而变，在发挥避免不必要处罚漏洞的作用的同时，又能够确保处罚的正当性与处罚范围的合理性，便成为刑法解释论不得不直面的问题。

相对于分则中其他罪刑规范而言，《刑法》第114条与第115条第1款对以危险方法危害公共安全罪的规定表现出三点特殊之处。其一，罪状的描述方式很独特。第114条与第115条第1款并未对本罪实行行为的自然特征进行描述或概括，而是通过纯规范的、依赖价值判断的叙述来说明其实行行为的性质。因而，不像在故意杀人、故意伤害、抢劫、强奸等犯罪的场合，仅仅依赖生活常识与事实判断，人们无从知晓以危险方法危害公共安全罪的实行行为到底是什么。其二，将堵截性的行为方式独立成罪。尽管采用“列举＋堵截”的模式来描述犯罪的行为方式是一种较为常见的立法技术，且同一法条同时规定数个罪名的情况在我国刑法中也不少见，但将堵截性的行为方式作为单独的罪名来对待，在现行的分则条文中可谓绝无仅有。其三，将造成具体危险的情形用独立的条文进行规定。现行刑法将造成具体危险的行为在第114条中独立予以规定，同时，再另设第115条第1款，以适用于出现致人重伤、死亡或者使公私财产遭受重大损失的侵害结果的场合。这明显不同于对一般侵害犯的立法方式。对于绝大多数侵害犯而言，立法者往往选择以侵害结果的出现为既遂的标志，造成具体危险的情形则借助未遂犯的规定来处罚。

前两点特殊之处关涉本罪实行行为的认定。与其他犯罪的实行行为可先作形式判断再作实质判断不同，对以危险方法危害公共安全罪实行行为的认定，自始就缺乏形式判断的阶段，而完全依赖对放火、决水、爆炸与投放危险物质的行为方式的理解与把握，即必须参照放火等犯罪的行为的客观性质进行实质的判断。如学者所言，“不仅需要借助其他罪名判断本罪的实行行为，而且本罪成立的条件需要依赖法益侵害、社会危害性等本属犯罪概念领域的观念；在本罪判断过程中，作为犯罪类型化和定型化的构成要件符合性，根本无法从形式的意义上得出任何肯定结论”①。后一点特殊之处则涉及对第 114 条立法意旨的把握，尤其是第 114 条与第 115 条第 1 款的关系的解读。立法者为什么要明文规定第 114 条，而不是只规定作为侵害犯的第 115 条第 1 款？这其中的立法意旨值得认真思量，由此也使得如何解读第 114 条与第 115 条第 1 款之间的关系成为刑法理论上必须处理的问题。如果只是要处罚造成具体的公共危险的情形，则第 114 条完全是多余的立法，因为即使没有第 114 条的规定，对于前述情形，也完全可以适用第 115 条第 1 款，只要同时再援引总则有关未遂犯的规定即可。

可以说，正是前述三点特殊之处，让以危险方法危害公共安全罪长期以来成为难以准确把握的罪名，不仅刑法理论上一直未能对其构成要件作出清晰的界定，实务中该罪更是有沦为新的“口袋罪”的趋势。一方面，实行行为的缺乏定型性，使得以危险方法危害公共安全罪在实务中的适用极为混乱。包括盗窃窨井盖或人行便道上的地漏箅子、在道路上设置障碍、车辆“碰瓷”以及生产、销售某些伪劣商品等在内的行为，实务中多以以危险方法危害公共安全罪定罪处罚。这样的做法不仅

① 高艳东. 谨慎认定以危险方法危害公共安全罪的危险相当性——兼析具体危险犯的可罚性标准. 中国刑事法杂志，2006 (5)：39.

导致本罪适用上的泛滥，也导致分则第二章危害公共安全罪中的不少罪名因被架空而名存实亡。另一方面，对第 114 条的立法意旨及其与第 115 第 1 款的关系缺乏准确的把握，也使得人们在诸多基本问题上无法达成一致的认识，包括：第 114 条中的危险故意与第 115 条中的实害故意在内容上是否相同？是否存在对具体危险持故意而对侵害结果持过失的犯罪形态，如果这种形态存在，则如何与第 115 条第 2 款规定的过失以危险方法危害公共安全罪相区分？还有，第 114 条的具体危险犯有无未遂、中止的形态，其与第 115 条的未遂、中止存在怎样的联系与区别？等等。

要解决以危险方法危害公共安全罪在理论与实务中的困境，关键在于对其实行行为的界定和对第 114 条与第 115 条第 1 款的关系的解读。本罪的实行行为抽象说来是以危险方法危害公共安全的行为。在具体对之界定时，则需要从两个方面来把握：一是行为具有危害公共安全的性质；二是采取的是“其他危险方法”。这便涉及对危害公共安全的判断与“其他危险方法”的认定问题。有鉴于此，本章的主体内容相应分为三个部分，即危害公共安全的判断、“其他危险方法”的认定以及第 114 条与第 115 条第 1 款之间的关系。通过对这三个方面的内容展开论述，期望能在有效限定以危险方法危害公共安全罪的处罚范围的同时，在相关问题上取得基本的理论共识。

一、危害公共安全的判断

与危害公共安全罪中的其他罪名一样，以危险方法危害公共安全罪的实行行为首先必须具备危害公共安全的性质。那么，何谓危害公共安全？这显然取决于对“公共”与“安全”这两个核心概念的理解。

（一）公共安全中的“公共”的理解

对公共安全中“公共”，国外刑法理论上存在不同的见解。第一种认为涉及不特定人的生命、身体或者财产的危险才构成公共危险。第二种认为不问特定与否，只要是涉及多数人的生命、身体或者财产的危险，就是公共危险。第三种认为只要二者具备其一，即涉及不特定或者多数人的生命、身体或财产的危险，便足以成立公共危险。第四种则认为，只有涉及不特定并且多数人的生命、身体或财产安全的危险，才是公共危险。[①] 我国传统刑法理论支持第四种见解，认为公共安全是指不特定多数人的生命、健康、重大公私财产以及公共生产、生活的安全。实务中，人们甚至还习惯于主要从不特定的角度去界定公共安全，认为就以危险方法危害公共安全罪而言，如何正确认定公共安全中的“不特定”情节，是确定是否按本罪定罪处罚的关键。[②] 这样的立场也为最高法院相关业务庭人员所认可。[③]

以“不特定＋多数”的方式对公共安全进行限定，不当地缩小了危害公共安全犯罪的处罚范围。它意味着，侵害特定多数人的生命、健康或财产安全，不可能成立危害公共安全方面的犯罪。同时，以“不特定”作为界定“公共”一词的关键要素，也有未切中要害之嫌。

公共安全中的“公共”，理应以多数人为核心进行理解，即多数是“公共”概念的核心。正如张明楷教授所言，危害公共安全罪，是以危害公众的生命、健康等为内容的犯罪，故应注重行为对“公众”利益的侵犯；刑法规定危害公共安全罪的目的，是将生命、身体等个人法益抽象为社会利益作为保护对象，所以应重视其社会性。“公众”与“社会性”势必要求重视量的多数。[④] 当然，此处所谓的“多数”并不要求一定是现实的多数，也包含潜在的或者可能的多数。即使侵害对象是特定的，如果行为具有随时向危及潜在多数人安全的方向发展的现实可能性，则当然也属于危害公共安全。相反，“如果行为人向不特定对象实施的行为除了使得该被害人受到危险或损害外，并不具有向危及第三人安全扩展之现实可能的，则并不具有‘公共’意义，因而也不得认定为

① 大塚仁．刑法概说（各论）．冯军，译．北京：中国人民大学出版社，2003：346．

② 国家法官学院，中国人民大学法学院．中国审判案例要览（2009 年刑事审判案例卷），北京：人民法院出版社，2010：123．

③ 最高人民法院刑事审判第一、二、三、四、五庭．刑事审判参考：第 71 集．北京：法律出版社，2010：13．

④ 张明楷．刑法学：下．5 版．北京：法律出版社，2016：687．

危害公共安全罪”[①]。

比如，行为人抱着砸谁都可以的心态，在繁华的步行街向人群扔一块砖头。此种情况下，尽管行为对象是不特定的，由于行为客观上并不具有向危及多数人发展的现实可能性，故不能认为其行为具有危害公共安全的性质。但是，如果行为人不是向人群而是向正在正常行驶的汽车扔重物，则其行为性质可能要另当别论。比如，甲在高速公路的人行天桥上喝啤酒，喝完后便将空酒瓶向高速公路砸去，恰好砸穿一辆从桥下通过的出租车，致司机轻伤。在此案中，行为对象同样不特定，但甲从天桥向高速公路砸酒瓶的行为，因易引发交通事故而具有随时向危及多数人安全扩展的现实可能性，故应认为甲的行为已危及公共安全。[②] 可见，对于“公共”的认定而言，关键不在于行为对象或危害结果是特定还是不特定，也不在于最终受到侵害的人数是否实际上达到多数，而在于行为是否在客观上具有危及现实的或者潜在的多数人的安全的性质。无怪乎台湾学者林山田这样定义公共危险罪，“公共危险罪乃指足以造成特定或不特定多数人死亡，或身体健康受到伤害，以及财物受损等严重后果的具有公共危险性的犯罪行为”[③]。

与此同时，考虑到公共安全属于社会法益的范畴，故所谓的“多数”不仅指的是所涉对象的数量，而且要求所涉对象必须体现一定程度的社会性。比如，行为人出于报复的意图，放火点燃位于荒郊野外的一所独立平房（周边并无民宅或其他建筑，且行为人在过程中十分注意对火势的控制），将当时正在熟睡的被害人一家五口全部烧死。对于此类案件，不能仅因行为所危及的人数在量上属于多数，就得出危害公共安全的结论，而应当认定仅构成故意杀人罪。不过，如果行为人放火烧的

① 胡东飞. 论刑法意义上的公共安全. 中国刑事法杂志，2007 (2)：54.

② 当然，对甲的行为能否以以危险方法危害公共安全罪追究其刑事责任，尚值得探讨。笔者认为，以破坏交通设施罪对甲定罪处罚更为合理。道路安全是保证交通安全的重要设施，它包括路面以及路面上的合理使用空间，甲向天桥下的高速公路丢掷酒瓶，属于对道路的功能性毁损，这种毁损行为显然存在足以导致车辆颠覆的危险，完全符合破坏交通设施罪的构成要件。

③ 林山田. 刑法各罪论：下. 北京：北京大学出版社，2012：155.

是一个正在营运的乡间俱乐部，即使俱乐部周边没有民宅或其他建筑，火势也没有蔓延的可能性，其行为仍应被认为具有危害公共安全的性质，对行为人宜以放火罪追究刑事责任（当然，行为人可能同时触犯故意杀人罪，从而构成放火罪与故意杀人罪的想象竞合）。

严格说来，由于对“多数”做扩张的理解，即包括现实的多数与潜在的多数或可能的多数，本章所主张的观点与前述第三种见解并无本质区别，即所谓的“公共”，是指不特定或者多数人。之所以反对使用“不特定”的概念，主要是基于几点考虑。

其一，特定与否是个相对的概念，很难准确地进行界定，对“不特定”的解释始终存在模糊不清的地方。其二，引入“不特定”的概念，容易将“不特定”与“多数”理解为并列关系甚或独立关系，由此引发不必要的混乱。比如，实务中有的办案人员将“不特定”直接理解为，既指犯罪对象的不特定性又包含危害结果的不特定，并从是否超出事先锁定的行为对象来理解前者，从是否给特定对象造成不特定危害结果的角度来说明后者。[①] 很显然，这样界定“不特定”，不仅与“公共”概念的核心含义相偏离，也使得对象认识错误与犯意超出的情形，也可能完全符合“不特定”的要求。其三，对“不特定”的理解，最终还是必须参照“多数”的含义来展开。如前所述，行为对象的确定与否，与是否构成危害公共安全的犯罪并无必然的逻辑关联。

正是基于此，当前的学说日益倾向于认为，“不特定”是指行为所影响的对象范围与危害结果具有不可预料性与不可控性。比如，张明楷教授主张，所谓“不特定”，是指犯罪行为可能侵犯的对象和可能造成的结果事先无法确定，行为人对此既无法预料也难以控制，行为造成的危险或侵害结果可能随时扩大或增加。[②] 陈兴良教授也提出，危害公共安全罪的“不特定性”表现为两个方面：一是客体的不确定性。客体的不确定性又表现为两种情况：一种是行为人主观上有其特定的侵害客

① 于同志．驾驶机动车“碰瓷”的司法认定．人民司法，2008（2）：27．

② 张明楷．刑法学：下．5版．北京：法律出版社，2016：687．

体，而客观情况使行为人主观上想使客体限制为特定人成为不可能，从而呈现不特定性。另一种是行为人主观上根本不存在特定的侵害客体。二是结果的不特定性。结果的不特定指的是可能侵害的范围大小的不特定、数量多少的不特定和程度大小的不特定。[①]

可见，“不特定”本身必须蕴含向多数发展的可能性，也唯有存在向多数发展的可能性的情形，才属于危害公共安全中所指的“不特定”。所谓的“不特定”，绝不是单纯的事前不能确定某个被害对象的意思。如果行为只能导致少数人伤亡，而不可能随时扩大或者增加被害范围，即使事前不能确定伤者是谁，也不能认为行为具有危害公共安全的性质。[②] 既然不特定性本质上属于多数性要求的体现，不过就是潜在的多数的别称，那就不如索性不要使用“不特定”这一概念。直接将之纳入“多数”的范畴，不仅更切中“公共”一词的要旨，也有助于防止实务中因对“不特定”的理解不一而导致的混乱。

值得注意的是，以“多数”为核心来理解“公共”的概念，是就单一行为本身在客观上具有危及现实的或者潜在的多数人的生命、身体或者财产安全而言的，而不是就数行为所可能导致的危害后果而言的。对基于报复社会的心理，手持带有艾滋病毒的针管见人就扎，或者在人群密集的地方拿匕首见一个捅一个的行为，即使行为最终导致多个个体重伤或者死亡，也不能被认为危害了“公共”的安全。在此类情形中，行为人实际上实施了多个行为，尽管行为对象涉及多个，且从结果来看似乎也符合多数的要求，但不能认为其行为具有危害公共安全的性质。因为单就每个单一的行为来看，相关行为根本不具有随时向危及多数人安全的方向发展的现实可能性：持带有艾滋病毒的针管扎一人，不可能在客观上具有使其他人也感染艾滋病毒的危险；同样地，拿匕首捅一人，也不可能使除被害人以外的潜在的多数人面临受伤或死亡的危险。既然如此，就不能认为相关行为具有危害公共安全的性质，更不应认定行为

① 陈兴良著．判例刑法学：上册．2版．北京：中国人民大学出版社，2017：21.

② 张明楷．论以危险方法危害公共安全罪——扩大适用的成因与限制适用的规则．国家检察官学院学报，2012（4）：46.

人构成以危险方法危害公共安全罪。

由于行为人实际上实施了数个同种行为，此时便涉及成立同种数罪的问题。同种数罪在我国一般不并罚，这不是说同种数罪不需要并罚，而是因为我国刑法中很多涉及数额的犯罪都有累计处罚的规定；一些不涉及数额的犯罪，相关的法定刑也足以对同种数罪的不法性与有责性进行充分的评价。在特定情况下，对于同种数行为，若是按一罪处罚不符合罪刑相适应的要求，便理应考虑实行数罪并罚。比如，A 失恋后意图报复女性，便持一刀片朝女性脸部乱划，见一个划一个，一个晚上划伤女性 40 余人，致轻伤者达 21 人。就 A 的行为而言，由于持刀片划脸的行为就单个来看，并不具有随时向危及多数人安全的方向发展的现实可能性，因而其行为并不具有危害公共安全的性质。最终有多名被害人受伤，是因为 A 实施了多个行为。在此案中，对 A 如果只按一个故意伤害罪来处罚，便只能适用三年以下有期徒刑、拘役或者管制的法定刑，这必定导致量刑畸轻的后果。鉴于刑法条文与相关的司法解释并未对同种数行为规定合适的处罚，此时便应认为 A 构成数个故意伤害罪，实行同种数罪并罚。

（二）公共安全中“安全”的理解

对于公共安全中的“安全”，刑法理论上一般理解为生命、身体或者财产的安全。这不仅有国外的相关学说作为依据①，也是源于《刑法》第 115 条第 1 款中有关“致人重伤、死亡或者使公私财产遭受重大损失”表述的直接解读。如果行为在危及多数人的生命、身体安全的同时，又侵害或者威胁了多数人的财产安全，则毫无疑问行为会被认为具有危害公共安全的性质。问题在于，单纯的财产安全，是否属于公共安全？

从语义表达来看，前述“生命、身体或者财产的安全”中的“或者”表达的是一种选择关系，合乎逻辑的结论似乎是，单纯危及财产安

① 日本刑法理论上一般认为，公共安全的犯罪，是对不特定或多数人的生命、身体、财产具有侵害危险的犯罪。大谷实．刑法讲义各论．2 版．北京：中国人民大学出版社，2008：333；山口厚．刑法各论．2 版．北京：中国人民大学出版社，2011：425.

全的行为，也能成立危害公共安全的犯罪。实务中，这种观点具有相当的影响力。此外，也有学者明确主张，公共安全不宜排除公众之重大财产安全，认为只要将范围限定在公众的重大财产，不会出现罪刑不相协调的现象，况且本罪的成立还取决于行为方式，即必须采取的是“危险方法”[①]。笔者认为，前述两种解读存在问题，单纯的财产安全不属于公共安全。

首先，如果单纯的财产安全也属于公共安全，则流窜作案的盗窃犯或者盗窃、诈骗银行、博物馆甚至一般机关、企事业单位的财物，都会被认为构成危害公共安全的犯罪。

其次，如果一种方法只是危及财产安全，而不可能危及他人的生命、身体安全，则这样的方法也不可能被认为是第 114 与 115 条第 1 款所规定的“危险方法”。比如，如果行为人将荒漠中他人空置的孤零零的一栋别墅放火烧掉，不可能被认定构成放火罪。尽管从经验层面来看，放火往往会因危及他人生命、身体安全而构成“危险方法”，但这并不意味着，任何放火的行为都会产生第 114 条与第 115 条第 1 款所要求的公共危险。盗窃正在使用中的电缆会构成破坏电力设备罪，而如果电缆尚未交付使用，便只能构成盗窃罪，这说明是否构成危害公共安全犯罪，并不一定取决于行为方式。

再次，若是认为单纯的财产安全也属于公共安全，则势必无法合理地处理本罪与故意毁坏财物罪之间的关系。根据《刑法》第 275 条的规定：“故意毁坏公私财物，数额较大或者有其他严重情节的，处三年以下有期徒刑、拘役或者罚金；数额巨大或者有其他特别严重情节的，处三年以上七年以下有期徒刑。”如果放火烧掉荒漠上的别墅构成放火罪，适用 10 年以上有期徒刑、无期徒刑或者死刑的法定刑。而若另一行为人采用的是用推土机推倒的方式将别墅毁坏，只适用 3 年以上 7 年以下有期徒刑，这势必导致处罚上的不公。

最后，刑法理论上公认，第 114 条所规定的各个罪名属于具体危险

---

① 曲新久. 论刑法中的“公共安全”. 人民检察，2010 (9)：20.

犯，若是单纯的财产安全可以构成公共安全，则难以理解为什么在侵犯财产安全的具体危险出现之时，刑法就要提前介入进行保护，并且根据第 115 条第 2 款的规定，刑法还同时惩罚过失的侵害犯（或称实害犯）；相反，在其他财产类的犯罪中，刑法则既不惩罚过失侵害犯，也没有采取危险犯的立法方式。《刑法》第 115 条第 1 款的法条诚然使用的是“或者”，但这并不意味着只能将其解读为“三选一”的关系，而是也完全可以解释为需要以危害多数人的生命、身体安全为前提，“或者”一词只是用来表明，适用第 115 条第 1 款并不一定要求同时出现“公私财产遭受重大损失”的结果。

综上，有必要对《刑法》第 115 条第 1 款中的“使公私财产遭受重大损失”限制解释为：在使公私财产遭受重大损失的同时，还存在致人重伤、死亡的现实可能性。如果仅仅有使公私财产遭受重大损失的危险，而实际上不可能危及他人生命、身体安全的，则仍不能成立以危险方法危害公共安全罪。这意味着，具有致不特定人或多数人重伤、死亡的现实危险，是成立以危险方法危害公共安全罪的必要前提。①

二、“其他危险方法”的认定

有关危害公共安全的判断，充其量只是构成认定以危险方法危害公共安全罪成立与否的前提。对于本罪而言，更为本质的特征是由“以其他危险方法”这一要件来体现。这意味着，“以其他危险方法”是“危害公共安全”之外的独立的构成要件。切不可将“以其他危险方法”的认定等同于对危害公共安全的判断，以为具备后一要件，自然也就满足了“以其他危险方法”的要件。

刑法理论上公认，本罪中的“其他危险方法”必须参照放火罪、决水罪、爆炸罪与投放危险物质罪的行为方式来进行认定。换言之，只有在危险性上与放火等具有相当性的方法，才能构成《刑法》第 114 条所规定的“其他危险方法”。这样的理解，不仅是基于罪刑法定与罪刑相

① 于同志．驾驶机动车“碰瓷”的司法认定．人民司法，2008（2）：28.

适应的要求，也是对立法条文进行文理解读与体系解释的必然结论。关键在于，什么样的行为才能被视为与放火、决水、爆炸、投放危险物质在危险性上相当？笔者认为，有必要从性质与程度两个角度来对“其他危险方法”进行限定。

首先，从性质上来说，成立“其他危险方法”的行为本身，必须在客观上具有导致多数人重伤或者死亡的内在危险。这样的限定既是立足于本罪的法定刑得出的判断，也是考虑国民一般观念的结果。以危险方法危害公共安全罪的具体危险犯，其法定刑为 3 年以上 10 年以下有期徒刑。而故意伤害致人重伤作为侵害犯，其法定刑也不过是 3 年以上 10 年以下有期徒刑。考虑到本罪危险犯的成立只需具备相应的具体危险即可，两相对照，便可断定本罪中的“其他危险方法”，在性质上至少应当具有导致他人重伤的现实可能。从刑法相关条文（如第 17 条第 2 款）的表述中也可发现，立法者往往将放火、爆炸与故意杀人、故意伤害致人重伤或死亡相提并论。以危险方法危害公共安全罪既然与放火罪、爆炸罪规定在同一法条中，且适用相同的法定刑，则从逻辑上可以推断，以危险方法危害公共安全罪应当与故意杀人、故意伤害致人重伤或死亡位列同一等级，属于刑法中性质最为严重的犯罪类型。基于此，在认定“其他危险方法”时，理应以故意杀人与故意伤害致人重伤或死亡作为参考的标尺，从行为是否具有广泛的杀伤力的角度进行判断。这样的界定也符合国民的一般观念。放火罪、爆炸罪均作为引发国民重大恐慌与不安的犯罪而存在，作为与之处于同一等级的以危险方法危害公共安全罪，其所谓的“其他危险方法”，自然也必须具有引发国民的重大恐慌与不安的性质才行。而除非行为本身具有在客观上导致多数人死亡或重伤的现实可能性，否则，难以认为行为具有与放火罪、爆炸罪等犯罪相同的惊恐性。

这样的界定还可从对《刑法》第 114 条与第 115 条第 1 款的逻辑关系的解读中获得正当性根据。无论是将二者的关系理解为未遂犯与既遂犯的关系，还是基本犯与结果加重犯的关系，第 114 条中所蕴含的“危害公共安全”的具体危险，与第 115 条第 1 款中的“致人重伤、死亡或者使公私财产遭受重大损失”之间必然具有内在的关联：第115条第1款中的结果应是第114条中的危险的现实化。这意味着，单纯造成多数人心理恐慌或者仅可能导致轻伤以下结果的方法，或者一般地判断不足以导致多数人重伤或死亡结果的方法，不可能构成以危险方法危害公共安全罪中的“其他危险方法”。比如，朝人群中扔鞭炮，或者骑自行车朝人群撞去，不能认为是《刑法》第114条与第115条第1款规定中的“其他危险方法”。即使行为最终造成他人重伤或死亡的结果，也不能按以危险方法危害公共安全罪来追究行为人的刑事责任，而应考虑是否成立过失致人重伤或过失致人死亡等犯罪。

其次，从程度上而言，成立“其他危险方法”的行为本身，必须同时具备导致多数人重伤或死亡的直接性、迅速蔓延性与高度盖然性。这是对放火、决水、爆炸、投放危险物质行为进行同类解释所得出的结论。所谓的直接性，是指危害结果乃是由相关行为所直接导致，而不是介入其他因素的结果。所谓的迅速蔓延性，是指危险现实化的进程非常短暂与迅捷，行为所蕴含的危险一旦现实化便会迅速蔓延和不可控制，致使局面变得难以收拾。所谓的高度盖然性，是指行为所蕴含的内在危险在一般情况下会合乎规律地导致危害结果的发生。也即，此类行为不仅在客观上会危及多数人的生命或重大健康，而且从一般生活经验的角度来看，相关危险的现实化不是小概率事件，而是具有高度盖然性的现实可能。

从性质与程度两个角度对“其他危险方法”进行界定，有助于严格限定以危险方法危害公共安全罪的成立范围。对“其他危险方法”的把握，务必要注意其与放火等罪的实行行为的同质性与等价性。一般说来，在有多数人出入的场所私拉电网，在高速公路上逆向高速行驶，或者驾驶人员与人打闹而任机动车处于失控状态等行为，均属于与放火、爆炸等相当的危险方法。驾驶机动车向人群冲撞与开枪向人群扫射，也能构成“其他危险方法”，不过，由于此类行为同时也构成故意杀人罪，而故意杀人罪是更为严重的犯罪，根据想象竞合的原理，应当以故意杀人罪来追究行为人的刑事责任。

值得指出的是，“其他危险方法”的要件关注的是实行行为本身的危险。作为以危险方法危害公共安全罪的实行行为，势必要求具有如放火、决水、爆炸等行为所具有的导致多数人重伤或死亡的内在危险性，它区别于结果意义上的具体危险，也即，后者是独立于实行行为之外的构成要件要素。作为结果的具体危险虽由实行行为所开启，但更多的是一个与结果的发生紧密相连的概念，是结果现实化之前相邻接的那个阶段或者状态。简言之，就“其他危险方法”与具体危险的关系而言，前者涉及的是实行行为，而后者则旨在表达对危害结果的要求。从逻辑上讲，前者的认定构成后者的前提，只有在确定构成“其他危险方法”的情况下才有必要讨论具体危险存在与否的问题；同时，后者的判断具有独立于前者的一面，需要在肯定前者的基础上做进一步的展开。满足“其他危险方法”只是表明存在相应的实行行为，而行为是否已经导致具体的危险，尚须做进一步的独立判断才能获知。

当前实务中，人们往往认为，只要行为具有危害公共安全的性质，在初步判断没有可直接适用的相关罪名时，便可按本罪论处。实务中的这种做法，根源在于：其一，将对危害公共安全的判断与对“以其他危险方法”的认定混为一谈，忽视了后者与放火罪等行为的同质性，由此而在事实上使得本罪成为《刑法》分则第二章危害公共安全罪的堵截性罪名，而不是作为放火罪、决水罪、爆炸罪与投放危险物质罪的堵截性罪名。其二，由结果的严重性反推行为本身的危险性，致使本罪的实行行为缺乏规范性的限定。如学者所言，如果把飙车、醉驾、“碰瓷”、偷窨井盖乃至生产销售伪劣产品行为都扩大解释为“其他危险方法”，则危险方法的外延必将无限扩大，最终评判是否属于危险方法的标准只剩下一条，那就是危害结果的危险性。如此一来，“其他危险方法”势必失去确定的内涵，这是本罪成为口袋罪的根本原因。[①]

以下将结合实务中常见的两种案件类型，来分析其行为是否构成第114条与第115条第1款中的“其他危险方法”。

---

① 孙万怀．以危险方法危害公共安全罪何以成为口袋罪．现代法学，2010（5）：77.

1. 盗窃型危害公共安全行为的定性

在钟海平以危险方法危害公共安全案中，对于被告人钟海平多次盗窃消防栓铜芯的行为，实务部门认定其行为构成以危险方法危害公共安全罪。[①] 应当承认，盗窃消防栓铜芯会使消防栓丧失功能，因而，被告人的行为的确具有危害公共安全的性质。问题在于，危害公共安全的判断充其量只是成立危险方法危害公共安全罪的前提，并非充分条件。抛开是否存在危害公共安全的具体危险不论[②]，盗窃消防栓铜芯难以被视为是与放火等方法危险性相当的行为。一则，盗窃消防栓铜芯行为本身在客观上并不具有导致多数人重伤或死亡的可能性。消防栓丧失功能，可能在公众之中造成心理恐慌，但其本身不可能造成多数人重伤或死亡的结果。会造成后一种结果的，不是盗窃消防栓铜芯的行为本身而是火灾，不能将火灾所具有的特性移置到盗窃消防栓铜芯的行为之上。二则，盗窃消防栓铜芯的行为也并不具备导致多数人重伤或死亡结果的直接性、迅速蔓延性与高度盖然性。多数人重伤或死亡结果的出现，依赖于作为介入因素的火灾的出现，是火灾在造成危害结果的问题上具有迅速蔓延性与不可控制性，而火灾出现与否完全是一种偶然事件。

与前案类似的情形，比如盗窃道路上的窨井盖，也不可能构成“其他危险方法”。盗窃道路上的窨井盖，由于后者属于道路的有机组成部分，如果行为具有足以导致车辆颠覆的具体危险的，则理应以破坏交通设施罪定罪处罚。在道路上设置障碍（如放置巨石等）的行为，在确定存在具体危险的情况下，也应以破坏交通设施罪来追究行为人的刑事责任。这是因为，破坏交通设施罪中的“破坏”并不限于对交通设施本身的物理性损毁，也包括功能性的损害。任何使交通设施丧失安全保障功能的损害行为，都属于“破坏”的范围。此外，该罪中的“破坏”显然也不限于不可修复的破坏，修复的难易程度并不影响“破坏”的成立。

---

① 国家法官学院，中国人民大学法学院．中国审判案例要览（2009年刑事审判案例卷）．北京：人民法院出版社，2010：125－130.

② 在没有发生火灾的情况下，盗窃消防栓铜芯的行为不可能产生具体的危险，因为既然连火灾发生的具体危险都不存在，破坏灭火工具的行为自然更不可能存在具体危险。

在道路上挖坑使道路丧失物理上的完整性，固然属于“破坏”，在道路上堆放石头或其他障碍影响道路安全通行功能的，同样可归入“破坏”的范畴。

至于盗窃人行便道上的地漏箅子情形，则应另当别论。由于人行便道只供行人行走，不允许机动车在上面通行，因而，盗窃人行便道上的地漏箅子，虽然在性质上属于破坏交通设施的行为，但此种行为不可能产生足以导致车辆颠覆的具体危险，自然也就不可能构成破坏交通设施罪。盗窃人行便道上地漏箅子的行为，其行为的危险性显然还要低于盗窃道路上窨井盖的行为。对此，如学者所言，破坏交通设施却无法成立破坏交通设施罪的行为，也不可能成立以危险方法危害公共安全罪。此种行为虽然对他人的生命、身体制造了危险，但是，这种危险是容易消除的，不可能像放火、决水、爆炸那样在行为时无法控制，因而不可能与放火、决水、爆炸等制造的危险相当。既然如此，就不能认定为以危险方法危害公共安全罪。事实上，认定为盗窃罪也能做到罪刑相当。[①] 如果出现导致他人重伤或死亡的结果，则应考虑同时以过失致人重伤或过失致人死亡等犯罪对行为人进行数罪并罚。在盗窃地漏箅子之后，行为人基于其危险的先行为而产生作为义务，由此而成立不作为。既然存在另一个行为，在数行为触犯不同罪名而又不存在牵连关系或吸收关系的情况下，实行数罪并罚当无疑问。

2. 伪劣商品类危害公共安全行为的定性

现实生活中，不少商品与人们的生命、身体或财产安全存在紧密的关联。因而，生产、销售相关的伪劣商品，在扰乱市场经济秩序的同时，势必也会对公共安全构成危害。实务中，人们据此而认定相关行为构成以危险方法危害公共安全罪。比如，在王桂平以危险方法危害公共安全案（即著名的“齐二药事件”）中，对于王桂平以二甘醇冒充药用丙二醇进行销售的行为，法院便认定该行为属于“其他危险方法”，构

① 张明楷．论以危险方法危害公共安全罪——扩大适用的成因与限制适用的规则．国家检察官学院学报，2012（4）：49.

成以危险方法危害公共安全罪。①

以危险方法危害公共安全罪中的“其他危险方法”，不仅要求行为在客观上具有导致多数人重伤或者死亡的可能性与高度盖然性，而且要求行为与结果之间在因果关系上满足直接性的要求，且行为所蕴含的危险一旦现实化为侵害结果便具有迅速蔓延与不可控制的特性。就此而言，难以认为以二甘醇冒充药用丙二醇进行销售的行为具有这样的性质：一则，最终的结果并非前述行为直接导致；二则，销售行为之于多数人的生命或身体安全而言，其所蕴含的危险难说紧迫。如果如本案这样的销售行为能够满足“其他危险方法”的要件，则几乎所有生产、销售假药、有毒有害食品或者不符合安全标准的电器、压力容器、易燃易爆等物品的行为，都会有成立以危险方法危害公共安全罪的余地。

本案中，法院之所以以以危险方法危害公共安全罪来追究被告人的刑事责任，是因为其认为被告人的行为无法构成销售假药罪，而鉴于结果的严重性，以销售伪劣产品罪处罚又显得过轻。在对行为进行定性时，应当考虑罪刑相适应的要求，但这不意味着，为达到罪刑相适应的结果，可以任意突破相关犯罪的构成要件。就本案而言，不以以危险方法危害公共安全罪来定罪，也完全可避免处罚畸轻的现象，因为被告人的行为完全符合销售假药罪的构成要件。本案一、二审判决拘泥于二甘醇是不是假药的问题，认为既然无法认定其为假药，也便不可能成立销售假药罪。实际上，只要将行为对象理解为齐齐哈尔第二制药有限公司(简称“齐二药公司”)所生产销售的假药，便可解决问题。齐二药公司在药品生产中加入工业用的二甘醇，其生产的相关药品毫无疑问属于药品所含成分与国家药品标准规定的成分不符的“假药”。既然被告人在以二

① 最高人民法院刑事审判第一、二、三、四、五庭．刑事审判参考：第64集．北京：法律出版社，2009：1-7．该案的具体事实为：2005年9月间，被告人王桂平为牟取非法利益，在明知二甘醇不能作为药用的情况下，购买二甘醇1吨，冒充药用丙二醇，以15 000元的价格销售给黑龙江省齐齐哈尔第二制药有限公司，并伪造了产品合格证。2006年3月，齐齐哈尔第二制药有限公司用王桂平出售的假冒药用丙二醇，生产出亮菌甲素注射液，销往广东省。后广东省中山大学第三附属医院购得该注射液临床使用，导致15名患者出现急性肾衰竭、病情加重的现象，其中吴某远等14名患者死亡。

甘醇冒充药用丙二醇进行销售时，便明知制药企业购买药用丙二醇的用途，而且也知道二甘醇被用于加工药品后会危害他人身体健康，这意味着可以用间接正犯的理论来说明其行为的定性。在此，被告人实际上是利用了处于无知状态的齐二药公司的生产、销售行为。由于制约公司属于被利用的一方，在整个犯罪中被告人王桂平则处于意思支配的地位，因而，理应认为被告人构成生产、销售假药罪的间接正犯。相应地，其行为所造成的死伤结果，自然便可视为生产、销售假药罪的加重结果。

如果王桂平的行为不符合“其他危险方法”，则其他类似的生产、销售伪劣商品的行为，也不可能构成以危险方法危害公共安全罪。在张玉军、张彦章以危险方法危害公共安全案（即著名的“三鹿奶粉事件”）[①] 中，两被告人以三聚氰胺和麦芽糊精为原料生产、销售“蛋白粉”的行为，的确存在危及多数人生命或身体安全的危险，但这只能说明其行为具有危害公共安全的性质，并不能由此而认定其行为构成“其他危险方法”。就其生产、销售“蛋白粉”的行为而言，由于明知“蛋白粉”乃是作为添加剂要掺入原奶中，而作为“蛋白粉”主要成分的三聚氰胺属于对人体有害且为国家法律禁止添加的物品，因而，其行为构成生产、销售有毒、有害食品的帮助行为。既然生产、销售添加“蛋白粉”的原奶的行为被认为成立生产、销售有毒、有害食品罪[②]，则没有理由认为张玉军、张彦章的行为不构成生产、销售有毒、有害食品罪。以危险方法危害公共安全罪对张玉军等人进行处罚，是一种唯结果论的做法，是从结果的严重性反推行为的危险性。

与前述情形不同，车辆“碰瓷”行为是否构成以危险方法危害公共安全罪，需要结合案件的具体情况进行分析。仅仅根据行为发生在重要交通干道的事实，便认定车辆“碰瓷”行为与放火等方法的危险性相当，无疑是将本罪当成了抽象危险犯。一般的车辆“碰瓷”行为，行为

① 河北省石家庄市中级人民法院（2008）石刑初字第353号刑事判决书；河北省高级人民法院（2009）冀刑一终字第57号刑事裁定书。

② 在“三鹿奶粉”系列案中，耿金忠等人将三聚氰胺的混合物添加到所收购的原奶中，并销售到三鹿集团股份有限公司等处的行为，乃以生产、销售有毒有害食品罪被定罪处罚。

人目的在于勒索或骗取财物，其对撞击的部位、力度等往往是有节制的，故难以认为达到了与放火等方法相当的危险性。即使“碰瓷”行为发生在城市主干道或高速公路，且彼时车流或人流密集，但如果行车速度不快，也不宜认定为以危险方法危害公共安全罪。

三、第 114 条与第 115 条第 1 款之间的关系

在讨论第 114 条与第 115 条第 1 款的关系问题之前，有必要首先确定第 114 条将造成具体危险的情形单独规定的立法意图何在。这不仅影响对第 114 条与第 115 条第 1 款关系的处理，也直接决定本罪是否存在未遂与中止的问题。

应当说，不能将第 114 条视为多余的立法，立法者以具体危险犯而不是以侵害犯的形式规定以危险方法危害公共安全罪，必定有其特殊的考虑。一般认为，当立法者采用危险犯的立法技术时，其实际上是在宣告：相关的法益很重要，需要刑法提前介入进行保护。作为风险社会背景之下新兴的犯罪类型，危险犯（尤其是抽象危险犯）意味着，刑法想要对付距离实际法益侵害还较为遥远的危险。危险犯中危险评价的灵活性本身，容许刑法将触角延伸至距实害发生较远的只具抽象危险的行为。由于危险犯在形式上表现为既遂，总则中相关的预备、未遂与中止的规定，原则上也适用于此类犯罪，这就使得处罚“双重的未完成”的行为成为可能。如果说危险犯本身是侵害犯的未遂形态，那么危险犯的未遂便是双重的未遂。

诚然，在犯罪化的问题上，当代刑法处罚遥远的法益危险的做法，正在导致犯罪行为“法益关联性的稀薄化甚至是丧失”，预备行为处罚的原则化，抽象危险犯的广泛适用，管理、统制型刑罚法规的不断增加，以及象征性刑事立法的存在，都可谓是法益关联性日趋弱化的表现。[①] 这种发展倾向已引起人们的警惕与批评。问题之一在于，危险犯在行为的危险与行为人的危险之间建立起隐秘的联系。危险评价的特殊之处便在

---

① 关哲夫. 现代社会中法益论的课题. 王充，译. 刑法论丛，2007 (2)：341-345.

于，朝危险起源的因果链无限后退的审视惯性，最终会将矛头对准作为危险来源的个人，即具有危险性的个人。在注重危险管制的刑法框架中，对危险的处罚将不可避免地过渡为对危险的犯罪人的治理。犯罪人被剥夺人格而化约为威胁，即危险的来源。[①] 前述意见显然更多地针对像持有犯这样的抽象危险犯，况且它明显属于立法论层面的批判，意在揭示现代立法发展走向的本质所在。笔者认同立法论上的这种批判。不过，在理解与适用具体的立法条文时，还是应当优先贯彻立法的基本意图。毕竟，解释者不是立法者，不能按自己的偏好去篡改立法的意图。

就第 114 条而言，立法者之所以创设这样的条款，应是基于周延保护法益的考虑，认为处罚侵害犯的未遂，在刑法保护上仍嫌不足，故有必要采取实质未遂犯的形式。无论是理论上还是实务中，仅就本罪而言，人们是认同前述规范保护目的的。

（一）"未遂犯—既遂犯"解读模式的合理性

对于《刑法》第 114 条与第 115 条第 1 款之间的关系，刑法理论上有两种解读模式：一是"基本犯—结果加重犯"的模式，即认为第 114 条是基本犯，而第 115 条第 1 款是结果加重犯[②]；二是"未遂犯—既遂犯"的模式，即认为第 115 条第 1 款属于既遂犯，而第 114 条则是该款的未遂犯。[③] 乍一看，这两种解读模式并无本质的区别，实则不然。如果用"基本犯—结果加重犯"的模式来解释第 114 条与第 115 条第 1 款的关系，则对具体危险持故意同时对侵害结果持过失的情形（即"具体危险的故意＋侵害结果的过失"），因符合结果加重犯的对结果至少出于过失的要求，便会有适用第 115 条第 1 款的余地。这样一来，便会产生

---

① Markus Dirk Dubber. Policing Possession：the War on Crime and the End of Criminal Law, in 91 *Journal of Criminal Law and Criminology* (2001), pp. 865，924.

② 张明楷. 刑法学. 4 版. 北京：法律出版社，2011：606. 在 2016 年第 5 版中，张明楷教授认为《刑法》第 114 条与第 115 条第 1 款之间同时存在两种关系：（1）将第 115 条第 1 款的犯罪作为普通的结果犯时，第 114 条规定的犯罪是未遂犯；（2）将第 114 条规定的犯罪作为基本犯时，刑法第 115 条第 1 款规定的犯罪是结果加重犯。张明楷. 刑法学：下. 5 版. 北京：法律出版社，2016：692.

③ 黎宏. 刑法学. 北京：法律出版社，2012：437.

两个问题：一是如何说明具体危险的故意与实害的故意在内容上的区别；二是如何区分本罪与第 115 条第 2 款的过失以危险方法危害公共安全罪。

以“基本犯—结果加重犯”的模式来解释第 114 条与第 115 条第 1 款的关系，将使具体危险犯的故意与侵害犯的故意在内容上不尽一致，并不具有合理性。

一则，具体危险犯中的具体危险本身就是指侵害结果出现的现实可能性，是一个与侵害结果紧密相连的概念，因而，以侵害结果为中心来界定具体危险犯的故意，使之与侵害犯的故意具有相同的内容，在理论逻辑上并无问题。

二则，如果将具体危险犯中的危险故意区别于侵害故意，则势必引发理论上的其他疑问。未遂犯一般被认为是具体危险犯，若是认为具体危险的故意与侵害的故意在内容上并不相同，则必然要求对未遂犯的故意与既遂犯的故意作不同的界定。

三则，行为人对侵害结果的具体危险出于故意，同时对侵害结果的出现持过失的心态，这样的情形难以想象其存在。[①] 既然已经预见到侵害结果的出现具有现实的、紧迫的可能性，行为人又对此持希望或者放任的态度，则行为人对侵害结果的心态怎么可能转变为过失？实际上，对于单一行为的结果加重犯（如本罪与故意伤害罪）而言，行为人对于加重结果的心态只能是过失而不可能是故意，如果是持故意，便成立该加重结果的故意犯罪，而不是该基本犯罪的结果加重犯。

四则，采取“基本犯—结果加重犯”的解读模式，将使本罪与过失以危险方法危害公共安全罪变得难以区分，同时无法确保量刑方面的均衡。从本罪与过失以危险方法危害公共安全罪的关系来看，只有将具体

① 不过，结果加重犯可能存在“抽象危险的故意＋实害的过失”的形式。这主要是因为抽象危险犯本质上可归入行为犯的范畴。所谓抽象危险的故意，实际上也就是对行为本身的故意。对行为是故意，对侵害结果是过失的情形，有可能成立结果加重犯。比如，生产、销售有毒、有害食品罪中，只要明知生产、销售的是有毒、有害食品，即使过失地造成致人死亡或者对人体健康造成严重危害的结果，也可成立结果加重犯。

危险犯的故意在内容上解释为与侵害犯的故意相同，认定任何对侵害结果持过失的心态都只能成立过失以危险方法危害公共安全罪，才能合理地说明本罪的法定刑为什么远高于过失以危险方法危害公共安全罪的。若是将所谓的“具体危险的故意＋侵害结果的过失”适用第 115 条第 1 款，则不仅难以区分本罪与过失以危险方法危害公共安全罪，也势必有违罪刑相适应的要求。

此外，以“基本犯—结果加重犯”的模式来解释第 114 条与第 115 条第 1 款之间的关系，也使得本罪将不存在成立犯罪中止的余地。对于作为基本犯的第 114 条而言，只要具体的危险出现，即使行为人之后消除相应的危险，也不可能再成立犯罪中止。与此同时，对于作为结果加重犯的第 115 条第 1 款而言，结果的出现与否直接决定结果加重犯能否成立。在加重结果未出现的场合，将直接适用第 114 条，而不可能在适用第 115 条第 1 款的同时认定成立犯罪中止。很显然，否定本罪存在成立犯罪中止的可能并不合理。在实害结果发生之前，假如行为人自动采取措施，有效防止危害结果的发生，其行为完全符合刑法规定中止犯的宗旨，没有理由否定犯罪中止的成立。

基于此，本书赞成以“未遂犯—既遂犯”的模式来解释第 114 条与第 115 条第 1 款之间的关系。也即，第 114 条属于实质的未遂犯，是侵害犯的未遂形式。第 114 条中的具体危险，应指针对多数人的生命、身体安全的危险，因为只有涉及多数人的生命、身体安全方面的法益，才值得以危险犯的形式去进行保护，财产安全本身并不具有此等重要性。因而，在仅仅导致重大公私财产损失的情况下，因具体危险的内容并未实现，故只能适用刑法第 114 条。换言之，只是单纯导致重大财产损失，不能认为满足侵害犯的要求，并无适用第 115 条第 1 款的余地。

（二）本罪是否存在未遂与中止

相比于“基本犯—结果加重犯”的模式，以“未遂犯—既遂犯”的模式解读第 114 条与第 115 条第 1 款的关系，可以更好地解决本罪的未遂与中止问题。当然，未遂犯与既遂犯是从实质的角度而言；从形式上说，二者表现为基本犯与加重的故意犯之间的关系，或者说是具体危险犯与侵害犯的关系。当具体危险犯以独立的构成要件出现，而不是依附于总则有关未遂犯的规定时，其在形式上便具有独立的意义，不能再视为单纯的未遂犯。很显然，既遂、未遂或中止的判断，乃在立法规定的形式的意义上而言，是从形式上判断是否齐备犯罪构成的全部要件，而不是从实质的层面展开的。

由于存在第114条的规定，仅仅给公共安全造成具体危险的行为本身就成立本罪的既遂；第115条第1款的侵害犯，则是以出现致人重伤、死亡或者使公私财产遭受重大损失的结果作为既遂的标志。这样处理表面看来会导致存在两个既遂形态（即将造成严重后果的作为既遂犯，将没有造成严重后果的也作为既遂犯），似乎有互相矛盾之嫌①，实则不然。所谓两个既遂形态，实现上是就两种犯罪构成要件而言：符合第114条的构成要件，属于基本构成的既遂；而满足第115条第1款的构成要件，则属于加重构成的既遂。二者之间并不矛盾。以绑架罪为例。普通绑架的既遂标准是实力控制人质的同时向第三人提出不法要求，而“故意杀害被绑架人”作为加重的绑架，其既遂是以被绑架人死亡为条件。可见，一个犯罪存在两种既遂形态很正常，因为它根本就是针对不同类型的犯罪构成而言的。

与其他侵害犯一样，第115条第1款规定的侵害犯必定存在未遂与中止的形态。如果行为人已经着手实施与放火等危险相当的行为，且该行为已经对多数人的生命、身体或财产安全造成紧迫的危险，则其成立以危险方法危害公共安全罪的侵害犯的未遂犯。由于第114条已将此种未遂犯独立予以规定，因而，对侵害犯的未遂犯，直接适用第114条便可，不需要再援引总则第23条有关未遂犯的规定。如果行为人在侵害后果出现之前，自动采取措施，有效防止侵害结果的出现，则其成立侵害犯的中止犯。由于侵害结果没有出现，且对侵害犯的未遂犯适用的是第114条的规定，与此相应，对侵害犯的中止犯也应适用第114条，同

① 陈航. 对“危险犯属于犯罪既遂形态”之理论通说的质疑. 河北法学，1999（2）：38.

时援引总则第 24 条关于中止犯的规定。在侵害犯成立犯罪中止的场合，由于具体的危险已经出现，故不属于“没有造成损害的，应当免除处罚”的情形，而属于“造成损害的，应当减轻处罚”的情形。据此，对于侵害犯的中止犯，宜比照危险犯的刑罚幅度，减轻处罚。

问题在于，第 114 条规定的具体危险犯，是否存在未遂与中止的形态？刑法理论上一般认为，具体危险的存在与否直接决定具体危险犯能否成立。换言之，具体危险犯只有成立与否的问题，具体危险如果不存在，便意味着具体危险犯不能成立；反之，具体危险如果已经出现，便成立犯罪。因而，具体危险犯只有成立与否的问题，而不可能成立未遂或中止。也有的学者否定具体危险犯存在未遂，但同时肯定具体危险犯存在中止的形态。①

本书认为，如果承认具体危险犯的立法方式意在表明侵害犯的形式不足以对法益进行周全保护，则第 114 条的立法规定，不仅意味着对相关法益的重要性的强调，也意味着在必要时应适用总则关于未遂与中止的规定。简言之，第 114 条的具体危险犯存在未遂与中止的形态。这是由立法者设立独立的危险犯构成要件所必然得出的结论。

不难发现，如果立法者没有规定第 114 条，则对于造成具体公共危险的行为仍能根据第 115 条第 1 款进行处罚，即认定构成第 115 条第 1 款的未遂犯，同时适用总则第 23 条关于未遂犯的规定。立法者采用独立的危险犯构成来规定第 115 条第 1 款的未遂犯，显然意在通过扩大处罚范围来体现对法益的周全保护。不然，就难以解释，为什么在其他侵害犯中，立法并未采取独立的危险犯构成来规定对未遂犯的处罚。可见，只有认可总则有关未遂、中止的规定对第 114 条有适用的余地，才能真正地贯彻立法的意图。此外，从本罪的法定最低刑为 3 年有期徒刑来看，它显然属于刑法中性质最为严重的犯罪之一，就此而言，也应当承认第 114 条的未遂与中止在一定情形下仍有其处罚的必要。

具体危险犯既遂的成立，需要以存在紧迫的、现实的具体危险为条

---

① 张明楷．刑法学（上）．5 版．北京：法律出版社，2016：345-346.

件。然而，危险从萌发到变得紧迫，这其中往往有个发展过程。完全可能存在危险已出现，但尚未及发展至紧迫危险的情形。这意味着，在危险出现之后，如果行为人在危险尚未达到紧迫程度，或者说危险尚未具体化之前就终止行为，便有成立未遂或中止的余地。以学者所举的爆炸罪案为例。甲和乙意图炸毁某个纪念碑，如果甲和乙已经引爆了炸药，炸坏了纪念碑，那么，就要根据《刑法》第115条第1款的规定来处罚甲和乙；如果甲和乙正要引爆炸药时就被抓捕，未给纪念碑造成任何损害，那么，就要因为存在炸坏纪念碑的具体危险而适用《刑法》第114条的规定来处罚甲和乙；如果公安人员因乙形迹可疑而盘查乙时，得知甲正携带炸药包来纪念碑的路上，于是在某大街拦截了甲开的汽车，抓捕了甲，缴获了甲汽车里的炸药包，那么，就要因为存在炸坏纪念碑的抽象危险，而结合《刑法》第114条和《刑法》第23条的规定，以爆炸罪的未遂犯来处罚甲和乙。[1] 就前案而言，如果甲与乙在到达广场前即放弃爆炸的犯意，则其成立第114条的中止犯；如果到达广场后在欲引爆炸药或点燃导火线的那一刻决定放弃犯意，并有效防止侵害结果的出现，则其成立侵害犯的中止犯。对于前种情形，应当适用第114条，同时适用总则第24条“对于中止犯，没有造成损害的，应当免除处罚”的规定；对于后种情形，虽也适用第114条（既然刑法规定对侵害犯的未遂犯适用第114条，对侵害犯的中止犯自然也不能适用第115条第1款），且同时应援引第24条，但适用的是“造成损害的，应当减轻处罚”的规定，即比照未遂犯减轻处罚。

承认第114条的具体危险犯存在未遂与中止形态，不仅有助于实现立法者将具体危险犯独立予以规定的意图，也可以避免理论上不必要的分歧，防止出现在否定具体危险犯的未遂的同时又肯定其存在中止形态的矛盾做法。此外，按照本章主张的观点，可以确保侵害犯的未遂、中止与具体危险犯的未遂、中止并不重合，且在处罚上做到罪刑相适应。

---

① 冯军．论《刑法》第133条之1的规范目的及其适用．中国法学，2011（5）：142．

四、本章小结

1. 在以危险方法危害公共安全罪中，危害公共安全的判断，应当以多数人的生命、身体安全为核心展开，放弃使用“不特定”的概念，同时否认单纯的财产安全属于公共安全。

2. “以其他危险方法”是独立于危害公共安全的要件，应当从性质与程度两个角度进行限定，要求行为本身不仅在客观上具有导致多数人重伤或死亡的内在危险，而且同时具备导致该结果的直接性、迅速蔓延性与高度盖然性。

3. 有必要采纳“未遂犯—既遂犯”而不是“基本犯—结果加重犯”的模式，来解读《刑法》第 114 条与第 115 条第 1 款的关系。

4. 从《刑法》第 114 条的立法意图来看，应当承认具体危险犯存在未遂与中止的形态，且其与第 115 条第 1 款的侵害犯的未遂与中止并不重合。

第十一章　交通肇事罪有关逃逸规定的教义学解读

交通领域的犯罪可谓风险社会的伴生物，它是人为风险不断弥散化的必然结果。在我国，作为交通领域最为重要的罪名，交通肇事罪的研究一直为人们所重视，尤其是与逃逸相关的问题更是刑法界关注的话题。

自 2000 年 11 月最高人民法院颁布《关于审理交通肇事刑事案件具体应用法律若干问题的解释》（以下简称《解释》）之后，学界对于交通肇事逃逸问题的研究更是持续升温。除了改变《刑法》第 133 条的罪状，将本来以加重构成（或称量刑情节）出现的逃逸行为也作为定罪情节[①]之外，该《解释》第 3 条对“交通运输肇事后逃逸”的界定，第 5 条有关“因逃逸致人死亡”的解释以及对指使逃逸行为按交通肇事罪共犯论处的规定[②]，均在刑法学界引发空前的争议。交通肇事逃逸问题的复杂性，多少有些让研究者一筹莫展：逃逸行为是否适合作为交通肇事罪的定罪情节，《刑法》第 133 条中逃逸规定的规范目的何在，如何认定“交通运输肇事后逃逸”，指使逃逸的行为是否能够认定为交通肇事罪的共犯，“逃逸致人死亡”中的“人”的范围所指，以及交通肇事后

① 《解释》第 2 条第 2 款第 6 项规定，交通肇事致 1 人以上重伤，负事故全部责任或者主要责任，并具有为逃避法律追究逃离事故现场的情形的，以交通肇事罪定罪处罚。

② 《解释》第 5 条共分两款，其中第 1 款规定：“‘因逃逸致人死亡’，是指行为人在交通肇事后为逃避法律追究而逃跑，致使被害人因得不到救助而死亡的情形。”第 2 款规定：“交通肇事后，单位主管人员、机动车辆所有人、承包人或者乘车人指使肇事者逃逸，致使被害人因得不到救助而死亡的，以交通肇事罪的共犯论处。”

报警并保护事故现场是只认定为不成立逃逸还是进一步认定为自首等，都是学界持续关注却又没有真正解决或完全解决的问题。

可以肯定的是，如果立法上将肇事后的逃逸行为放在交通肇事罪之外进行独立评价，则关于逃逸问题的不少争论都将迎刃而解。因而，从立法论的角度而言，或许的确有必要就逃逸行为考虑单设罪名。[①] 域外刑法的常规做法是将肇事逃逸作为独立的行为来评价，有些国家或地区甚至还为此设立专门的罪名[②]，很少将之与交通肇事行为放在一起进行处理。不过，在我国现行立法未作出修正之前，更为现实也更为可行的途径仍然只能是通过法解释来寻找合理的解决方案。与域外刑法在立法上的重大差异，也意味着在交通肇事逃逸问题的处理上，不能照搬其解释结论，而应当围绕我国刑法的具体规定来展开教义学分析。

当前有关交通肇事逃逸问题的研究算得上很丰富，其中不少颇具启发性。不过，此类研究往往具有致命的缺陷：或者没有找准厘清交通肇事逃逸问题争论的关键线索，而流于就事论事的论证；或者未能顾及前提设定与分析结论之间的内在关联，致使所提见解顾此失彼而无法在体系上达到自洽。交通肇事逃逸问题的研究具有牵一发而动全身的性质。诸多问题相互纠结在一起，且往往具有逻辑上的呼应性。

比如，倘若将逃逸规定的规范目的解读为基于法律追究的目的，则势必得出“逃逸”属于作为的结论；与此同时，肇事后留在现场等候处理的行为就可能会被认为涉嫌重复评价而不成立自首中的自动投案。反之，如果认为交通肇事后逃逸之所以加重处罚是为防止升高伤

---

① 黄河．论“交通运输肇事后逃逸”的罪名化．政治与法律，2005（4）；李朝辉．交通肇事后逃逸行为独立犯罪化刍议．郑州大学学报，2007（4）；吴云．交通肇事罪认定若干问题研究．政治与法律，2009（8）.

② 德国、日本刑法与我国台湾地区“刑法”均就交通肇事后的逃逸行为规定了专门的罪名：德国刑法第142条规定逃离肇事现场罪，日本道路交通法第117条规定救护义务违反罪，台湾地区“刑法”第185条规定肇事逃逸罪。值得注意的是，即使是规定专门罪名的国家，对逃逸行为的处理也还可能适用刑法中的其他法条。比如，德国刑法除第142条之外，还涉及第323条c不予救助罪和第221条遗弃罪。在日本，除道路交通法的相关规定之外，也可能涉及刑法第217条遗弃罪与第218条保护责任者遗弃罪等。

者的伤亡危险，则必定要主张从不救助的不作为的角度来理解“逃逸”；而肇事后留在现场等候处理的行为，也因为与不逃逸并不重合而有成立自首中自动投案的余地。此外，若是认定逃逸规定的规范目的除救助伤者的义务之外还包括其他附属目的（如保护事故现场或防止新的公共危险等），则没有提升伤者的伤亡危险的单纯逃逸也可能成立交通肇事罪中的“逃逸”，而“逃逸致人死亡”除因不救助而导致被害人死亡之外，也将包括逃逸过程中又发生交通事故而导致他人死亡；相反，如果认为逃逸规定的规范目的仅在于救助伤者的法益，则没有提升伤者的伤亡危险的单纯逃逸便需排除在交通肇事“逃逸”之外，而“逃逸致人死亡”必定只能限于因不救助而伤者死亡的情形。

不难发现，在对交通肇事逃逸问题展开研究之时，若是不注意各个具体问题之间的内在关联性，势必难以避免逻辑上的混乱，要犯顾此失彼的错误。

在一团乱麻中要理出头绪，以使与逃逸相关的所有问题最终都能得到合理的解决，至关重要的便是找到其中的关键线索。只有从关键线索入手，才能真正解开交通肇事逃逸问题的这团乱麻。想要讨论交通肇事罪中与逃逸相关的问题，最为重要的线索有两条：一是逃逸规定的规范保护目的（或加重处罚根据）；二是交通肇事后逃逸的场合所涉及的行为结构。在某种意义上，逃逸规定的规范保护目的犹如一条经线，而交通肇事后逃逸的场合的行为结构则犹如一条纬线。缺乏规范保护目的这条经线，对交通肇事罪中与逃逸相关的问题的解答便只能是支离破碎的；而没有对其行为结构的分析，逃逸问题的死结也无法被真正打开。鉴于学界对逃逸规定的规范保护目的问题已做过较为充分的研究，本书选择从行为结构入手，来展开对交通肇事逃逸问题的探讨。

在此之前，有必要首先表明本书在逃逸规定的规范保护目的问题上的立场。尽管刑法学界在这一问题上尚未取得一致意见，不过，逃逸规定的规范保护目的核心在于对伤者的救助义务，这一点已日益成为共识。[①] 相应地，人们大体上同意，不应从逃避法律追究的角度，而“应当以不救助被害人（不作为）为核心理解和认定逃逸”[②]。争议仅在于，除救助义务之外，是否还存在其他促使法定刑升格的根据或附属保护目的，如防止新的公共危险等。

在此点上，笔者认同姚诗博士的观点，即逃逸规定的规范保护目的仅在于救助伤者。具体而言，“‘逃逸’这一规范并不是对可能产生的新的风险的归责，而是对既有的法益损害的控制，即在其可能进一步扩大的情况下控制其扩大，即对伤者的救助（对于因不保护现场、报告而导致的财产损失进一步扩大，则不应视为‘逃逸’，可视情况成立‘特别恶劣情节’），但是，对于新出现的风险，则不应该包含在该加重情节的范围内”[③]。这样的观点，无论是从交通肇事罪保护的法益范围，或保持《刑法》第133条中两处“逃逸”规定在意义上的一致性来考虑，还是从刑法中的注意义务与行政法上的注意义务的关系的角度来看，都具有相当的合理性。因姚诗博士已就此做过颇具说服力的论证，本书不再赘述。

将逃逸规定的规范保护目的限于对伤者的救助，还可以补充其他的论证理由或依据。

其一，它有利于与自首的规定相协调。对逃逸规定的规范保护目的的界定，会直接影响自首的认定。若是认为逃逸规定的保护目的还包括防止新的公共危险，则势必要将肇事后停车、保护现场等行政法上的义务也一并作为刑法上的注意义务来对待。如此一来，履行此类义务便成为对行为人适用基本犯法定刑的前提，而不可能再有进一步成立自首中

① 张明楷．刑法学：下．5版．北京：法律出版社，2016：722；于志刚，田刚．交通肇事罪中“自首”的存在空间辨析——对于“行政义务”和“双重评价”观点之否定．人民检察，2009（23）：9；黄河．论“交通运输肇事后逃逸”的罪名化．政治与法律，2005（4）：120；侯国云．论交通肇事后逃逸．法制与社会发展，2003（2）：146；侯国云．交通肇事罪司法解释缺陷分析．法学，2002（7）：45；林维．交通肇事逃逸行为研究//陈兴良．刑事法判解．北京：法律出版社，1999：250.

② 张明楷．刑法学：下．5版．北京：法律出版社，2016：722.

③ 姚诗．交通肇事“逃逸”的规范目的与内涵．中国法学，2010（3）：95.

的自动投案的余地，否则，便有违刑法中禁止重复评价的原则。

其二，它有助于与交通肇事罪加重构成的法定刑相适应。试想，在不存在需要救助的伤者或者已将伤者送至医院救治的场合，仅仅因为未保护现场或逃避法律追究，对肇事者的法定刑就从 3 年以下有期徒刑或拘役骤然提升至 3 年以上 7 年以下有期徒刑，无论如何都是违反罪刑相适应原则的。在交通肇事中，违反救助义务与违反其他的义务不可同日而语，前者涉及刑法中的重要法益即他人的健康与生命权利，而后者往往涉及的是行政法或民法上的利益保护。即使刑法选择将后一利益也作为刑法所保护的法益，此种利益在重要性上也无法与健康生命权相提并论。这也是为什么日本《道路交通法》第 117 条与第 119 条第 1 款第 10 项会分别设立救护义务违反罪与报告义务违反罪，并对两罪配置不同法定刑的缘由所在：对违反救护义务的，规定的是处 5 年以下惩役或 50 万元以下的罚金；对违反报告义务的，则仅规定 3 个月以下惩役或 5 万元以下的罚金。

其三，它有助于合理地处理指使逃逸的行为。若是认为逃逸规定的规范保护目的不限于对伤者的救助，则第 133 条中的“因逃逸致人死亡”，势必包括肇事者在逃跑过程中发生新的交通事故而导致新的被害人死亡的情形。然而，将新的交通事故中其他被害人死亡的结果归责于指使人的行为是不公平的，在肇事者没有进一步违反交通法规而在逃跑过程中发生致人死亡的交通事故时，就更是如此。指使人无疑只应对其指使行为本身所导致的危险或侵害结果负责，包括因指使逃逸而升高被害人伤亡的危险或因此导致后者死亡的结果，以及因指使逃逸而妨碍对肇事者刑事责任的追究等。没有理由将肇事者之后违反交通法规的行为及其相应结果也算到指使人的头上，更没有理由要求指使人为肇事者并未违反交通法规而发生交通事故的结果负责。

其四，将逃逸规定的规范保护目的限于对伤者的救助，有助于对因交通肇事而引发新的公共危险的情形作出合理的处理。严重的交通事故往往同时导致路面或其他交通设施受损，留下残破混乱的现场，引发后续的公共危险，比如被后车追撞，致汽油等危险物外漏或溢出而引燃甚至爆炸等。对此，肇事者当然有义务进行监控与防止，但是否有必要将之纳入交通肇事罪中“逃逸”的范畴是值得质疑的。交通肇事后，如果存在引发后续的公共危险的可能，或者该公共危险最终现实化为具体的侵害结果，完全可按不作为犯的原理进行处理。在不作为犯中，“行为单复数的判断取决于受诫命之防果行为的个数，若行为人能以‘一个作为’防止数结果发生者，乃一行为；若行为人应以‘数个作为’防止数结果发生者，则为数行为”[①]。因而，如果交通肇事既导致被害人受伤，又使危险物（如汽油）外漏而有爆炸的危险，此时，肇事者便因其先行行为（即交通肇事行为）而承担两个作为义务，成立两个不作为，即不救助行为与爆炸行为。由于不救助行为为交通肇事罪的加重构成所包容，只需对爆炸行为作独立的评价便可，认定其构成爆炸罪（视是否出现严重结果而分别适用《刑法》第 114 条与第 115 条），对肇事者以加重的交通肇事罪与爆炸罪进行数罪并罚。这样的处理比按加重的交通肇事罪一罪处罚更为合理。倘若认为逃逸规定的规范保护目的也包括对新的公共危险的防止，则前述情形中，即使爆炸行为导致多名被害人死亡，也只能评价为《刑法》第 133 条中的“因逃逸致人死亡”，适用 7 年以上有期徒刑。这样的结论不仅有违罪刑相适应，也会导致交通肇事罪与爆炸罪之间的法条不相协调：爆炸罪的法定刑远高于加重的交通肇事罪的，从体系解释的角度来看，不可能认为爆炸罪为加重的交通肇事罪所包容。

总之，与对逃逸规定的规范保护目的做其他的界定相比，将之限于对伤者的救助最具合理性。这也是本书展开对交通肇事逃逸问题的讨论的基本前提。

一、交通肇事后逃逸场合的行为结构

《刑法》第 133 条将“交通运输肇事后逃逸”作为交通肇事罪第一层级的加重犯，要求适用 3 年以上 7 年以下有期徒刑，“因逃逸致人死

① 林钰雄．新刑法总则．北京：中国人民大学出版社，2009：446.

亡”则作为交通肇事罪第二层级的加重犯。对此，刑法理论上一般是将前者理解为情节加重犯①，而将后者解读为结果加重犯②或情节加重犯。③ 由于《解释》第2条第2款第6项规定，交通肇事致1人以上重伤，负事故全部责任或者主要责任，并具有为逃避法律追究逃离事故现场的情形的，以交通肇事罪定罪处罚；相应地，肇事后逃逸的行为又可能以定罪情节的面目出现。

无论是作为定罪情节还是作为加重构成，对于行为人交通肇事后又逃逸的，现行司法解释显然认为其中仅涉及一个实行行为，符合一个犯罪构成，故而只成立一个犯罪；至于逃逸行为，则基本上被视为反映犯罪之后的态度。也正是基于此，《解释》才会将逃逸解释为“为逃避法律追究而逃跑”。这样的立场也获得不少学者的支持。④ 按此种立场，在交通肇事后逃逸的场合，尽管在自然意义上存在两个行为，但由于逃逸行为只是作为犯罪之后的态度表现出其意义，因而它不具有作为另一实行行为的独立性。这也是刑法理论上的主流观点。尽管人们在分析交通肇事罪时习惯于分两个阶段进行分析，有时甚至承认存在两个行为，但却习惯于认为“对于行为的分析并不能必然断定交通肇事和逃逸具有不同的实行行为性，就如同伪造货币后的使用或盗窃财物之后的挥霍行为，行使和挥霍并不具备独立性，逃逸亦是如此”⑤。

那么，逃逸行为究竟是否具有独立于交通肇事行为的特性？如前所述，在现行的司法解释框架之下，逃逸行为具有双重的角色，即既服务

---

① 冯亚东，李侠．对交通肇事罪“逃逸”条款的解析．中国刑事法杂志，2010（2）：42；喻贵英．交通肇事罪中四种“逃逸”行为之认定．法律科学，2005（1）：68；侯国云．论交通肇事后逃逸．法制与社会发展，2003（2）：145.

② 吴学斌，王声．析交通肇事罪“因逃逸致人死亡”的含义．律师世界，1998（10）：36；张波．交通肇事罪“逃逸”的定性分析．中国刑事法杂志，1999（5）：33-34.

③ 林维．交通肇事逃逸行为研究//陈兴良．刑事法判解．北京：法律出版社，1999：264-265；刘艳红．再论交通肇事罪的“因逃逸致人死亡”．福州大学学报（哲学社会科学版），2000（3）：11.

④ 石晓芳，许道敏．交通肇事逃逸情节的定罪、量刑功能．人民检察，2003（4）：12；刘淑莲．交通肇事逃逸行为的作为性质．法学杂志，2005（2）：55；冯江菊．“交通肇事罪”之逃逸解析．山东理工大学学报（社会科学版），2008（6）：67.

⑤ 张波．交通肇事罪“逃逸”的定性分析．中国刑事法杂志，1999（5）：33.

于法定刑的升格又作为定罪的要件而存在。从逻辑上讲，作为定罪情节的逃逸，意味着逃逸行为具有作为构成要件要素的地位，能够为交通肇事罪的构成要件所包容，故逃逸行为不具有独立于交通肇事行为的意义。作为法定刑升格条件的“逃逸”，则意味着逃逸行为虽不能为交通肇事罪的构成要件所容纳，但可以被评价为情节加重犯中的情节或结果加重犯中的加重结果。既然如此，逃逸行为自然也不具有相对于交通肇事行为的独立性。本书对此持否定的态度，而认为逃逸行为在性质上不同于先前的交通肇事行为，构成独立的实行行为。

首先，逃逸行为无法为交通肇事罪的基本构成要件所包容。交通肇事罪基本犯的成立，要求行为人违反交通运输法规，并因此发生重大交通事故，致人重伤、死亡或者使公私财产遭受重大损失。一旦事故酿成，危害结果出现，行为的性质即已确定，不可能因为行为人事后留在现场或逃逸而改变行为的定性。因而，逃逸行为不可能为交通肇事罪的构成要件所包容。这就譬如甲基于一般的伤害故意对乙实施伤害，但只造成轻微伤。对此，人们不可能声称：如果甲在伤害行为完毕之后留在现场，则不构成故意伤害罪；如果甲在伤害行为完毕之后逃逸，则前述导致轻微伤的行为就要按故意伤害罪进行定处。这样的结论是荒谬的。行为人在侵害法益的行为实施完毕之后是逃逸还是留在现场，只会影响自首中自动投案的成立与否，而不可能倒过去影响乃至决定已经实施完毕的行为的定性。正如有学者指出的，“肇事行为终了之后的逃跑行为与肇事行为根本就不具有相同的性质，……当交通肇事致人重伤后，因果关系已经形成，肇事是原因，伤害是结果。肇事之后的逃跑行为发生在伤害结果之后，因而它不可能成为伤害的原因。如果被害人因未得到及时救助而由伤害发展为死亡，那么，致死的原因是肇事行为加不救助的不作为行为，仍然不是逃跑行为。既然逃跑行为不是伤害或死亡结果的原因，它就不能作为犯罪构成的客观要件”①。

其次，交通肇事后逃逸（包括逃逸致人死亡）不能成立交通肇事罪

① 侯国云．交通肇事罪司法解释缺陷分析．法学，2002（7）：45.

的结果加重犯。结果加重犯是因基本犯行为导致加重结果的出现而加重其法定刑的犯罪类型。无论怎样定义结果加重犯，结果加重犯中必然只涉及一个犯罪行为（基本行为），而加重结果本身是由基本行为所造成。如果加重结果不是由基本行为所导致的，便不能成立结果加重犯。当然，结果加重犯客观上存在两种情形：一是在单行为犯中，单一的行为导致加重结果，如故意伤害罪致死的情形。二是复行为犯（即单一独立构成要件规定中包含数个行为的犯罪）中，加重结果本身由数行为中的一个行为所导致。如抢劫罪中致人重伤或死亡的结果，既可以由手段行为造成，也可以由取得财物的目的行为造成，强奸罪中的加重结果也是如此。不过，即使在复行为犯中，构成要件意义上的基本行为也只有一个。在交通肇事后逃逸的情形中，假如没有出现因逃逸致人死亡的结果，则因未出现加重结果而并无成立结果加重犯的余地。一旦出现因逃逸致人死亡的结果，则该结果显然不是由交通肇事的基本行为所导致的，而是由新的独立的行为——即逃逸行为（本质上表现为不救助）——所造成的。即使因逃逸致人死亡被认为是结果加重犯，那也是交通肇事后逃逸的结果加重犯，而非交通肇事罪本身的结果加重犯。“无论如何都无法将‘致人死亡’解释成为交通肇事行为引起的结果，因为事实上在逃逸行为中已经介入了新的原因行为，那就是‘逃逸’，致人死亡的并不是交通事故本身，而是行为人的逃跑行为。”[①]交通肇事的行为人在肇事后故意不予救助，分明是在新的犯意支配下实施的另一独立的行为，属于另起犯意的情形，不可能纳入结果加重犯的范畴。刑法理论上之所以不承认基本犯为过失而加重结果为故意的结果加重犯类型，正是由于在基本犯为过失的情况下，如果加重结果系故意所致，势必突破作为基本行为的过失行为的范围，而要求存在新的独立行为。而一旦加重结果是由独立于基本行为的另一行为所导致的，便绝无成立结果加重犯的可能。按照结果加重犯的成立原理，加重结果必须由基本行为造成，且必须是基本犯结果的加重，基本行为以外的行为造成所谓严

---

① 喻贵英．交通肇事罪中四种“逃逸”行为之认定．法律科学，2005（1）：68.

重结果的，不成立结果加重犯。[①]

再次，交通肇事后逃逸也不成立交通肇事罪的情节加重犯。从形式上看，现行刑法因肇事者在肇事后逃逸而加重其刑，似乎可以将逃逸行为视为交通肇事罪基本犯的加重情节。然而，刑法理论上一般所谓的情节加重犯，其犯罪构成必须以基本犯的犯罪构成为前提，二者具有罪质上的同一性，只不过在法益侵害的量上表现出差异，加重犯因加重或增加法益侵害而致使法定刑升格。这意味着，“不能没有限制地将一切事实归入‘情节’，进而认定情节加重犯。换言之，并不是犯罪过程中的任何情节，都是情节加重犯中的情节，只有属于基本犯罪状内容的情节加重，才宜认定为情节加重犯”[②]。就交通肇事后逃逸的情形而言，逃逸本身既不是交通肇事行为的情节，也不是其造成的结果。它本质上是不作为意义上的故意不救助，已然超出交通肇事罪基本犯的构成要件，与后者在罪质上欠缺同一性。“凡超出其罪质的范围，则该情节构成其他犯罪。这时，应该解决的是犯罪的单复数问题，而不是情节加重犯的问题。”[③] 所以，不能认为交通肇事后逃逸属于情节加重犯。

最后，交通肇事后逃逸也不成立转化犯。有论者提出，交通肇事后逃逸的情形下，肇事者基于其先前的过失行为而有义务防止更为严重的危害结果发生，当其故意不履行作为义务使结果加重时，可按过失犯罪向故意犯罪的转化处理，只定一个故意罪。[④] 这样的观点存在问题。尽管人们对转化犯的理解不尽一致，但至少在以下问题上达成共识，即成立转化犯不仅要求是较轻犯罪向较重犯罪的转化，并按转化后的较重犯罪一罪处理，而且要求罪的转化必须存在法律的明确规定。毕竟，“转化犯的概念是学者们对刑法的某种立法形式的理论概括，而并非对现实

---

① 张明楷．严格限制结果加重犯的范围与刑罚．法学研究，2005（1）：88-91.

② 张明楷．绑架罪中“杀害被绑架人”研究．法学评论，2006（3）：20.

③ 陈兴良．我国刑法中的情节加重犯//陈兴良．当代中国刑法新理念．2版．北京：中国人民大学出版社，2007：637.

④ 侯国云．有关交通肇事罪的几个疑难问题．中国法学，2003（1）：182.

的犯罪形态的理论抽象”[①]。《刑法》第269条有关转化型抢劫的规定，第238条第2款有关在非法拘禁过程中使用暴力致人伤残、死亡的规定（按故意伤害罪、故意杀人罪论处），以及第333条第2款有关非法组织卖血、强迫卖血对他人造成伤害的规定（按故意伤害罪论处）等，均应归入转化犯的范畴。这意味着，如果刑法未就罪的转化做明确的规定，并要求适用转化后的较重罪名，便不可能成立转化犯，而只能考虑适用较轻的罪名（当然，较轻犯罪可能会与其他犯罪形成想象竞合）或按犯意转化的一般原理来处理。刑法中关于转化犯的规定属于法律拟制，因为原本应当适用较轻罪名或者需做独立评价的两个行为，在立法上被拟制作为一个较重犯罪来处理。拟制规定与注意规定的区别之处便在于，“拟制仅适用于刑法明文规定的情形，而不具有普遍意义；对于类似情形，如果没有法律拟制规定，就不得比照拟制规定处理”[②]。因而，论者所提及的前述情形不可能成立转化犯。按《刑法》第133条的规定，“交通运输肇事后逃逸”的情形不是按后一行为定性，而是仍成立交通肇事罪，根本不存在罪的转化。前述情形实际上涉及的是普通的犯意转化问题。在犯意转化的情形中，如果转化之前的先行为在性质上不同于后行为，无法为后行为的犯罪构成所包容，则理应对两行为分别做独立的评价，在二者均构成犯罪的情况下需进行数罪并罚，不然，行为人的不法行为便没有得到充分评价。

可见，交通肇事后逃逸既不成立结果加重犯或情节加重犯，也不成立转化犯。从行为结构来看，交通肇事后逃逸的情形明显包含两个行为：一是交通肇事行为，二是逃逸行为。交通肇事行为是因违反交通管理法规而引起重大交通事故，导致他人重伤、死亡或者公私财产遭受重大损失的过失犯。逃逸行为则涉及不作为。行为人因先前的肇事行为而处于保证人地位，对于事故的伤者负有救助的义务，其不履行救助义务，在规范上便有被评价为不作为犯罪的余地。由于交通肇事行为与逃

① 周少华．现行刑法中的转化犯之立法检讨——兼论刑法规范的内部协调．法律科学，2000（5）：111．

② 张明楷．刑法分则的解释原理：下．2版．北京：中国人民大学出版社，2011：632．

逸行为并不存在成立牵连犯或吸收犯的余地，在行为复数的情况下，便应考虑成立犯罪复数的问题。换言之，在交通肇事后逃逸的场合，如果先前的肇事行为本身已成立交通肇事罪，则肇事者必将成立实质的数罪。若非《刑法》第133条将“交通运输肇事后逃逸”规定为交通肇事罪的加重构成，交通肇事后逃逸的场合本来应当数罪并罚。认为“交通运输肇事后逃逸”与“因逃逸致人死亡”的情形成立交通肇事罪的情节加重犯或结果加重犯的见解，根本上在于对交通肇事后逃逸场合所涉及的行为个数作了错误的判断，没有看到逃逸行为具有独立于交通肇事行为的性质。

认定交通肇事后逃逸属于实质的数罪，并没有违反禁止重复评价原则。因为只有对同一犯罪构成事实才有重复评价可言，而交通肇事逃逸的情形分明涉及两个不同的犯罪构成事实，对不同的犯罪构成事实进行分别的评价，何谈重复评价？况且，即使是存在论上的同一行为，也未必不能做多次评价。比如，想象竞合犯诚然在存在论意义上只涉及一个行为，但鉴于其造成多个法益侵害且实现复数犯罪构成的事实，从罪刑公正的要求来看，即使做实质数罪的评价，也未见得就不合理。① 这是因为，“所谓禁止重复评价，并非绝对禁止对存在论上的同一行为或同一情节要素进行重复使用，其所反对的是对本质上反映同一不法内涵和同一罪责内涵的同一行为或者同一情节要素的重复考量”②。在想象竞合犯的情形中，传统刑法理论基于一行为的前提而采取从一重罪处断规则，即主张以最重的法律效果吸收所有其他的法律效果（理论上称为吸收原则）。然而，这样的处理方式存在重大的缺陷，它“不但使得其他构成要件的法定刑，无由共同参与法律效果的决定，更因法律效果的吸收关系，使得反应实现复数规范的一行为，其可罚性之具体内容，变得格外模糊不清，连带也使得复数构成要件所共同决定的不法内涵，丧失

---

① 庄劲．想象的数罪还是实质的数罪——论想象竞合犯应当数罪并罚．现代法学，2006（2）．

② 王明辉，唐煜枫．论刑法中重复评价的本质及其禁止．当代法学，2007（3）：15．

其非价判断的意义”①。竞合论的根本目的，是要对行为人的所有行为，作出充分而不过度、不重复的评价。所谓“充分而不过度”，其实也就是罪刑相当、禁止过度评价以及禁止不足评价等原则映射在竞合论的倒影，所谓“（充分但）不重复”的评价，则是为了合乎一行为（或一罪行）不两罚原则、一事不再理原则的基本要求，同时具有实体法与程序法的双重面向。②

据此，数行为如果满足数个犯罪构成，本来就应当作犯罪复数的评价，不然便存在评价不够充分的问题。交通肇事逃逸的情形便是如此。如姚诗博士所言，在作为先行行为的交通肇事行为完成后，任由该因果流程继续发展也为刑法所禁止。“这种禁止不单单是对先前造成的法益侵害状态的恶的评价，还包含法秩序对行为人的期待：行为人不应再‘实施’新的犯罪。但是，行为人在认识到犯罪行为造成的损害，并且认识到法益需要保护，否则损害会进一步加深时，采取了不保护的做法，这就体现了其对加重结果的主观态度，这些主客观因素，在其基本行为时并不存在，必须对之进行新的评价。”③ 因而，将交通肇事后逃逸的情形评价为实质上的数罪，并不违反禁止重复评价的原则。当然，如果作为先行行为的交通肇事行为本身不构成犯罪，则后续的逃逸行为即使可评价为犯罪，也不成立犯罪复数。但这充其量只能否定犯罪复数的成立，而无法否认行为复数的存在。

二、交通肇事罪“逃逸”的认定与理解

（一）“逃逸”的含义与成立条件

按现有立法，交通肇事罪中共有两处涉及“逃逸”概念的使用：一是第133条中适用第二档法定刑的“交通运输肇事后逃逸”，二是第133条中适用第三档法定刑的“因逃逸致人死亡”。认定“逃逸”首先

① 柯耀程．刑法竞合论．北京：中国人民大学出版社，2008：193.
② 林钰雄．新刑法总则．北京：中国人民大学出版社，2009：429.
③ 姚诗．交通肇事“逃逸”的规范目的与内涵．中国法学，2010（3）：98.

面临的问题便是，对两处的“逃逸”是否应做不同的解释?

对此，有学者明确提出，《刑法》第133条第二档和第三档分别规定的两个“逃逸”在性质和作用上并不相同，二者虽然文字相同，但含义却完全不同：第二档规定的“逃逸”，是没有致人死亡的逃逸，它专指“为逃避法律追究而逃跑”的行为；第三档规定的“逃逸”是“致人死亡的”逃逸，其真实意思不是逃逸，而是“不救助被害人”①。

此外，虽然也有研究者声称应对两个“逃逸”做相同的解释，但实际上，根据其理论设定必将得出各处“逃逸”含义并不相同的结论。比如，有的学者在逃逸规定的规范目的问题上持“逃避法律追究”说，认为各处的逃逸均应理解为“为逃避法律追究而逃跑”；与此同时却又认为，在适用《刑法》第133条第一个加重情节的情况下，并不存在要求行为人履行必要救助义务的前提；适用第二个加重情节时则以存在要求行为人履行必要救助义务的前提。在其看来，未进行及时的救助只是“逃逸”行为的衍生状态，因而，只有“为逃避法律追究而逃跑”才是两个“逃逸”行为含义的连接点。② 该论者显然是将逃跑与不救助完全合二为一了。问题在于，未进行及时救助并非“逃逸”行为的必然衍生状态，因为完全可能存在进行救助后逃跑或者虽未逃跑但也未进行救助的情形。前者如，行为人在肇事后将伤者送至医院救治，尔后怕承担责任而逃跑；后者如，行为人留在现场，但未对伤者进行救治而导致后者因得不到救助而死亡。可见，如果逃跑与不救助并非同一关系，“为逃避法律追究而逃跑”便无法成为两个“逃逸”含义的连接点。相应地，按该论者的分析逻辑，两个逃逸的含义便绝不可能相同。

冯亚东教授关于两个“逃逸”的界定也存在类似的问题。为防止因诉讼上的证明困难而使“因逃逸致人死亡”的规定被虚置（即所谓“避免条文虚设的解释困境”），冯教授一方面主张，对“因逃逸致人死亡”中“逃逸”的理解应保持与“交通运输肇事后逃逸”中的“逃逸”相一

① 侯国云．论交通肇事后逃逸．法制与社会发展，2003（2）：146.

② 冯江菊．“交通肇事罪”之逃逸解析．山东理工大学学报（社会科学版），2008（6）：68.

致，认为在此定式下才可能展开有意义并达成共识的分析；另一方面却又认为，“因逃逸”而“致”先前肇事的被害人“死亡”的情形，在性质上基本等同于第二罪刑单位（即“交通运输肇事后逃逸”）且在诉讼中难以证明，为保持三个量刑单位的逻辑递进关系，应当将其归入作为第二罪刑单位的“交通运输肇事后逃逸”，而“因逃逸致人死亡”应该仅仅是指在逃逸过程中又致新的被害人死亡，由于是两次肇事，情节更恶劣于第二量刑单位，故应处“七年以上十五年以下有期徒刑”①。按此种见解，既然交通肇事后不救助导致伤者死亡的情形应归入“交通运输肇事后逃逸”，则说明该处的“逃逸”指的是对先前交通肇事中的伤者不进行救助，因而提升了既有伤者的伤亡危险。相反，“因逃逸致人死亡”中的“逃逸”则无疑指的是逃跑的行为创造了新的公共危险，而致新的被害人死亡正是此种公共危险的现实化的结果。不难发现，冯教授实际上对两处“逃逸”的规范目的做了不同的界定，由此而使得两处“逃逸”在内容上完全相异，从而背离了其自身所设定的论证前提。

对交通肇事罪中的两个“逃逸”做不同解释，其合理性值得质疑。根据解释学的基本原理，对同一法律（尤其是同一条文）中相同的概念原则上应做相同的理解。在例外情形下，若需对相同概念做不同的解释，则理应提供足够有说服力的理由。然而，就交通肇事罪中“逃逸”概念的解释而言，并不存在任何这样的理由或根据。这既是由逃逸规定的规范保护目的所决定的，也是遵循常情常理与体系解释的必然结论。

首先，刑法不可能仅仅因为行为人逃避法律追究而加重其刑罚。要求行为人在实施犯罪之后主动接受法律追究，并不具有期待可能性。这也是自首的行为人能够在刑罚适用上得到优惠待遇的根据所在。况且，比交通肇事罪性质更为严重的其他犯罪，其行为人在犯罪之后逃逸都不成立加重情节，根据当然解释的举重以明轻的原理，更没有理由对交通肇事中行为人逃避法律追究的行为加重处罚。逃避法律追究代表的只是

① 冯亚东，李侠．对交通肇事罪“逃逸”条款的解析．中国刑事法杂志，2010（2）：43-44.

行为人在犯罪之后的态度，它不可能影响法定刑幅度的选择，更不可能影响先前行为成立犯罪与否。立法者希望遏制交通肇事后的逃逸行为，显然不是基于对行为人事后逃避法律追究的态度的考虑，而是因为逃逸行为极可能进一步扩大既有的法益侵害范围或加剧其程度。

其次，只要承认逃逸规定的规范保护目的是对伤者的救助义务，则“因逃逸致人死亡”中“逃逸”的解释，其重心必定要落在不救助之上。“因逃逸致人死亡”要求逃逸行为与死亡结果之间存在因果关系，但逃逸本身对于死亡结果并无作用力，关键是肇事者的不救助。只有不救助行为才总是内在地具有导致被害人死亡结果出现的现实可能性，而逃逸行为并不必然具有这样的危险特性。比如，肇事者在将受伤的被害人送至医院救治后逃逸的情形中，该逃逸行为在任何情况下都不可能成为被害人死亡的原因，因此也就绝不可能成立“因逃逸致人死亡”。

再次，“避免条文虚设的解释困境”不足以成为对两处“逃逸”作不同解释的依据。应当承认，当冯亚东教授将“因逃逸”而“致”先前肇事的被害人“死亡”归入交通肇事罪的第二罪刑单位（即“交通运输肇事后逃逸”），而将“因逃逸致人死亡”理解为仅限于“因逃逸”又“致”其他的被害人“死亡”，的确在一定程度上有助于避免因诉讼上的证明困难而使“因逃逸致人死亡”规定被虚置。交通事故中，被害人究竟是因交通肇事行为而死亡还是因肇事者的不及时救助而死亡，有时确实面临证明上的困难。然而，这样的证明困难显然是现有立法模式的预期结果。正如犯意方面的证明困难不足以否定犯意作为构成要件的地位一样，仅因证明困难而对两处“逃逸”的内容及其规范保护目的做不同的界定，并不合理。一则，肇事者在逃逸过程中没有违反交通法规而发生交通事故致新的被害人死亡时，很难否认逃逸行为与新的被害人死亡之间的因果关系。但是，如果将此种结果也归责于肇事者，并适用 7 年以上有期徒刑，明显太过苛厉而有违罪刑相适应。二则，如本书引言部分所述，倘若认为逃逸规定的规范保护目的包含对新的公共危险的防止，会造成交通肇事罪与刑法中其他法条之间的不协调，出现违反体系解释原理的解释结论。

最后，对两个“逃逸”做不同解释，会人为地增加诸多混乱。这种混乱具体表现为：其一，逃逸规定的规范目的与“逃逸”含义之间在逻辑上的不相呼应，一方面认为逃逸规定的规范目的在于对伤者的救助，另一方面却又将不涉及救助的单纯逃逸情形也按“逃逸”来处理。其二，容易与自首的认定相冲突，使交通肇事罪中自首的认定变得异常复杂，并引发不必要的争议。比如，若是将“交通运输肇事后逃逸”中的“逃逸”理解为“为逃避法律追究而逃跑”，则行为人在肇事后留在现场履行义务、接受处理的行为，便无法成立自首。但这样的结论不仅有违罪刑相适应原则，不利于保护被害人的法益，也不当地限制了自首制度的适用。[①] 其三，使交通肇事罪的法益保护范围缺乏必要的限定，过于扩张“因逃逸致人死亡”的成立范围。正如学者所言，从刑法对“逃逸致死”的规定来看，在“逃逸”后马上规定“逃逸致死”，说明在对逃逸进行解释时，必须考虑“逃逸”与“逃逸致死”能否协调；如果认为“逃逸”包含对新的风险的防止，从而开大保护法益的口子，会使对“逃逸致死”的判断发生混乱，比如将因交通肇事致危险物外溢，或者因“没有保护现场”而导致开车经过的司机因路面状况不良发生新的交通事故，造成其他人员死亡的情形，也视为“因逃逸致人死亡”[②]。

本书认为，对交通肇事罪中的两个“逃逸”应做相同的解释，即“逃逸”的核心内涵在于不救助，因不救助行为会升高伤者的伤亡风险，并由此加剧或扩大既有的法益侵害的程度或范围，故“逃逸”本质上属于不作为的遗弃（对于为什么不应包括成立故意杀人罪的情形，下文会对此作出交代）。这意味着在交通肇事事故发生之后，必须存在需待救助的伤者。如果没有这样的伤者，被害人在肇事者逃逸之前即已死亡或者逃逸行为只是导致财产损失的进一步扩大，则不能构成交通肇事罪中的“逃逸”。当然，后一情形可能有成立第 133 条中“其他特别恶劣情节”的“恶劣情节”的余地。

---

① 张明楷．论交通肇事罪的自首．清华法学，2010（3）：27.

② 姚诗．交通肇事“逃逸”的规范目的与内涵．中国法学，2010（3）：94-95.

对交通肇事罪中“逃逸”的前述界定，明显有别于交通运输管理法对“逃逸”的认定。之所以如此，主要是二者的规范目的存在重大差异。刑法的目的在于保护法益，因而交通肇事罪中的“逃逸”着眼于行为对刑法所保护法益的威胁或侵害，而交通运输管理法上的“逃逸”则意在便利对事故中各方的行政责任的认定，以有效处理交通事故。因而，后者的“逃逸”在内涵与外延上均较前者的宽泛。现行的《道路交通安全法》第 70 条第 1 款规定：“在道路上发生交通事故，车辆驾驶人应当立即停车，保护现场；造成人身伤亡的，车辆驾驶人应当立即抢救受伤人员，并迅速报告执勤的交通警察或者公安机关交通管理部门。因抢救受伤人员变动现场的，应当标明位置。”基于此，即使肇事者是在救助伤者后再行逃逸，由于没有履行保护现场等义务，其行为仍构成行政法上的“逃逸”。《道路交通安全法实施细则》第 92 条规定：“发生交通事故后当事人逃逸的，逃逸的当事人承担全部责任。但是，有证据证明对方当事人也有过错的，可以减轻责任。”该条涉及事故责任的推定，即只要当事人逃逸，即使是无过错的一方逃离事故现场，也会在行政法上被认为对事故负有全部责任。这样的规定正是为了便宜对当事各方在行政法上的事故责任的认定，而根本没有考虑刑事责任的根据与条件。道路交通法上有关责任认定的这一推定显然不能照搬到刑法之中。一个根本没有违反交通规范而是出于意外撞死被害人的司机，在事故发生后逃逸，即使在行政法上被认定需对事故承担全责，也不应由此承担刑事责任，并认定其构成交通肇事罪中的“逃逸”。正是基于此，张明楷教授特别强调，“刑事司法机关在认定刑事责任时，不能仅以交通管理部门的责任认定为根据，而应以交通肇事罪的构成要件为依据认定行为人是否承担交通肇事罪的刑事责任”①。

与此同时，交通肇事罪中“逃逸”的认定，还要求以存在救助可能为前提。这是由不作为犯的成立要件使然：不作为犯的成立，必须以具有作为可能性为要件。因而，单纯的逃逸若是没有加剧或提升被害人的

① 张明楷．交通肇事的刑事责任认定．人民检察，2008（2）：6.

伤亡危险，便不成立交通肇事罪中的“逃逸”，而在逃逸行为是否加剧被害人伤亡危险的问题上，应当采取一般人的判断标准。这样的界定不仅与逃逸规定的规范保护目的相吻合，与自首的认定相协调，也可使相关问题得到合理的处理。根据本书的界定，在交通肇事本身构成犯罪的情况下，对于肇事后将被害人送至医院救治后再逃跑的行为和肇事后对伤者不管不顾而逃跑的行为，应当做不同的处理。前者不成立“逃逸”，应适用基础法定刑，即 3 年以下有期徒刑或拘役；后者成立“逃逸”，构成“交通运输肇事后逃逸”，应适用第二档法定刑，即 3 年以上 7 年以下有期徒刑。若是行为人肇事后既履行救助义务又主动接受法律追究的，则在适用基础法定刑的前提下，应同时适用自首的规定。这样的处理符合罪刑相适应原则。

综上，肇事者只要履行了对伤者的救助义务，便不可能成立交通肇事罪中的“逃逸”。需要讨论的是，肇事者在事故发生后留在现场但不进行救助的行为是否成立“逃逸”。不少学者对此持肯定意见。[①] 这样的结论从实质判断的角度而言有其合理性。不过，本书认为，尽管留在现场而不救助与逃离现场而不救助对伤者的法益具有相同程度的侵害性，但不宜将前种行为认定为“逃逸”。将留在现场解释为“逃逸”，突破了“逃逸”概念的文义可能性的外延，也超出了国民的一般预测可能性。这种将概念的意义边界推向极致的做法，不仅会严重削弱形式判断的制约功能，也不利于发挥刑法规范作为针对国民的行为规范的规制功能。基于此，“逃逸”的成立需同时具备两个条件：一是不履行救助义务，二是离开事故现场或救助场所。

当然，即使要求“逃逸”需同时具备空间位移的条件，也不意味着对留在现场不救助的行为不作刑法意义上的评价。如前所述，肇事者在事故后对伤者不予救助本身构成独立的实行行为，既然该行为无法为“逃逸”的概念所容纳，完全可以也应当对此行为在规范上进行重新评

① 张明楷. 刑法学：下. 5 版. 北京：法律出版社，2016：722；姚诗. 交通肇事“逃逸”的规范目的与内涵. 中国法学，2010 (3)：92；张明楷，黎宏，周光权. 刑法新问题探索. 北京：清华大学出版社，2003：151.

价。在交通肇事行为本身构成犯罪的情况下，如果肇事者在事故后留在现场但不予救助，宜认定为“交通运输肇事后逃逸或者有其他特别恶劣情节”中的“恶劣情节”，在 3 年以上 7 年以下有期徒刑的法定刑幅度内适用刑罚。同时，只要肇事者留在现场的行为符合“自动投案”的要求，并在之后能够如实供述的，应认定成立自首。

此外，肇事者在交通肇事后有积极移置被害人身体的行为，比如，将被害人带离事故现场后隐藏或抛弃的，需要考虑隐藏或抛弃行为是否能够为“逃逸”概念所包容。一般而言，如果肇事者“支配着趋向结果的因果过程，且基于‘接受’而产生的‘排他支配’关系为作为义务提供了根据”①，一旦出现致被害人死亡或重大残疾的结果，应考虑将隐藏或抛弃行为独立评价为故意杀人罪或故意伤害罪。不过，若是移置行为没有恶化被害人的处境，即没有升高其伤亡的危险，则仍有成立交通肇事罪中“逃逸”的余地。

（二）加重构成中的“逃逸”

1. 作为结合犯的“交通运输肇事后逃逸”

如前所述，交通肇事后逃逸的情形涉及行为复数，即存在交通肇事行为与逃逸行为（/不救助）两个独立的实行行为。由于“交通运输肇事后逃逸”属于交通肇事罪的加重构成，其中的交通肇事行为必定已构成交通肇事罪（基本犯），又由于逃逸行为本身也成立不作为犯罪，这便使得行为复数有进一步评价为犯罪复数的必要。

犯罪复数的情形一般应按数罪并罚的准则处理，有时会因立法的特殊规定而存在例外。立法者可能基于某些特殊的考虑，而将本来应做数罪并罚的情形规定为一罪。这便是刑法理论上所谓的结合犯。尽管典型的结合犯表现为甲罪＋乙罪＝丙罪的情形，但这不意味着它是结合犯的唯一类型，甲罪＋乙罪＝加重的甲罪（或乙罪）同样可归入结合犯的范畴。正如张明楷教授所言，结合犯的概念应根据本国刑法的相关规定予以确定，究竟是将甲罪与乙罪结合为丙罪，还是将甲罪与乙罪结合为甲

---

① 黄明儒. 日本刑法中逃逸行为的判例与理论介评. 法学家，2001（6）：101.

罪或乙罪的加重情形，并不存在实质差异；是否结合为新罪名，在很大程度上取决于对罪名的理解与确定。[①] 以我国刑法中不存在典型的结合犯为由，认为结合犯仅有知识论的价值而在法律适用上并无意义的观点[②]，有失偏颇。

《刑法》第133条中的“交通运输肇事后逃逸”便属于甲罪＋乙罪＝加重的甲罪的情形。从法律性质来看，“被结合的交通肇事罪与交通肇事不救助行为是刑法上性质各异的具有独立构成要件的数罪”[③]。其中的甲罪是交通肇事罪（基本犯），乙罪则是遗弃罪，二者结合成立加重的交通肇事罪。值得思考的是，就逃逸行为（/不救助）本身而言，尽管一般情况下成立遗弃罪，但也存在构成故意杀人罪的可能。那么，为什么“交通运输肇事后逃逸”应限于交通肇事罪（基本犯）与遗弃罪的结合，而不是或不包括交通肇事罪（基本犯）与故意杀人罪的结合呢?

本书认为，将“交通运输肇事后逃逸”解释为交通肇事罪与（基本犯）遗弃罪的结合，既是基于对其法定刑考虑的结果，也是为了避免出现与其他法条之间的不协调现象。一则，将“交通运输肇事后逃逸”理解为是交通肇事罪（基本犯）与不作为的故意杀人罪的结合，会导致其与《刑法》第232条的法定刑不相协调。对于“交通运输肇事后逃逸”的情形，我国刑法配置的法定刑是3年以上7年以下有期徒刑，而第232条故意杀人罪的法定刑是10年以上有期徒刑、无期徒刑或死刑。即使考虑不作为的故意杀人较作为的故意杀人性质为轻，并且适用“交通运输肇事后逃逸”以未出现致人死亡的结果为前提，也不可能对成立交通肇事罪（基本犯）与故意杀人罪的实质数罪仅处以3年以上7年以下有期徒刑。不然，就会出现这样的情况：一个既实施交通肇事行为（构成交通肇事罪）又实施不作为的故意杀人（构成故意杀人罪）的行为人，在处罚上反而远较另一仅实施不作为故意杀人的行为人为轻。对

---

① 张明楷．刑法学：上．5版．北京：法律出版社，2016：467.

② 陈兴良．教义刑法学．3版．北京：中国人民大学出版社，2017：710.

③ 敬怡．交通肇事罪中的结合犯形态辨析．福建论坛，2008（12）：118.

于后者而言，即使适用总则关于未遂犯从轻或减轻的规定，其法定刑也至少在 7 年以上（从 10 年有期徒刑下降一格）有期徒刑。二则，立法者也没有理由将故意杀人这样性质严重的犯罪只作为交通肇事罪的法定刑升格条件，二者之间在法益侵害程度上根本不具有可比性。

立法者将“交通运输肇事后逃逸”的情形规定为结合犯，大体是基于两种考虑：一是交通肇事行为与逃逸行为在客观上存在紧密的关联性，因而将二者结合作为一罪存在经验层面的事实基础。二是体现从严惩处的精神。相比于交通肇事基本犯与遗弃罪的数罪并罚（从拘役到 8 年有期徒刑[①]），以加重的交通肇事罪处理交通肇事后逃逸的行为往往会导致更严厉的处罚（3 年以上 7 年以下有期徒刑）。当然，后一因素才是规定结合犯的真正动因所在，也即结合犯的规定旨在排除数罪并罚的适用，以达到从严惩处的法律效果。可见，将“交通运输肇事后逃逸”的情形理解为交通肇事罪（基本犯）与遗弃罪的结合是更为合理的解释。由此，肇事者的逃逸在规范层面上可区分为两种类型：一是其不作为只成立遗弃罪的逃逸；二是其不作为成立故意杀人罪的逃逸。只有前一类型，才可归入“交通运输肇事后逃逸”，成立加重的交通肇事罪。在逃逸行为本身成立不作为的故意杀人的情况下，应当对交通肇事罪与故意杀人罪进行并罚。当然，对于逃逸行为构成不作为故意杀人的情形必须严格进行限定。一般的交通肇事后逃逸，不宜认定为不作为的故意杀人罪。只有当肇事者客观上对伤者的法益保护处于排他性的支配地位（即除肇事者之外，几乎不存在他人进行救助的可能性）时，逃逸行为才有成立不作为的故意杀人罪的可能。不能仅仅因为不作为与死亡结果之间存在因果关系，就径直认定逃逸行为构成故意杀人罪。

“交通运输肇事后逃逸”的情形，在刑法理论上被归入形式结合犯的范畴。“形式结合犯只在法条形式上去结合两个不同的构成要件，但却没有自己的构成要件；是以，判断是否构成所称的形式结合犯，最后

① 交通肇事基本犯的法定刑为 3 年以下有期徒刑、拘役，而《刑法》第 261 条遗弃罪的法定刑为 5 年以下有期徒刑、拘役或者管制。在数罪并罚的情形下，法定刑将在拘役至 8 年有期徒刑的幅度内选择。

还要回溯到被结合的各个构成要件来个别处理。通常，立法者在此要指示的是：如果你犯了A罪又犯了B罪，这很严重，严重到用一般数罪并罚来论罪科刑还不够，所以特别加重了量刑规定，在此范围内，当然也排除了数罪并罚的适用。”[①] 如“交通运输肇事后逃逸”这样的结合犯，在我国刑法中并不罕见。《刑法》第239条绑架罪中规定的“杀害被绑架人”，第240条拐卖妇女罪规定的“奸淫被拐卖妇女”“诱骗、强迫被拐卖的妇女卖淫或者将被拐卖的妇女卖给他人迫使其卖淫”，第318条组织他人偷越国（边）境罪规定的“剥夺或者限制被组织人人身自由”“以暴力、威胁方法抗拒检查”，第358条强迫卖淫罪规定的“强奸后迫使卖淫”等，均应理解为结合犯。也只有解读为结合犯，才可以更好地处理此类犯罪的犯罪形态（即着手、未遂与既遂）与共同犯罪的问题。

对于前述结合犯的立法方式，刑法理论上存在不少反对意见。比如，有的学者提出，这种将两个罪名合并（杂糅）规定的方式极不合理，不仅反映出立法水平的粗糙，也引起了许多新的问题，导致不必要的理论争议。[②] 还有学者认为，“立法将不同罪质的行为作为一罪规定，不能充分反映该行为本身的性质和立法者加重刑罚的意图和初衷，在一定程度上影响该立法规定的合理性和科学性”[③]。本书认为，是否将交通肇事后逃逸作为独立的犯罪，是一个立法选择问题。如果立法上将此种行为单独成罪，则有些理论上的争议的确可以避免。不过，现行刑法选择以结合犯的形式，将交通肇事后逃逸的情形作为加重的交通肇事罪来处理，也未必就不合理。交通肇事后逃逸可谓一种犯罪学上的类型，只要满足适当的条件，将犯罪学上的类型规定为刑法上的犯罪类型属于立法者的权限范围，并无可指责之处。作为犯罪学上的一种常见类型，交通肇事后逃逸被当作加重的交通肇事罪来处理，既符合罪刑均衡的原

① 林钰雄. 新刑法总则. 北京：中国人民大学出版社，2009：437.

② 黄河. 论“交通运输肇事后逃逸”的罪名化. 政治与法律，2005（4）：122.

③ 蒋慧玲. “逃逸致人死亡”定罪立法规定之学理质疑. 深圳大学学报（人文社会科学版），2003（5）：116.

理，在认定上也比数罪并罚更为容易，且能与遗弃与过失致人死亡等犯罪相协调。因而，正如绑架杀人可以作为加重的绑架罪处理一样，从类型的典型性、罪刑的均衡性、认定的容易性与法条的协调性的角度来看[①]，将交通肇事后逃逸的情形作为加重的交通肇事罪处理也难说存在不当之处。

结合犯实质上是将原本该当数个构成要件的数罪当作加重的一罪来处理，所以，它涉及的是立法上的拟制。毫无疑问，在刑法领域，拟制是立法者才有权使用的技术，司法者如使用拟制便不仅违反罪刑法定，还有篡夺立法权之嫌。法律上的拟制是有意地将明知不同者，等同视之，其目标通常在于将针对一构成要件事实（T1）所作的规定，适用于另一构成要件事实（T2），从而赋予二者相同的法律后果。[②] 拟制虚构的是 T1 与 T2 之间的相似性，它是一项实体法上的规则，其效果不容许被推翻。对于司法者而言，其既无权将罪行较轻的 T1 拟制为罪行较重的 T2，也不容许其将罪行较重的 T2 拟制为罪行较轻的 T1。换言之，任何性质的拟制在刑事司法层面都不被允许，不存在适用有利于被告人原则的余地。

2.“因逃逸致人死亡”作为结合犯的结果加重犯

从逃逸规定的规范目的仅在于救助伤者的前提出发，会得到这样的推论：“因逃逸致人死亡”中的“人”仅限于既有的伤者，而不包括之后发生逃逸过程中发生第二次交通事故致死的新的被害人。这也是对两个“逃逸”做相同解释的必然结论。由于现有立法在规定“交通运输肇事后逃逸”之后，紧接着又规定“因逃逸致人死亡”，如果前一“逃逸”的核心内涵被认为是不救助，则后一“逃逸”很难在逻辑上做其他的解释。在“交通运输肇事后逃逸”的场合，“逃逸”之所以成为法定刑升格的条件，是因为肇事者不救助的行为不法地升高了既有事故中伤者的伤亡风险；而在“因逃逸致人死亡”的情况下，法定刑再次升格是缘于

---

① 张明楷．绑架罪中“杀害被绑架人”研究．法学评论，2006（3）：19.

② Vgl. Karl Larenz. *Methodenlehre der Rechtswissenschaft*，6. Aufl.，Berlin：Spring-Verlag，1991，S. 262.

前述风险已经现实化为具体的侵害结果。认为“因逃逸致人死亡”中的“人”包括甚至只限于逃逸过程中再次发生交通事故而死亡的新的被害人的观点[①]，显然没有注意到两处“逃逸”规定在逻辑上的内在关联性。

承认对两个“逃逸”做相同的解释，便意味着“因逃逸致人死亡”实际上是“交通运输肇事后逃逸”的加重结果。由于“交通运输肇事后逃逸”在我国刑法中并不成立独立的罪名，而是作为以结合犯形式出现的加重的交通肇事罪，因而，“因逃逸致人死亡”可谓结合犯（即交通肇事罪基本犯与遗弃罪的结合）的结果加重犯。这看起来有些不好理解。其实，如果像国外立法那样，将交通肇事后逃逸视为独立的罪名，则“因逃逸致人死亡”便是典型的结果加重犯。这只是单纯的罪名确定上的技术问题，并不影响其中的实质内容：即使不作为独立的犯罪来处理，“交通运输肇事后逃逸”在性质上也与交通肇事罪的基本犯存在重大不同，至于是以交通肇事后逃逸罪或是以加重的交通肇事罪来命名相应的行为，无关问题的实质。

将“因逃逸致人死亡”理解为结合犯（更准确地说是其中的遗弃罪）的结果加重犯，可以合理地对交通肇事罪中两个加重构成的关系作出解释。此处，基本犯行为是表现为逃逸的遗弃行为，基本犯的结果是遗弃行为给事故的伤者所带来的重大伤亡的危险，加重结果则为因遗弃导致伤者死亡的结果。结果加重犯要求基本行为与加重结果之间具有因果关系，“因逃逸致人死亡”的规定，便在表达遗弃行为与死亡结果之间的因果关系要求。

此外，从法定刑的设定上，也可印证将“因逃逸而致人死亡”理解为结合犯的结果加重犯的观点。不妨将“因逃逸而致人死亡”的情形进行拆解：它同样包含两个行为，即交通肇事行为与逃逸行为，且同样成立犯罪复数，即构成交通肇事罪与遗弃罪。与“交通运输肇事后逃逸”

① 冯亚东，李侠．对交通肇事罪“逃逸”条款的解析．中国刑事法杂志，2010（2）：44.

不同，“因逃逸而致人死亡”的场合还出现了被害人的死亡结果。用公式表示，“因逃逸而致人死亡”＝交通肇事罪＋遗弃罪（结果加重犯）。如前所述，交通肇事罪加重构成中的“逃逸”应当排除不救助行为成立故意杀人罪的情形，所以，其结果加重犯应仅限于因遗弃而过失致人死亡的情形。换言之，“因逃逸而致人死亡”只能解释为因过失而致人死亡，不包括故意剥夺被害人生命。出现加重结果时，该结合犯不仅涉及交通肇事罪与遗弃罪，还涉及过失致人死亡罪。从所涉各罪来看，交通肇事罪基本犯的法定刑为 3 年以下有期徒刑或拘役，遗弃罪的法定刑为 5 年以下有期徒刑、拘役或管制，过失致人死亡罪则为 3 年以上 7 年以下有期徒刑。前述三罪的法定刑相加便是 3 年＋（5 年＋7 年）＝15 年，而 15 年有期徒刑恰恰是对“因逃逸而致人死亡”所适用的最高法定刑。可见，从法定刑的角度来看，将“因逃逸致人死亡”理解为交通肇事罪与遗弃罪的结合犯的结果加重犯，具有合理性。

不少学者认为交通肇事罪加重构成（尤其是“因逃逸致人死亡”）中的“逃逸”应包括（甚至主要是）成立故意杀人罪的情形[①]，有的学者还据此批评现行的立法，认为将本应认定为故意杀人罪的情形按交通肇事罪论处存在理论上的错误，并以此为据建议立法论上应作修正。[②]主张“因逃逸而致人死亡”中的“逃逸”包括成立故意杀人罪的情形的观点，至少存在两方面的问题：一是导致法定刑上的不协调。发生在交通肇事领域的不作为故意杀人仅适用 7 年以上 15 年以下有期徒刑的法定刑，而一般的不作为杀人除非情节较轻，将被判处 10 年以上有期徒刑、无期徒刑或者死刑。二是理论逻辑上陷于混乱。如果“因逃逸而致人死亡”中的“逃逸”是不作为的故意杀人，则在没有出现因逃逸致人死亡的结果的情况下，仅逃逸行为就可以认定为不作为的故意杀人未遂，为什么论者没有反对将之作为加重的交通肇事罪处理的立法呢？

---

① 黎宏．论交通肇事罪的若干问题——以最高人民法院有关司法解释为中心．法律科学，2003（4）：127-128；侯国云．论交通肇事后逃逸．法制与社会发展，2003（2）：147；韩哲．交通肇事“因逃逸致人死亡”的罪过形式与司法认定．人民检察，2005（3）：46.

② 石晓芳，许道敏．交通肇事逃逸情节的定罪、量刑功能．人民检察，2003（4）.

本书认为，立法论上的批评与建议虽有一定的意义，但如果解释论能解决问题，则没有理由非得求助于立法论。就“因逃逸致人死亡”的情形而言，只要将之限于遗弃致人死亡（即过失致人死亡），而不包括故意杀人，便可使问题得到妥当的处理。如果逃逸行为本身成立不作为的故意杀人罪，则不能认定为“因逃逸致人死亡”，即按第三档法定刑的加重的交通肇事罪定处，而应以交通肇事罪（基本犯）与故意杀人罪对肇事者进行数罪并罚。这种两元分流式的处理方式，不仅使对肇事者的刑事责任的追究符合罪刑相适应原则，在存在指使逃逸的情况下，也有助于肇事者与指使人之间的责任平衡。比如，若是认为“逃逸致人死亡”中的“逃逸”成立或包括故意杀人罪，便会出现对正犯的处罚轻于对共犯的处罚的结果：对逃逸的肇事者（正犯）按加重的交通肇事罪定处，适用 7 年以上有期徒刑；而对指使人则按故意杀人罪论处，适用 10 年以上有期徒刑、无期徒刑或死刑（本章第三部分将表明，对指使逃逸的行为人不应按交通肇事罪的共犯来处理）。

在肇事者有积极移置被害人身体的行为的情况下，也应考虑做二元式的处理：如果移置行为没有恶化被害人的处境，但被害人仍因得不到救助而死亡，成立“逃逸致人死亡”；如果移置行为排除了来自第三者的救护可能而可评价为故意杀人的实行行为，如将受伤的被害人弃于不易被人发现或不能期待他人救助的场所等，便成立不作为的故意杀人罪。对于前种情形，肇事者成立适用第三档法定刑的加重的交通肇事罪；对于后种情形，则应以交通肇事罪与故意杀人罪对肇事者进行数罪并罚。

（三）作为定罪情节的逃逸

根据《解释》第 2 条第 2 款与第 3 条，在交通肇事致 1 人以上（不超过 3 人）重伤，负事故全部或主要责任时，如果行为人具备“为逃避法律追究逃离事故现场”的情节，不管是否出现致人死亡的情形，均成立交通肇事罪的基本犯。此处的“为逃避法律追究而逃离事故现场”一般被称为定罪情节的逃逸。鉴于在不具备逃逸情节时，行为人之前的肇事行为并不当作犯罪来处理，因而，刑法理论上倾向于将此种逃逸界定为交通肇事罪基本犯的构成要件，认为司法解释改变了交通肇事罪的基本罪状。如何理解作为定罪情节的逃逸，于是成为理论上必须作出解答的问题。对此，有学者给出这样的诠释：按照最高人民法院的《解释》的理解，交通肇事罪并不完全是一个过失犯罪，在一定条件下，也可能成为故意犯罪。也即，在过失引起了一定结果（过失致 1 人以上重伤，负事故全部或者主要责任）的场合，如果又故意逃逸的话，就构成交通肇事罪。[①] 此种见解通过对交通肇事罪的构成要件作重新的理解，力图使《解释》的相关规定合理化。不过，即使承认交通肇事罪可由故意构成，这样的理解也有违刑法教义学的基本原理，因为它使交通肇事罪成为既可由过失也可由故意构成的犯罪。可见，在致 1 人重伤并负事故全部或主要责任时，"为逃避法律追究而逃离事故现场"不能理解为交通肇事罪的构成要件要素。

为维持该解释的正当性与有效性，张明楷教授提出，"'重伤一人且负事故全部或者主要责任的'行为，原本也符合交通肇事罪的构成要件，司法解释只是出于刑事政策的考虑，以逃逸等因素限制处罚范围而已"[②]。如此一来，便可避免交通肇事罪既可由过失构成也可由故意构成的不合理的推论。然而，这样的理解也并非没有问题。一则，只要承认过失犯罪可成立先行行为，肇事者便因处于保证人的地位而对伤者有救助的义务，没有理由对其后的不作为不作独立的评价。不然，就有违竞合论的基本宗旨，因为肇事者的行为并未得到充分的评价。二则，如果逃逸不是交通肇事罪的构成要件要素，那它究竟处于什么样的地位？这恐怕也是刑法理论上不得不直面的问题。若是认为它是有别于构成要件要素的客观处罚条件，也没有合理地解决其间的争议。首先，在我国传统的犯罪构成体系之下，并无所谓的客观处罚条件的存在余地。其次，"在德日刑法学当中，传统观点所主张的、独立于犯罪概念之外但对犯罪处罚具有重要影响的客观处罚条件概念正在消失，日渐被看作为

---

① 黎宏．论交通肇事罪的若干问题——以最高人民法院有关司法解释为中心．法律科学，2003（4）：126.

② 张明楷．论交通肇事罪的自首．清华法学，2010（3）：33.

存在于犯罪概念当中，说明行为的违法性的要素之一”[①]。换言之，当前德日的刑法理论日益认为，客观处罚条件会影响行为的不法性及其程度，故理应归入违法构成要件的范畴。最后，为什么在交通肇事行为本身构成犯罪的情况下，逃逸就从客观处罚条件一跃变成加重构成的要素？

本书认为，《解释》将逃逸作为交通肇事罪的成立要件或定罪情节的做法，无法在刑法教义学层面找到合理的根据。导致理论上产生解释困境的，主要是《解释》第 2 条对交通肇事罪入罪的条件做了过于严格的限定，即在负事故全部或者主要责任时，只有死亡 1 人或重伤 3 人以上，才能构成交通肇事罪的基本犯；如果只是导致 1 人或 2 人重伤，则必须另外具备“为逃避法律追究逃离事故现场”的行为。对交通肇事罪的入罪标准做如此严格的限定，缺乏基本的正当性与必要性[②]，并导致交通肇事罪与《刑法》第 235 条的过失致人重伤罪之间的不协调。根据《刑法》第 235 条，过失致 1 人重伤即可构成过失致人重伤罪，而交通肇事罪作为危及公共安全的业务过失犯罪，有什么理由在入罪的条件上规定得比过失致人重伤罪更为严格？在德日，业务过失是比一般过失更为严重的过失类型，因而往往会受到更加严厉的惩罚。即使认为我国刑法并未将业务过失当作更加严重的过失类型，至少也应当将其与一般过失等同视之，规定与过失致人重伤罪相同的入罪标准。这样一来，不仅可以一举解决理论上的困境，也有助于实现《刑法》第 133 条交通肇事罪与第 235 条过失致人重伤罪、第 233 条过失致人死亡罪之间的协调。可见，最高人民法院实有必要重新斟酌《解释》第 2 条规定的妥当性。如学者所言，“我国刑法将交通肇事罪法定刑设置得比过失致人死亡罪及过失致人重伤罪低，从立法论上本身就值得检讨，而司法解释对构成交通肇事罪的条件还进行了不合理的限制，更是加剧了定罪处刑的不均

---

① 黎宏．刑法总论问题思考．2 版．北京：中国人民大学出版社，2016：176.

② 这一点也为张明楷教授所认同。2012 年 4 月 11 日晚在宴请日本成文堂的本乡三好先生的晚宴上，张明楷教授向笔者坦承，以逃逸情节来限定交通肇事罪的处罚范围并不适当。

衡，严重背离了罪刑相适应原则”①。如果最高人民法院在交通肇事罪的入罪标准上能保持与过失致人重伤罪的一致，则交通肇事致 1 人重伤并负事故全部或主要责任，肇事者在肇事后逃逸的场合，便同样可以运用前述结合犯的理论来理解，即肇事者成立实质的数罪（交通肇事罪基本犯与遗弃罪），由于《刑法》第 133 条已将该两罪拟制为加重的交通肇事罪，故应按加重的交通肇事罪一罪来对肇事者进行处罚。这才是真正有助于走出当前理论困境和避免不必要的混乱的理想方案。

在最高人民法院未对交通肇事罪的入罪标准作出修改之前，权宜之计只能是认为，在交通肇事致 1 人或 2 人重伤且负事故全部或主要责任的场合，肇事者并不构成交通肇事罪。鉴于逃逸无法为交通肇事罪的构成要件所包容，便需要对其作独立的评价，视情况按遗弃罪或不作为的故意杀人罪来进行处理。由于拟制乃为立法者所专享，因而《解释》第 2 条第 2 款第 6 项的规定不能理解为司法上的拟制。无论如何，司法解释无权擅自改变逃逸行为的定性，将原本应当认定为遗弃罪或故意杀人罪的行为按交通肇事罪来处理。

如前所述，不管逃逸是作为加重构成的要素还是定罪情节，交通肇事后逃逸的场合均成立行为复数。只不过，在逃逸作为加重构成的要素时，数行为进一步成立实质的数罪，因立法特别规定结合犯而作为一罪来处理；而在逃逸作为定罪情节时，数行为中作为前行为的交通肇事行为按现行的司法解释尚未达到追究刑事责任的程度，而只有作为后行为的逃逸行为成立犯罪。就行为结构来看，过失致 1 人重伤负事故全部或主要责任的情形同样涉及两个性质不同的实行行为，即基于过失的交通肇事行为（致 1 人重伤的后果）与基于故意的遗弃行为（不进行救助的不作为）。如果认为致 1 人重伤本身未达到交通肇事罪入罪的条件，则因前行为不构成交通肇事罪，对肇事者便不存在认定为加重的交通肇事罪的可能，需要对其逃逸行为做单独的评价。由于过失行为可以成立先行行为，肇事者对事故中受重伤的被害人处于保证人的地位，因而，其

---

① 陈洪兵．公共危险犯：解释论与判例研究．北京：中国政法大学出版社，2011：253.

逃逸行为（/不救助）一般成立遗弃罪，在肇事者对被害人的法益保护处于排他性的支配地位时，则有构成不作为的故意杀人罪的可能。

据此，在交通肇事致 1 人重伤并负事故全部责任或主要责任的场合，如果肇事者假冒旁观者进行救助，之后再行逃离，不能认为存在定罪情节的“逃逸”。相应地，如果被害人最终未死亡，根据现有的司法解释，肇事者既不能构成交通肇事罪也不构成其他犯罪，应按无罪处理；若被害人因伤重而死亡，则属于交通肇事致 1 人死亡的情形，构成交通肇事罪（基本犯）。如果肇事者在事后既进行救助又主动接受法律追究，则在被害人死亡的情况下，对肇事者还应同时适用自首的规定。反之，如果肇事者在事故后留在现场但不予救助，则其构成遗弃罪或故意杀人罪（未遂）；若被害人因此而死亡的，构成遗弃罪与过失致人死亡罪的想象竞合或故意杀人罪（既遂）。

三、实现对指使逃逸行为的合理处理

在交通肇事逃逸的相关问题中，指使逃逸的行为如何定性，也颇令人头痛。《解释》第 5 条第 2 款规定，交通肇事后，单位主管人员、机动车辆所有人、承包人或者乘车人指使肇事者逃逸，致使被害人因得不到救助而死亡的，以交通肇事罪的共犯论处。但是，《解释》中对指使逃逸行为按交通肇事罪处理的规定明显有失妥当，这一点在刑法学界基本已成共识。理由主要在于：其一，我国现行刑法并不承认过失的共同犯罪，在立法明确否认过失共同犯罪的情况下，《解释》却要求对指使逃逸的行为人按交通肇事罪的共犯来处理，这样的解释难免有越权之嫌。其二，即使承认过失的共同犯罪，由于指使逃逸的行为发生在交通事故结束之后，指使人并未参与交通肇事的过程，事后的指使逃逸无论是理解为教唆行为还是帮助行为，都不可能再与已实行终了的前行为一起构成交通肇事罪的共同犯罪。既然正犯所实施的犯罪已经结束，第三人便绝不可能再就该罪实施教唆行为，根本不存在承继的教唆犯的类型。可见，《解释》第 5 条不仅在逻辑上陷于混乱，也违背了共同犯罪的基本原理。

此外，由于只限于将被害人因得不到救助而死亡的指使逃逸行为认定为交通肇事罪的共犯，《解释》第5条至少还存在不周延的缺陷：首先，在指使人实施指使逃逸的行为并因此升高被害人伤亡风险的情况下，如果被害人并没有因得不到救助而死亡，则按照第5条的规定，不可能认定指使人构成交通肇事罪的共犯。那么，此种行为究竟是无罪还是成立他罪？司法解释对此未置可否。其次，在指使人虽实施指使逃逸的行为但并未因此升高被害人伤亡风险时，比如，在将被害人送到医院救治后指使人再指使肇事者逃逸的，根据《解释》第5条，指使人并不成立交通肇事罪的共犯，因为该条要求出现“致使被害人因得不到救助而死亡”的结果。对于此种行为究竟如何认定，司法解释也没有提及。

对于《解释》第5条，有学者曾以《解释》第2条第2款第6项为依据，给出了这样的解释：对指使肇事者逃逸的行为以交通肇事罪的共犯论处的，仅限于交通肇事致1人或2人重伤，行为人负全部或主要责任，并有为逃避法律追究而逃离事故现场的情节，因为司法解释已使此种情形下的交通肇事罪不再属于过失犯罪，而成立故意犯罪；在其他完全以所造成的后果作为定罪情节的场合，由于交通肇事罪属于过失犯罪，在现行刑法的规定下便不可能认为成立共同犯罪。① 然而，认为指使人成立交通肇事罪共犯仅限于逃逸作为定罪情节的情形的见解并不合理。即使不考虑论者的理解会使交通肇事罪成为既可由过失也可由故意构成的犯罪这点，这样的解释也明显违背当然解释中的举轻以明重的原理。试想，在交通肇事致1人或2人重伤并负事故全部或主要责任的情况下，指使人指使肇事者逃逸的行为都构成共同犯罪，在交通肇事致3人以上重伤并负事故全部或主要责任等造成更为严重结果的场合，指使人指使肇事者逃逸的行为怎么反而不成立犯罪呢？正是由于认识到以交通肇事罪的共犯来认定指使逃逸行为的做法之不可行，周光权教授才试

① 黎宏．论交通肇事罪的若干问题——以最高人民法院有关司法解释为中心．法律科学，2003（4）：126.

图另辟蹊径，以指使他人逃逸没有违反交通运输管理法规，而违反的是在他人犯罪以后不得制造障碍与妨碍司法追诉的要求为由，认为对指使人应以窝藏罪定性。[①] 能跳脱交通肇事罪的范围来思考指使人的刑事责任，应该说有值得肯定的一面。然而，这样的观点明显误读了逃逸规定的规范保护目的，且在理论逻辑上存在无法克服的内在缺陷。实际上，只要承认逃逸规定的规范保护目的的核心在于对伤者进行救助，对指使逃逸行为的禁止便绝不只是为了不妨碍司法机关追究犯罪的正常活动，因为在存在需要救助的伤者的场合，指使逃逸的行为势必提升了伤者死亡的危险。对于周光权教授的前述观点，陈洪兵博士做过率直的批评，他从指使逃逸行为的法益侵害性主要不在于妨害司法机关的犯罪追诉活动，而是导致重大的新的法益的侵害（即提升伤者死亡的危险）的前提出发，认为指使人并不构成窝藏罪，而成立遗弃罪或不作为故意杀人罪的教唆犯；在交通肇事当场致人死亡后而指使肇事者逃逸的，才应按窝藏罪论处。[②]

本书认为，《解释》第 5 条之所以遭人诟病，根本上在于其未能正确认识交通肇事后逃逸场合的行为结构，认为其间仅涉及行为单数，所以，才会张冠李戴地犯将逃逸行为当作交通肇事罪构成要件行为的错误。而这样的错误也经常存在于对《解释》第 5 条展开批评的论者的论述之中。在指使逃逸行为的定性问题上，陈洪兵博士的观点更为合理。不过，其并未从结合犯的角度展开对指使行为的分析，并且在说理与论证上也存在不够彻底之处。

在指使逃逸的情况下，被害人的死亡显然并非由作为先行为的过失的交通肇事行为造成，而是由作为后行为的故意的“逃逸”行为所导致。正如学者指出的，如从具有“共同罪过”的范围看，是“逃逸”的“共同故意”，而非“肇事”的共同过失；如从“共同行为”的范围看，是“逃逸”的“共同行为”，而非“肇事”的共同行为，即上述“共同

① 周光权. 指使交通肇事者逃逸应当以窝藏罪定性. 人民检察，2005（14）：20.

② 陈洪兵. 指使交通肇事者逃逸构成遗弃罪或者故意杀人罪的教唆犯——兼质疑周光权老师提出的“窝藏罪”说. 政治与法律，2008（5）.

犯罪”的犯罪限于“逃逸”的共同犯罪。[①] 这意味着，指使逃逸行为的处理根本不涉及过失共同犯罪的问题，也无须以承认过失共同犯罪的成立为前提，而只要讨论故意为之的逃逸行为是否成立犯罪以及构成何罪的问题。任何从过失犯罪的角度展开对指使逃逸行为的探讨的做法，都不可避免地会出现失之毫厘谬之千里的结果。

交通肇事后逃逸的场合涉及行为复数，即存在交通肇事行为与逃逸（即不救助）行为两个行为。指使人既然仅参与后一行为，自然仅需对逃逸行为承担责任。如果逃逸行为本身构成犯罪，则肇事者与指使人在逃逸行为的范围内成立共同犯罪：肇事者因其先行行为而对伤者承担救助义务，处于保证人地位，因而，其在共同犯罪中处于正犯地位；指使人因不处于保证人地位，故不可能成立正犯，但其指使肇事者逃跑的行为，在性质上属于逃逸（/不救助）行为的教唆或帮助行为（视肇事者的逃逸意思是否由指使行为引起而定）。

在前行为已构成交通肇事罪的情况下，对作为正犯的肇事者而言，其肇事后逃逸的行为在定性上存在三种可能：（1）在逃逸行为升高伤者伤亡危险且肇事者客观上对伤者的法益保护欠缺排他性的支配时，该逃逸行为在性质上成立遗弃罪。由于《刑法》第133条已将交通肇事罪与遗弃罪结合为加重的交通肇事罪，对肇事者应以加重的交通肇事者论处，视被害人死亡结果的出现与否，分别适用“交通运输肇事后逃逸”的法定刑与“因逃逸致人死亡”的法定刑。（2）在逃逸行为升高伤者的伤亡危险且肇事者在客观上对伤者的法益保护处于排他性的支配地位时，该逃逸行为成立不作为的故意杀人罪。因故意杀人罪不能为加重的交通肇事罪所包容，对肇事者应以交通肇事罪与故意杀人罪进行数罪并罚。被害人死亡结果的出现则将影响故意杀人罪的犯罪形态。（3）在逃逸行为未升高伤者的伤亡危险的情况下，该逃逸行为没有独立的意义，不影响对肇事者的刑事责任认定（充其量影响自首的成立），对其仅以

① 林亚刚．论“交通运输肇事后逃逸”和“因逃逸致人死亡”——兼评《关于审理交通肇事刑事案件具体应用法律若干问题的解释》的若干规定．法学家，2001（3）：87.

交通肇事罪（基本犯）一罪论处。

相应地，对作为共犯的指使人，应视情况做不同的处理：(1) 在逃逸行为升高伤者伤亡危险且肇事者客观上对伤者的法益保护欠缺排他性的支配时，肇事者与指使人在遗弃罪的范围内成立共同犯罪。肇事者构成加重的交通肇事罪，而对指使人则以遗弃罪进行处罚。《刑法》第133条关于结合犯的规定乃一种立法拟制，它不能推广适用在其他的场合。既然指使人未参与先前的交通肇事行为，不符合成立结合犯的条件（交通肇事罪＋遗弃罪＝加重的交通肇事罪），对其便不能以加重的交通肇事罪论处，而只能按逃逸行为本身的性质认定其构成遗弃罪。这样的处理符合结合犯与共同犯罪的一般原理。在刑法所规定的其他结合犯中，也会出现类似的情形，对共同犯罪的正犯与共犯适用不同的罪名。比如，甲基于勒索财物的目的而绑架了V，在绑架过程中又决意杀害V。在甲杀害V的过程中，未参与之前绑架的甲之朋友乙帮忙按住V，导致V最终被甲杀死。该案中，甲与乙只在故意杀人的范围之内成立共同犯罪。甲属于在绑架过程中“杀害被绑架人”，因《刑法》第239条第2款将绑架杀人拟制规定为加重的绑架罪（处死刑，并处没收财产），所以，甲虽在实质上实施绑架罪与故意杀人罪数罪，但并不进行数罪并罚，而是按加重的绑架罪论处。乙仅参与故意杀人的行为，自然不可能适用前述拟制规定以加重的绑架罪论处，而只成立故意杀人罪的帮助犯。(2) 在逃逸行为升高伤者的伤亡危险且肇事者在客观上对伤者的法益保护处于排他性的支配地位时，肇事者的逃逸行为不属于《刑法》第133条所规定的加重构成中的“逃逸”，其与指使人在故意杀人罪的范围内成立共同犯罪。对肇事者以交通肇事罪（基本犯）与不作为的故意杀人罪进行数罪并罚；对指使人则相应以故意杀人罪的共犯进行处罚。(3) 在逃逸行为并未提升被害人死亡风险的情况下，肇事者的逃逸属于不具有期待可能性的行为，其仅因先前的交通肇事行为而承担交通肇事罪基本犯的刑事责任。指使人明知肇事者实施犯罪而指使其逃逸，其行为符合《刑法》第310条中的“明知是犯罪的人而……帮助其逃匿”的规定，构成窝藏罪（正犯）。具体而言，指使人成立窝藏罪尚可分为两种情形：一是指使逃逸行为没有升高也不可能升高被害人的伤亡危险，比如，交通肇事没有造成被害人受伤或者被害人在事故中当场死亡的；二是肇事者在履行救助义务以后，行为人才实施指使逃逸行为，比如交通肇事后，肇事者把被害人送到医院后或者在等待交通管理部门处理时，指使人指使肇事者逃逸的。

值得指出的是，在前述第（1）（2）种情形之下，指使人可能成立遗弃罪或故意杀人罪与窝藏罪的想象竞合犯，因为其指使逃逸的行为除被评价为遗弃或故意杀人的共犯行为之外，也存在着同时被评价为窝藏罪中的帮助逃匿行为的可能。此时便需根据想象竞合犯的处理规则，来决定对指使逃逸行为的定性。由于窝藏罪基本犯的法定刑为 3 年以下有期徒刑、拘役或管制（存在加重情节时法定刑为 3 年以上 10 年以下有期徒刑），遗弃罪与故意杀人罪的法定刑则分别为 5 年以下有期徒刑、拘役或管制与 10 年以上有期徒刑、无期徒刑或死刑（情节较轻的故意杀人则适用 3 年以上 10 年以下有期徒刑），因而，根据想象竞合犯从一重罪论处的原理，一般情况下，应将指使逃逸行为认定为遗弃罪或故意杀人罪的共犯。不过，如果对指使逃逸行为按窝藏罪的正犯处罚比按遗弃罪或故意杀人罪的共犯处罚要轻，则应当按窝藏罪对指使人进行处罚。

四、本章小结

1. 对交通肇事逃逸规定的研究需要抓住两条线索：一是逃逸规定的规范保护目的，二是交通肇事逃逸场合涉及的行为个数。只有这样，相应的解释结论才能经得起教义学逻辑的检验，消除了基本前提与具体分析结论之间的逻辑矛盾。

2. 交通肇事后逃逸的场合成立行为复数，存在两个实行行为，即交通肇事行为与不救助行为。应当以此为前提对交通肇事中与逃逸相关的问题展开分析。

3.《刑法》第 133 条中的两个“逃逸”需作相同的解释，它们区别于行政法上的“逃逸”，应在不救助（不作为）的意义上进行理解。交通肇事罪中“逃逸”的成立，要求同时具备不履行救助义务与逃离事故现场或救助场所两个条件。这也适用于对作为定罪情节的逃逸的认定。留在现场不救助的行为，或成立交通肇事罪加重构成中的“恶劣情节”，或应以遗弃罪作独立的评价。

4. 交通肇事罪加重构成中的“逃逸”仅指不救助行为成立遗弃罪的情形。《刑法》第133条中的“交通运输肇事后逃逸”属于结合犯，是交通肇事罪（基本犯）与遗弃罪的结合，二者结合为加重的交通肇事罪。“因逃逸致人死亡”则系结合犯的结果加重犯。为维持与故意杀人罪的法定刑之间的平衡，应认为“因逃逸致人死亡”仅限于过失致人死亡，即遗弃行为致人死亡。如果逃逸行为本身可评价为不作为的故意杀人，则应以交通肇事罪（基本犯）与故意杀人罪对肇事者进行数罪并罚。

5. 作为定罪情节的逃逸不能为交通肇事罪（基本犯）的构成要件所包容。因而，在交通肇事致1人重伤并负事故全部责任或主要责任时逃逸的，不能以交通肇事罪（基本犯）来论处。对逃逸行为应作独立的评价，视情况成立遗弃罪或不作为的故意杀人罪。

6. 指使逃逸的行为视情况成立遗弃罪、故意杀人罪或窝藏罪。对指使逃逸行为的处理不需要以认可过失共同犯罪为前提。在肇事后存在需要救助的伤者时，指使逃逸行为本质上是唆使肇事者不进行救助，指使人与肇事者在遗弃罪或故意杀人罪的范围内成立共同犯罪。由于指使逃逸行为本身还可评价为帮助犯罪的人逃匿的行为，故指使人的行为同时触犯窝藏罪的规定，构成遗弃罪或故意杀人罪的共犯与窝藏罪的正犯之间的想象竞合。在肇事后不存在需要救助的伤者或者肇事者已对伤者履行救助义务时，指使逃逸行为单独成立窝藏罪。

第十二章　非法持有枪支罪构成要件的教义学限定

天津赵春华非法持有枪支案（以下简称“赵春华案”）在一审判决之后即引发舆论哗然，该案凸现了司法人员所适用的定罪量刑标准与公众认知之间的巨大断裂。不可否认，司法判决在结果上偏离公众一般观念的现象并不罕见，但该案中天津法院所作出的判决过于背离公众的基本认识。无论如何，人们都无法在一个开设气球射击摊谋生的贫苦老太与一个持有枪支危害公共安全的危险罪犯的形象之间，建立起任何想象中的勾连。对此，单是援引“法律必须被信仰，否则将形同虚设”之类的警语，或者以尊重司法的公信力为名要求公众接受法院的判决，显然于事无补。无论是对于法律的信仰，还是对司法公信力的尊重，都需要建立在相关判决合乎法理逻辑且并不明显有违公众一般正义感的基础之上。该案判决无疑也超出了法学界的一般认知与期待，这正是其之后受到学界人士批评的缘由。

不过，就赵春华案而言，一味地批评一审法官机械执法甚或指责其缺乏基本良知，可能也并不太公平。实际上，一审法官在作出判决时[①]，明显考虑了案件中的一些特殊因素，运用了量刑方面的自由裁量权。赵春华被指控非法持有枪支 6 支，而根据相关的司法解释[②]，非法持有以压缩气体等为动力的其他非军用枪支 5 支以上，便属于《刑法》

① 天津市河北区人民法院（2016）津 0105 刑初 442 号刑事判决书。

② 2009 年最高人民法院《关于审理非法制造、买卖、运输枪支、弹药、爆炸物等刑事案件具体应用法律若干问题的解释》第 5 条第 2 款的规定。

第 128 条第 1 款中的“情节严重”，应适用加重的法定刑幅度，即 3 年以上 7 年以下有期徒刑。一审判决对被告人赵春华适用的是 3 年 6 个月有期徒刑。这个宣告刑刚刚超出非法持有枪支罪基本犯的法定最高刑，在加重犯的法定刑幅度内靠近法定最低刑的一端。可以合理地推测，一审法官应该也意识到其所掌握的形式性法律标准与实质的价值判断之间的紧张，故而，在量刑阶段通过运用自由裁量权设法缓和对赵春华定罪所带来的冲击。

在舆论的强大压力之下，二审法院在维持有罪事实认定的同时，转而改判赵春华有期徒刑 3 年缓刑 3 年。[①] 表面看来，二审法院的判决似乎起到了安抚公众之不满的效果；实际上，二审在如何缓和对法条的形式性理解与实质的价值判断之间的紧张关系的问题上，采取的策略与一审法院如出一辙。这种相同的策略背后，折射的是我国刑事实务界根深蒂固的一种观念：法律就是法律，在任何情况下，遵守形式的法律标准是司法人员法定的义务，倘若这种形式性的法律标准与实质的价值判断之间存在冲突，则通常只能考虑通过量刑阶段的从宽处理来解决。这无疑是一种比较纯粹的法律实证主义的立场，这种立场强调坚守法律形式标准的绝对性。从方法论的角度而言，它接近于概念法学时代流行的法律实证主义观念。根据此种观念，司法者不允许在适用法律的过程中运用自身的价值判断进行实质的利益权衡，人们认为，只要严格地适用三段论，即足以实现立法者事先所设定的价值安排与利益格局。

赵春华案在实务层面已一锤定音，然而，在刑法学理的层面，该案所引发的思考远未终结。疑问在于：首先，为什么在量刑阶段法官可以将自身关于案件的实质考量融于其中，而在定罪阶段却不被允许？其次，定罪缓刑的结论，是否真的一举解决了形式的法律标准与实质的价值判断之间的紧张关系？最后，在法学方法论经历了从概念法学到利益法学及评价法学的转变的今天，坚持形式至上的法条主义的做法是否具有正当性？不难发现，该案触及刑法解释论中一个极具现实意义的重大

① 天津市第一中级人民法院（2017）津 01 刑终 41 号刑事判决书。

命题：当对法条的形式理解与实质判断之间出现冲突时，司法者（或解释者）应当如何处理?

本书以此为主线来展开论述。第一部分主要梳理与评析赵春华案中既有的四种去罪化解决方案之不足，提出从非法持有枪支罪的构成要件的解释入手是最佳的处理路径。第二部分与第三部分围绕非法持有枪支罪中“枪支”与“持有”及抽象危险这三个要素，展开法教义学层面的探讨。第四部分对法条主义的方法论缺陷进行反思，并就如何合理解决对法条的形式理解与实质判断之间的冲突发表基本的看法。

一、既有去罪化解决方案之不足

赵春华案引发广泛的关注，无疑不是因为该案中存在可能的量刑不公，而是实务的有罪立场在相当程度上背离了公众的一般认知与期待。在此种意义上，二审法院的缓刑判决尽管安抚了人们的不满情绪，却是以一种偏于中庸主义的妥协方式来实现的，判决本身其实并没有对赵春华行为之有罪性进行充分而有说服力的论证。从实体法的角度来看，二审法院认定赵春华的行为构成非法持有枪支罪的理由主要基于两点：一是从《枪支管理法》第 4 条“国务院公安管理部门主管全国的枪支管理工作”的规定，得出刑法中枪支的具体认定标准应当适用《公安机关涉案枪支弹药性能鉴定工作规定》与《枪支致伤力的法庭科学鉴定判据》中相关规定的结论。既然涉案枪支符合公安部前述规范性文件中的枪支认定标准，则其构成刑法上的枪支自然没有疑问。二是认为非法持有枪支的犯罪故意，只要求认识到枪支的表面事实特征（包括不能通过正常途径购买）即可，不需要对其规范属性及影响规范属性的重要事实存在认知。具体而言，由于“涉案枪支外形与制式枪支高度相似，以压缩气体为动力，能正常发射，具有一定的致伤力和危险性，且不能通过正常途径购买获得，赵春华对此明知，其在此情况下擅自持有，即具备犯罪故意。至于枪形物的致伤力的具体程度，不影响主观故意的成立”①。

① 天津市第一中级人民法院（2017）津 01 刑终 41 号刑事判决书。

那么，这两点理由能否成立呢?

就前一理由而言，至少面临以下几点质疑：其一，《枪支管理法》第4条授权公安部门行使的只是枪支的行政管理工作，并没有将刑法中枪支的司法认定标准明示或暗示地授权给其行使，故仅凭该条的规定，无法得出法院在枪支的认定上应当遵循公安部门内部文件的结论。其二，行政法上涉及枪支的规定与刑法中涉及枪支的罪刑规范，其规范保护目的往往各有不同，因而，对行政法与刑法中相同的概念完全可能作出不同的解释，仅仅基于公安部的内部文件对枪支作出了量化的标准，便认为刑法相关罪名中的枪支也可径直采纳这一标准，在论证逻辑上存在明显的断裂。其三，在涉枪类犯罪中，倘若枪支的司法标准由公安部门掌握，法院无权进行独立的判断，则等于说此类犯罪的定罪量刑权是由公安部门终局性地行使，这明显违背行政权与司法权之间的权力分配原理，导致司法权对行政权的从属。不止如此，这种做法也明显违背罪刑法定原则中制定法主义的要求。

就后一理由来说，二审法院的相关说理所面临的疑问在于：其一，非法持有枪支罪中的枪支属于规范的构成要件要素，单是感知到枪支的表面事实特征，而没有意识到其危害公共安全的社会意义，并不足以认定被告人对枪支这一要素具有认识，从而肯定持有故意的成立。其二，作为规范构成要件要素的“枪支”，其中所谓“规范”，涉及的是法律的评价要素，即便认为“就法律的评价要素而言，只要行为人认识到作为评价基础的事实，一般就能够认定行为人认识到了规范的要素”①，也难以认定被告人对作为评价基础的事实已经具备认识。仿真枪与枪支在我国均属于受到管制的对象，无法通过正常途径购买获得。根据公安部2007年发布的《枪支致伤力的法庭科学鉴定判据》的规定，当所发射弹丸的枪口比动能大于等于1.8焦耳/平方厘米时，一律认定为枪支。2008年发布的《仿真枪认定标准》，则主要依据威力标准来区分枪支与仿真枪，仿真枪要求所发射金属弹丸或其他物质的枪口比动能小于1.8

① 张明楷．刑法学（上）．5版．北京：法律出版社，2016：259.

焦耳/平方厘米（不含本数）、大于 0.16 焦耳/平方厘米（不含本数）。这意味着，即便司法中采取公安部规定的枪支认定标准，枪形物致伤力的具体程度作为区分枪支与仿真枪的核心因素，构成影响评价基础的重要事实。相应地，对于被告人而言，她虽然不需要认识到具体的动能比数字，但必须认识到所持有枪支超越仿真枪的范围，已经达到公安部关于枪支的认定标准。然而，就该案现有事实与证据而言，无法证明被告人对其所持有的射击枪构成行政法上的枪支具有认识。可见，二审法院有关被告人赵春华具有主观故意的论证，不仅说理上比较粗糙，而且明显违背犯罪故意的一般原理。

如果肯定赵春华案涉及定罪方面的疑问，而两审法院认定其构成非法持有枪支罪的结论并不成立，则随之而来的问题是，在实体法层面，从去罪化的角度来说，对该案或类似案件的处理存在哪些可能的解决方案？大体说来，既有的解决方案或路径可归为四种：一是否定行为的社会危害性；二是认定成立构成要件错误，由此得出阻却犯罪故意的结论；三是认定成立不可避免的禁止性错误（或违法性认识错误），由此得出阻却罪责的结论；四是认为应当敦促公安部或立法部门修改枪支的认定标准。以下分别述之。

1．否定行为的社会危害性（或实质违法性）

二审的无罪辩护意见，理由之一便是赵春华的行为并无任何社会危害性，因涉案枪支只是赵春华摆摊谋生的工具，既没有产生过任何危险，也不足以产生危险。[①] 二审法院则以枪支独有的特性使其具有高度危险性，非法持有枪支本身即具有刑事违法性和社会危害性为由，否决了前述辩护理由。不难发现，赵春华案中，从行为缺乏实质上的社会危害性的角度来考虑去罪化的问题有其积极的一面，在此，社会危害性作为一种出罪化的标准在发挥作用。这与当前我国主流学说对《刑法》第 13 条但书条款的功能定位相一致。此种意义上的社会危害性与罪刑法

① 徐昕，斯伟江．天津大妈赵春华非法持枪案二审辩护词．[2017－06－15]．http://www.ahxb.cn/c/3/2017-01-26/3770.html.

定原则之间并不矛盾，而只是表明，我国刑法关于犯罪的立法定义，采取的是一种刑事违法性和社会危害性相结合、规范标准和非规范标准互为补充的复合标准，也即，行为罪与非罪的判定，不仅要受刑事违法性的形式制约，而且要受社会危害性的实质限定。[①] 如果放在阶层论的体系之中，采取否定社会危害性的路径，等于是说被告人赵春华的行为缺乏实质的违法性。倘能确定行为缺乏实质的违法性，则自然应当得出无罪的结论。

但此种方案的缺陷在于，首先，社会危害性是一个内涵模糊的概念，缺乏规范的维度与客观的标准，这会使得相关的论理无论在说服力还是在针对性上都存在重大欠缺，容易形成公说公有理、婆说婆有理的尴尬局面。也正是基于其内涵模糊的缺点，社会危害性概念虽然没有被驱逐出刑法教义学的领域，但无论是理论界还是实务界，都日益地以法益侵害性的概念来取代之。其次，分则中犯罪的构成要件并非中性无色，行为的社会危害性需要通过具体的构成要件体现出来，因而，从构成要件的角度入手来展开行为是否存在社会危害性的论证，不仅有助于强化相关论理的针对性与说服力，也能够有效避免社会危害性的实质判断与犯罪构成的判断相互游离的现象。受苏联刑法理论的影响，我国刑法学长期将社会危害性放在犯罪构成之外来处理，导致实质判断与形式判断成为两张皮，由此形成对立与冲突，其结果往往是实质判断取代形式判断。[②] 事实上，从二审辩护意见与二审法院的反驳来看，赵春华的行为有无社会危害性的争论，说到底取决于对枪支这一构成要件要素的理解，双方在涉案枪支有无危险的问题上看法不同，这直接导致在社会危害性的判断上得出相异的结论。

2\. 构成要件错误的路径

根据犯罪故意的一般原理，要成立犯罪故意，行为人需要对所有的客观构成要件要素具有认知。一旦对某一客观构成要件要素缺乏明知，

① 储槐植，杨书文. 善待社会危害性观念——从我国刑法第13条但书说起. 法学研究，2002 (3)：95.

② 陈兴良. 社会危害性理论：进一步的批判性清理. 中国法学，2006 (4)：15.

便会产生阻却故意的后果，这是客观构成要件所具有的故意规制机能。从《刑法》第14条的规定来看，“我国刑法中的故意是一种实质的故意概念，即并不是认识到行为与结果的单纯事实（外部形态）就成立故意，还必须认识到行为的社会意义与法益侵害（危险）结果”①。这意味着，犯罪故意中的认识因素，最终指向的是行为的法益侵害性。相应地，在涉及规范性构成要件要素的场合，由于相关要素内在地蕴含价值评价，只是认识到单纯的事实，未必能够认识到行为的法益侵害性质。“规范的构成要件要素的特征是按照社会和法律规定来确定的，这种特征涉及的是法律关系或者该客体在社会生活中所承担的功能。所以，若要认识到规范性构成要件要素的特征，必须还要理解该要素的法律或社会之功能。因而，在具有规范性构成要件要素时，行为人必须认识到所涉客体的所承担的相关实际用途，才能成立故意。”② 就非法持有枪支罪而言，枪支本身属于规范的构成要件要素，要成立持有的故意，行为人必须对枪支概念所蕴含的社会意义内容具有理解。如果关于法律评价的错误看法使得行为人无法意识到自己行为的社会意义，则将产生阻却故意的后果。正是基于此，罗克辛明确指出，人们不应该说，法律性的错误永远只是涵摄错误和禁止性错误，而不可能是排除故意的构成要件错误。更准确地说，这取决于：如果一个构成要件要素的社会意义，在人们没有认识用以标记它的法律概念时，也是可以理解和已经被人所理解的，那么，对法律性的认识错误就不会影响故意；反之，在对法律的错误理解已经掩盖行为人行为的社会意义之处，这样的错误在关于规范的构成要件要素方面，就会产生排除故意的后果。③

非法持有枪支罪是危害公共安全的犯罪。因而，枪支本身必须具有危及不特定或多数人的生命安全与身体健康的性质，或者说必须具有杀伤力。相应地，要成立持有故意，要求行为人对于所持有枪支具有杀伤

① 张明楷. 刑法学：上. 5版. 北京：法律出版社，2016：258.

② 乌尔斯·金德霍伊泽尔. 刑法总论教科书. 蔡桂生，译. 北京：北京大学出版社，2015：255.

③ Vgl. Roxin, Strafrecht Allgemeiner Teil, Band I, 4Aufl., 2006, § 12 Rn. 93.

力的事实具有认知，即需要对《枪支管理法》第46条中的“足以致人伤亡或者丧失知觉”的事实具有认知。又由于枪支与仿真枪在我国均属于行政管制的对象，而即便采纳公安部的标准，刑法中的枪支也不包括仿真枪在内，因而，要成立持有故意，被告人至少需要对涉案枪支并不属于玩具枪与仿真枪的事实具有认识。但赵春华案中，被告人一直认为涉案枪支是玩具枪，这种对法律因素的错误看法，显然直接影响到其对自身行为的社会意义及法益侵害性的评价。此种错误应归入构成要件错误的范畴，由于错误跨越不同的构成要件，无论错误合理与否，均将得出赵春华缺乏持有故意的结论。

就赵春华案而言，从构成要件错误的角度得出无罪的结论，不失为是一种可行的方案。不过，此种路径的问题在于，它仅能适用于眼下的个案，而无法推广适用至其他类似的涉枪类案件中。由于赵春华案经媒体报道之后获得很大的社会关注，此后的类似案件中，其他的涉案被告人很难再辩称其误认涉案枪支为玩具枪或仅为行政法所禁止的仿真枪。在对涉及构成要件的相关事实存有疑问的情况下，被告人如若有意地不去探询与查明涉案枪支的法律性质，往往会被认为已经认识到涉案枪支的规范意义，因为故意的成立只要求达到可能性的认识即可，由此便难以认定被告人存在构成要件错误，自然也就无法得出阻却故意的结论。

3. 禁止性错误（或违法性认识错误）的路径

刑法理论上，对于错误论而言，具有特别重要意义的是要将认识错误的对象进行两个方面的区分：一方面是犯罪的构成要件、正当化构成要件和免责事由构成要件的前提条件（行为情状），另一方面则是将行为评价为不法。[①] 对构成要件的行为情状的认识错误，无论错误合理与否，都将产生阻却故意的结果；相反，对行为之不法性的认识错误，则要区分错误是否合理或是否可避免，只有合理的或不可避免的错误才产生阻却罪责的后果。就赵春华案而言，除了构成要件错误的路径之外，

---

① 乌尔斯·金德霍伊泽尔. 刑法总论教科书. 蔡桂生，译. 北京：北京大学出版社，2015：243.

还可以进一步考虑被告人是否存在禁止性错误（或违法性认识错误）。在法定犯中，承认合理的违法性认识错误可阻却罪责，有助于在刑法的风险规制与责任主义的要求之间求取必要的平衡，防止功利化的预防性考虑侵蚀个体的基本权利。① 在行为人对行为的不法性质产生误认的场合，判断错误是否合理或可避免，涉及两个方面的问题：一是在判断尺度上是采取行为人标准还是一般人标准。二是具体如何对可避免性的成立条件进行审查。立足于风险规制与责任主义要求之间的平衡，有必要按生活领域与专业领域分别适用个别人尺度与一般人尺度；在错误的可避免性的审查条件上，则应当递进性地考虑客观上是否存在查明法律的机会，以及行为人主观上是否尽到查明法律的努力。②

赵春华案中，为谋生而摆放射击摊属于日常性的生活领域，禁止持有枪支也是面向普通人的规范要求，因而，宜采取行为人标准，即根据个案的具体情况，按照被告人个人的生活经历与认知能力来确定可避免性要求的尺度。赵春华系偏远牧区来天津打工的民工，初中文化程度，原先一直在老家呼伦贝尔林场种植木耳，2013 年才到天津一家工厂打工，案发时她刚辞职摆射击摊 2 个多月。从其生活经历与认知能力来看，她不可能具备枪支方面的知识；同时，由于我国的枪支标准较为复杂，且公安部门在 2007 年大幅降低枪支认定标准之后并没有做广泛的宣传，客观上赵春华也缺乏了解枪支方面相关规定的机会与可能性。很显然，赵春华案及类似涉枪案件的发生，与政府对枪支的行政监管的缺位相关。在此种情况下，“对作为普通消费者的民众赋予超出其认识能力的注意义务，实属强人所难。作为消费者，不可能对自己在玩具市场或者在网上购买的玩具枪进行专业的枪口比动能鉴定。司法机关也不能仅凭事后的一纸鉴定结论就追究其刑事责任，尤其那些鉴定数据略微超过临界值的案件更是如此”③。在旅游场所或游戏场所摆放射击摊在国内属于司空见惯的现象，无论是赵春华还是其他具有正常理性的普通

① 劳东燕．责任主义与违法性认识问题．中国法学，2008（3）：158-159.

② 车浩．法定犯时代的违法性认识错误．清华法学，2015（4）：32-46.

③ 陈志军．枪支认定标准剧变的刑法分析．国家检察官学院学报，2013（5）：114.

人，都不会将射击用枪与刑法上的枪支联系起来，故其误认为玩具枪的辩解具有可信性与合理性。基于此，应当认定赵春华存在不可避免的违法性认识错误，按国内刑法理论的通说，此类错误将产生因阻却罪责而无罪的结果。

可以肯定的是，从违法性认识错误的角度入手，能够为赵春华案的去罪化结论找到一条新的路径。不过，这种方案的不足之处也比较明显。首先，由于我国现行刑法并未就违法性认识错误的处理作出明文规定，实务中通常坚持的是不知法不免责的立场，并不认为此类错误能产生阻却犯罪的结果，而是认为它至多只能影响量刑。[①] 其次，尽管刑法学理上一般借鉴德日的做法，而认为不可避免的违法性认识错误可免责，但理论上仍有学者提出，考虑到我国目前的法治阶段、一般民众的法律观念以及司法机关对违法性认识错误的接受程度，对于不可避免的违法性认识错误，赋予应当减轻或者免除处罚的法律后果更为现实。[②] 最后，与构成要件错误的路径一样，违法性认识错误的路径也仅能适用于眼下的个案，无法推广适用至其他类似的涉枪类案件中。在赵春华案引发舆论的强烈关注之后，此后发生的涉枪类案件中，行为人很难再主张其违法性认识错误具有合理性。

4. 倡导改变公安部的枪支标准的路径

赵春华案引发舆论的强烈关注，主要是由于公众对枪支的一般认知与司法部门所掌握的尺度之间存在悬殊。正是基于此，无论是二审的辩护意见还是媒体的报道，都将关注的焦点放在了枪支的标准上，认为现行的枪支认定标准并不合理，应当适度提高枪支的枪口比动能标准。

现行的枪支标准来自 2007 年 10 月 29 日发布的《枪支致伤力的法庭科学鉴定判据》（2008 年 3 月 1 日实施），该文件由全国刑事技术标准化技术委员会（SAC/TC179）提出并归口，起草单位为南京市公安局刑事科学技术研究所、南京理工大学与公安部物证鉴定中心。2010

① 劳东燕．责任主义与违法性认识问题．中国法学，2008（3）：165-166.
② 车浩．法定犯时代的违法性认识错误．清华法学，2015（4）：46.

年通过的《公安机关涉案枪支弹药性能鉴定工作规定》明确规定："对不能发射制式弹药的非制式枪支，按照《枪支致伤力的法庭科学鉴定判据》（GA/T718－2007）的规定，当所发射弹丸的枪口比动能大于等于1.8焦耳/平方厘米时，一律认定为枪支。"与周边其他国家（如日本）与地区（如我国台湾及香港地区）相比，我国现行的枪支认定标准明显偏低；同时，与2007年我国之前因采取"射击干燥松木板法"而适用的枪口比动能16焦耳/平方厘米的标准相比，鉴定标准的临界点更是有大幅度的降低。

大幅度降低枪支认定标准的后果之一，便是使得众多本以为是玩具枪或仿真枪而实施买卖、运输或持有的行为人被刑法之网所捕获，并相应受到刑事追诉与定罪。这样的追诉与定罪在让公众大吃一惊的同时，从责任主义的角度而言，让行为人承担刑事责任也未免显得有失公正。因而，作为二审辩护人之一的徐昕律师，近年来在各种场合不遗余力地建议修改公安部的枪支认定标准。无独有偶，也有全国人大代表在提案中关注枪支认定标准合理化的问题，建议从立法上规范和提高仿真枪入刑标准。①

可以肯定的是，倘若现行的枪支认定标准能够得以适当提高，则赵春华案及类似的案件便可从根本上得以解决。这一方案如能落实，势必成为最佳方案，将有效克服前述三种方案所存在的各种缺陷。问题在于，一则，呼吁相关部门改变枪支认定标准，就当下已经现实的个案而言，总是有远水解不了近渴之嫌。尤其是，虽然希望从立法上解决枪支标准的问题，但想要推动立法修正谈何容易。二则，从当前较为严峻的社会治安形势而言，全面提高枪支认定标准是否合理，可能也会存在相当的争议。比如，就赵春华案而言，有论者便认为，该案一审判决引发的司法信任危机并非司法本身的问题，根源其实是由于主管负责枪支管理工作的执法机关执法不严，进而导致公众未能严格守法，甚至因此悄

① 李显峰. 人大代表蔡学恩：现在是解决仿真枪入刑的好契机. 中国青年报，2017-03-05.

然改变国家法律的操作标准，最终使公众对于枪支管理的认知标准和国家立法标准之间产生了严重的偏差。[①] 不难发现，该论者的言下之意是，现行的枪支认定标准并没有什么问题，赵春华案中也不涉及机械司法的问题，舆论的不满，说到底是由公安机关对枪支管理的执法不严所造成。该论者的观点不能说毫无合理之处。基于此，想要全面地修改现行的枪支认定标准，估计阻力不小。人们大概也不愿意看到，国内大街上随处有人肆无忌惮地挎着仿真枪走来走去。

综上，对于赵春华案及类似案件而言，前述四种去罪化的路径或者标准模糊，或者无法推广适用，或者不能对当下的个案进行现实的救济，都并非理想的解决方案。同时，也必须承认，在处理此类涉枪案件时，任由司法按当下的逻辑继续运作，会不断酿成新的司法信任危机。在法教义学的层面上，通过对非法持有枪支罪中“枪支”、“持有”与抽象危险等要素做限制性解释，能够有效地解决赵春华案及类似案件中的去罪化问题，并有助于使非法持有枪支罪的处罚范围趋于合理。

二、对“枪支”概念的限制性解释

在我国，涉枪类犯罪一直是刑法严厉打击的对象。1996 年通过的《枪支管理法》第 46 条规定：“本法所称枪支，是指以火药或者压缩气体等为动力，利用管状器具发射金属弹丸或者其他物质，足以致人伤亡或者丧失知觉的各种枪支。”一般认为，根据该规定，枪支必须包含四个特征：一是动力特征，即以火药或者压缩气体等为动力；二是发射工具特征，即利用管状器具作为发射工具；三是发射物特征，即发射物质是金属弹丸或者其他物质；四是性能特征，即足以致人伤亡或者丧失知觉。其中，性能特征是枪支被纳入严格管制物品范围的关键特征，是从发射物对所指向之人的作用效果（即杀伤力）角度对枪支的特征作出的界定。[②]

---

① 杨建军. 法律的系统性危机与司法难题的化解——从赵春华案谈起. 东方法学，2017 (3)：95-97.

② 陈志军. 枪支认定标准剧变的刑法分析. 国家检察官学院学报，2013 (5)：107.

不难发现，前三个特征只能将枪形物与其他物品区分开来，却无法将枪支与玩具枪、仿真枪相区别。因而，在枪支的认定中，至关重要的是其性能特征即杀伤力的评估与判定问题。在公安部发布《枪支致伤力的法庭科学鉴定判据》之前，我国关于枪支的鉴定，采取的是“射击干燥松木板法”。根据该方法，认定具有致伤力而鉴定为枪支的枪口动能比临界值为16焦耳/平方厘米。然而，2007年的《枪支致伤力的法庭科学鉴定判据》与2010年的《公安机关涉案枪支弹药性能鉴定工作规定》，放弃“射击干燥松木板法”而改采“测定枪口比动能法”，并将枪口动能比的临界值下降至1.8焦耳/平方厘米。据此，凡是枪口动能比大于等于1.8焦耳/平方厘米，即一律认定为枪支；同时，根据2008年公安部的《仿真枪认定标准》，枪口动能比小于1.8焦耳/平方厘米（不含本数）、大于0.16焦耳/平方厘米（不含本数），则认定为行政法上管制的仿真枪。从《枪支致伤力的法庭科学鉴定判据》的主要起草人的实验设计来看，新的枪支认定标准将枪口动能比的临界值调整为1.8焦耳/平方厘米，是以眼睛作为试验部位进行近距离射击（射距10～20cm）可以造成伤残而得出的。[①] 由于眼睛是人体极为脆弱的部位之一，以之作为试验部位认定枪支的致伤力程度，其合理性如何此后一直面临争议。枪支认定中枪口动能比临界值的这种调整，为此后涉枪类刑事案件的处理埋下纷争的导火索。

大幅降低枪支的认定标准，不仅导致实务中涉枪案件的数量激增，而且大大扩张了刑法中涉枪犯罪的处罚范围。尤其是，由于公安系统内部实行规定犯罪打击数的业务考核制度，这驱使不少地方的公安机关为完成考核任务，而将非法持有枪支的行为当作打击的重点，由此导致大量情节显著轻微的非法持有枪支行为被当作犯罪来处理。[②] 可以说，由于枪支认定标准的大幅降低，在涉枪领域产生过度犯罪化的问题。

---

① 季峻，张晓军，李松．钢珠气枪及其发射弹丸的检验和鉴定．江苏警官学院学报，2008（3）：184-185.

② 李林，张一薇．司法考核制度下非法持有枪支罪司法认定实证研究．中国刑事法杂志，2012（6）：45.

这种过度犯罪化至少带来三方面的消极影响：一是不可避免地带来惩罚上的不正义，并引发严重的选择性执法现象，从而对法治产生侵蚀性的影响[①]；二是对本不该入罪的行为人进行定罪量刑，可能人为制造潜在的不稳定因素，为社会治安埋下重大的安全隐患；三是不利于公众形成基本的规范认同，甚至可能动摇公众对于法秩序的信赖，从而使刑法规范无法发挥积极的一般预防效果。在很大程度上，赵春华案正是这种过度犯罪化的产物。因而，倘若要合理解决赵春华案及类似的个案，便需要直面涉枪领域过度犯罪化的问题。毫无疑问，对于过度犯罪化的问题，“改善实体刑法对于降低不正当的惩罚及提升法治本身都具有重要作用”[②]。从实体法的角度而言，改善的途径除了立法修正之外，便是借助法解释的方法，通过对非法持有枪支罪的构成要件进行必要的限定，以实现处罚范围的合理化。由于枪支概念是非法持有枪支罪中的核心要素，因而，如何界定枪支的概念，将直接影响该罪的处罚范围。

本书认为，在现行制度语境下，对刑法中涉枪罪名中的枪支，宜做不同于行政法上的枪支的理解，即区分刑法上的枪支与行政法上的枪支鉴定标准。这样的二元化理解既能顾及维护社会治安的需要，又能有效解决赵春华案与类似个案中出现的去罪化冲突。具体而言，将公安部所规定的枪口动能比 1.8 焦耳/平方厘米的标准，仅视为行政法上枪支的认定标准；刑法中的枪支，则采用“足以致人伤亡或者丧失知觉”的标准，至于特定的枪形物是否达到这一标准，则由司法机关委托专门鉴定机构进行杀伤力的鉴定，以穿透人体的体表作为具备杀伤力的下限。国外有研究表明，穿透皮肤的投射物的比动能的临界值为 10～15 焦耳/平方厘米[③]；国内的相关实验也得出相近的结论，即 16 焦耳/平方厘米的断面比动能是弹丸穿透皮肤的最小值，当弹丸断面比动能达到该数值

① 道格拉斯·胡萨克. 过罪化及刑法的限制. 姜敏，译. 北京：中国法制出版社，2015：33-45.

② 同①47.

③ 季峻. 关于枪支杀伤力鉴定的讨论. 江苏公安专科学校学报，2000（6）：119.

时，可以致人轻伤害。[①] 据此，可考虑以 15 焦耳/平方厘米左右的比动能数值作为刑法中枪支的认定标准。实际上，在赵春华案之前便有论者提出过类似的方案，建议行政法上的鉴定标准仍维持现有的标准不变，但提高刑法上的枪支鉴定临界值到 15 焦耳/平方厘米这一修改前的原有标准，认为这种方案既能维持现有的严格枪支行政管制制度，又能避免刑事打击面的过度扩大。[②] 对刑法中的枪支概念做更为严格的限定，是现行制度语境下兼具合理性与可操作性的解决方案，并且能够在法教义学层面上找到充分的理由与根据。

其一，涉枪类犯罪所保护法益的性质决定对刑法中的枪支概念必须做严格的限定。

涉枪类犯罪属于性质严重的危害公共安全犯罪，其中，非法持有枪支罪则是危害公共安全的抽象危险犯。在公共安全的理解上，应当认为，其中的“公共”需要以社会性的多数为核心来展开理解，也即，通常所称的“不特定或多数人”应理解为潜在的多数或现实的多数，前者是指行为有向危及多数人安全的方向扩展之现实可能性；所谓的“安全”，从危害公共安全罪法定刑的严厉性以及其与故意毁坏财物罪的协调出发，有必要将公共安全的内容限定为人身安全。[③] 鉴于法益具有指导构成要件解释的功能，既然非法持有枪支罪指向的是多数人的生命安全与身体健康方面的法益，作为其中之核心要素的枪支，自然必须与该法益结合起来进行理解。若要危及多数人的生命安全与身体健康，则势必只有那些具有类型性地引起轻伤以上结果的特性的枪形物，才有可能纳入刑法中的枪支的范畴。

如果从特定的枪形物的基本特性来看，其通常不可能引起轻伤以上的结果，即便其因击中人体的脆弱部位而偶然造成他人重伤或死亡的结果，也难以认定为刑法中的枪支。一则，持有此类枪形物的行为难以被

① 于遨游，白铁刚，李华．非制式枪支杀伤力标准的实验研究．福建警察学院学报，2008（2）：76.

② 陈志军．枪支认定标准剧变的刑法分析．国家检察官学院学报，2013（5）：116.

③ 胡东飞．论刑法意义上的“公共安全”．中国刑事法杂志，2007（2）：52-56.

认为会危及公共安全的法益。正如弹弓、小石子、筷子之类的物件，如果击中的是眼睛这样的部位，也可能会引起重伤以上的结果，但其有害性不可能被认为已达到危及公共安全的程度。二则，如果持有此种枪形物被认为构成刑法中的枪支，则它未免过于偏离公众心目中枪支的观念形象。持有枪支之所以被禁止，不仅是因为枪支的杀伤力，也是因为其形象会引发公众的巨大不安与恐慌。然而，玩具枪或游戏摊上的枪形物不仅不会引起公众的不安与恐慌，甚至还有娱乐公众的效果。即便公众事先便得知此类枪形物的比动能超过 1.8 焦耳/平方厘米，只要其杀伤力没有达到能够穿透人体体表的程度，也不足以引发公众的不安与恐慌。

其二，“以刑制罪”的原理要求对刑法中的枪支概念必须做严格的限定。

“以刑制罪”的原理意味着，刑法分则就特定罪名所规定的法定刑的严厉程度反过来会制约与影响犯罪成立要件的解释，这是罪刑相适应作为刑法解释指导原则的必然产物。[①] 刑法中涉枪类罪名的法定刑普遍设置得较高，比如《刑法》第 125 条非法制造、买卖、运输、邮寄、储存枪支罪与第 127 条的盗窃、抢夺枪支罪，其基本犯的法定刑幅度是 3 年以上 10 年以下有期徒刑，第 151 条走私武器罪基本犯的法定刑幅度为 7 年以上有期徒刑，并处罚金或者没收财产。诸如非法持有、私藏枪支罪与非法携带枪支危及公共安全罪等罪名，虽然基本犯的法定刑看起来并不高（3 年以下有期徒刑、拘役或者管制），但考虑到此类罪名主要是作为实质的预备犯而存在，而预备犯按照刑法总则的规定，是“可以比照既遂犯从轻、减轻处罚或者免除处罚”，由此看来，相应的法定刑设置得也并不低。由于对枪支的界定，会影响所有涉枪类犯罪的处罚范围，在界定刑法中的枪支概念时理应做通盘的考虑。若是对枪支标准设定得过低、过宽，势必使得相应的法定刑设置显得过于严厉，不仅会

① 劳东燕. 刑事政策与刑法解释中的价值判断——兼论解释论上的“以刑制罪”现象. 政法论坛，2012 (4)：38-40.

引发个案不正义与对处罚范围合理性方面的质疑，而且严重违背罪刑相适应原则。罪刑相适应不只是一个量刑原则，它同时适用于刑事立法、刑事司法与刑罚执行阶段，所以，它当然也是解释论上应当遵守的原则，具有指导构成要件解释的功能，如果某个解释结论会导致罪刑不相适应的结果，则必须否定它的有效性。[①] 不难发现，若是对刑法中的枪支概念采取 1.8 焦耳/平方厘米的标准，则相关行为的不法程度势必无法与涉枪类犯罪严厉的法定刑相适应。在此种意义上，对刑法中的枪支概念做严格的界定，可谓是“以刑制罪”的解释论原理的必然要求。

其三，从刑法分则相关法条之间的关系的协调性考虑，有必要对刑法中的枪支概念做严格的限定。

涉枪类犯罪侵害的法益是公共安全，而公共安全说到底涉及的是他人的生命与健康。基于此，在解释涉枪类犯罪的构成要件时，必须与故意杀人罪与故意伤害罪等相关的罪刑规范相联系，只有这样，才能实现体系解释的基本要求。根据我国刑法的相关规定，故意伤害致人重伤与情节较轻的故意杀人，其法定刑都是 3 年以上 10 年以下有期徒刑。涉枪类犯罪既然是危及他人生命与健康的抽象危险犯，从与故意伤害（致人重伤）罪与故意杀人罪的法条相协调的角度，枪支的杀伤力程度原则上需要限定为有导致他人重伤或死亡的现实可能性，通常只能引起轻伤以下伤害的枪形物，有必要排除在刑法中枪支的范畴之外。这样的解释结论也可从抢劫罪的相关规定中推论得出。持枪抢劫与抢劫致人重伤、死亡在我国均属于抢劫罪的法定加重情形，二者的法定刑完全一样，均为 10 年以上有期徒刑、无期徒刑或者死刑，并处罚金或者没收财产。不难推断，立法者对这两种情形的不法程度做的是相同的评价。从体系解释的原理来看，只有枪支本身具有导致他人重伤或死亡的威力，才能使这两种法定加重情形在不法上基本相当。若是按当前的实务做法，采纳 1.8 焦耳/平方厘米的标准，势必使持枪抢劫的不法程度完全无法与

① 劳东燕．刑事政策与刑法解释中的价值判断——兼论解释论上的“以刑制罪”现象．政法论坛，2012（4）：40.

抢劫致人重伤、死亡的情形相当，从而导致刑法分则的相关法条之间失去起码的协调。

其四，从刑法规范的保护目的区别于行政法规范的保护目的的角度，可得出对刑法中的枪支概念应做严格限定的结论。

枪支的概念来源于《枪支管理法》的相关规定，从这个意义上而言，刑法中的涉枪类犯罪均需符合行政违反的前置性要求。如果所实施的涉枪类行为，根本就没有违反相关的行政法规范，则行为人不可能构成刑法中的涉枪类犯罪。然而，这并不意味着，对枪支的行政管制与涉枪类犯罪的处罚，必须采取相同的枪支认定标准，更不意味着，司法部门有义务遵从公安部的规章或内部的规范性文件所规定的枪支认定标准。

这主要是由刑法与行政法具有不同的规范保护目的所致。尽管涉枪类行政规范与涉枪类罪刑规范的保护目的中均包含公共安全的考虑，有其重合的一面，但从我国制裁体系的基本设置来看，二者规制的是不法程度有所区别的行为。这是由我国刑法中犯罪定义所采取的“定性＋定量”的模式所决定的。[①] 就涉枪类行为而言，在是否决定做入罪处理的问题上，其中的定量因素或者是仅通过枪形物的数量来体现，或者是主要从枪形物本身的杀伤力程度来界定。着眼于涉枪类犯罪所侵害的法益与严厉的法定刑设置，并考虑跟其他相关法条之间的协调，难以认为单纯的数量增加便足以认定，相关行为的不法性已经骤然提升至需要刑罚严厉处罚的程度。对枪形物本身的杀伤力作分级性的处理，同时为刑法中的枪支设定更为严格的标准，显然是一种更为合理的做法，有助于对涉枪犯罪中的定量因素作出更为科学的界定。

与此同时，涉枪类行政规范与涉枪类罪刑规范在保护目的上也存在不重合的另一面。涉枪类行政规范，其保护目的主要在于通过严格地控制枪支的流转与分布，而将枪支威胁社会治安的危险扼杀在萌芽状态。

---

① 储槐植，汪永乐．再论我国刑法中犯罪概念的定量因素．法学研究，2000（2）：34-43.

涉枪类罪刑规范除了管控枪支所带来的对公共安全的危险之外，其目的中也包含代表共同体对行为人进行惩罚与谴责的因素，又由于刑罚涉及对个体自由与生命的生杀予夺，故涉枪类犯罪的处理必须在危险管控与自由保障之间保持必要的平衡，即除了功利性的危险预防考虑之外，还必须直面惩罚的公正性或者说罚当其罪的问题。如果枪支本身的致伤力在通常情况下甚至不足以穿透皮肤，则难以认为这样的刑罚适用符合理性的要求，刑法最终沦为了国家恣意发动刑罚权干预个人自由的借口。

其五，涉枪类罪刑规范作为行为规范（或决定规范）的属性，也要求对枪支概念必须做严格的限定。

刑法规范同时具有行为规范与裁判规范的双重特性，而对于分则中经过类型化构建的罪刑规范而言，行为规范是其首要的属性。作为行为规范，罪刑规范起着指导与命令人们如何行为的功能。这就要求对罪刑规范中相关概念的界定不能过于偏离普通人的认知与理解，这也是罪刑法定的内在要求的体现。超越国民预测可能性的解释，不仅面临正当性上的质疑，也会严重影响一般预防的效果，影响罪刑规范作为行为规范的功效的发挥。因为一旦无法理解与掌握刑事不法的意义与可罚性的界限，国民就会在规范面前不知所从，自然也就无法在行为实施之前产生相应的行为抑制动机。正如有学者指出的，如果刑法欲产生预防性的沟通效果，法律规定与适用就必须让社会成员对于经验上的危险预测，进一步产生“为何（处罚）”的规范性理解；如此一来，法规范始有可能与社会成员产生一定的主观联系，并且促使其采取一定的意向性行动。[①] 因而，涉枪类罪刑规范若是想要发挥积极的一般预防效果，则有关枪支的标准势必需要处于国民的预测可能性的范围之内。如果法定的枪支标准与国民的认知差距过大，涉枪类罪刑规范便难以起到指导与命令人们如何行为的作用。

① 古承宗. 风险社会与现代刑法的象征性. 科技法学评论，2013，10（1）：163.

三、对“持有”概念的限定性理解

持有型犯罪的特殊性，无疑并不仅仅体现在行为方式之上，即它究竟属于作为、不作为还是独立的第三种方式。更重要的是，在强化社会保护与防止行为人逃避刑事追究方面，持有型犯罪发挥着其他类型的犯罪所不具有或者无法比拟的堵截性功能。这种堵截功能主要通过两方面的改变来实现：在刑事实体法上，持有型犯罪构成通过将刑法干预触须延伸至犯罪预备行为以及单纯的法益侵害危险或义务违反行为，进一步严密刑事法网；在刑事证据法上，持有型犯罪构成改变刑事证明的内容、降低证明要求，并将部分举证责任转移给被告人承担。[①] 持有型犯罪的出现，与刑法体系的预防转向密切相关。在一个预防主导的刑法体系中，持有型犯罪承担着规制风险与将危险扼杀在萌芽状态的功能。作为刑法调整自身以适应政治与社会大气候的调节器，持有型犯罪明白地反映出立法者功利主义的政策导向。此类犯罪往往涉及推定问题，而无论是持有还是推定，本质上都使得国家对于犯罪的指控与追究变得容易，都是有利于国家而不利于犯罪人的。[②]

可以说，持有型犯罪的兴起，折射出当代刑法体系中三个重大的转变：一是立法理念上从结果本位转向行为本位；二是不法论的立场从结果无价值论转向行为无价值论；三是行为人刑法的观念以极其隐蔽的方式重获影响力。持有型犯罪中，物体的危险性被认为转移到持有者身上，持有者被视为危险的来源。最终，持有者不仅因为持有有害之物而受到惩罚，而且因为自己变成有害之物而受到惩罚。[③] 在某种意义上，持有型犯罪犹如披着羊皮的狼，表面上安全无害，能有效克服合宪性方面的挑战，但实质上却蕴含着巨大的危险。它在实体法与程序法两个层

① 梁根林．持有型犯罪的刑事政策分析．现代法学，2004（1）：36-37.

② 劳东燕．揭开巨额财产来源不明罪的面纱——兼论持有与推定的适用规制．中国刑事法杂志，2005（6）：58.

③ See Markus Dirk Dubber. *Policing Possession: the War on Crime and the End of Criminal Law*, in 91 *Journal of Criminal Law and Criminology* (2001), pp. 864, 870.

面，对传统的刑事责任基本原则有着重大的偏离或突破，客观上存在削弱人权保障甚至冤枉无辜的内在危险。

在实体法层面，持有型犯罪严重偏离典型的实害犯的观念形象，它虽以既遂的面目出现，但实际上是一种危险犯，处罚的是距离法益侵害相当遥远的危险。按其设计与适用，持有在概念内涵上是一种双重的未完成型犯罪，比一般的如未遂那样的未完成型犯罪距离对人身危害的实际施加还要更远一步。[①] 在此种意义上，就持有型犯罪而言，其可罚性的实质根据与其说是来自法益侵害，不如说来自规范违反，来自对国家命令的单纯的不服从。与此同时，尽管刑法理论上多倾向于将持有放在作为中来处理，但持有实际上既区别于作为，也不同于不作为，而本质上属于一种状态，对持有的处罚其实是对状态的处罚。刑法理论上将持有归入作为或不作为，本意是想规避刑法上的行为要求。这种规避，使得对行为人的定罪变得极其容易，控方完全不需要证明先前的或后续的行为，而只要证明相关物品处于行为人的控制之下即可，行为人甚至不需要对该物品具有所有权或法律上的占有权利。

在程序法层面，持有型犯罪因适用推定的技术而与无罪推定原则形成冲突。在刑事诉讼中，推定的影响可归纳为：降低控方的证明程度、降低证据的充分性要求与改变证明的内容。[②] 持有型犯罪借助推定的技术，深刻地改变了源于无罪推定原则的证明责任要求。仔细分析，其中涉及三个方面的推定：一是对抽象危险的存在的推定。持有型犯罪中，只要具备相应的持有行为，抽象危险即被推定为存在。从犯罪的本质是法益侵害的角度而言，对法益的危险本来属于犯罪的客观构成要件要素，根据无罪推定原则，控方理应承担排除合理怀疑的证明责任，但在持有型犯罪中，借助于立法性的推定，该要素却完全被移除出控方的证明范围。二是对持有与行为对象具备明知的推定。持有型犯罪当然算不上是严格责任犯罪，因为至少在形式上，犯意的要求仍属于此类犯罪的

---

① Markus Dirk Dubber. *Policing Possession: the War on Crime and the End of Criminal Law*, in 91 *Journal of Criminal Law and Criminology* (2001), p. 908.

② 劳东燕. 认真对待刑事推定. 法学研究，2007 (2)：33.

主观构成要件内容，是控方需要证明的对象。然而，控方对此却无须承担严格的证明责任，而是只要完成对持有行为的基础事实的证明，即只要证明相关物品处于行为人的控制或支配之下，之后便可径直通过推定来解决犯意的证明问题。三是对行为人的人身危险性的推定。持有型犯罪中所潜含的第三个推定是，由所持有之物的危险性来推定相应的行为人具有危险性。如论者所言，现代的持有犯罪将注意力放在持有的对象之上，不关注由此而引发的危害，而关注的是行为人与危险物品的空间联系。危险性基于自身的缘故从被占有对象上传给占有者，给占有者贴上危险的标签。①

正是基于持有型犯罪存在规避与隐蔽突破诸多刑事责任一般原则（包括行为要求原则、责任主义原则、法益侵害原则与无罪推定原则等）的一面，刑法理论上始终面临如何合理限制其处罚范围的问题。

基于持有型犯罪可能严重危及对个体的自由保障，对持有的概念本身必须做限制性的解释。持有某物并不要求行为人对该物具有所有权或法律上的占有权利，也不要求行为人在物理上占有它。从其核心含义来看，持有的成立当然是以行为人行使对特定物品的支配或控制为条件的，但是，仅此并不足以成立刑法中的持有。持有的成立需要进一步满足如下三个要件。

其一，所依附的先在行为或续接行为本身必须具备犯罪性。

非法持有特定物品通常是更为严重的先行犯罪的结果状态、目的犯罪的预备状态或续接犯罪的过渡状态，只是由于无法证明危害更大的先行犯罪或续接犯罪，故退而求其次以较不严厉的持有型犯罪来进行处理。② 如论者所言，持有型犯罪尽管在刑法中独立成罪，但其犯罪属性（即法益侵害性）的体现并不在持有本身，而是在与之相关联的犯罪之上，在于其所依附的关联犯罪的法益侵害性。之所以出现持有型犯罪，是出于刑事政策的考量，并不是说“持有”这种状态本身为刑法不能容

---

① Markus Dirk Dubber. *Policing Possession: the War on Crime and the End of Criminal Law*, in 91 *Journal of Criminal Law and Criminology* (2001), p. 865.

② 梁根林. 持有型犯罪的刑事政策分析. 现代法学，2004 (1): 37.

忍，而是对特定物品的持有往往意味着之前或者之后有关联犯罪，即持有的法益侵害性必须通过其对相关犯罪群中其他犯罪的依附才能体现出来。①

这意味着，在认定持有是否成立时，需要考虑与结合相应的先在行为或续接行为的犯罪属性。如果先在行为或续接行为本身缺乏犯罪性，则不应认定持有的成立。比如，警察从甲的住处搜出数量较大的毒品，而甲本人是吸毒者，如果甲能够提供充分的证据证明，其住处的毒品均系为自己吸食而购买，则即使数量较大，也不应以非法持有毒品罪定处。理由在于，导致其对毒品处于控制状态的先在行为与续接行为，即单纯购买毒品的行为与吸食毒品的行为，在我国刑法上都不构成犯罪；既然相应的关联性行为并不具有犯罪的特性，自然不能以堵截性的非法持有毒品罪对甲定罪处罚，否则无异于变相惩罚单纯购买或吸食毒品的行为。同时，既然查明行为人持有毒品的确是为了自己吸食，也就排除了可能用于贩卖而侵害公众健康的抽象危险性，因而，除非行为人持有数量特别巨大的毒品而明显超过自己的吸食量，不能排除用于非法用途如贩卖的可能性，才可能构成非法持有毒品罪。②

其二，对特定物品行使控制与支配已达到合理的时间，行为人具有在继续持有与放弃持有之间进行选择的机会。

特定物品处于行为人控制之下，且行为人对此具有认知，这只构成持有的必要条件。与此同时，行为人对该物品的控制与支配必须达到一定的时间长度，以使其能够在继续持有与放弃持有之间作出选择。短暂的获得或控制通常不足以构成持有，比如，基于抛弃的意图而从他人处拿走违禁物品的行为人，并不会由于对该物品有暂时的控制而成立“持有”③。这意味着，持有的概念具有“比短暂控制更多的内容（some-

---

① 杜磊．法益侵害视角下持有型犯罪的重释——兼析非法持有宣扬恐怖主义、极端主义物品罪的合理性．政治与法律，2017（1）：123.

② 陈洪兵．持有型犯罪的立法扩张与司法限缩——基于法益保护与人权保障的平衡．北方法学，2017（2）：77-78.

③ Paul. H. Robinson & Michael T. Cahill. Criminal Law，2nd edition，New York：Wolters Kluwer Law & Business，2012，p. 147.

thing more than momentary control)"[①]。持续期间对于持有的成立具有重要的意义。美国《模范刑法典》第 2.01（4）条明确规定，持有的成立必须具备"有足够的时间能够终止其持有（for a sufficient period to have been able to terminate his possession)"的要件。德国联邦宪法法院在 1994 年的一个判例中，也明确要求持有的成立应满足类似的条件。[②] 由此可见，并不是一沾染特定物品，行为人便成立刑法上的持有，而是要求对特定物品的控制或支配处于稳定的状态之下。这是基于责任主义原则的要求。

其三，行为人持有特定物品的意图属于立法规制的目的的范围。

刑事立法上就特定物品创设持有型犯罪，是因为立法者想要有效地打击危害更为严重的关联性犯罪。就此而言，持有型犯罪实际上是作为打击关联性犯罪的有力工具而存在的。相应地，在认定是否构成持有时，必须考虑行为人控制特定物品的主观意图是否恰好处于立法规制目的的范围之内。如果答案是肯定的，不管行为人是为自己的缘故还是基于促进他人利益的考虑而对特定物品行使控制或支配，比如，持有枪支是为了让枪支流转出去，都可构成刑法上的持有。但是，如果行为人控制特定物品的主观意图并不属于立法规制的目的的范围，则不应认定持有的成立。比如，行为人作为家长或学校老师，为保护其年幼的子女或学生，而将后者所控制的枪支转移到自己的控制或支配之下，其后，一直准备将所涉枪支交给有权部门处理。如果在枪支正式上交之前，行为人因所持枪支而案发，则此类行为因行为人的主观意图与立法目的相背离，理应认为不构成刑法上的持有。德国地方法院在 1982 年的一个判例中，也表达过类似的意见。[③] 总而言之，从立法规制的目的而言，持有的成立与否需要考虑行为人的主观意图。

---

① Wayne R. LaFave. *Substantive Criminal Law*, Volume 1, 2nd edition, Eagan: Thompson, 2003, p. 432.

② Markus D. Dubber & Tatjana Hörnle. Criminal Law: A Comparative Approach. Oxford: Oxford University Press, 2014, p. 200.

③ 同②202-204.

四、对抽象危险要素的基本定位

非法持有枪支罪一般被认为是抽象危险犯。由于抽象危险犯与实际的法益侵害之间相距遥远，与法益之间充其量只有稀薄的关联性，因而，刑法理论上，抽象危险犯的正当性一直受到质疑与批评。在行为无价值论看来，抽象危险犯的可罚性根据与其说是法益侵害，不如说是规范违反。当然，不可过于夸大法益论与规范论之间的立场差异，更不宜将二者理解为对立关系。如论者所言，行为规范论其实只是法益理论的另一种表述方式，刑法为了扩张管制综效，必须从事后处罚机能转向事前预防机能，而最能够有效达到事前预防法益损害的做法，正是防止任何人实施损害法益的行动，倘若法益理论能提早其作用机能，使得任何人都能接受“保护法益的最佳方案就是‘前置’管控可能损害法益的行为”，自然能在不知不觉中，利用新型的规范论述，扩大刑法保护法益、稳定社会秩序的机能。[①]

尽管面临批评与质疑，但立足于社会结构变迁的维度，刑事立法上创设抽象危险犯应该说有其现实性与必要性，有助于更好地实现刑法保护法益的任务。风险社会中，个人与个人之间的接触被匿名的以及标准化的行为模式所取代，如果承认要随着社会交换关系的变迁，并且个别地根据刑法规范的预防着力点考虑以及寻求刑法的任务，那么从传统结果犯转变为抽象危险犯正好符合事物的本质；相反，倘若认为刑法原则上仅适用于结果犯，则形同主张拒绝刑法的现代化，拒绝刑法的现代化，必然因为无视于现代社会的行为条件而错失刑法保护法益的任务。[②] 就此而言，对待抽象危险犯较为中肯的立场应当是，在承认其存在的正当性的前提下，认真考虑如何合理规制其处罚范围的问题，以便在刑法的风险规制与自由保障之间达成必要的平衡。本书认为，对非法持有枪支罪中的抽象危险要素，宜从如下三个方面来进行限定。

---

① 许恒达．法益保护与行为刑法．台北：元照出版有限公司，2016：23.

② 许迺曼．批判德国刑法学思潮．钟豪峰，彭文茂，译//许玉秀，陈志辉．不移不惑献身法与正义：许迺曼教授刑事法论文选辑．台北：新学林出版股份有限公司，2006：73-74.

其一，抽象危险的推定必须具备相应的经验事实基础。

刑法理论上通常认为，抽象危险犯中的抽象危险并非控方需要证明的内容，抽象危险是由客观行为的危险性中推定所得。立法者有权通过推定，而将原本属于构成要件内容的要素从控方的证明范围中予以排除，但其对推定的适用，却至少应当遵循合理联系标准。否则，相关的法条便背离基本的立法理性，从而面临违宪性方面的挑战。合理联系标准要求，基础事实与推定事实之间必须存在合理的经验上的关联，一旦基础事实与推定事实之间的联系不够紧密，没有达到盖然性上更为可能的程度，推定的适用即被认为具有恣意性。[①] 合理联系标准除了服务于审判的事实发现功能，对被告人的权利也起着保障性的作用。因而，倘若人们仍坚持抽象危险犯依旧是国家抗制风险的首要选择，那么至少在立法技术上必须坚持，所谓的不法行为必须是对法益侵害具有特殊的危险，也即，依据一般生活经验法则，某种行为确实存在着法益侵害的高度可能性。[②]

立法上对危险的设定，无疑必须符合经验行为上的危险预测。只有这样，才能使抽象危险的推定具有起码的正当性。就非法持有枪支罪而言，其中的抽象危险主要通过枪支的概念来体现，这就要求枪支必须在经验层面具备致人重伤或死亡的高度可能性。将枪支的认定标准放得过宽，必将使立法上对公共安全的危险推定，丧失经验层面的事实基础的。

其二，对抽象危险不能只做形式的判断，必须同时进行实质性的考量。

我国刑法中的犯罪定义是形式与实质的统一。相应地，在对分则中的个罪法条进行解读时，必须采取形式与实质相结合的方式，以值得刑罚处罚的法益侵害性来指导对相关概念的解释。尽管抽象危险犯中的抽象危险是由立法所预先设定，一般不需要司法人员进行具体的判断，但

① 劳东燕. 刑事推定中的合理联系标准——以美国联邦最高法院的判例为视角. 清华法学，2010（4）：126-127.

② 古承宗. 风险社会与现代刑法的象征性. 科技法学评论，2013，10（1）：163.

这并不意味着，抽象危险的判断是纯粹形式的判断，可以完全不考虑案件中具体的事实情况。抽象危险的认定本身需要符合日常生活的经验法则，并且应当达到危及刑法所保护法益的程度，因而，特定个案中，若是相应的推定与经验层面的危险预测不相符合，或者没有达到值得刑罚惩罚的程度，便不能认定抽象危险的存在。

对此，正如学者所指出的，抽象危险犯中危险的判断，一方面要依据法条规定的各种要素，另一方面还必须结合行为本身发生时的各种客观事实情况，如行为时的环境情况、行为对象、行为引起的外界变动等要素，依照日常生活的经验法则进行判断。[①] 我国的司法实务无疑也认同这样的做法，所以，才认为同为抽象危险犯的危险驾驶罪，有适用我国《刑法》第 13 条但书条款的余地。比如，2017 年 5 月颁布的《最高人民法院补充八种常见犯罪的量刑指导意见（二）（试行）》中明确规定，对于醉酒驾驶机动车的被告人，如果情节显著轻微危害不大的，不予定罪处罚。据此，即使行为人驾车时血液酒精含量达到公安部规定的 80 毫克/100 毫升的标准，也不能必然推出存在抽象危险的结论。

可以肯定的是，但书条款能够适用于抽象危险犯，这一点已为我国司法实务与刑法理论的多数说所接受。如论者所言，承认“但书”在抽象危险犯中的适用，符合抽象危险犯罪的本质和我国“违法和犯罪区分的二元体系”[②]。当然，在如何适用但书条款的问题上，即究竟是直接以“情节显著轻微危害不大”为由做出罪化的处理，还是将之与抽象危险犯的犯罪构成的解释相结合，存在较大的争议。从犯罪构成是判断行为是否成立犯罪的唯一标准的角度，宜采取结合说的立场，将“但书”条款用来指导对于抽象危险犯的犯罪构成的解释。也就是说，“但书”条款应当定位为判断具体行为是否符合具体犯罪构成的指导原则，而不是在确定行为符合具体犯罪构成之后，将该行为从犯罪当中加以开脱的

① 黎宏. 论抽象危险犯危险判断的经验法则之构建与适用——以抽象危险犯立法模式与传统法益侵害说的平衡和协调为目标. 政治与法律，2013 (8)：5.

② 何荣功，罗继洲. 也论抽象危险犯的构造与刑法“但书”之关系——以危险驾驶罪为引例. 法学评论，2013 (5)：52-53.

出罪原则。①

就非法持有枪支罪而言，抽象危险的存在与否取决于持有枪支的法定行为事实。相应地，对“枪支”与“持有”的解释，需要结合但书条款的精神，在值得刑罚惩罚的法益侵害性的指导之下进行严格的限定。如赵春华案中那样，对“枪支”采取单纯的形式标准，必然使对抽象危险的认定缺乏必要的说服力。这样的做法不仅有违但书条款的规定，而且背离体系性逻辑的基本要求：危险驾驶罪与非法持有枪支罪既然同为抽象危险犯，对其中的抽象危险的判断理应遵循相同的准则，而不能在教义学上做相互矛盾的处理。

其三，抽象危险犯中的抽象危险应当容许进行反驳。

就抽象危险犯而言，立法者所做的危险推定，只是使控方免于承担对抽象危险要素的严格证明责任，但并不等于说，实行行为与抽象危险之间完全是同一的关系。考虑到抽象危险犯存在将法益保护过度前置的倾向，将抽象危险解读为可反驳的推定，有助于合理限制抽象危险犯的处罚范围，对被告人也更为不利；同时，这样的解读也合乎《刑法》第13条但书规定的内在精神。因而，允许抽象危险犯反证的观点具有实质上的合理性。②

显而易见，只要承认但书条款也适用于抽象危险犯，则其中有关抽象危险的推定，势必只能理解为容许反驳的推定。由于抽象危险的存在是通过对基础事实的证明而得出的，而基础事实往往涉及的是另一构成要件要素（比如，在持有型犯罪中，基础事实便是持有特定违禁物品的行为事实），如果由基础事实的证明中容许推定抽象危险的存在，就等于说控方无须就抽象危险要素本身承担提出证据的责任与说服责任。相反，行为人需要提出证据并说服裁判者相信抽象危险并不存在。就此而言，对于抽象危险犯中的抽象危险，不宜将之定位为客观的构成要件要素，而更宜理解为特殊的抗辩事由（或违法阻却事由），不然，便会产

① 黎宏．论抽象危险犯危险判断的经验法则之构建与适用——以抽象危险犯立法模式与传统法益侵害说的平衡和协调为目标．政治与法律，2013（8）：7.

② 付立庆．应否允许抽象危险犯反证问题研究．法商研究，2013（6）：78-81.

生违背无罪推定原则的问题，因为根据无罪推定原则，所有属于构成犯罪的积极要件的内容，均应由控方排除合理怀疑地予以证明，没有理由将之排除出控方的证明范围。[①]

在赵春华案中，由于赵春华只是将涉案枪形物用于游戏摊上射击气球，同时枪形物本身的致伤力又极低，根本不足以对刑法中公共安全的法益构成威胁，故完全可通过反证抽象危险的不存在，而认定赵春华的行为不构成非法持有枪支罪。

五、法条主义立场的方法论反思

除赵春华案之外，近年来还有不少刑事案件的判决在出台之后引发舆论哗然的，包括福建的刘大蔚走私武器案，山东的于欢故意伤害案，广东的王鹏非法出售珍贵、濒危野生动物案（即“深圳鹦鹉案”），河南的闫啸天、王亚军非法猎捕、收购珍贵、濒危野生动物案（即“大学生掏鸟案”）等。表面看来，此类案件之所以引发舆论的高度关注，是因为司法标准与公众认知之间存在巨大的悬殊，似乎涉及的是法律领域中精英话语与大众话语之间的差距。实际上，由于公众认知代表的是一般人的正义感与价值判断，而对特定法条的理解与适用势必需要尊重这样的正义感与价值判断，因而，它们在更大程度上凸显的是刑法解释中的形式判断与实质判断之间的紧张。在此种意义上，完全可以将此类案件所涉及的核心问题归纳为，如何处理刑法解释中形式判断与实质判断之间关系的问题。这些案件的判决几乎无一例外地受到法条主义或机械执法的指责，表明的是这样一个事实：相关法院及司法人员在理解与适用特定法条时，被认为未能合理地处理形式判断与实质判断之间的关系。当人们指责法官机械适用法条的时候，等于是在说后者没有考虑实质的价值判断因素，或者至少是没有能够将实质的价值判断因素整合入对法条的理解与适用之中。

① 劳东燕．价值判断与刑法解释：对陆勇案的刑法困境与出路的思考//清华法律评论：第 9 卷第 1 辑．北京：清华大学出版社，2017：149-150.

应当说，在我国刑事司法实务中，这种法条主义的做法相当普遍，它折射的是法官不擅解释也不敢解释的司法现象。由于严重依赖司法解释与上级法院的内部规范性文件，依赖请示汇报，由此造成思维上的固化与惰性，大多数法官缺乏足够的能力与能动性，来根据现实需要对刑法条文作出合理的解释。思维上的这种固化与惰性，在个案处理中集中表现为简单套用刑法理论与三段论逻辑，对法条的内容做形式主义的、孤立的、僵化不变的理解，以致不时得出背离民众基本的法感情的裁判结论。刑法适用中这种形式判断至上而置实质的价值判断于不顾的做法，在方法论上比较接近于概念法学的立场。概念法学的突出特点之一便是，将法律适用视为单纯的逻辑涵摄的过程，并不认为司法者有进行实质性利益考量的必要。这样的一种方法论，由于“将道德价值剥离于法律之外，虽然维持了法律自治，增强了法律的确定性，但却助长了法律形式主义的逻辑偏执，放纵了法律实证主义的道德冷漠”①。

毫无疑问，在法学方法论经历从概念法学到利益法学及评价法学的转变的今天，刑法适用不再只是单纯的涵摄过程，而是同时涉及价值判断与解释技术如何有机整合的过程。概念法学所倡导的方法论诚然并未过时，但其在法律适用中未考虑实质的价值评价与利益衡量的一面，终究构成一个致命伤，所以，它才最终为评价法学所取代。有论者将赵春华案两审判决的问题归咎于法教义学的立场，认为是法官将自己禁锢于法教义学的牢笼所致的，并据此主张有必要在法律解释与司法裁判过程中引入法哲学的视角与解释方法。② 这明显是对法教义学的误解。

法律规范之间并非仅靠逻辑，更重要的是依靠价值标准而统合在一起；法律体系是逻辑和价值双重意义上的统一体。③ 相应地，法教义学绝不是不处理价值判断的问题。实际上，当前法学方法论中所称的体系

---

① 高鸿钧. 现代法治的困境及其出路//高鸿钧，马剑银. 社会理论之法：解读与评析. 北京：清华大学出版社，2006：498.

② 魏治勋. 司法判决与社会认知的冲突与弥合——对理解“天津老太非法持枪案”两种范式冲突的反思. 东方法学，2017（3）：105.

③ 梁迎修. 方法论视野中的法律体系与体系思维. 政法论坛，2008（1）：65.

性思考，在合逻辑性的要求之外，首先指的便是价值上的统一性。如论者所言，“法学运用概念体系对法律的描述，只是一种居于次位的形式性的体系；法学对法律更重要的描述，是用价值、法律目的、法律原则来描述法律背后的道理。在法学体系中，概念的逻辑体系只是居于次位的形式，而价值、规范目的和原则，才居于主位。这既包括每个单独法律规范背后的法律意旨，也包括从诸多法律规范中归纳出来的法律原则，还包括基于社会需求而被社会普遍认可的价值，以及作为思维和论证形式的元规范”①。实质维度的引入，使得法教义学具有强大的自我修正与进化的能力。

在相当程度上，赵春华案与前述提及的个案，恰恰是未能合理展开实质性考量的产物。对于既存法秩序中的法规范、规范意义或者法院判决，法教义学当然能够采取批判性的立场。只不过，其批判的标准不是源自现行法秩序之外的超越性的道德标准，而是借由对法体系内部之规范、规范意义及其脉络关联的总结、抽象而获得的统合性原则，得以对于争议条款、规范解释乃至法院判决保持一种反思性评价的可能性。②

以赵春华案为例，若是能够着眼于法条背后的价值统一性，考虑不同法条之间的逻辑关系，则在法教义学的层面上，有着众多的去罪化的路径可供选择。即便是本书认为不够理想的几种解决方案，包括否定行为的实质违法性、构成要件错误的路径与违法性认识错误的路径，都要比二审法院最终采取的妥协性做法更具说服力。若是如本书所主张的那样，对非法持有枪支罪中的“枪支”、“持有”和抽象危险的要素做限定性的解释，则不仅可以合理地为赵春华案中的去罪化问题找到出路，也为一举解决类似的个案提供了终局性的方案。

按本书的观点，立足于解释论的维度，对赵春华案的去罪化处理至少有三种思路：一是从刑法上的“枪支”概念要求达到更高的杀伤力标准的角度，认为赵春华案中涉及的枪形物不构成刑法上的“枪支”。二

① 纪海龙．法教义学：力量与弱点．交大法学，2015（2）：99.

② 白斌．论法教义学：源流、特征及其功能．环球法律评论，2010（3）：9.

是从“持有”的成立要求所依附的关联行为须具有犯罪性，同时“持有”意图属于立法规制的目的范围的角度，论证赵春华对枪形物的控制不构成刑法上的“持有”。三是从抽象危险的角度切入，认定赵春华持有枪形物的行为不存在对公共安全的法益的抽象危险，论证理由则可从三个方面入手，包括缺乏经验层面的事实基础作为支撑，行为所造成的抽象危险并没有达到值得刑罚惩罚的程度，以及现有事实与证据足以反驳抽象危险存在的推定。

刑事司法中要避免机械执法，走出法条主义的困境，司法者的目光就需要在事实与规范之间往返流转。机械地适用三段论，不仅无助于解决疑难案件，容易造成个案的不正义，而且会使刑法文本丧失基本的生命力，无法呼应社会的发展与时俱进。合理而灵活地运用刑法解释，则有助于合理解决疑难案件，实现个案正义，并确保刑法体系具备必要的开放性。一个“良善”的实在法体系，应当具备自我更新、校正与改善的能力，此种能力标示其健康的程度，而解释论无疑构成其自我发展机制中的核心部件。为确保刑法解释能够有效发挥前述功能，在刑法适用中，司法者必须注意两个方面的问题。

一方面，司法者应当对实质的价值判断保持必要的敏感，确保解释结论的实质合理性。这要求司法者在进行价值判断时，除考虑其解释结论对于预防与控制犯罪所可能产生的影响效果之外，还必须尊重所在社会有关正义、公平、自由等方面的主流价值，尊重普通人的法感情。刑法规范若要发挥积极的一般预防的效果，让公众产生基本的规范认同，这样的尊重便必不可少，它构成国民理解与掌握可罚性界限的必要前提。

“刑法作为一部沟通之法，刑罚目的在于表达规范命令的可贯彻性与宣示规范效力应受到尊重，以及稳定一般社会大众继续信赖法规范的有效性。然而，如果刑罚欲产生具理解性的预防沟通效果的话，则有必要让社会成员有效掌握刑事不法意义与刑罚界限。”[①] 尊重普通人的法感情，要求司法者在适用与解释刑法时，注重经验、常识、情理等民间

---

① 古承宗. 风险社会与现代刑法的象征性. 科技法学评论，2013，10（1）：166-167.

知识与生活逻辑的作用。因为“通过运用经验知识与经验判断解释适用刑法，不仅可以把具有抽象性和普遍性的刑法规范具体化，而且可以使大众的生活逻辑参与对官方理性规则的解读，立法规则才能获得其生命力，法官的司法判断才能具有社会亲和力，从而获得公众的认同与尊重”[①]。与此同时，司法者在尊重立法者所作出的利益安排格局的基础上，不应当将价值判断予以固化，而必须根据社会发展的需要进行解读。只有赋予刑法规范以合乎时代精神与现实需要的价值判断，才能使其历久而弥新，始终保持旺盛的生命力，而规范本身的生命力，不仅为刑法体系保持一定的开放性所必需，也是确保个案正义得以实现的必要前提。[②]

另一方面，司法者需要掌握并学会灵活运用各种解释技术，通过解释技术在合理的价值判断与立法文本之间建立起内在的勾连。既然司法者是在解释而不是造法，自然需要遵守立法者的文义制约，也即，对实质合理性的追求必须限于立法条文的文义可能性的范围之内。然而，刑法适用中对文义的尊重，并不意味着死扣刑法条文的字眼，狭隘、孤立地理解条文的字面含义，而不顾及其实质内容与社会效果。

文字本身含义的多样性和丰富性，给了我们在解释和运用法律时的一种弹性，一种矫正法律的偏执和瑕疵的可能性，通过解释的方法修补法律上的缺陷的可能性；因而，司法者通过运用既定的、科学的解释规则，完全能够实现在法律之内寻求社会效果。[③] 在这些解释规则之中，熟练掌握与运用目的解释与体系解释的方法尤为重要。目的解释能够让司法者不至于无视刑法规范的精神实质，学会从目的的维度去思考相关概念如何界定的问题；同时，它所具有的灵活性也有助于避免司法者死抠字眼，意识到概念本身具有多种解读的可能性，其内涵取决于目的的内容。体系解释则可以让司法者摆脱狭隘孤立的视野，注意到特定法条

---

① 梁根林．责任主义刑法视野中的持有型犯罪．法学评论，2003（4）：28.

② 劳东燕．刑事政策与刑法解释中的价值判断——兼论解释论上的“以刑制罪”现象．政法论坛，2012（4）：31-32.

③ 江必新．在法律之内寻求社会效果．中国法学，2009（3）：10.

所保护的实质价值在整个法秩序价值体系中的位置，并关注不同法条（不限于刑法内部）之间的逻辑关系。由此，不仅有利于实现整体法秩序的融贯性要求，也有利于合理地界定特定法条的效力涵盖范围。因而，如果司法者掌握了目的解释与体系解释的运用方法，就可以在相当程度上防止个案不正义现象的出现，同时还能通过解释而赋予刑法体系以必要的开放性，使刑法规范始终向经验事实开放，并根据社会发展的需要而不断实现自我发展与自我更新。

六、本章小结

1. 天津赵春华案的判决突显的是对刑法条文的形式理解与实质判断之间的紧张，仅在量刑阶段进行实质考量的做法并不合理。就赵春华案及类似案件而言，现有的四种去罪化的解决方案均存在不足之处。立足于解释论，通过对非法持有枪支罪中枪支、持有与抽象危险的要素做限制性解释，是更为理想的解决路径。

2. 对涉枪罪名中的枪支概念宜做不同于行政法上的枪支的理解，这在法教义学上存在充分的理由与根据；同时，基于持有型犯罪的特殊性，对持有与抽象危险这两个要素均应做严格的限定。

3. 赵春华案所折射的法条主义现象，其方法论上的缺陷在于，对理解与适用相关的罪刑规范时置实质的价值判断于不顾。要走出法条主义的困境，司法者应当注重发挥刑法解释的功能，对实质的价值判断保持必要的敏感，同时掌握与学会运用各种解释技术，尤其是目的解释与体系解释的方法。

参考文献

(一)

1. 贝卡里亚. 论犯罪与刑罚. 黄风，译. 北京：北京大学出版社，2008

2. 乌尔斯·金德霍伊泽尔. 刑法总论教科书. 蔡桂生，译. 北京：北京大学出版社，2015

3. 克劳斯·罗克辛. 刑事政策与刑法体系. 2版. 蔡桂生，译. 北京：中国人民大学出版社，2011

4. 弗兰茨·冯·李斯特. 德国刑法教科书. 修订译本. 徐久生，译. 北京：法律出版社，2006

5. 贡塔·托依布纳. 魔阵·剥削·异化——托依布纳法律社会学文集. 泮伟江，高鸿钧，等译. 北京：清华大学出版社，2012

6. 格尔德·克莱因海尔，扬·施罗德. 九百年来德意志及欧洲法学家. 许兰，译. 北京：法律出版社，2005

7. 伯恩·魏德士. 法理学. 丁小春，吴越，译. 北京：法律出版社，2013

8. 鲁道夫·冯·耶林. 法学是一门科学吗?. 李君韬，译. 北京：法律出版社，2010

9. 卡尔·恩吉施. 法律思维导论. 修订版. 郑永流，译. 北京：法律出版社，2014

10. 阿图尔·考夫曼. 法律哲学. 2版. 刘幸义，等译. 北京：法律出版社，2011

11. 阿图尔·考夫曼，温弗里德·哈斯默尔. 当代法哲学和法律理

论导论. 郑永流，译. 北京：法律出版社，2013

12. 卡尔·拉伦茨. 法学方法论. 陈爱娥，译. 北京：商务印书馆，2003

13. 克劳斯·施莱希，斯特凡·科里奥特. 德国联邦宪法法院：地位、程序与裁判. 刘飞，译. 北京：法律出版社，2007

14. G. 拉德布鲁赫. 法哲学. 王朴，译. 北京：法律出版社，2005

15. 英格博格·普珀. 法学思维小学堂. 蔡圣伟，译. 北京：北京大学出版社，2011

16. 埃里克·希尔根多夫. 德国刑法学：从传统到现代. 江溯，黄笑岩，等译. 北京：北京大学出版社，2015

17. 耶赛克，魏根特. 德国刑法教科书：上. 徐久生，译. 北京：中国法制出版社，2017

18. 卜思天·M. 儒攀基奇. 刑法理念的批判. 丁后盾，等译. 北京：中国政法大学出版社，2000

19. 理查德·A. 波斯纳. 法理学问题. 苏力，译. 北京：中国政法大学出版社，2002

20. 理查德·A. 波斯纳. 性与理性. 苏力，译. 北京：中国政法大学出版社，2002

21. E. 博登海默. 法理学：法律哲学与法律方法. 邓正来，译. 北京：中国政法大学出版社，1999

22. 沃德·法恩斯沃思. 高手：解决法律难题的 31 种思维技巧. 丁芝华，译. 北京：法律出版社，2009

23. 道格拉斯·胡萨克. 过罪化及刑法的限制. 姜敏，译. 北京：中国法制出版社，2015

24. 布赖恩·Z. 塔玛纳哈. 法律工具主义：对法治的危害. 陈虎，杨洁，译. 北京：北京大学出版社，2016

25. 道格拉斯·凯尔纳，斯蒂文·贝斯特. 后现代理论——批判性的质疑. 张志斌，译. 北京：中央编译出版社，2011

26. 本杰明·卡多佐. 司法过程的性质. 苏力，译. 北京：商务印

书馆，2000

27. 约翰·莫纳什，劳伦斯·沃克. 法律中的社会科学. 6版. 何美欢，等译. 北京：法律出版社，2007

28. 弗里德里克·肖尔. 像法律人那样思考：法律推理新论. 雷磊，译. 北京：中国法制出版社，2016

29. 杜赞奇. 从民族国家拯救历史. 王宪明，译. 北京：社会科学文献出版社，2003

30. 昂格尔. 现代社会中的法律. 吴玉章，周汉华，译. 北京：中国政法大学出版社，1993

31. 诺内特，塞尔兹尼克. 转变中的法律与社会. 张志铭，译. 北京：中国政法大学出版社，1994

32. 柯恩，唐哲，高进仁. 当代美国死刑法律之困境与探索：问题与案例. 蔡婷霞编. 刘超，等译. 北京：北京大学出版社，2013

33. 韦恩·莫里森. 法理学：从古希腊到后现代. 李桂林，等译. 武汉：武汉大学出版社，2003

34. H. L. A. 哈特，托尼·奥诺尔. 法律中的因果关系. 2版. 张绍谦，孙战国，译. 北京：中国政法大学出版社，2005

35. 大谷实. 刑法讲义总论. 新版2版. 黎宏，译. 北京：中国人民大学出版社，2008

36. 西原春夫. 犯罪实行行为论. 戴波，江溯，译. 北京：北京大学出版社，2006

37. 小野清一郎. 犯罪构成要件理论. 王泰，译. 北京：中国人民公安大学出版社，2004

38. 庄子邦雄. 近代刑法思想史序说. 李希同，译. 北京：中国检察出版社，2010

39. 曾根威彦. 刑法学基础. 黎宏，译. 北京：法律出版社，2005

40. 山口厚. 刑法总论. 付立庆，译. 北京：中国人民大学出版社，2011

41. 西田典之. 日本刑法总论. 王昭武，刘明祥，译. 北京：法律

出版社，2013

42. 大塚仁. 刑法概说（各论）. 冯军，译. 北京：中国人民大学出版社，2003

43. 巴拉克. 民主国家的法官. 毕洪海，译. 北京：法律出版社，2011

（二）

44. 高宣扬. 鲁曼社会系统理论与现代性. 2版. 北京：中国人民大学出版社，2016

45. 苏力. 道路通向城市：转型中国的法治. 北京：法律出版社，2004

46. 黄茂荣. 法学方法与现代民法. 5版. 北京：法律出版社，2007

47. 白建军. 关系犯罪学. 2版. 北京：中国人民大学出版社，2009

48. 白建军. 罪刑均衡实证研究. 北京：法律出版社，2004

49. 陈思和. 中国现当代文学名篇十五讲. 北京：北京大学出版社，2003

50. 吴从周. 概念法学、利益法学与价值法学. 北京：中国法制出版社，2011

51. 黄维幸. 务实主义的宪法. 台北：新学林出版股份有限公司，2008

52. 顾祝轩. 制造“拉伦茨神话”：德国法学方法论史. 北京：法律出版社，2011

53. 泮伟江. 当代中国法治的分析与建构. 北京：中国法制出版社，2017

54. 梁上上. 利益衡量论. 北京：法律出版社，2013

55. 周光权. 刑法学习定律. 北京：北京大学出版社，2019

（三）

56. 劳东燕. 风险社会中的刑法：社会转型与刑法理论的变迁. 北京：北京大学出版社，2015

57. 劳东燕. 刑法基础的理论展开. 北京：北京大学出版社，2008

58. 劳东燕. 罪刑法定本土化的法治叙事. 北京：北京大学出版社，2010

59. 陈兴良. 刑法适用总论：上卷. 3版. 北京：中国人民大学出版社，2017

60. 陈兴良. 中国刑事司法解释检讨——以奸淫幼女司法解释为视角. 北京：中国检察出版社，2003

61. 陈兴良. 口授刑法学. 2版. 北京：中国人民大学出版社，2017

62. 陈兴良. 判例刑法学. 北京：中国人民大学出版社，2009

63. 陈兴良. 规范刑法学. 北京：中国人民大学出版社，2008

64. 陈兴良. 宽严相济刑事政策研究. 北京：中国人民大学出版社，2007

65. 张明楷. 刑法学. 北京：法律出版社，2016

66. 张明楷. 法益初论. 北京：中国政法大学出版社，2003

67. 张明楷. 罪刑法定与刑法解释. 北京：北京大学出版社，2009

68. 张明楷. 刑法分则的解释原理. 北京：中国人民大学出版社，2011

69. 张明楷，黎宏，周光权. 刑法新问题探索. 北京：清华大学出版社，2003

70. 周光权. 刑法各论. 北京：中国人民大学出版社，2016

71. 于志刚. 刑法总则的扩张解释. 北京：中国法制出版社，2008

72. 高铭暄. 新型经济犯罪研究. 北京：中国方正出版社，2000

73. 高铭暄. 中国刑法学. 北京：中国人民大学出版社，1989

74. 高铭暄. 刑法学原理. 北京：中国人民大学出版社，1994

75. 高铭暄，马克昌. 刑法学. 北京：北京大学出版社，2011

76. 马克昌. 刑罚通论. 武汉：武汉大学出版社，1999

77. 何秉松. 刑法总论. 北京：中国政法大学出版社，1988

78. 马克昌，江任天. 刑法. 北京：法律出版社，1985

79. 黎宏. 刑法学. 北京：法律出版社，2012

80. 黎宏. 不作为犯研究. 武汉：武汉大学出版社，1997

81. 黎宏. 刑法总论问题思考. 北京：中国人民大学出版社，2016

82. 张军，姜伟，郎胜，陈兴良. 刑法纵横谈. 北京：北京大学出版社，2008

83. 赵秉志. 刑法学总论研究述评（1978—2008）. 北京：北京师范大学出版社，2009

84. 赵秉志. 刑法总论. 北京：中国人民大学出版社，2007

85. 储槐植. 刑事一体化论要. 北京：北京大学出版社，2007

86. 王作富. 中国刑法适用. 北京：中国人民公安大学出版社，1987

87. 王作富. 刑法. 北京：中国人民大学出版社，2011

88. 陈兴良，张军，胡云腾. 人民法院刑事指导案例裁判要旨通纂. 北京：北京大学出版社，2013

89. 国家法官学院，中国人民大学法学院. 中国审判案例要览（2009 年刑事审判案例卷）. 北京：人民法院出版社，中国人民大学出版社，2010

90. 刘艳红. 实质刑法观. 北京：中国人民大学出版社，2009

91. 邓子滨. 中国实质刑法观批判. 北京：法律出版社，2009

92. 许玉秀. 主观与客观之间——主观理论与客观归责. 北京：法律出版社，2008

93. 许玉秀. 当代刑法思潮. 北京：中国民主法制出版社，2005

94. 林山田. 刑法通论. 台北：个人发行，2008

95. 林山田. 刑法各罪论. 北京：北京大学出版社，2012

96. 林钰雄. 新刑法总则. 北京：中国人民大学出版社，2009

97. 柯耀程. 刑法竞合论. 北京：中国人民大学出版社，2008

98. 苏俊雄. 刑法总论. 台北：台湾大地印刷厂股份有限公司，1995

99. 许恒达. 法益保护与行为刑法. 台北：元照出版有限公

司，2016

100. 付立庆. 犯罪构成理论：比较研究与路径选择. 北京：中国人民大学出版社，2010

101. 魏东. 保守的实质刑法观与现代刑事政策立场. 北京：中国民主法制出版社，2011

102. 徐凌波. 存款占有的解构与重建. 北京：中国法制出版社，2018

（四）

103. 前田雅英. 刑法学和刑事政策. 黎宏，译. 见：中国刑事政策报告. 第1辑. 北京：中国法制出版社，2007

104. 关哲夫. 论禁止类推解释与刑法解释的界限. 王充，译//陈兴良. 刑事法评论：第20卷. 北京：北京大学出版社，2007

105. 关哲夫. 现代社会中法益论的课题. 王充，译//陈兴良. 刑法论丛：第12卷. 北京：法律出版社，2008

106. 魏根特. 论刑法与时代精神. 樊文，译//陈兴良. 刑事法评论：第19卷. 北京：北京大学出版社，2007

107. 许迺曼. 刑法体系与刑事政策. 王效文，译//许玉秀，陈志辉. 不移不惑献身法与正义：许迺曼教授刑事法论文选辑. 台北：新学林出版股份有限公司，2006

108. 许迺曼. 刑法体系思想导论. 许玉秀，译//许玉秀，陈志辉. 不移不惑献身法与正义：许迺曼教授刑事法论文选辑. 台北：新学林出版股份有限公司，2006

109. 许迺曼. 作为学术的刑法释义学. 吕理翔，译//许玉秀，陈志辉. 不移不惑献身法与正义：许迺曼教授刑事法论文选辑. 台北：新学林出版股份有限公司，2006

110. 许迺曼. 批判德国刑法学思潮. 钟豪峰，彭文茂，译//许玉秀，陈志辉. 不移不惑献身法与正义：许迺曼教授刑事法论文选辑. 台北：新学林出版股份有限公司，2006

111. 许迺曼. 刑法罪责理论的现状. 王皇玉，译//许玉秀，陈志

辉．不移不惑献身法与正义：许迺曼教授刑事法论文选辑．台北：新学林出版股份有限公司，2006

112．Lothar Kuhlen．刑事政策的原则．陈毅坚，译//中国刑事政策报告：第 3 辑．北京：中国法制出版社，2008

113．托马斯·魏根特．论刑法与时代精神．樊文，译//陈兴良．刑事法评论：第 19 卷．北京：北京大学出版社，2007

114．沃斯·金德豪伊泽尔．适应与自主之间的德国刑法教义学——用教义学来控制刑事政策的边界?．蔡桂生，译．国家检察官学院学报，2010（5）

115．约阿希姆·福格尔．纳粹主义对刑法的影响//陈兴良．刑事法评论：第 26 卷．北京：北京大学出版社，2010

116．洛塔尔·库伦．论刑法与宪法的关系．蔡桂生，译．交大法学，2015（2）

117．Helmut Coing．鲁道夫·封·耶林的法律体系概念．吴从周，译//吴从周．概念法学、利益法学与价值法学．北京：中国法制出版社，2011

118．邓肯·肯尼迪．法律与法律思想的三次全球化：1850—2000．高鸿钧，译//高鸿钧．全球视野的比较法与法律文化．北京：清华大学出版社，2015

119．马库斯·达博．积极的一般预防以及法益论．杨萌，译//陈兴良．刑事法评论：第 21 卷．北京：中国政法大学出版社，2007

120．周折．刑法的刑事政策化与刑事政策法治化的双重解读//陈兴良．刑事法评论：第 16 卷．北京：中国政法大学出版社，2005

121．周折．刑事政策视野中的刑法目的解释．中外法学，2007（4）

122．黎宏．论“刑法的刑事政策化”思想及其实现．清华大学学报（哲学社会科学版），2004（5）

123．黎宏．论正当防卫的主观条件．法商研究，2007（2）

124．黎宏．论假想防卫过当．中国法学，2014（2）

125．黎宏．死缓限制减刑及其适用——以最高人民法院发布的两

个指导案例为切入点．法学研究，2013（5）

126．黎宏．死刑缓期执行制度新解．法商研究，2009（4）

127．黎宏．论交通肇事罪的若干问题——以最高人民法院有关司法解释为中心．法律科学，2003（4）

128．黎宏．论抽象危险犯危险判断的经验法则之构建与适用——以抽象危险犯立法模式与传统法益侵害说的平衡和协调为目标．政治与法律，2013（8）

129．劳东燕．透视死刑适用的司法政策：以指导案例为视角//王伟．复旦大学法律评论：第1辑．北京：法律出版社，2014

130．劳东燕．网络时代刑法理论的功能化走向．中国法律评论，2020（2）

131．劳东燕．公共政策与风险社会的刑法．中国社会科学，2007（3）

132．劳东燕．犯罪故意的要素分析模式．比较法研究，2009（1）

133．劳东燕．罪刑法定明确性的困境及其出路．法学研究，2004（6）

134．劳东燕．罪刑规范的刑事政策分析：一个规范刑法学意义上的解读．中国法学，2011（1）

135．劳东燕．风险社会与变动中的刑法理论．中外法学，2014（1）

136．劳东燕．危害性原则的当代命运．中外法学，2008（3）

137．劳东燕．法益衡量原理的法教义学检讨．中外法学，2016（2）

138．劳东燕．责任主义与违法性认识问题．中国法学，2008（3）

139．劳东燕．揭开巨额财产来源不明罪的面纱——兼论持有与推定的适用规制．中国刑事法杂志，2005（6）

140．劳东燕．认真对待刑事推定．法学研究，2007（2）

141．劳东燕．刑事推定中的合理联系标准——以美国联邦最高法院的判例为视角．清华法学，2010（4）

142．张明楷．刑法目的论纲．环球法律评论，2008（1）

143．张明楷．论以危险方法危害公共安全罪——扩大适用的成因

与限制适用的规则. 国家检察官学院学报，2012（4）

144. 张明楷. “客观的超过要素”概念之提倡. 法学研究，1999（3）

145. 张明楷. 危险驾驶罪及其与相关犯罪的关系. 人民法院报，2011-05-11

146. 张明楷. 嫖宿幼女罪与奸淫幼女型强奸罪的关系. 人民检察，2009（17）

147. 张明楷. 妨害业务行为的刑法规制. 法学杂志，2014（4）

148. 张明楷. 简评近年来的刑事司法解释. 清华法学，2014（1）

149. 张明楷. 刑法学者如何为削减死刑作贡献. 当代法学，2005（1）

150. 张明楷. 死刑的废止不需要终身刑替代. 法学研究，2008（2）

151. 张明楷. 严格限制结果加重犯的范围与刑罚. 法学研究，2005（1）

152. 张明楷. 绑架罪中“杀害被绑架人”研究. 法学评论，2006（3）

153. 张明楷. 论交通肇事罪的自首. 清华法学，2010（3）

154. 张明楷. “存疑时有利于被告”原则的适用界限. 吉林大学社会科学学报，2002（1）

155. 张明楷. 论交通肇事罪的自首. 清华法学，2010（3）

156. 张明楷. 实质解释论再提倡. 中国法学，2010（4）

157. 张明楷. 许霆案的刑法学分析. 中外法学，2009（1）

158. 张明楷. 实质解释论再提倡. 中国法学，2010（4）

159. 张明楷. 危险驾驶的刑事责任. 吉林大学社会科学学报，2009（6）

160. 陈兴良. 走向学派之争的刑法学. 法学研究，2010（1）

161. 陈兴良. 形式与实质的关系：刑法学的反思性检讨. 法学研究，2008（6）

162. 陈兴良. 刑法知识的教义学化. 法学研究，2011（6）

163. 陈兴良. 我国刑法中的情节加重犯//陈兴良. 当代中国刑法新理念. 2 版. 北京：中国人民大学出版社，2007

164. 陈兴良. 社会危害性理论：进一步的批判性清理. 中国法学，2006（4）

165. 陈兴良. 形式解释论的再宣示. 中国法学，2010（4）

166. 陈兴良. “应当知道”的刑法解说. 法学，2005（7）

167. 陈兴良. 刑事政策视野中的刑罚结构调整. 法学研究，1998（6）

168. 陈兴良. 刑法教义学与刑事政策的关系：从李斯特鸿沟到罗克辛贯通. 中外法学，2013（5）

169. 陈兴良. 刑法教义学方法论. 法学研究，2005（2）

170. 陈兴良. 死刑适用的司法控制——以首批刑事指导性案例为视角. 法学，2013（2）

171. 陈兴良. 刑法的刑事政策化及其限度. 华东政法大学学报，2013（4）

172. 陈兴良. 序二//陈璇. 刑法中社会相当性理论研究. 北京：法律出版社，2010

173. 陈兴良. 主编絮语//陈兴良. 刑事法评论：第 4 卷. 北京：中国政法大学出版社，1999

174. 刘之雄. 刑罚根据完整化上的犯罪分类——侵害犯、危险犯、结果犯、行为犯的关系论纲. 中国法学，2005（5）

175. 冯亚东. 试论刑法中的持有型犯罪. 刑事法杂志，2000（1）

176. 冯亚东. 罪刑关系的反思与重构——兼谈罚金刑在中国现阶段之适用. 中国社会科学，2006（5）

177. 冯亚东，李侠. 对交通肇事罪“逃逸”条款的解析. 中国刑事法杂志，2010（2）

178. 苗有水. 持有型犯罪与严格责任. 法律适用，1998（5）

179. 方恩升. 过错推定：风险社会中保护个人法益的一个利器.

学海，2007（3）

180. 梁根林. 责任主义刑法视野中的持有型犯罪. 法学评论，2003（4）

181. 梁根林. 许霆案的规范与法理分析. 中外法学，2009（1）

182. 梁根林. 罪刑法定视域中的刑法适用解释. 中国法学，2004（3）

183. 梁根林. 传统犯罪网络化：归责障碍、刑法应对与教义限缩. 法学，2017（2）

184. 梁根林. 持有型犯罪的刑事政策分析. 现代法学，2004（1）

185. 纪海龙. 法教义学：力量与弱点. 交大法学，2015（2）

186. 谢望原. 论刑事政策对刑法理论的影响//中国刑事政策报告：第4辑. 北京：中国法制出版社，2009

187. 卢建平. 刑事政策与刑法关系的应然追求. 法学论坛，2007（3）

188. 卢建平. 死缓制度的刑事政策意义及其扩张. 法学家，2004（5）

189. 欧阳本祺. 宽严相济刑事政策的刑法解释功能//中国刑事政策报告：第4辑. 北京：中国法制出版社，2009

190. 欧阳本祺. 论刑法解释的刑事政策化//陈兴良. 刑事法评论：第26卷. 北京：北京大学出版社，2010

191. 欧阳本祺. 走出刑法形式解释与实质解释的迷思. 环球法律评论，2010（5）

192. 李斌. 可罚未遂的限定范围——以宽严相济刑事政策为视角//中国刑事政策报告：第1辑. 北京：中国法制出版社，2007

193. 杜宇. 刑事政策与刑法的目的论解释. 法学论坛，2013（6）

194. 杜宇. 类型思维与刑法方法//北京大学法学院刑事法学科群. 刑法体系与刑事政策——储槐植教授八十华诞贺岁集. 北京：北京大学出版社，2013

195. 杜宇. 基于类型思维的刑法解释的实践功能. 中外法学，

2016（5）

196. 冯军. 论《刑法》第133条之1的规范目的及其适用. 中国法学，2011（5）

197. 冯军. 刑法教义学的立场和方法. 中外法学，2014（1）

198. 邹兵建. 跨越李斯特鸿沟：一场误会. 环球法律评论，2014（2）

199. 邹兵建. 中国刑法教义学的当代图景. 法律科学，2015（6）

200. 柳忠卫，郭琳. “刑法的刑事政策化”的理论解读. 政法论丛，2015（4）

201. 徐岱. 刑法解释学的独立品格. 法学研究，2009（3）

202. 许德风. 论法教义学与价值判断：以民法方法为重点. 中外法学，2008（2）

203. 许德风. 法教义学的应用. 中外法学，2013（5）

204. 苏力. 法条主义、民意与难办案件. 中外法学，2009（1）

205. 苏力. 中国法学研究的格局流变. 法商研究，2014（5）

206. 赵晓力. 美国宪法的原旨解释：宪法与公民//赵晓力：思想与社会：第4辑. 上海：上海人民出版社，2004

207. 舒洪水，张晶. 近现代法益理论的发展及其功能化解读. 中国刑事法杂志，2010（9）

208. 舒洪水. 法益在现代刑法中的困境与发展：以德日的立法动态为视角. 政治与法律，2009（7）

209. 周光权. 论刑法目的的相对性. 环球法律评论，2008（1）

210. 周光权. 行为无价值论的法益观. 中外法学，2011（5）

211. 周光权. 正当防卫成立条件的“情境”判断. 法学，2006（12）

212. 周光权. 刑事案例指导制度：难题与前景. 中外法学，2013（3）

213. 周光权. 指使交通肇事者逃逸应当以窝藏罪定性. 人民检察，2005（14）

214. 阮齐林. 绑架罪的法定刑对绑架罪认定的制约. 法学研究，

2002（2）

215．高艳东．从盗窃到侵占：许霆案的法理与规范分析．中外法学，2008（3）

216．高艳东．破坏生产经营罪包括妨害业务行为．网络青少年犯罪研究，2016（2）

217．高艳东．量刑与定罪互动论：为了量刑公正可变换罪名．现代法学，2009（5）

218．陈林林．方法论上之盲目飞行——利益法学方法之评析．浙江社会科学，2004（5）

219．高鸿钧．伽达默尔的解释学与中国法律解释．政法论坛，2015（2）

220．高鸿钧．现代法治的困境及其出路//高鸿钧，马剑银．社会理论之法：解读与评析．北京：清华大学出版社，2006

221．李希慧，焦阳．刑事政策与刑法解释的关系简论．中南民族大学学报（人文社会科学版），2014（3）

222．李波．刑法中注意规范保护目的理论研究//陈兴良．刑事法评论：第33卷．北京：北京大学出版社，2013

223．李波．规范保护目的理论．中国刑事法杂志，2015（1）

224．牛牪，魏东．驳嫖宿幼女罪取消论．国家检察官学院学报，2009（4）

225．姜涛．基于法益保护位阶的刑法实质解释．学术界，2013（9）

226．姜涛．刑法解释的刑事政策化//陈兴良．刑事法评论：第30卷．北京：北京大学出版社，2012

227．姜涛．后果考察与刑法目的解释．政法论坛，2014（4）

228．杜江．中英刑法上强奸罪之比较．现代法学，2007（3）

229．江必新．在法律之内寻求社会效果．中国法学，2009（3）

230．陈毅坚．共谋共同正犯——一个多余的法范畴．北大法律评论：第11卷．北京：北京大学出版社，2010

231．陈毅坚．预备阶段共同参与行为的性质：以共谋为例．中外

法学，2010（5）

232. 贾健. 强奸究竟侵犯了什么？——作为通说的“性的自主决定权”法益之检讨. 法律科学，2018（5）

233. 顾培东. 能动司法若干问题研究. 中国法学，2010（4）

234. 王海桥，马渊杰. 我国刑法解释理论变迁中的利益衡量思考. 中国刑事法杂志，2012（5）

235. 赵秉志，彭新林. 关于许霆案件的法理问题思考. 刑法论丛：第14卷. 北京：法律出版社，2008

236. 桑本谦. 法律解释的困境. 法学研究，2004（5）

237. 桑本谦. 公共惩罚与私人惩罚的互动. 法制与社会发展，2005（5）

238. 赵运锋. 以刑制罪：罪刑关系的反思与展开. 政治与法律，2010（7）

239. 金泽刚，颜毅. 以刑制罪的学理阐释. 政治与法律，2010（7）

240. 王华伟. 误读与纠偏：“以刑制罪”的合理存在空间. 环球法律评论，2015（4）

241. 赵希. “量刑反制定罪”不违反罪刑法定. 南京师大学报（社会科学版），2015（1）

242. 高艳东. 量刑与定罪互动论：为了量刑公正可变换罪名. 现代法学，2009（5）

243. 高艳东. 谨慎认定以危险方法危害奋共安全罪的危险相当性. 中国刑事法杂志，2006（5）

244. 王海桥，马渊杰. 我国刑法解释理论变迁中的利益衡量思考. 中国刑事法杂志，2012（5）

245. 方文军. 死刑缓期执行限制减刑制度的司法适用. 法律适用，2011（8）

246. 高贵君，马岩，方文军，曾琳. 《关于办理醉酒驾驶机动车刑事案件适用法律若干问题的意见》的理解与适用//最高人民法院. 刑事

审判参考：第 94 集．北京：法律出版社，2013

247．刘飞．宪法解释的规则综合模式与结果取向．中国法学，2011（2）

248．周详．刑法形式解释论与实质解释论之争．法学研究，2010（3）

249．柯耀程．刑法行为评价架构的演变及省思//柯耀程．变动中的刑法思想．北京：中国政法大学出版社，2003

250．苏彩霞．实质的刑法解释论之确立与展开．法学研究，2007（2）

251．刘艳红．再论交通肇事罪的“因逃逸致人死亡”．福州大学学报（哲学社会科学版），2000（3）

252．刘艳红．走向实质解释的刑法学．中国法学，2006（5）

253．季卫东．法律解释的真谛——探索实用法学的第三道路（上）．中外法学，1998（6）

254．季卫东．法律议论的社会科学议论新范式．中国法学，2015（6）

255．崔嘉鲲．实质解释论．一种无法克服的矛盾//陈兴良．刑事法评论：第 28 卷．北京：北京大学出版社，2011

256．范立波．解释与法治．法制日报，2008-04-06

257．刘为波．诠说的底线——对以社会危害性为核心话语的我国犯罪观的批判性考察//陈兴良．刑事法评论：第 6 卷．北京：中国政法大学出版社，2000

258．陈金钊．目的解释方法及其意义．法律科学，2004（5）

259．王书成．合宪性解释方法．法学研究，2012（5）

260．陈尔彦．刑事政策与刑法体系关系之梳理——兼论罗克辛目的理性犯罪论体系之变迁//陈兴良．刑事法评论：第 36 卷．北京：北京大学出版社，2015

261．吕翰岳．作为与不作为之区分的目的理性思考．环球法律评论，2017（4）

262．王彬．体系解释的反思与重构．内蒙古社会科学，2009（1）

263. 王彬. 再论法学对哲学诠释学的继受. 法学论坛，2012（5）

264. 王彬. 法律适用的诠释学模式及其反思. 中南大学学报（社会科学版），2011（6）

265. 蔡桂生. 构成要件论. 罪刑法定与机能权衡. 中外法学，2013（1）

266. 侯猛. 关于问题意识的对话//侯猛. 法学研究的格局流变. 北京：法律出版社，2017

267. 陈景辉. 部门法学的教义化及其限度. 中国法律评论，2018（3）

268. 白斌. 论法教义学：源流、特征及其功能. 环球法律评论，2010（3）

269. 白斌. 宪法价值视域中的涉户犯罪——基于法教义学的体系化重构. 法学研究，2013（6）

270. 白斌. 刑法的困境与宪法的解答———规范宪法学视野中的许霆案. 法学研究，2009（4）

271. 梁迎修. 方法论视野中的法律体系与体系思维. 政法论坛，2008（1）

272. 姚诗. 交通肇事“逃逸”的规范目的与内涵. 中国法学，2010（3）

273. 柏浪涛. 破坏生产经营罪问题辨析. 中国刑事法杂志，2010（3）

274. 王彦强. 业务侵占. 贪污罪的解释方向. 法学研究，2018（5）

275. 杜强强. 论宪法规范与刑法规范之检释循环——以入户抢劫与住宅自由概念为例. 法学家，2015（2）

276. 杜强强. 入户犯罪、牵连犯处断与比例原则———兼论合宪性解释对刑法释义学命题的尊重. 首都师范大学学报（社会科学版），2016（1）

277. 杜强强. 入户抢劫的死刑设置与住宅自由保护. 法治现代化研究，2017（3）

278. 张翔. 两种宪法案件. 从合宪性解释看宪法对司法的可能影

响. 中国法学，2008（3）

279. 易延友. 非法证据排除规则的中国范式. 中国社会科学，2016（1）

280. 易延友. 非法证据排除规则的立法表述与意义空间——《刑事诉讼法》第 54 条第 1 款的法教义学分析. 当代法学，2017（1）

281. 赵秉志，肖中华. 正当防卫立法的进展与缺陷——建国以来法学界重大事件研究（十九）. 法学，1998（12）

282. 沈德咏，戴长林. 完善刑事立法强化公民的正当防卫权. 中国法学，1996（5）

283. 田宏杰. 防卫权限度的理性思考. 法学家，1998（4）

284. 金凯. 试论正当防卫与防卫过当的界限. 法学研究，1981（1）

285. 陈璇. 正当防卫中风险分担原则之提倡. 法学评论，2009（1）

286. 陈璇. 论防卫过当与犯罪故意的兼容. 法学，2011（1）

287. 姜伟. 防卫过当不应一概定为过失犯罪. 现代法学，1984（3）

288. 杨忠民. 对正当防卫限度若干问题的新思考. 法学研究，1999（3）

289. 胡东飞. 论防卫过当的罪过形式. 法学评论，2008（4）

290. 胡东飞. 论刑法意义上的公共安全. 中国刑事法杂志，2007（2）

291. 王政勋，贾宇. 论正当防卫限度条件及防卫过当的主观罪过形式. 法律科学，1999（2）

292. 郭泽强，胡陆生. 再论正当防卫的限度条件. 法学，2002（10）

293. 彭卫东. 论防卫过当. 法学评论，1998（4）

294. 梁华仁，刘为波. 评新刑法对正当防卫制度的修改. 政法论坛，1998（1）

295. 黄祥青. 刑事疑难案例分析两则. 政治与法律，1999（5）

296. 赵兴洪. 死刑缓期两年执行适用标准研究. 见：陈兴良主编. 刑事法评论：第 19 卷. 北京：北京大学出版社，2006

297. 赵兴洪. 确立先例标准促进死缓适用之规范化. 法学，2009（11）

298. 白建军. 死刑适用实证研究. 中国社会科学，2006（5）

299. 倪泽仁，周林. 政治话语与法理逻辑——对我国死缓制度的反思. 国家检察官学院学报，2003（6）

300. 陈泽宪. 论严格限制死刑适用. 法学，2003（4）

301. 张正新. 我国死缓制度的产生、发展与思考. 中国刑事法杂志，2003（5）

302. 张文，黄伟明. 死缓应当作为死刑执行的必经程序. 现代法学，2004（4）

303. 刘志伟. 通过死缓减少死刑立即执行的路径探究——基于刑法解释论的考量. 政治与法律，2008（11）

304. 储槐植. 死刑司法控制：完整解读刑法第四十八条. 中外法学，2012（5）

305. 储槐植，杨书文. 善待社会危害性观念——从我国刑法第 13 条但书说起. 法学研究，2002（3）

306. 储槐植，汪永乐. 再论我国刑法中犯罪概念的定量因素. 法学研究，2000（2）

307. 欧阳玉静. 死刑缓期执行和死刑立即执行的量刑依据. 见：陈兴良主编. 刑事法评论：第 21 卷. 北京：北京大学出版社，2007

308. 林维. 论死刑缓期两年执行制度的异化. 河北法学，2005（7）

309. 林维. 交通肇事逃逸行为研究//陈兴良. 刑事法判解. 北京：法律出版社，1999

310. 张绍谦. 死刑司法适用标准研究. 华东政法学院学报，2009（2）

311. 张远煌. 我国死刑适用标准的缺陷及其弥补方法. 法商研究，2006（6）

312. 高憬宏，刘树德. 死缓适用条件设置的四维思考. 当代法学，2005（5）

313. 高憬宏. 故意杀人、故意伤害案件的死刑适用. 人民司法，2010（3）

314. 最高人民法院案例指导工作办公室. 指导案例 4 号《王志才故意杀人案》的理解与参照. 人民司法，2012（7）

315. 最高人民法院案例指导工作办公室. 指导案例 12 号《李飞故意杀人案》的理解与参照. 人民司法，2013（3）

316. 叶良芳，应玉倩. 死缓限制减刑的司法适用——最高人民法院第 12 号指导案例评析. 浙江社会科学，2013（2）

317. 黄晓亮，徐盛军. 中国现行刑罚体系的理论反思. 刑法论丛，2009（3）

318. 游伟，陆建红. 人身危险性在我国刑法中的功能定位. 法学研究，2004（4）

319. 马克昌. 论死刑缓期执行. 中国法学，1999（2）

320. 高铭暄，徐宏. 中国死缓制度的三维考察. 政治与法律，2010（2）

321. 于同志. 驾驶机动车“碰瓷”的司法认定. 人民司法，2008（2）

322. 曲新久. 论刑法中的“公共安全”. 人民检察，2010（9）

323. 孙万怀. 以危险方法危害公共安全罪何以成为口袋罪. 现代法学，2010（5）

324. 陈航. 对“危险犯属于犯罪既遂形态”之理论通说的质疑. 河北法学，1999（2）

325. 黄河. 论“交通运输肇事后逃逸”的罪名化. 政治与法律，2005（4）

326. 李朝辉. 交通肇事后逃逸行为独立犯罪化刍议. 郑州大学学报，2007（4）

327. 吴云. 交通肇事罪认定若干问题研究. 政治与法律，2009（8）

328. 于志刚，田刚. 交通肇事罪中“自首”的存在空间辨析——对于“行政义务”和“双重评价”观点之否定. 人民检察，2009（23）

329. 侯国云. 论交通肇事后逃逸. 法制与社会发展，2003（2）

330. 侯国云. 有关交通肇事罪的几个疑难问题. 中国法学，2003（1）

331. 侯国云. 交通肇事罪司法解释缺陷分析. 法学，2002（7）

332. 喻贵英. 交通肇事罪中四种“逃逸”行为之认定. 法律科学，2005（1）

333. 吴学斌，王声. 析交通肇事罪“因逃逸致人死亡”的含义. 律师世界，1996（10）

334. 张波. 交通肇事罪“逃逸”的定性分析. 中国刑事法杂志，1999（5）

335. 石晓芳，许道敏. 交通肇事逃逸情节的定罪、量刑功能. 人民检察，2003（4）

336. 刘淑莲. 交通肇事逃逸行为的作为性质. 法学杂志，2005（2）

337. 冯江菊. “交通肇事罪”之逃逸解析. 山东理工大学学报（社会科学版），2008（6）

338. 周少华. 现行刑法中的转化犯之立法检讨——兼论刑法规范的内部协调. 法律科学，2000（5）

339. 庄劲. 想象的数罪还是实质的数罪——论想象竞合犯应当数罪并罚. 现代法学，2006（2）

340. 王明辉，唐煜枫. 论刑法中重复评价的本质及其禁止. 当代法学，2007（3）

341. 黄明儒. 日本刑法中逃逸行为的判例与理论介评. 法学家，2001（6）

342. 敬怡. 交通肇事罪中的结合犯形态辨析. 福建论坛，2008（12）

343. 蒋慧玲. “逃逸致人死亡”定罪立法规定之学理质疑. 深圳大学学报（人文社会科学版），2003（5）

344. 韩哲. 交通肇事“因逃逸致人死亡”的罪过形式与司法认定. 人民检察，2005（3）

345. 石晓芳，许道敏. 交通肇事逃逸情节的定罪、量刑功能. 人民检察，2003（4）

346. 陈洪兵. 公共危险犯：解释论与判例研究. 北京：中国政法大学出版社，2011

347. 陈洪兵. 指使交通肇事者逃逸构成遗弃罪或者故意杀人罪的教唆犯——兼质疑周光权老师提出的“窝藏罪”说. 政治与法律，2008（5）

348. 陈洪兵. 持有型犯罪的立法扩张与司法限缩——基于法益保护与人权保障的平衡. 北方法学，2017（2）

349. 林亚刚. 论“交通运输肇事后逃逸”和“因逃逸致人死亡”——兼评《关于审理交通肇事刑事案件具体应用法律若干问题的解释》的若干规定. 法学家，2001（3）

350. 车浩. 法定犯时代的违法性认识错误. 清华法学，2015（4）

351. 陈志军. 枪支认定标准剧变的刑法分析. 国家检察官学院学报，2013（5）

352. 杨建军. 法律的系统性危机与司法难题的化解——从赵春华案谈起. 东方法学，2017（3）

353. 季峻，张晓军，李松. 钢珠气枪及其发射弹丸的检验和鉴定. 江苏警官学院学报，2008（3）

354. 李林，张一薇. 司法考核制度下非法持有枪支罪司法认定实证研究. 中国刑事法杂志，2012（6）

355. 季峻. 关于枪支杀伤力鉴定的讨论. 江苏公安专科学校学报，2000（6）

356. 遨游，白铁刚，李华. 非制式枪支杀伤力标准的实验研究. 福建警察学院学报，2008（2）

357. 古承宗. 风险社会与现代刑法的象征性. 科技法学评论，2013（1）

358. 杜磊. 法益侵害视角下持有型犯罪的重释——兼析非法持有宣扬恐怖主义、极端主义物品罪的合理性. 政治与法律，2017（1）

359. 何荣功，罗继洲. 也论抽象危险犯的构造与刑法“但书”之关系——以危险驾驶罪为引例. 法学评论，2013（5）

360. 付立庆. 应否允许抽象危险犯反证问题研究. 法商研究，

2013（6）

361. 魏治勋. 司法判决与社会认知的冲突与弥合——对理解“天津老太非法持枪案”两种范式冲突的反思. 东方法学，2017（3）

362. 强世功. 法律社会学的困境与出路//侯猛. 法学研究的格局流变. 北京：法律出版社，2017

363. 季卫东. 主编序//刘思达. 割据的逻辑：中国法律服务市场的生态分析. 南京：译林出版社，2017

（五）

364. Karl Larenz. Methodenlehre der Rechtswissenschaft. 6. Aufl，Berlin：Spring-Verlag，1991

365. Bleckmann. Staatsrecht I——Staatsorganisationsrecht. München：Carl Hezmanns Verlag KG，1993

366. Franz v. Liszt. Strafrechtliche Aufsätze und Vorträge. Erster Band. photomechanischer Nachdruck. Berlin：Walter de Gruter & Co，1970

367. Jakobs. Schuld und Prävention，1976

368. Roxin. Strafrecht Allgemeiner Teil，Band I，4. Aufl，2006

369. Roxin. Strafrecht Allgemeiner Teil：Grundlagen Aufbau der Verbrechenslehre，Band I，4. Aufl，C. H. Beck Verlag，2004

370. Schünemann. Einführung in das strafrechtliche Systemdenken. in ders（hrsg.），Grundfragen des modernen Strafrechtsystems. Walter de Gruyter，1984

371. Schünemann. Nulla poena sine lege? Walter De Gruyter，1978

372. Lenckner. Wertausfüllungsbedürftige Begriff im Strafrecht und der Satz “nullum crimen sine lege”. in JuS（Juristische Schulung），1968

373. Class. Generalklausel im Strafrecht. in Festschrift für Eberhard Schmidt. Scientia Verlag Aalen，1971

374. Naucke. Über Generalklauseln und Rechtsanwendung im

Strafrecht. J. C. B. Mohr, 1973

375. Jähnke/Laufütte /Odersky. STGB Leipziger Kommentar. § § 32, 33, 11Aufl, 1992

376. Kühl. Strafrecht Allgemeiner Teil, 6 Aufl, 2008

377. Jescheck/Weigend. Lehrbuch des Strafrecht Allgemeiner Teil, 5. Aufl, 1996

378. Schönke/Schröder. Strafgesetzbuch Kommentar. 28. Aufl, 2010

379. Ronald Dworkin. A Matter of Principle. Cambridge: Harvard University Press, 1985

380. Dean J. Spader. Megatrends in Criminal Justice Theory. in 13American Journal of Criminal Law , 1986

381. Douglas N. Husak. Philosophy of Criminal Law. Totowa: Rowman & Littlefield Publishers, 1987

382. Wolfgang J. Mommson. The Political and Social Theory of Max Weber. Cambridge: Polity Press, 1989

383. Markus Dubber. The Promise of German Criminal Law: A Science of Crime and Punishment. in 6 German Law Journal, 2005

384. Markus Dirk Dubber. Policing Possession: the War on Crime and the End of Criminal Law. in 91 Journal of Criminal Law and Criminology, 2001

385. H. L. A. Hart. The Concept of Law. 2nd edition. Oxford: Clarendon Press, 1994

386. Paul. H. Robinson & Michael T. Cahill. Criminal Law. 2nd edition. New York: Wolters Kluwer Law & Business, 2012

387. Wayne R. LaFAVE. Substantive Criminal Law. Volume 1. 2nd edition. Eagan: Thompson, 2003

388. Markus D. Dubber & Tatjana Hörnle. Criminal Law: A Comparative Approach. Oxford: Oxford University Press, 2014

后　记

作为一名刑法学者，经常免不了会问自己：什么是你的贡献？这个问题无疑与刑法理论的创新有关。在刑法理论上，我们应当作出什么样的创新，又能够作出什么样的创新？相信这个问题，也会困扰很多的刑法学者。

社会既是法律规制的对象，同时又是法律运作的外部环境；所以，社会既在法律之中，又在法律之外。法律与社会之间复杂的关系，构成我思考与建构刑法理论的原点。说到底，法律既塑造社会，同时也被社会所塑造，法律变迁本身就是社会变迁的组成部分。就我个人而言，之所以对社会理论表现出强烈的偏好，是因为坚信任何一种有影响力的刑法理论，必然是由于它在某种程度上契合了特定时代的重大命题。倘若社会发生深刻的结构性变迁，法律与法学理论势必需要有所跟进，根据社会治理的需要作出相应的调整。在这个意义上，法律与法学理论实际上是被社会所挟裹与驱使着，跌跌撞撞地前行。

作为刑法学者，我们可能时常沉溺于技术性的细节探讨之中，有些盲目地被社会的潮流推着走，基本上靠直觉来判断与把握刑法理论的发展方向。我有些不愿满足于此。或许是深受社会理论影响的缘故，我总想将头探出实证主义的“闺房”，一探外面世界的究竟。社会理论的影响，往往让我不愿轻易地选择价值立场，也不满足于在选定某种立场之后，全方位地将此种立场贯彻到对所有刑法问题的思考中。在表达自己的价值立场之前，我需要不断地寻找与调整方向，弄清所争论问题的实质，并确定该问题在宏大的叙事架构中所处的位置。所以，有时不太能理解立场先行的做法。这或许是因为，我对自己所选择立场的正确性，并无十足的自信。我始终认为，即便暂时选定某种价值立场，也不能将之当作理所当然的论证前提，而必须不断地进行反思性的审视，以便根据判断作出相应的调整。

对风险社会理论的偶然涉足，为我打开了一扇窗。必须承认，当年着手探讨风险社会理论，完全是出于偶然。一切只是因为，我始终不相信，凭借纯粹体系性的内部演绎，便能使刑法体系完成自我演进的任务。当时，我并未意识到，这会对自己的学术研究产生如此重大的影响。在此，我并不是指，这一领域的研究给我带来一定的学术声誉，甚至成为我个人最为鲜明的学术标签。我从来不觉得贝克的风险社会理论有多么深刻，或者风险社会是最能准确表达当代社会之特性的概念。风险问题充其量只是当前社会不同于早期工业社会的面向之一。这个面向远不足以全面呈现当代社会的特殊之处，更谈不上勾勒出了早期工业社会所经历的结构性变迁的全貌。然而，必须承认，由于接触风险社会理论的缘故，我对社会变迁与法律发展的关系有了新的思考，而这样的思考，对我的研究乃至整个学术风格都产生了极其重要的影响。这些年来，我关注的核心命题始终是：为了应对社会的结构性变迁，刑法体系应当如何调整自身？或者说，我们需要一种怎样的刑法教义学？

与其他刑法同仁相比，我的确更为关注法律与社会的关系问题。这不仅是因为仅着眼于内部视角的刑法学研究存在视野狭隘的缺陷，更是因为我不相信，法律系统与法学体系的演进动力会主要来自内部的力量。于我而言，随着外部社会环境的日益复杂化，刑法学的研究势必需要将社会结构变迁的维度整合进来，以此观察与审视刑法体系如何调整与重构的问题。如论者所言，“法律人的思维无论多么神秘，一个简单不变的道理是：法律不是用来滋生法学概念的，而是用来解决社会问题的；不是在创建各种法学理论体系中完善的，而是在应对各种复杂局面中丰富发展起来的”[①]。

① 强世功．法律社会学的困境与出路//侯猛：法学研究的格局流变．北京：法律出版社，2017：30.

因而，“法与社会”的范式对我的研究一直有着相当重要的影响。从行为科学到结构功能主义以及系统论，再到文化解释，尽管“法与社会”的研究范式一直在变化和发展，其基本立场则主要有两种：一种强调对法律现象的科学认识，另一种强调以法律为工具推动社会的变革与发展。[①] 反观自己的刑法理论研究，应该被归入后一立场。作为法律人，尤其是身处中国社会的法律人，在我的内心，总是不可避免地存在着通过法律来变革社会的执念。不得不承认，启蒙以来的理性化思潮，包括主张由人类自己来设计社会秩序，从而引导社会秩序建构的理念，对我有着深刻的影响。也正是基于此，我总是下意识地从社会工程学的角度来看待法律的角色。

我始终坚信，作为法教义学的研究者，我们应当分享法社会学者的基本问题意识：“我们为什么要用法律来建构社会关系？我们试图用法律建构怎样的社会关系？究竟用我们想象的法律建构社会，还是要求我们的法律符合社会？怎样的法律才能建构我们所期望的社会生活”[②]？为此，在进行法教义学研究时，“有必要坚持其学术开放性，注意吸纳有关法律的多学科经验研究的知识和成果，以各种途径或设置甚或伪装成法律的系统社会后果考量纳入法教义学分析或话语系统之中，在不断自我修改、吸纳和融合过程中华丽转身”[③]。当然，这样的华丽转身，并不至于让法教义学最终实际变成社科法学。无论如何，我希望能够将社会理论与刑法教义学的建构有机地结合起来。作为一名部门法的学者，原创社会理论或思想不是我的使命，也非我力所能及；而完全缺乏思想的纯教义学技术探讨，也为我所不愿，我还是更喜欢思想性的东西。

反观自己以前的研究，由于对法律与社会的关系在理解上存在偏

① 季卫东．主编序//刘思达．割据的逻辑：中国法律服务市场的生态分析．南京：译林出版社，2017：2．

② 强世功．法律社会学的困境与出路//侯猛：法学研究的格局流变．北京：法律出版社，2017：34．

③ 苏力．中国法学研究格局的流变．法商研究，2014（5）：66．

差，同时也一直没有处理好外在观察者的视角与内在参与者的视角之间的关系，其中大部分的基础理论研究，其实都属于交叉学科意义上的刑法社会学研究，而不是刑法教义学的研究。换言之，即便是我自己的研究中，也并未能实现社会理论与刑法理论之间的沟通。

幸运的是，经过多年的摸索与思考，在如何真正实现社会理论与刑法理论的沟通这一问题上，我感觉终于摸到一点点的门道。我逐渐将自己的学术目标定位于：努力了解并把握当代社会理论中的基本共识，并将这种作为共识的思想，以法教义学体系能够识别的方式整合于其中，由此推动刑法体系的自我更新。从利益法学的创始人黑克将耶林的目的论思想进行方法论化与技术化的努力中，我看到了进行学术创新的空间与可能。我无法成为黑克，但的确发现，在如何将社会理论的洞见与思想予以教义学化与方法论化的命题上，作出些许的学术创新是完全有可能的。

我个人的学术背景与知识结构，也让自己对这样的学术目标产生一些信心。一方面，我对社会理论有比较持续的关注；另一方面，在法教义学领域，经过多年的磨炼与熏陶，也有了一些积累。作为部门法学者，我不能不懂法教义学的技术，但只局限于此，无法满足我对自己的学术期待。将思想与技术相结合，由此推进刑法教义学的体系性更新，这样的学术定位，或许是一种既能用上我之所长，又能兼顾个人偏好的选择。我相信，以社会理论的洞见与思想作为经线，以法教义的技术与方法作为纬线，终究能够编织出一些有意义的东西来。这也许就是我有可能作出学术贡献的地方。

本书的形成，始自我对刑事政策与刑法解释的关系问题的关注。从2010年前后开始，对这个问题的关注间断性地持续了十年。在早期的相关研究中，对于应当如何处理刑事政策与刑法解释的关系，我并没有想得很清楚。不过，因着对这个问题的关注，法外的因素如何影响与作用于刑法理论从而促成后者的变动，成为我特别感兴趣的主题。这也使得，我倾向于从外部环境来寻找刑法理论演变的动力机制，并因而对社会理论产生浓厚的兴趣。随着研究的逐步推进，慢慢形成了较为系统的整体性的思考框架。

在此过程中，罗克辛教授关于目的理性刑法体系的基本构想，让我受到很大的启发，由此而找到一条将刑事政策与刑法解释做贯通性处理的道路。通过改造刑事政策的概念，将之构建为方法论上的合目的性考虑，刑事政策与刑法解释的研究得以摆脱传统范式的禁锢，使得发展一种功能主义的刑法解释成为可能。当然，目的理性的体系构想本身也存在一些问题。大体上，它仍是在工程式控制的思维框架中来展开理论的构建，并对想象中的因果流程与现实中的因果流程未作必要的区分，这使得其体系缺乏反思性的面向；同时，目的理性的体系构想也并未处理如何对体系进行自我控制的问题。这是我晚近两三年内方才意识到的问题。基于此，尽管本书对刑事政策与刑法解释的处理仍然以目的理性的体系构想作为基础，但补充增加了反思性与自我控制的面向，在推进刑法解释走向功能主义的同时，注重对自身进行反思性的控制。对反思性的自我控制的强调，是受到卢曼的法的系统理论与托依布纳的法的自创生理论的启发。

本书是对我十年以来所做相关研究的一次总结，也是我试图超越先前风格或者说另行开辟研究领域的转型之作。这些年在学术上所取得的点滴进步，要特别感谢诸位师长的关心与照顾。感谢我的导师陈兴良教授一如既往的扶持与鼓励；感谢梁根林教授如兄长般的关爱，他的温润与正直让我敬重有加；感谢高鸿钧教授对我的引导与指点，与他的交流让我在学术上受益颇多；感谢张明楷教授与周光权教授在我遇到难题时，总是能够及时给予有力的帮助。同时，也要感谢我的先生对我工作的无私支持，感谢两个孩子的成长带给我的诸多欢乐。在本书交稿之前，我的博士生陶秋林对全书的正文与脚注做了认真而细致的校阅，我的硕士生李昱对参考文献做了系统整理，也要感谢他们付出的努力。

劳东燕

2020 年 4 月 5 日

清华园

图书在版编目（CIP）数据

功能主义的刑法解释/劳东燕著．--北京：中国人民大学出版社，2020.11
（中国当代青年法学家文库．劳东燕刑法学研究系列）
ISBN 978-7-300-28754-6

Ⅰ.①功… Ⅱ.①劳… Ⅲ.①刑事犯罪-研究-中国 Ⅳ.①D924.04

中国版本图书馆 CIP 数据核字（2020）第 219615 号

中国当代青年法学家文库·劳东燕刑法学研究系列
功能主义的刑法解释
劳东燕　著
Gongnengzhuyi de Xingfajieshi

出版发行	中国人民大学出版社		
社　　址	北京中关村大街 31 号	**邮政编码**	100080
电　　话	010－62511242（总编室）		010－62511770（质管部）
	010－82501766（邮购部）		010－62514148（门市部）
	010－62515195（发行公司）		010－62515275（盗版举报）
网　　址	http://www.crup.com.cn		
经　　销	新华书店		
印　　刷	北京宏伟双华印刷有限公司		
规　　格	165 mm×238 mm　16 开本	**版　　次**	2020 年 11 月第 1 版
印　　张	30.5 插页 2	**印　　次**	2024 年 5 月第 2 次印刷
字　　数	438 000	**定　　价**	118.00 元